D1717683

Peter Köpf
Schreiben nach jeder Richtung

Peter Köpf

Schreiben nach jeder Richtung

Goebbels-Propagandisten in der
westdeutschen Nachkriegspresse

Ch. Links Verlag, Berlin

Die Deutsche Bibliothek – CIP-Einheitsaufnahme

Köpf, Peter:
Schreiben nach jeder Richtung : Goebbels-Propagandisten in
der westdeutschen Nachkriegspresse / Peter Köpf. – 1. Aufl. –
Berlin : Links, 1995
ISBN 3-86153-094-5

1. Auflage, August 1995
© Christoph Links Verlag – LinksDruck GmbH
Zehdenicker Str. 1, 10119 Berlin, Telefon: (030) 449 00 21

Umschlaggestaltung: TriDesign/André Kahane, Berlin
Satz: igs gmbh, Berlin
Schrift: Garamond
Druck- und Bindearbeiten: Ebner Ulm

ISBN 3-86153-094-5

Inhalt

Ich habe bei dem Blumenberg gelernt,
in alle Richtungen zu schreiben.
Ich habe geschrieben links und wieder rechts.
Ich kann schreiben nach jeder Richtung.

Der Journalist Schmock
in Gustav Freytags Lustspiel
„Die Journalisten"

Vorwort

Die ersten Jahre der demokratischen Presse nach 1945 sind wissenschaftlich gut dokumentiert. Nach dem Krieg, so ein Resümee der wichtigsten Publikationen, habe es eine „Stunde Null" gegeben, durch eine mehr oder weniger strenge Entnazifizierung sei den Repräsentanten der Parteipresse, den bürgerlichen Altverlegern und nazifreundlichen Schriftleitern so etwas wie ein Berufsverbot auferlegt worden. Diese Einschätzung beruht auf der Annahme, die Bestimmungen der Alliierten seien in der Praxis auch umgesetzt worden. Und sie beruht auf einem Mangel in der Forschung: eine systematische Untersuchung der Lebensläufe der Nachkriegsjournalisten blieb in der Bundesrepublik – anders als in Österreich – bisher aus. „Nach wie vor wird die fachliche Biographie einzelner herausragender Persönlichkeiten gepflegt. Dem historisch gewordenen Berufsstand und seiner alltäglichen Wirklichkeit wenden sich nur wenige Arbeiten zu."[1]

Die Erklärung – neben der politischen Inopportunität – ist einfach: Fritz Hausjells Untersuchung für Österreich erforderte fünf Jahre Archivarbeit. Eine ähnlich angelegte Studie für Westdeutschland wäre erheblich umfangreicher. Der Ansatz der vorliegenden Arbeit weicht deshalb von dem Hausjells ab.

Zunächst wurden Lizenzträger, Chefredakteure, Ressortleiter und weitere wichtige redaktionelle Mitarbeiter von 151 Tageszeitungen und den wichtigsten Wochenzeitungen ermittelt. Leider ist das Impressum der ersten Nachkriegszeitungen nicht immer vollständig. Wegen der noch nicht verabschiedeten Pressegesetze war dies auch nicht zwingend vorgeschrieben. Oft wurden nur die Lizenzträger und der Chefredakteur genannt („Für den Gesamtinhalt verantwortlich" war häufig einer der Lizenzträger). Ob bewußt oder unbewußt schützte dies möglicherweise einige Kollegen davor, erkannt zu werden. Weitere Hinweise erbrachten die Akten der Besatzungsmächte sowie – in bescheidenem Umfang – die Memoiren einzelner Journalisten und die zeithistorischen Arbeiten der Publizistikwissenschaft. Auch die weißen, grauen und schwarzen Listen der Amerikaner wurden hinzugezogen.[2]

Die so ermittelten Namen wurden verglichen mit den Namen der in der Presse Beschäftigten vor 1945. Hausjell hatte das Glück, bei der Journalistengewerkschaft alte Schriftleiterlisten des „Reichsverbandes der deutschen Presse" zu finden.[3] Diese scheinen in Deutschland vernichtet worden zu sein. Ihr Fehlen, so schrieb das Landesarchiv Schleswig-Holstein, müsse „den Lücken zugerechnet werden, die durch Aktenvernichtungsmaßnahmen in den letzten Monaten der NS-Herrschaft und durch Aktenveruntreuung in den Nöten der Nachkriegszeit"[4] entstanden sind. Negative Bescheide schickten auch die Landesarchive der übrigen Bundesländer. Deshalb bilden die Verzeichnisse des „Handbuches der deutschen Tagespresse" aus der Zeit des Dritten Reichs die wichtigste Quelle. Des weiteren wurden die am Münchner „Institut für Zeitgeschichte" (IfZ) lagernden Akten der amerikanischen Informationskontrolle ausgewertet.

Sehr umfangreich wurden auch die Bände der wichtigsten Reichszeitungen nach Artikeln durchsucht. Eine systematische Erfassung aller Reichszeitungen war jedoch wegen der Fülle an Titeln nicht möglich. Ausgewertet wurden dennoch mehrere hundert Zeitungsbände aus den Archiven der Staatsbibliotheken in München und Berlin sowie des Instituts für Publizistik der FU Berlin. Für die Ressorts ergab sich daraus ein Ungleichgewicht: Bis Kriegsende namentlich gezeichnet sind die meisten Film- und Theaterbetrachtungen, Buchrezensionen und Musikkritiken in den Kulturspalten. Auch die Leitartikel, zumeist geschrieben von Politikschriftleitern, sind bis ca. 1943 häufig, dann seltener mit Autorennamen versehen. Sport- und Lokalschriftleiter verzichteten dagegen meist gänzlich auf Hinweise der Autorenschaft, auch die Ökonomen gaben sich eher spärlich zu erkennen. Fotografen wurden nicht erfaßt.

Noch lebende Zeitzeugen wurden in einigen Fällen angeschrieben, die meisten sind jedoch bereits verstorben. Auf die Ausfertigung von Fragebögen wurde deshalb bewußt verzichtet, zumal sie in der Regel einen eher spärlichen Erfolg zu liefern versprechen. Ein Versuch, mittels solcher Befragungen wahrheitsgemäße Informationen zu erhalten, ist meines Erachtens bei Ruprecht Eser auf charakteristische

Weise gescheitert. Die meisten Auskünfte, die er von ehemaligen Schriftleitern erhielt, wiesen entscheidende Lücken auf.[5] Das gilt auch für (Auto-)Biographien, die sich meist bemühen, auf das Schreiben zwischen den Zeilen zu verweisen. Der Autor schließt sich dem Urteil Hausjells an, der „allmählich ein fast permanentes Mißtrauen gegenüber nach 1945 verfaßten Lebensläufen" entwickelte.[6] Der Abgleich der Listen von Schriftleitern (vor 1945) und Redakteuren (nach der Befreiung) ergab zahlreiche Deckungen. Um Licht ins bisherige Dunkel zu bringen, müssen diese Namen genannt werden. Das riecht nach Denunziation. Dennoch ist es nach Auffassung des Autors nötig, so zu verfahren, um dem Schweigen, Vertuschen, Zurechtbiegen und Verklausulieren bisheriger Untersuchungen ein Ende zu setzen. Bei der Veröffentlichung dieser Namen wird im übrigen die Meßlatte angelegt, die Journalisten bei anderen in der Öffentlichkeit lebenden Personen selbst gerne benutzen. Dabei wurde mit größtmöglicher Sorgfalt vorgegangen: Namen, die wegen ihrer Häufigkeit eine Verwechslungsgefahr bergen, wurden in die Liste im Anhang nicht aufgenommen. Dennoch kann dies in Einzelfällen nicht mit allerletzter Sicherheit ausgeschlossen werden.

Biographien sind niemals glatt. Begeisterte Befürworter des Faschismus können ihre Meinung im Laufe der zwölf Jahre gewandelt haben – und umgekehrt. Das Buch will kein Spruchkammerverfahren darstellen, ersetzen oder revidieren. Der Leser kann sich anhand der Textbeispiele selbst ein Bild von einzelnen Autoren machen. Verglichen wird vielmehr die ursprüngliche Zielsetzung einer Entnazifizierung auch und gerade in der Presse mit dem Ergebnis der ersten vier Jahre, in denen die Alliierten über die Lizenzpflicht strenge Kriterien an die Auswahl des Redaktionspersonals stellen wollten.

In die Liste aufgenommen wurden Lizenzträger, Chefredakteure und verantwortliche Redakteure. Wegen der herausragenden Bedeutung der Leitartikel wurden auch externe Kommentatoren ermittelt. Hinzu kommen Autoren, die zwar nicht als Redakteure arbeiteten, für die Presselandschaft des Reichs und später auch der Bundesrepublik aber von außerordentlicher Bedeutung waren. Einige dieser Autoren durften oder wollten zunächst tatsächlich nicht als Redakteur arbeiten, nahmen aber als Leitartikler in verschiedenen großen Zeitungen bereits wieder Einfluß, ohne daß die Presseoffiziere dies moniert hätten. In diesen Fällen von einem Berufsverbot zu sprechen wäre unkorrekt.

Der unterschiedlich große Umfang der Kapitel gründet sich zum einen auf die Quellenlage. Andererseits wurde aber auch bewußt Bezug genommen auf die Wichtigkeit der Neugründungen für die heutige Zeit. Der Textteil umfaßt die für die Entwicklung der westdeutschen Presse wichtigsten Standorte, aber auch einige Neugründungen, die unter anderem Blickwinkel eine erhebliche Bedeutung gewonnen haben.

Einleitung

Heute, 50 Jahre nachdem die Rotationen die ersten Exemplare der neuen demokratischen Zeitungen ausspuckten, soll der Geburtstag der westdeutschen Presse gefeiert werden. Nach bisheriger Aktenlage bestand dazu bester Grund. Hohe Zeit, den Teppich zu heben, unter den die Geschichte der meisten Männer der ersten Stunde gekehrt worden ist.

Deutsche Journalisten haben dazu beigetragen, „furchtbare Juristen" aus ihren neuen, demokratischen Ämtern zu stürzen, haben ebenso „furchtbare" Mediziner angeklagt und konzentrieren sich heute auf die Stasi-Vergangenheit der DDR-Journalisten. Sie wühlen gern und mit Verdienst in fremden Biographien. Die Väter und (wenigen) Mütter ihrer eigenen Zeitungen ließen sie dagegen unbetrachtet. Bis heute: „Ex-Nazis hatten keine Chance", postulierte der *journalist* in seinem Gedenkartikel zum Aufbau des demokratischen Pressewesens.[1]

Eine systematische Aufarbeitung der Frage, ob die Entnazifizierung in der deutschen Presse stattgefunden hat, blieb bisher bestenfalls im Nebelhaften stecken. Nur auf einige große Namen fiel gelegentlich helles Scheinwerferlicht: Über Fritz Sänger und seine „stramme Hetz- und Durchhaltepropaganda"[2] beispielsweise diskutierten *Die Zeit* und die *feder*.[3] Werner Höfer ist mehr als 40 Jahre danach doch noch über seine Beifallsartikel für die Nazis gestolpert, wobei der Tatbestand schon 20 Jahre zuvor von einem Ost-Berliner Publizistik-Professor bekannt gemacht worden war. Damals, in der Zeit des Kalten Krieges, stolperte freilich niemand über Fußangeln aus dem Osten, zumal dann nicht, wenn der Professor gleichzeitig Propagandachef der SED war. Auch wer Giselher Wirsing war, was und wo er geschrieben hatte, ist Journalisten bekannt, ebenso wie die Namen Hans Zehrer, Ferdinand Fried, Carl Willy Beer, Karl Silex,

Friedrich Sieburg, Hans-Georg von Studnitz und vielleicht auch Klaus Mehnert. Sie waren vor 1945 an prominenten Stellen dabei und schrieben nach 1945 wieder. Niemand störte sich daran. Fehlendes Problembewußtsein der sonst so problembewußten Journalisten? Keinesfalls. Das Problem war erkannt. Die Ehre des Standes zu retten, dazu konnten auch einige der oben Genannten beitragen. Einige von ihnen haben, so erklärten uns die Apologeten des Nachkriegsjournalismus und die gültige Geschichtsschreibung, innerhalb ihrer Blätter das Schlimmste verhindert, zu erhalten versucht, was zu retten war, oder sogar Widerstand zwischen den Zeilen geleistet. Vorbildliche Journalisten? Es gab andere Möglichkeiten, auf die neuen Zeitumstände zu reagieren, von denen heute keine Geschichtsbücher erzählen:

Hermann Schwertfeger wollte nicht Propagandist des Dritten Reiches werden. Bis zur sogenannten Machtergreifung Hitlers war er Redakteur beim *Tagblatt* im württembergischen Schwäbisch Hall gewesen. 1933 zog er sich auf seine Farm bei Heilbronn zurück, um sich Bienen, Beeren und dem Bauerndasein zu widmen.[4]

Auch Ernst Haenisch wollte mit Goebbels und den Nationalsozialisten nichts zu tun haben. Er wählte 1933 ebenfalls die innere Emigration. Neun Jahre lang war er beim Berliner *8-Uhr-Abendblatt* beschäftigt gewesen. Nach einem Jahr ohne Arbeit verdiente er sein Geld als Chauffeur, später als Buchhalter und Versicherungsagent.[5]

Erst nach mehr als zwölf Jahren kehrten die beiden in ihren ursprünglichen Beruf zurück. Sie erhielten eine Lizenz für die *Heilbronner Stimme* bzw. für das *Oberbayerische Volksblatt* in Rosenheim.

Schwertfeger und Haenisch waren weder Jude noch Sozialdemokrat oder Kommunist. Sie hatten ein waches politisches Gewissen. Das hatte auch Otto Knab. Der 28jährige Chefredakteur des *Land- und Seeboten* in Starnberg dachte großdeutsch und national. 1933 plädierte er sogar für Einigkeit zwischen den bürgerlichen Parteien und der NSDAP. Doch als die NSDAP im Juni 51 Prozent der Geschäftsanteile der Zeitung übernahm und sie gleichschaltete, emigrierte Knab weniger als ein Jahr später in die Schweiz – er wollte nicht länger Kompromisse schließen. „Ich kann nach Gewissen und Charakter unter dieser Knebelung unmöglich arbeiten", schrieb er in seinem letzten, nicht mehr gedruckten Leitartikel.[6]

Was mag einen Journalisten, der sich offiziell nicht zu den Nationalsozialisten rechnen lassen wollte, dazu bewogen haben, trotz der klar zu erkennenden Knebelung durch Goebbels' Ministerium weiterzumachen? Gewiß, nicht jeder konnte emigrieren, nicht jeder war zum militanten Widerstand bereit. Aber mußte sich ein Journalist vor den Karren der Nazi-Propaganda spannen lassen?

Einer derer, die weitergemacht haben, benennt eines der später häufig angeführten Argumente, nämlich die private Situation jedes einzelnen: „Die eigentliche Schwäche Ihres Briefes liegt aber darin, daß Sie sich aus Altersgründen (Helmut Kohl nennt das „die Gnade der späten Geburt") wirklich nicht vorstellen können, in welche Schwierigkeiten und Konflikte Menschen kommen, die als Gegner eines totalitären Regimes unter demselben zu leben gezwungen sind. Wir erleben das ja gerade gegenwärtig wieder an vielen leichtfertigen Urteilen über Deutsche, die unter dem SED-Regime zu leben gezwungen waren." Und er fährt fort: „Die Welt, ... und zumal die deutsche Welt im 20. Jahrhundert ist sehr viel komplizierter, als sich unsere Schulweisheit das träumen läßt." Eine schulmeisterliche, eine arrogante Antwort.

Altersjubiläen können noch heute heikle Termine für Journalisten sein. Beispielsweise, wenn ein Kollege 85 wird. Er sei, das würdigt der Laudator, „Münchens ältester aktiver Journalist". Mit dem Computer habe er sich zwar noch nicht angefreundet, er bringe die Beiträge noch immer auf dem gewohnten Manuskriptpapier getippt ins Haus. „Der Inhalt aber ist wie eh und je ganz auf der Höhe der Zeit – aktuell und kritisch, informativ und der Sache, um die es gerade geht, stets förderlich." Ein schönes Lob. Wer denkt da an das Alter des Mannes, wer rechnet sechs Jahrzehnte zurück? Im Sommer 1930 habe der damalige Student „sein erstes Manuskript für die *Münchner Neuesten Nachrichten* abgeliefert. Und als 1945 die *Süddeutsche Zeitung* deren Erbe antrat, war, nach fünf Jahren unfreiwilliger Soldatenzeit, der erprobte Kulturstadtschreiber mit dem freundlichen Lächeln und dem gleichwohl unbestechlichen Blick bald wieder dabei."

Muß, soll der Leser hier zwischen den Zeilen lesen? Soll er sich fragen, was wohl Karl Ude zwischen 1933 und 1945 getan haben mag? Vielleicht wußte der Laudator nichts davon, daß der Gefeierte in seinen Artikeln die Hakenkreuzfahne verehrt hatte? Führte in langjähriger Zusammenarbeit gewonnener Respekt die Feder?

Ähnlich auffallende Lücken zwischen 1933 und 1945 zeichnen die Biographien zahlloser deutscher Nachkriegsjournalisten aus: Das deutsche „Who's who?" bespielsweise läßt in seinen Jahrgängen von

1958 bis 1967 für Ferdinand Fried (einen der bekannnten Propagandisten) diese zwölf Jahre einfach aus.[7] Der Zeitungsverlag feierte 1950 den 70. Geburtstag und das 50jährige Journalistenjubiläum des „Hauptschriftleiters" Zons auf einer ganzen Seite. Die Aufzählung der Verdienste des Münsterschen Chefredakteurs endet mit dem Jahr 1931.[8]

Otto Köhler, der einzige Journalist, der bisher in erwähnenswertem Umfang Roß und Reiter zu nennen wagte, versteckte seine Erkenntnisse hinter der Vorbemerkung, „daß mich vielleicht nur die Gnade der späten Geburt daran gehindert hat, Mordprosa im *Reich* oder im *Völkischen Beobachter* geschrieben zu haben".[9]

Köhler hat die Reichszeitungen gelesen und schließt nicht aus, daß auch er rassistisch gegen „vertierte Nigger" und „Mauscheljüdchen" gehetzt, bis zuletzt die „starke und mutige Führung" und die „heroische Wehrmacht" – Worte späterer Journalisten der Demokratie, die im folgenden dokumentiert sind – gefeiert hätte. Ist das – vorauseilend – ein Zugeständnis an die zu erwartende Kritik derer, die dabeiwaren? Muß sich ein Journalist für die Ergebnisse seiner Recherchen entschuldigen, wenn es gegen die eigene Zunft geht? Muß der Überbringer der schlechten Nachricht als Nestbeschmutzer Strafe befürchten? Oder war Otto Köhler einfach ehrlich? Sind Journalisten Opportunisten, die gelernt haben, je nach Zeitumständen „nach allen Richtungen zu schreiben", wie schon Gustav Freytag seinen Journalisten Schmock sagen ließ? Josef Hofmann, Chefredakteur in Aachen und Mitbegründer der CDU, war geradezu stolz darauf, „Journalist in Demokratie, Diktatur und Besatzungszeit" gewesen zu sein. Der Journalist als Beamter, treu den jeweiligen Herren dienend, ob sie nun Schleicher oder Goebbels hießen oder später Burda oder Springer. Selbst in der sowjetischen Besatzungszone schafften einige einen nahtlosen Übergang.[10]

Schuld? Keine Spur! Verantwortung? Kein Gedanke! „Bitte vergebt mir für die Lügen, die ihr in unserer Zeitung gelesen habt." Das hat laut Nachrichtenagentur *Associated Press (AP)* Stefan Ciochonaru, Journalist der rumänischen Parteizeitung *Scintea*, am 22. Dezember 1989, dem Tag des Sturzes von Nicolae Ceauşescu, im Radio gesagt. Auf ein ähnliches Reuebekenntnis von deutschen Journalisten nach dem 8. Mai 1945 warteten die Deutschen vergeblich. Wahrscheinlich hätte es auch niemand hören wollen. Wohl nirgendwo sonst wurde so rasch ein Schlußstrich unter die Nazi-Zeit gezogen wie im West-deutschland der fünfziger Jahre. Der Strich der Journalisten gehörte zu den dicksten.

Und so hat auch in der Presse ähnlich wie in Justiz, Medizin oder Beamtenschaft nicht nur eine „unvollendete Erneuerung"[11] stattge-funden, sondern man nahm im Zeichen des Kalten Krieges sogar eine personelle Kontinuität in Kauf und „Goebbels' Journalisten in Bon-ner Dienste(n)".[12] Die westdeutsche Presse wurde geradezu „ver-schenkt"[13], „die neuen Herren"[14] waren oft genug die alten. Nur weni-ge mußten „auf dem Bauche kriechen".[15] „Irgendwie mußte eine Brücke gebaut werden von der Presse des Dritten Reiches ins neue Deutschland. Diese Brücke war die Lizenzpresse", resümierte ein amerikanischer Wissenschaftler.[16] Über diese Brücke gingen auch zahlreiche Journalisten vom Dritten Reich in die Bundesrepublik.

1. Vom Journalisten zum Propagandisten – die verordnete Wandlung eines Berufsstandes (1933–1945)

„Entstellungen", „Unterschlagungen" und „Lüge", das seien, so erklärte Elisabeth Nölle, die Elemente der Propaganda. Sie baue „Fiktionen" auf, die „vom Rundfunk und von den Zeitungen bereitwillig aufgegriffen und wenn möglich weiterentwickelt werden". Mit dieser Analyse – wenn man so will die Umsetzung der Ansichten, die sie in ihrer im selben Jahr erschienenen Dissertation entwickelt hatte[1] – zielte die spätere Leiterin des Allensbacher Institutes im zweiten Kriegsjahr auf die britische Propaganda, die „Verzerrung und Beschmutzung des Gegners" betreibe. Dieser „Hetzpropaganda" stellte sie in der *Deutschen Allgemeinen Zeitung (DAZ)* die positive deutsche Propaganda entgegen.[2]

Erstaunlich schnell hatten die deutschen Journalisten den neuen, „positiven" Sinn des Wortes Propaganda verinnerlicht. Alles was Deutschland und der „Bewegung" nützte, war den Journalisten zur besonders pfleglichen Behandlung anheimgestellt. Der Presse von Weimar, die sich angeblich privaten Interessen mehr verbunden fühlte als dem Reich, war die Goebbels-Presse gefolgt. Der Propagandaminister hatte sie zu einem dem Staate untergeordneten Machtinstrument ausgebaut. Sehr weit war der Spagat von Weimar nach Berlin für einige Journalisten offenbar gar nicht. Schon 1931 hatte Johann Wilhelm Naumann, der spätere Lizenzträger der *Schwäbischen Landeszeitung* in Augsburg, unter dem Titel „Sendung der Provinzzeitung" den Blättern folgende Aufgabe zugeteilt: „Der Provinzzeitung als der verbreitetsten in Deutschland fällt die große Mission zu, die Masse des Volkes der Heimat verbunden, dem Staate ergeben und dem Reich als der Einheit des Deutschtums treu zu machen, die sittlichen und religiösen Kräfte zu erhalten und gegen die Bolschewisierung der Kultur eine starke, unüberwindliche Front zu sein."[3]

Dem Staate ergeben – das erwarteten auch die neuen Machthaber von ihren Journalisten. Das Propagandaministerium ließ nie Zweifel an den Aufgaben der Presse aufkommen: „Sie muß ein Klavier sein, auf dem die Regierung spielen kann."[4] Ihre erste Aufgabe sei es, „eine Gleichschaltung zwischen der Regierung und dem ganzen deutschen Volke herzustellen".[5]

In den ersten Monaten nach der Machtübernahme rechnete der Propagandaminister offenbar noch mit dem Widerstand von Teilen der bürgerlichen Zeitungen. Deshalb erhielten die Mitglieder der Berliner Pressekonferenz, die zu einem Instrument des Dirigismus umfunktioniert worden war, Anweisungen, die sie an ihre heimischen Redaktionen weiterleiten mußten.

„Goebbels kam unmittelbar nach seinem Amtsantritt als Reichsminister für Volksaufklärung und Propaganda in die Pressekonferenz und teilte der Presse mit, daß sie in Zukunft nicht nur Informationen, sondern auch Instruktionen erhalten werde, nach denen sie zu verfahren habe."[6]

In den ersten Jahren scheint Goebbels das Ziel verfolgt zu haben, auch bürgerliche Journalisten zu integrieren. Verstöße gegen die Presseanweisungen wurden mit Verwarnungen geahndet, Drohungen ausgesprochen, es kam aber nur in wenigen Fällen zu Sanktionen. Die Journalisten wurden dahin gelenkt, die Politik im Sinne der Führung zu sehen, ihnen bekannt gewordene kritische Sachverhalte zurückzuhalten.

Später, vom Kriegswinter 1939/40 an, wurden den Korrespondenten in der Berliner Reichspressekonferenz Tagesparolen mitgeteilt, die „durchaus die Form von Befehlen" hatten und deren Verletzung „häufig disziplinarische und strafrechtliche Folgen nach sich" zog.[7]

Der Journalist war demnach nicht mehr frei in seinen Entscheidungen, weder was die Auswahl der Themen anbelangte noch wie diese zu behandeln oder gar wo Artikel zu plazieren waren. Entscheidend war in allem, was er machte, die Wirkung in der Öffentlichkeit. Das hieß, seine Arbeit mußte „den Zielen und Interessen der Volksgemeinschaft und des Staates" dienen.[8] Die Journalisten spürten diese Zwangsjacke deutlich, sie war vom zuständigen Minister geschneidert und wissenschaftlich beurteilt und abgesegnet worden, und die frischgebackenen öffentlich-rechtlichen Schriftleiter vermochten ihre neue Rolle zu durchschauen: „Das Schriftleitergesetz von Oktober 1933 hat aus dem journalistischen Beruf ein öffentliches Amt gemacht und die Journalisten der Disziplinargewalt einer staatlichen Instanz, dem Reichspropagandaministerium und der Reichspressekammer unterstellt."[9]

Einer derjenigen, die sich später darauf beriefen, zwischen den Zeilen geschrieben zu haben, verrät mit seinen Äußerungen ein seltsames Verständnis seines Berufes: „Wir waren gewiß überdurchschnittlich besonnene und nüchterne Typen, die das Risiko abgeschätzt haben: (...) Kann ich den Satz riskieren oder streich' ich ihn besser? Und das hat natürlich auch seine Reize gehabt, nicht?"[10] Hat Theodor Heuss, von dem diese Worte stammen, Journalismus im totalitären Staat als Spiel verstanden?

Die „Schere im Kopf" wurde so zum wichtigsten Produktionsmittel des Journalisten, intellektuelle Selbstbefriedigung bei geringsten Aussichten, Widerstand zu signalisieren, zur Legitimation für den Pakt mit den faschistischen Machthabern. Was man nicht mehr riskieren konnte, das allein hätte zur Aufklärung der Bevölkerung über die nationalsozialistischen Machthaber beigetragen. Für Harry Pross etwa waren Zeitungen wie *Das Reich* ein „Instrument der Verführung", dazu angetan, „Illusionen zu nähren". Journalisten hätten dazu geneigt, „die künstlerische Technik zu hoch zu schätzen und sie in Freiheit umzudeuten". Sie hätten „gegen das publizistische Gebot verstoßen: wer's besser weiß, muß es sagen".[11]

Unmittelbar nach dem Krieg beurteilten Insider ihre Rolle im Nationalsozialismus noch ehrlich. Noch war nicht allgemein erkannt, daß der alliierten These von der Kollektivschuld die These eines möglichst breiten Widerstands entgegengestellt werden mußte, damit die Deutschen bald wieder aufrecht würden gehen können. Wilhelm Hollbach, der bis zuletzt Redakteur des *Illustrierten Blatts* (erschien im gleichen Hause wie die *Frankfurter Zeitung*) gewesen war, bekannte: Der journalistische Versuch des Widerstandes sei „unwirksam" gewesen. Die Artikel der *Frankfurter Zeitung (FZ)* seien zwar fachmännisch, aber immer im Rahmen der NS-Anweisungen geschrieben worden. Deshalb „waren sie in Wirklichkeit viel gefährlicher als die wirkliche Nazi-Presse". Nicht gebrochen hätten die Redakteure 1933 mit den Nazis, „hauptsächlich weil sie nicht die wirtschaftlichen Konsequenzen ziehen wollten".[12]

Die Masse der Journalisten kapitulierte aus diesen und anderen Gründen ehrlich, rasch und beinahe bedingungslos. „Sie glichen einem Musiker, der nicht mehr Klavier spielen darf, dafür aber trommeln muß. Die meisten trommelten freiwillig und gern."[13]

Sie betrachteten die Ziele der Nazis schon bald nach der Machtübernahme mit wohlwollender Sympathie:

„Die nationalen Anliegen, die Hitler in Angriff nahm – die Beseitigung der Arbeitslosigkeit, der Aufbau einer starken Wehrmacht, Rheinlandbesetzung, Anschluß, Lösung der Sudetenfrage, Rückkehr des Memellandes –, sorgten von selbst dafür, daß sich die Mehrzahl der Zeitungen und Journalisten hinter das Regime stellte." [14]

Zynisch konnte sich Goebbels darüber auslassen, die NS-Bewegung habe „heute die sonderbare Ehre, am meisten in den Blättern gelobt zu werden, die uns früher am meisten angetan haben". [15]

Auf dem Reichspressetag 1935 in Köln sah Goebbels sein Ziel erreicht. Der Presse „unter nationalsozialistischer Führung" bescheinigte er eine „vorbildliche Disziplin". [16] Der oberste Propagandist war zufrieden mit seinen Vasallen. Und so konnte Otto Dietrich, damals für die NSDAP-Presse zuständig, 1935 feststellen: „Die öffentliche Meinung des deutschen Volkes ist der Nationalsozialismus." [17]

Auch die Verleger schalteten sich bereitwillig und sofort nach der Machtübernahme gleich: „Das neugebildete Präsidium des Vereins Deutscher Zeitungs-Verleger gelobt Ihnen, Herr Reichskanzler, daß die im Verein Deutscher Zeitungs-Verleger zusammengeschlossenen Zeitungsverleger ihre Kraft freudig in den Dienst Ihrer Führerschaft für die politische Wiederaufrichtung des Staates und für die geistige und seelische Erneuerung der deutschen Nation stellen." [18]

Dem Präsidium des gleichgeschalteten Verbandes, das den Brief unterzeichnete, gehörte neben den NSDAP-Vertretern auch ein Repräsentant der alten bürgerlichen Presse an, Walther Jänecke.

Die juristische Wende von der demokratischen Presse von Weimar zur totalitären von Berlin vollzogen die Nationalsozialisten bereits im September 1933. Im Reichskulturkammergesetz und im Schriftleitergesetz von Oktober 1933 wurden ihre neuen Aufgaben (s.o.) festgeschrieben. Wer künftig in der Presse tätig sein wollte, mußte Mitglied der Reichspressekammer sein, die nur Deutsche arischer Abstammung aufnahm. Als Kandidat kam laut §5 nur durch, wer „die Eigenschaft hat, die die Aufgabe der geistigen Einwirkung auf die Öffentlichkeit erfordert". Präsident Max Amann und die Leiter der Landesverbände konnten die Aufnahme eines Journalisten in die Berufsliste verweigern oder ein Mitglied ausschließen, wenn es die „für die Ausübung der Tätigkeit erforderliche Zuverlässigkeit nicht besitzt".

Allein 1.473 Verleger brachten diese Zuverlässigkeit offenbar nicht mit; sie wurden bis 1934 entweder nicht aufgenommen oder gekündigt.

Vier Fünftel der Zeitungen, die vor 1933 im Reich bestanden hatten, waren bis 1944 verschwunden.[19] Die Zahl der sozialistischen und liberalen Journalisten, die ins Exil gingen oder Berufsverbot erhielten, geht in die Tausende. Ebenso die Zahl der Journalisten jüdischen Glaubens, die ihren Beruf aufgeben mußten.[20] 1933 gehörten den Nazis lediglich 2,5 Prozent der deutschen Verlage, 1943 hatte Max Winkler, geheimer Zeitungsaufkäufer der Nazis, bereits 82,5 Prozent aller Blätter unter den Dächern seiner Gesellschaften vereinigt.[21] Vom Rest der „freien" Zeitungen gehörten einige der Großindustrie, die sich der fetten Rüstungsaufträge wegen längst mit den Machthabern arrangiert hatte.

Für Verleger, so stellte der spätere britische Presseoffizier in Berlin, Peter de Mendelssohn, fest, habe es eigentlich nur noch einen Weg gegeben, um sich nicht zu verstricken: den Betrieb stillzulegen. Auch Journalisten, die keine Zugeständnisse machen wollten, hätten „keine andere Wahl" gehabt, als den Beruf oder das Land zu wechseln.[22]

Den Beruf des Journalisten gab es schon wenige Monate nach dem März 1933 nicht mehr. Wer schrieb, wer hinter einem Mikrofon saß, war Teil einer alles im Sinne der Machthaber manipulierenden Propagandamaschinerie. Das Einschieben eines kritischen Adjektivs (selbst das führte gelegentlich zu Strafmaßnahmen), ein verordneter Artikel, der an minderer Stelle gedruckt wurde – all diese bescheidenen Versuche eines Hauchs von Widerstand, eines Schreibens zwischen den Zeilen, wurden von der großen Welle nationaler Begeisterung in den Medien überrollt. Niemand kann heute ernsthaft behaupten, solche Zeichen seien von einer auch nur annähernd beträchtlichen Gruppe von Menschen verstanden worden. Hätte sonst nicht Widerstand entstehen müssen, bevor das Ende der großdeutschen Träume am Horizont aufzog?

Deshalb greift der Versuch des Berliner Zeitungswissenschaftlers Harold Hurwitz, die Journalisten des Reichs von Schuld oder Verantwortung freizusprechen, zu kurz. Hurwitz sagte, die Amerikaner hätten es nicht verstanden, „was es für einen Intellektuellen bedeuten mußte, in einer totalitären Umgebung zu leben, redlich bleiben zu wollen und sich dennoch in seinem Beruf zu halten".[23] Der Beruf war nicht mehr derselbe wie vor 1933. Unredlich war deshalb auch der Versuch, Journalist bleiben zu wollen, redlich bleiben konnte man als Rädchen dieser gigantischen Propagandamaschine ebenfalls nicht. „Wer mitmachte, machte sich schmutzig", hat Otto Köhler[24] resümiert. Er wurde „Teil des Lügensystems".[25]

2. Der Plan von Jalta (1945): Entnazifizierung auch in der Presse

Alle nationalsozialistischen und militärischen Einflüsse aus den öffentlichen Dienststellen sowie dem kulturellen und wirtschaftlichen Leben des deutschen Volkes wollten die Alliierten nach Ende des Krieges ausschalten. Das hatten Churchill, Roosevelt und Stalin auf der Konferenz von Jalta im Februar 1945 vereinbart. Besonderes Augenmerk sollte dabei auf die Presse gelegt werden, der die Sieger in besonderem Maße Schuld am Aufkommen des Nationalsozialismus zuwiesen. Altverleger unterlagen so fast bis zum Ende der Lizenzpflicht im September 1949 einer erheblichen Einschränkung ihrer Berufsausübung. (Sie druckten allerdings in ihren Druckereien die Lizenzblätter.) Ansonsten aber bahnte sich schon bald eine personelle Kontinuität erheblichen Ausmaßes an. Vier Jahre nach Jalta beklagte sich der amerikanische Presseoffizier Ernst Langendorf, daß Naziherausgeber und Redakteure von der Spruchkammer entlastet würden, obwohl „die soziale Schuld der Nazipresse bekannt" sei.[1] „Entlastete" waren als Redakteure wieder zu gebrauchen.

Geplant hatten die Sieger ganz anders. Vollständige Entnazifizierung im personellen und strukturellen Bereich waren vorgesehen. Zeitungen von Deutschen sollten drei Monate lang nicht erscheinen, Armeegruppenzeitungen in den großen Städten zunächst die einzige Informationsquelle bleiben. Doch bald zeigte sich, daß die deutsche Bevölkerung diese Blätter als Propaganda beurteilte und ihnen wenig Glauben schenkte. Lizenzzeitungen erschienen den Amerikanern daher mehr geeignet, die Bevölkerung von einer vorherrschenden Haltung der Apathie und Renitenz gegenüber den Besatzungsmächten abzubringen und sie zum Eingeständnis der eigenen Schuld zu bewegen. Das Alliierte Hauptquartier der Westmächte (SHAEF) einigte sich darauf, daß künftig Deutsche eine Zeitung herausgeben dürften, die eine Genehmigung der Militärregierung vorweisen konnten, eine Lizenz.

Im großen Ganzen strebten Briten und Amerikaner eine einheitliche Pressepolitik an. Zielsetzung war neben der personellen Entnazifizierung die Verhinderung von nationalistischer, pangermanischer, militaristischer, faschistischer oder antidemokratischer Propaganda. Ausgeschaltet werden sollte auch die Verbreitung von Gerüchten, die die Einheit der Alliierten zu untergraben geeignet waren, sowie Kritik an den Entscheidungen des alliierten Kontrollrats.[2] Mit der Kontrollratsdirektive Nr. 40 vom 12. Oktober 1946 wurde erstmals erlaubt, die Politik der Besatzungsmächte zu kommentieren. Für Koszyk eine Direktive, die „bereits im Zeichen des Ost-West-Konfliktes erlassen" worden war.[3]

Unterschiede gab es allerdings in der Konzeption der Zeitungen. Während die Amerikaner (wie auch die Franzosen) ihr Modell der Gruppenzeitung (Lizenzträgergremien mit Vertretern verschiedener Parteien) favorisierten, disponierten die Briten rasch auf Parteizeitungen um. Sie entsprachen damit auch einem Wunsch der Altverleger, die ihre Sorge vor stark links dominierten Gremien geäußert hatten. In der französischen Zone unterlag die Entnazifizierung einer Art Pragmatismus der regionalen Presseoffiziere und wurde daher uneinheitlich umgesetzt – je nach dem zur Verfügung stehenden Personal. Weil an den britischen Heeresgruppenzeitungen bereits zahlreiche deutsche Redakteure mitarbeiten, hatten es die Briten mit der Gründung von Lizenzzeitungen wenig eilig. Als Ende November 1945 in der amerikanischen Zone bereits 18 Zeitungen lizenziert worden waren, gab es in der britischen Zone nur 18 Armeegruppenzeitungen. Die ersten neuen Zeitungen wurden in der französischen und in der amerikanischen Zone gegründet sowie in Berlin, wo die sowjetischen Besatzer bereits mehrere Blätter genehmigt hatten, bevor die Soldaten der Westalliierten im Juli 1945 die Stadt überhaupt erreicht hatten und generell eine andere Pressepolitik verfolgten.

Die Verantwortlichen für die Informationskontrolle, der Amerikaner Robert A. McClure von der Psychological Warfare Division (PWD) und Robert Bruce Lockhart von der britischen Political Warfare Executive (PWE), hielten enge Kontakte.[4] Grundlage ihrer Arbeit war das „Handbuch für die Kontrolle der deutschen Informationsdienste". Darin sind auch eindeutig jene Personenkreise benannt, die in den neu zu schaffenden Medien „unerwünscht" oder „verboten" waren. Als „Prohibited Personnel" angesehen wurden alle leitenden Angestellten des Propagandaministeriums, der Propaganda- und anderen Stellen der NSDAP und der Reichskulturkammer bis zur Position des Ministerialdirigenten. Außerdem alle, die in NS-Zeitungen und Verlagshäusern gearbeitet hatten (ausdrücklich genannt sind der *Deutsche Verlag* sowie *Scherl*) bis zum Schriftleiter. Für nichtoffizielle NS-Zeitungen und Verlage galt ehemals leitendes Personal als „verboten", wenn die Zeitung nach dem 1. Oktober 1944 noch erschienen war. Namentlich aufgeführt sind bei den Nachrichten ausdrücklich das *Deutsche Nachrichtenbüro* (bis zum einfachen „editor"), *Transocean, Weltdienst* und *Europapress*.[5]

Die Amerikaner benannten für ihre Zone in der Joint Chiefs of Staff (JCS-)Direktive 1067, die bis zum 15. Juli 1947 in Kraft blieb, den Kreis derer, die von einer Tätigkeit im Journalismus ausgeschlossen bleiben sollten: alle Mitglieder der Nazipartei, die mehr als nominelle Teilnehmer an der Tätigkeit der Partei waren, Unterstützer von Militarismus und Nazismus sowie gegen die Absichten der Alliierten eingestellte Personen. Unterstützer von Militarismus und Nazismus fanden sich aber auch außerhalb des Kreises, der im „Handbuch" genannt worden war, etwa in Zeitungen, die nicht offiziell der Partei gehörten und schon vor dem 1. Oktober 1944 ihr Erscheinen einstellen mußten, weil die Kriegsumstände dies erforderlich erscheinen ließen.

Wer eine Lizenz erhalten wollte, den sollten die für die Auswahl der Lizenzträger zuständigen District Information Services Control Commands (DISCC) und die Genehmigungsinstanz Information Control Division (ICD) auf Herz und Nieren prüfen. Die Antragsteller hatten einen Fragebogen mit 131 Einzelfragen auszufüllen, der nach der beruflichen Tätigkeit während der Nazi-Herrschaft, der Mitgliedschaft in Organisationen und dem Verdienst fragte. Empfehlungsschreiben bekannter Anti-Nazis oder solcher, die man dafür hielt, waren überaus nützlich. Auch mündlich empfahl ein Kandidat einen weiteren, etwa Wilhelm Högner, der lieber in die Politik wollte, seinen Parteifreund Edmund Goldschagg.[6] Zwei Bedingungen galten in den ersten Monaten nach der Befreiung in der amerikanischen Zone für künftige Lizentiaten:

„1. Der Antragsteller muß als Anti-Nazi bekannt gewesen sein, oder zumindest als Nicht-Nazi. Er darf nicht des kleinsten Kompromisses mit dem Nazi-Regime schuldig sein.

2. Der Antragsteller muß ein erstklassiger Journalist oder Publizist gewesen sein …"[7]

Die zweite Bedingung sollte der Kandidat selbstverständlich nicht unter Goebbels erfüllt haben, sondern vor 1933. Im Anhang B der Lizenzpapiere gab die US-Militärregierung mit den „Richtlinien für die Presse" den Lizenzträgern weitere Kriterien zur Einstellung ihres Personals bekannt, für dessen Auswahl dieselben Grundsätze gelten sollten, die bei der Erteilung der Zulassung angewendet worden waren:

„a. Kein Mitglied oder Förderer der Nazipartei oder einer der Nazi-Weltanschauung freundlich gegenüberstehenden Organisation darf angestellt werden.

b. Kein Befürworter einer gegen die übrige Welt gerichteten militaristischen und imperialistischen Politik darf angestellt werden.

c. Redaktionspersonal darf nicht nach 1935 an Zeitungen oder Zeitschriften tätig gewesen sein, außer in Fällen, wo die Nazigegnerschaft außer Frage steht.

d. Keiner, der durch Mitarbeit mit den Nazis seine wirtschaftliche oder gesellschaftliche Lage in den Jahren der Naziherrschaft verbessert hat, darf angestellt werden."

Ähnlich lauteten auch die Lizenzbedingungen der Briten.

Die amerikanischen Behörden fertigten außerdem zur Erleichterung ihrer Arbeit weiße, graue und schwarze Listen an. Nach diesen Listen des US-„Büros der Militärregierung für Deutschland" (OMGUS) wurden Journalisten, Publizisten und Verleger nach fünf Gruppen bewertet: Weiß A, Weiß B, Grau A (acceptable), Grau B (unacceptable), Schwarz. Nur die erste Gruppe wurde für alle Positionen in allen Medien akzeptiert. Weiß B bewertete Kandidaten konnten ebenfalls leitende Positionen in den Medien besetzen, „mit Ausnahme der Gebiete von Presse, Publikationen oder Filmproduktion". Grau A durfte nicht in politisch bedeutsamen Positionen eingesetzt sein, Grau B nur in „ordinary labour", einfacher Arbeit. Den Deutschen auf der schwarzen Liste war eine Beschäftigung in den Medien verboten.[8] Die Listen erfaßten potentielles Personal auch weit über die Grenzen der US-Zone hinaus, insbesondere was die von US-Soldaten eroberten Gebiete sowie die Vierzonen-Stadt Berlin und Hamburg betraf.

Als die Psychological Warfare Division (PWD)[9] in Aachen die erste Zeitung im besetzten Gebiet gründete, zog sie zwar deutsche Redakteure heran, hielt sich aber streng an die Vorgabe, „daß kein Kompromiß gemacht werden dürfe zugunsten des unmittelbaren

26

Vorteils einer beruflichen Kompetenz".[10] Das hieß, daß bei der Wahl zwischen einem belasteten Journalisten und einem unbelasteten Anfänger der Unbelastete eben angelernt werden mußte. Mit Heinrich Hollands wählten die Behörden solch einen unerfahrenen Mann. Er war Sozialdemokrat.

Letztendlich ließen diese Vorgaben den Presseoffizieren nur eine Wahl: Sie mußten die Redaktionen überwiegend Sozialisten überlassen. Zu Beginn der Lizenzierungs-Phase, so scheint es, wollten sich einige Presseoffiziere daran halten. Bei der Gründung der *Süddeutschen Zeitung (SZ)* etwa meldeten sich Tausende Bewerber, darunter „fast alle einstigen NS-Artikelschreiber. (...) Sie hielten alle trotz ihrer einstigen ‚braunen‘ Aufsätze eine enge Zusammenarbeit mit uns Amerikanern für ganz selbstverständlich." Das berichtete nach einem Jahr Leonard Felsenthal. Er versicherte: „Wir bevorzugten solche Bewerber, die damals lieber berufsfremd wurden, als nur eine einzige Zeile für das sogenannte Dritte Reich zu schreiben."[11]

Abgesehen davon, daß dieser hehre Anspruch auch bei der Gründung der *SZ* nicht erfüllt worden war, konnte sich dieser in der Folge immer weniger durchsetzen. Je mehr Zeitungen entstanden, desto schwieriger gestaltete sich die Suche nach Journalisten, die den hohen Entnazifizierungsanforderungen entsprachen. Für die Presseoffiziere aller drei westlichen Besatzungszonen galt dasselbe: Unbelastete Journalisten waren nicht leicht zu finden.

„Von denen, die über Erfahrungen mit modernen Zeitungen verfügten, waren die meisten untragbar; andererseits hatten aber diejenigen, deren politische Vergangenheit untadelig war, in den meisten Fällen keinen Konnex mehr zur modernen Zeitung."[12]

Schon bald ergriffen deshalb Behörden und Lizenzträger die Hände der ehemaligen Propagandisten. Um das bunte weltanschauliche Gemisch in den Redaktionen dennoch unter Kontrolle zu halten, halfen sich die Franzosen, die es mit der Überprüfung ihrer Redakteure am wenigsten genau nahmen, bis Oktober 1946 mit einer Vorzensur. Auch die Briten ließen sich einige Monate lang die Texte vor dem Druck vorlegen.

Bei den Amerikanern setzte sich aber bald der Wunsch durch, Kontrollaufgaben in die Hände der Deutschen selbst zu legen, zumal die Stimmung in der Heimat eine baldige Rückkehr der „boys" verlangte. Schon Anfang 1946 vertrauten sie den Lizenzträgern daher die Auswahl des Redaktionspersonals an. Dem Beispiel folgten im Oktober 1947 auch die Briten in ihrer Zone, wo ein Zonenpresserat mit deutschen Vertretern gegründet wurde.

Auch die Spruchkammern zur Entnazifizierung lagen in deutschen Händen, in der amerikanischen Zone bereits am 1. Juni 1946, in den Ländern der britischen endgültig (zunächst legten die deutschen Ausschüsse den Militärbehörden ihre Vorschläge vor) im Laufe des Jahres 1948.[13] Die Franzosen gaben ihre Kompetenzen nicht preis. Herausgekommen ist bei den Spruchkammerverfahren eine verschwindend geringe Zahl an „Schuldigen" und „Belasteten", die Kammern wurden zu „Mitläuferfabriken" (Lutz Niethammer). Nach rund 3,66 Millionen Verfahren in den Westzonen wurden 1.667 Personen als „Hauptschuldige" in die Gruppe I eingestuft, etwas mehr als 23.000 in die Gruppe II der „Schuldig Belasteten", 150.000 galten als „Minderbelastete" und wurden der Gruppe III zugeordnet. Rund eine Million Deutsche galten den Spruchkammern als „Mitläufer" (Gruppe IV), mehr als 1,2 Millionen als „Entlastete" (Gruppe V). 1,1 Millionen Verfahren wurden eingestellt.[14] In der Presse führte diese Praxis dazu, daß beispielsweise Alfred Hugenberg, der, von der Schwerindustrie finanziell unterstützt, unzählige kleine Zeitungen mit seinen Materndiensten versorgt hatte und den die Alliierten wegen des ausgebliebenen Widerstandes gegen Hitler als eine der Ursachen für dessen Erstarken ansahen, als „Unbelasteter" freigesprochen werden konnte. Sogar Max Willmy, Drucker der antisemitischen und nationalsozialistischen Zeitschrift *Der Stürmer*, durfte nicht nur wie alle anderen Altverleger seine modern ausgerüstete Druckerei behalten, sondern wurde in die Gruppe der „Minderbelasteten" eingestuft.[15]

Die Angst vor der „Weltgefahr des Bolschewismus" und das sich im Laufe der Zeit herausschälende politische Ziel der Westalliierten – rasche Westintegration im politischen wie im wirtschaftlichen Bereich – schlugen natürlich auch auf die Presse durch. Sie wurde rasch marktwirtschaftlichen Gesetzen unterworfen,[16] was wiederum im personellen Bereich Folgen hatte. Linke Lizenzträger wurden ausgetauscht, etwa in Gießen, Frankfurt, Stuttgart und Heidelberg, dagegen mit Ausnahme einer Kündigung bei der amerikanischen *Neuen Zeitung* im Jahr 1949 kein Lizenzträger und kein Redakteur mehr wegen seiner nationalsozialistischen Zeitungsvergangenheit belangt. Am 21. September 1949 wurde mit dem „Gesetz Nr. 5 über die Presse, den Rundfunk, die

Berichterstattung und die Unterhaltungsstätten" der Alliierten Hohen Kommission die Pressefreiheit wiederhergestellt. Die Re-Etablierung der Propagandisten beschleunigte sich nun erkennbar.

Lizenzierte Zeitungen Juli 1945 – September 1949

Berlin:	US-lizenziert:	2
	GB-lizenziert:	5
	FR-lizenziert:	1
	gesamt:	8

US-Zone:	Hessen:	14
	Württ.-Baden:	16
	Bayern:	26
	Bremen:	2
	gesamt:	58

GB-Zone:	NRW:	27
	Niedersachsen:	13
	Hamburg:	7
	Schleswig-H.:	6
	gesamt:	53

FR-Zone:	Baden:	9
	Württemb.:	6
	Rheinland-Pf.:	10
	Saarland	5
	gesamt:	30

	Insgesamt:	149

(Quelle: Zusammenstellung aus verschiedenen Handbüchern; unberücksichtigt blieben Parteimitteilungsblätter und unpolitische Wochenzeitungen)

3. Leitbilder für einen neuen Journalismus

Mit den Heeresgruppenzeitungen zeigten die Alliierten erstmals, in welche Richtung der Zeitungszug fahren sollte. Das Prinzip der Trennung von Kommentar und Nachricht war darin schon zu erkennen. Die *Neue Zeitung* stellte ein über die Grenzen der Zone hinausreichendes Vorbild dar. Die Briten brauchten länger: *Die Welt* kam erst im Frühjahr 1946, erreichte aber nicht die Qualität und Bedeutung der amerikanischen Publikation. Eine französische Leit-Zeitung gelang nicht. Die *Nouvelles de France* wurden erst 1947 auch in deutscher Sprache aufgelegt.

Das amerikanische Musterblatt: Neue Zeitung

Hans Lehmann war ein Soldat an der Schreibmaschine. Männer wie ihn hatte Propagandaminister Goebbels gemeint, als er seiner Presse 1935 „vorbildliche Disziplin" bescheinigte. Sie waren „das Klavier, auf dem die Regierung spielen konnte" (Goebbels). Kriegsgefangene alliierte Soldaten bezeichnete Lehmann in den *Leipziger Neuesten Nachrichten (LNN)* 1940 als „vertierte Nigger" mit „wulstigen Lippen, einer plattgedrückten Nase und den Augen von Hyänen". Eine „vertierte Soldateska", die Frankreich auf deutsche Soldaten loslasse – „welch beispielloser Verrat an der weißen Rasse", welch eine „Kulturschande".[1] Hans Lehmann schrieb bis zuletzt, und er schrieb von Anfang an wieder. Ausgerechnet beim in München erscheinenden amerikanischen Vorzeigeblatt, der *Neuen Zeitung (NZ)*, fand er seine erste Wiederanstellung.

Auch als dessen Verstrickungen zum Teil bekannt geworden waren, hielt Kendall Foss, 1949 Chefredakteur, an seinem außenpolitischen Redakteur fest. Er verlangte eindeutige Beweise. Vielleicht wurde ihm dieser Text vorgelegt: „An jenem 30. Januar 1933 wird das Tor zum Dritten Reich aufgestoßen. Was die Feinde des Reiches für eine vergängliche Episode hielten, ist die Einleitung einer neuen geschichtlichen Epoche", schrieb er in einer Rückschau auf Hitlers Machtergreifung. Doch dann hätten die „Feinde des Reiches wiederum zur Gewalt gerufen" und seien „zur Erdrosselung des deutschen Lebenswillens" geschritten. Und so sang Lehmann „das Hohelied ewigen Soldatentums", und einen lobt er besonders: „Sie haben die Rechnung ohne das Genie Adolf Hitlers gemacht. (...) Nach dem Kopfe eines Mannes rollt der Feldzug wie ein Uhrwerk ab."[2]

Ähnliche Artikel Lehmanns in den *LNN* sind zahlreich. Nachdem Foss mit den geforderten Beweisen konfrontiert worden war, konnte er Lehmann nach vier Jahren der Mitarbeit nicht mehr halten, weil dieser, so die US-Kontrolloffiziere, „von den Nazis herausgegebenen Zeitungen zu nahe gestanden hat".[3] Ein leise und zurückhaltend formulierter Vorwurf, man vermag fast die knirschenden Zähne zu hören. 1949 stand der Feind längst wieder links.

Von einem Team von Presseoffizieren um Hans Habe gegründet, sollte die *Neue Zeitung* den Deutschen vom 10. Oktober 1945 an Beispiel einer demokratischen Presse sein. Hans Habe, erster Chefredakteur, holte sich unter Mithilfe von Erich Kästner von Beginn an deutsche Redakteure heran, denen nur einige Amerikaner zur Seite standen, um sie einzuweisen. Manchen von ihnen mußte das Handwerk nicht mehr von Grund auf vermittelt werden. Neben Lehmann gestaltete eine Vielzahl von ehemaligen Propagandisten die amerikanische Vorzeigezeitung mit:

NZ-Feuilletonchef Bruno E. Werner hatte bis 1939 bei der *DAZ* gearbeitet, war dann Herausgeber der Zeitschrift *neue linie*. Nebenbei schrieb er auch in der *Deutschen Rundschau* und in der HJ-Zeitschrift *Wille und Macht*. Kurt Ziesel, ein überzeugter Propagandist und Schriftsteller, der nach 1945 als einer der wenigen nicht wieder wie gewünscht zum Zuge kam – er blieb sich und seiner „Gesinnung" treu –, gibt ein Wort Hitlers über den „Kulturpapst von Berlin" zum besten: „Laßt mir meinen Dr. Werner in Ruhe, er ist der einzige, der versteht, was ich kulturell will."[4] Ein Lob vom „Führer", nach dem Krieg keine Auszeichnung mehr. Es wäre eher ein Grund für die Presseoffiziere gewesen, den Kandidaten Dr. Werner mit kritischen Augen zu betrachten.

NZ-Feuilletonredakteur Erich Pfeiffer-Belli schrieb von 1937 an „etwas über Tapeten" (so der Titel eines Beitrags) und andere Feuilletons für die *Frankfurter Zeitung (FZ)*, das *Stuttgarter Neue Tagblatt*

(*StNT*) und das *Berliner Tageblatt*. Später trat er in die Redaktion der *Münchner Neuesten Nachrichten (MNN)* ein. Dort bewies er, daß man auch mit seinen scheinbar unverfänglichen Themen Politik machen kann. „Darf man von Mode noch sprechen?" fragte der Autor und teilte seine Sorge mit, daß auch vor der Mode der amerikanische Wunsch nicht halt mache, eine „Weltherrschaft des Sternenbanners" zu errichten. Er warnte davor, daß künftig von New York aus der „Weltmodemarkt gelenkt werden" solle.[5] Während des Krieges verfaßte Pfeifer-Belli außerdem Serien für das *Illustrierte Blatt*, das zu dieser Zeit begeistert pro-nationalsozialistische Propaganda betrieb. Ein Presseoffizier beurteilte es später als „a scurilous anti-American sheet" (ein verschrobenes anti-amerikanisches Blatt).[6] Außerdem zog es Pfeiffer-Belli an die Seite des Propagandaministers: Seine Artikel erschienen auch im Wochenblatt *Das Reich*, in dem Goebbels stets die Leitartikel schrieb.[7]

Musikkritiker Hans-Heinz Stuckenschmidt erlebte 1939 das „Phänomen deutschen Kulturwillens und deutscher Kulturleistung" bei einem Spaziergang durch Prag.[8] In der *Kölnischen Zeitung* beteiligte er sich mit einem Artikel über die „Goldene Stadt" an einer Beilage, die „Zwei Jahre Protektorat" feierte. Die Prager Frauen, schrieb er begeistert, „verstehen ihre Schönheit zu zeigen. Unter blonden Haaren leuchten Gesichter wie Milch und Blut." Um sich dann überschwenglich der Architektur zuzuwenden: „Und wir begreifen angesichts solcher Fülle des Großen und Schönen, daß hier einst das Herz des Deutschen Reiches schlug."[9]

Sein Partner im Berliner Büro der *NZ*, der Theaterbetrachter und Redakteur Friedrich Luft, war seit 1939 freier Mitarbeiter bei der *DAZ* und beim *Berliner Tageblatt*, ebenfalls aus Berlin trug Erwin Kroll Musikkritik bei.[10] Beide schrieben – entgegen den eigenen Richtlinien zur Auswahl von Redaktionspersonal – unmittelbar nach dem Kriege für die *Allgemeine Zeitung*, die als Besatzungszeitung in Berlin erschien. Daß die Autoren Nazi-Deutschlands durchaus gute Arbeit in der demokratischen Nachkriegspresse leisten konnten, verdeutlichen diese beiden Berliner. Insbesondere Friedrich Luft galt auch nach dem Kriege wieder als einer der fähigsten Theaterkritiker der Bundesrepublik.

Die Literaturbeilage leitete Hans E. Friedrich. Zunächst in der Redaktion der *DAZ*, ging er zu Beginn des Krieges für das Berliner Blatt nach Rom. Glaubt man Orb, war er während des Krieges deutscher

Nachrichtenoffizier in Frankreich und Großbritannien.[11] Während des Krieges schrieb er zunächst über „unsere (sic!) Offensive" im Westen, die ein „einzigartiges Stück Kriegskunst darstellt". Es sei vor allem wieder „die geniale, die Änderungen der Voraussetzungen intuitiv erfassende Führung, die den deutschen Sieg erringt". Dem „Führer und Obersten Befehlshaber" bescheinigte er „äußerste Entschlußkraft von Augenblick zu Augenblick, höchstes Tempo in der Durchführung jeder taktischen Operation". Den Vormarsch zeichneten „stärkste Konzentration auf den Entscheidungspunkt" und „taktisches Ineinandergreifen der Aktionen" aus. Während der Gegner in alten Regeln erstarrt sei, „die einer anderen Zeit angehörten", sei Hauptfaktor des deutschen Sieges „die Einheit der Führung, in der politische Entscheidung, strategische Planung ... und Leitung jeder taktischen Operation zusammengeschlossen sind".[12] Auch später lobte er noch einmal die „umstürzende Genialität der deutschen Kriegsführung".[13]

Verschanzt hinter der Schreibmaschine, forderte er die Soldaten an der Front zu Opferbereitschaft auf: Den Sieg bringe nicht die Herbeirufung Gottes, der oft als Zeuge für die Gerechtigkeit der Sache aufgeboten werde, „sondern die Opferbereitschaft", die „davon abhängt, ob die Kämpfenden den Tod fürchten und das Leben zu sehr lieben, oder ob sie bereit sind, ihr Leben für das in die Schanze zu schlagen, für das sie Gottes Hilfe herbeiwünschen".[14]

Nachdem Habe am 11. März 1946 von München wegbeordert worden war, durfte auch Walter Kiaulehn für die *NZ* arbeiten.[15] Der ehemalige Mitarbeiter der Zeitschrift *Signal*, in der eine Verherrlichung Heydrichs, des Massenmörders von Lidice,[16] erschienen war – gezeichnet mit W. K. –, trat im April 1947 unter Habes Nachfolger Wallenberg in die Redaktion ein.[17]

Kiaulehn wird mit der Bezeichnung „Militarist" sicher nicht falsch interpretiert. In einer Besatzungszeitung findet sich seine Serie über die Infanterie, die „Königin der Waffen, ... das ewig junge Kind des Krieges, der Mann zu Fuß, wie es auch Sokrates war, der Einzige und Ewige, der dem Feind ins Weiße des Auges sieht".[18]

Wegen des Einsatzes dieser Männer waren Habe und seine Nachfolger des öfteren Kritik ausgesetzt. Insbesondere der wörtliche Abdruck des Testaments Adolf Hitlers am 11. Januar 1946 – es war zuvor in der *Ruhr-Zeitung* erschienen – sorgte für Aufregung, weil es Hitler als sehr idealistisch darstellte. Dennoch: Die Durchsetzungskraft der amerikanischen Chefredakteure reichte inzwischen aus, um alle Kritik daran abzuwehren. Angesichts des massiven Wiederauftauchens von ehemaligen Goebbels-Propagandisten im Musterblatt der amerikanischen Besatzungskräfte muß es aber nicht wundern, daß auch die Lizenzzeitungen eine ähnliche Entwicklung nahmen.

Das britische Musterblatt: Die Welt

Mit 39 Jahren wollte sich Josef Ollig noch nicht zur Ruhe setzen. Ein Bündel seiner Artikel unter dem Arm, betrat er irgendwann im ersten Nachkriegswinter das Gebäude des früheren *Hamburger Anzeigers* am Hamburger Gänsemarkt. Oberst Garland fischte aus dem Stapel einen Kriegsbericht über Stalingrad heraus, der in der *Frankfurter Zeitung* erschienen war, die sich 1943 längst in den Händen der IG Farben befand und von „marxistischen" oder liberalen Redakteuren gesäubert war. „Kommen Sie in drei Wochen wieder", sagte der Brite. Was Ollig wahrscheinlich nicht erwartet hatte: „Wollen Sie eine Lizenz für eine parteilich gebundene Zeitung, christlicher Richtung", fragte der General ihn beim Wiedersehen ein paar Wochen später, „oder wollen Sie Ressortchef an einer großen überparteilichen Zeitung werden?" Ollig wollte Ressortchef werden. Auf einen winzigen Zettel kritzelte sein Gegenüber: „Is engaged for 1.000." Ollig war am 1. Januar 1946 einer der ersten Redakteure der britischen Tageszeitung *Die Welt*.[19]

Wie die *Neue Zeitung* der Amerikaner in München sollte auch *Die Welt* Vorbild für die Zeitungsmacher der britischen Zone werden. Inhaltlich wurde sie dem Anspruch allerdings nie gerecht, ein Blatt mit internationalem Ruf zu sein. Vorbild sollte sie „auch in Bezug auf eine politisch-einwandfreie Vergangenheit ihrer Mitarbeiter" sein.[20] Auch dieses Vorhaben mißlang. Nach den alliierten Kriterien für Redaktionspersonal war Ollig keineswegs politisch-einwandfrei.

Genausowenig war es Hans Zehrer, der sich zeitweilig zurückgezogen hatte. Doch Sefton Delmer, Leiter des britischen „German News Service", setzte sich für Zehrer als Chefredakteur ein. Helmuth von Gerlach hatte Zehrer 1932 in der *Weltbühne* „Duce des Tat-Kreises" genannt.

Zehrer war, nach sechs Jahren bei der *Vossischen Zeitung*, von Oktober 1929 bis August 1933 Herausgeber der *Tat* gewesen, die ein anderer Autor später einen „publizistischen Angriff auf die Verfassung von Weimar" nannte.[21] Ihre Ziele: Nationalismus, Sozialismus und Antiliberalismus, Volksgemeinschaft, Autarkie, Planwirtschaft, außenpolitische Abwendung vom Westen und Konzentration auf Osten und Südosten. Sie führten zur Ablehnung des Weimarer Systems und zur Hinwendung zum Nationalsozialismus. Mehr noch: Carl von Ossietzky meinte, im *Tat*-Kreis werde „Hitler überhitlert".[22]

Am 31. August 1932 übernahm Zehrer zusätzlich die *Tägliche Rundschau (TR)* in Berlin (Auflage 10.000). Sie warb vor den Wahlen im November 1932 für die NSDAP, die er nach Auskunft seiner damaligen Frau (eine Jüdin, von der er sich 1938 scheiden ließ) auch seit geraumer Zeit wählte, „um das System endlich zu stürzen".[23]

Zehrers Pech: Er stand vor 1933 Schleicher und Strasser sicher näher als Hitler. Mit einer raschen Wende nach Hitlers Machtübernahme versuchte er, sich und seine beiden Projekte zu retten. Im März 1933 verfaßte er in der *TR* eine Eloge auf Hitler: „Das deutsche Schicksal heißt heute: Adolf Hitler."[24] Im April schrieb er über die „goldene Internationale" des „Judentums, des Geldes und des Handels" und von der notwendigen „Ausschaltung des jüdischen Einflusses von den Schlüsselstellungen der Nation". Wer dies als ungerecht empfinde, dem sagte er: „Die Staatsräson kann niemals humanitär sein."[25]

Alles half nichts. Die *TR* mußte nach einem dreimonatigen Verbot ihr Erscheinen einstellen, Zehrer im September 1933 die *Tat* verlassen. Er erhielt aber kein Berufs- oder Schreibverbot.[26] Zehrer zog sich für fünf Jahre auf Sylt zurück. 1939 wurde er in die Reichsschrifttumskammer aufgenommen, Lektor im Berliner Stalling-Verlag und 1940 dessen Vorstandsvorsitzender. Zum 150. Geburtstag des Verlages nannte der *Hannoversche Kurier* Stalling einen „Namen von deutscher Bedeutung", weil in ihm bedeutende Wehr-Publizistik erscheine, etwa die Militärzeitschrift *Die Wehr* oder ein Buch über die Legion Condor.[27] Der *Völkische Beobachter* gar nannte Verleger Heinrich Stalling nach seinem Tod 1941 einen „Verlagsbuchhändler von besonderem Format", denn er habe „politisches Schrifttum mit ausgesprochen nationalem Charakter" verlegt.[28]

Zehrers Engagement bei den Briten dauerte nur kurz. Im März 1946 mußte er *Die Welt* verlassen. Die Hamburger SPD hatte massiv opponiert, auch die britische Presse kritisch berichtet. Zehrer war in der Folge einer der wenigen Journalisten, die vom praktischen Journalismus ausgeschlossen wurden. Aber Zehrer sollte wiederkommen.

Das Hick-Hack um die Person Zehrers führte sogar zu einem Aufschub des Erscheinens der geplanten Zeitung. Um Zehrers Mitstreiter wurde allerdings weniger Aufhebens gemacht. Neben Zehrer zierten zehn Namen das Impressum der letzten Vorbereitungsnummer der *Welt* (die erste Ausgabe wurde am 2. April 1946 verkauft), unter ihnen Ernst Samhaber, der ehemalige Mitarbeiter des *Berliner Tageblatts*, der *Deutschen Zukunft*, der *Deutschen Rundschau* sowie – als Südamerika-Berichterstatter – der *DAZ*. Karl-Wolfgang Mirbt rechnet ihn in seiner Untersuchung zum „publizistischen Widerstand" der *Deutschen Rundschau*, zur „verschworenen Gemeinschaft". Samhaber hatte in einem Aufsatz über den südamerikanischen Diktator Francisco Solano Lopez („Er glaubte, sein Willen allein genüge, um die Welt aus den Angeln zu heben.") offenbar Hitler gemeint.[29]

Die *Rundschau* mußte 1942 schließen, Samhaber schrieb weiter. In Goebbels' Lieblingszeitung *Das Reich* findet sich kurz vor Kriegsende ein Durchhalteartikel Samhabers. Deutschland solle in einen Kartoffelacker umgewandelt werden, spielte Samhaber auf den längst revidierten Morgenthau-Plan an. „Und diese Welt des Hasses gilt es zu überwinden mit den Waffen und der ganzen Kraft des deutschen Volkes."[30]

In der *DAZ* hatte Samhaber zuvor einen stärker werdenden Einfluß des „Bolschewismus" auf Südamerika angezeigt. Dort tarne sich der Bolschewismus „nationalsozialistisch, indem er gegen das ausländische Kapital agitiert".[31] In den *Leipziger Neuesten Nachrichten* konstatierte er „eindeutig die Überlegenheit des deutschen Wirtschaftsdenkens", das die Westmächte nicht verstünden.[32] Wenig später ergänzte er: „Sie sehen nicht das Neue, den neuen Menschen und den neuen Arbeitswillen. Deswegen können sie die neuen Formen nicht verstehen. An diesem Unvermögen brachen sie zusammen. (...) Die großen militärischen Erfolge vom Sommer 1940 haben eine neue Ordnung in Europa geschaffen. Die Führung ist ... dem deutschen Volke zugefallen. (...) Die natürlichen Gegebenheiten: die Mittellage des deutschen Volksbodens, die zahlenmäßige Stärke des deutschen Volkes und vor allem die geistige Überlegenheit der deutschen Menschen, haben sich ... durchgesetzt. (...) Die politische Führung verlangt, daß auch beim wirtschaftlichen Wiederaufbau Deutschland die Führung haben wird."[33]

Auch als Rassist zeigte sich Samhaber. Die *Neue Rundschau* druckte 1941 seine Gedanken über die Frage, ob es eine amerikanische Gemeinschaft gebe. Sein Ergebnis vorweg: Es gibt keinen „Menschen der Vereinigten Staaten von Amerika". Der amerikanische Mensch, das seien zwar im 19. Jahrhundert überwiegend „germanisch-keltische" Einwanderer gewesen, dann aber seien „Menschen des europäischen Südens und Ostens" eingewandert, „dazu viele Millionen Juden. Wenn es auch möglich war, die asiatische Einwanderung als rassefremd sehr früh abzuwehren, so bleibt das Negerproblem in unvermittelter Stärke bestehen." Es gebe eben keine „rassemäßige Geschlossenheit".[34]

Wie soll das von Samhaber Geschriebene insgesamt gewichtet werden? Neben seinem Schreiben zwischen den Zeilen in der *Deutschen Rundschau* stehen sein Rassismus und sein Herrenmenschentum in anderen Publikationen. Wiegt der indirekte „publizistische Widerstand" in einer von wenigen Intellektuellen gelesenen Zeitschrift die regimegerechten Artikel in einer Tageszeitung mit Massenverbreitung auf? Macht das eine vergessen, daß Samhaber gemeinsam mit dem Reichspropagandaminister für dessen Wochenzeitschrift gearbeitet hat? Der Preis erscheint viel zu hoch, zumal sich die Wirkung der *Rundschau* nur auf ohnedies nationalkonservative Kreise beschränkte.

Samhaber arbeitete nach Kriegsende sofort wieder in seinem alten Beruf. Schon von November 1945 an war er freier Mitarbeiter für die *Oberösterreichischen Nachrichten*, in Hamburg gehörte er zum Gründungspersonal von *Die Zeit*. Sein Buch „Die neuen Wirtschaftsformen" war dagegen 1946 in Österreich „wegen des nationalsozialistischen bzw. faschistischen Inhalts für den Buchhandel und die Leihbibliotheken gesperrt". 1948 erschien sein nächstes Buch mit dem Titel „Überwindung der Krise", weitere sollten folgen. Samhaber wechselte noch vor Ende der Lizenzpflicht nach Mainz, später erneut zur *Zeit* und dann zum *Tagesspiegel* nach Berlin.[35]

Samhaber muß auch Jürgen Schüddekopf gekannt haben, der ebenfalls für *Das Reich* Kriegsberichte geschrieben hatte. Seine Aufgaben als Kulturschriftleiter erledigte der spätere Feuilletonchef der *Welt* im Sinne der Nazi-Ideologie, die diesen Teil der Zeitung als dritte politische Kraft verstanden wissen wollte. Bei der Betrachtung des deutschen Films stellte er „eine geistige Intensivierung" und „eine Steigerung des durchschnittlichen künstlerischen und technischen Niveaus" fest, „die besonders im Vergleich zum Ausland immer wieder verblüffend" sei. Den „Ansatz zu einer neuen Zeitnähe des Films" bemerkt der Autor mit Freuden, habe der Film doch zu Beginn des Krieges noch „erschütternd abseits von den Herzensbewegungen der Tage" gestanden. Im Juli 1940 dagegen sieht er „eine neue Welt der Lebensbejahung und der Lebenswirklichkeit", stütze sich der Film doch „nicht mehr auf Liebe und Eifersucht, sondern auf die tragenden Ideen der Zeit: Kampf, Kameradschaft, Technik, Führertum und Sinnbilder". Auch die Sprache des Drehbuchs besinne sich durch den Krieg wieder „auf ihre einfachsten und klarsten Ausdrucksmöglichkeiten" – ganz im Gegensatz zu England und Frankreich, deren gesamte Produktion „auf den Hetzfilm abgestellt" sei. „Listige Hintertreppendiplomatie" sei das, „Pseudopropaganda". Der deutsche Film aber sei auf dem Weg, „ein gültiger, lebenswirklicher und zeitnaher Ausdruck des deutschen Seins" zu werden.[36]

Als die zwei Gesetze, die „gesetzgebenden Urkräfte", die die Filmproduktion bestimmten, nannte er die „Idee des Staates, der er verpflichtet ist", und den „Anspruch der Vielmillionenzahl des Volkes". Nicht umsonst nannte er den Staat zuerst. Denn: „Der Staat garantiert den Film wirtschaftlich, lenkt ihn weltanschaulich und fördert ihn künstlerisch."[37]

Noch zwei Männer mit Erfahrung gehörten zur Urredaktion: Erwin Topf, der bald zur Zeit wechselte, und der 1994 verstorbene Ben Witter, dessen Geheimnis es wohl bleiben wird, warum er als 20jähriger in den Kriegsjahren unbedingt Journalist werden wollte. 1943 wurde er beim Hamburger Fremdenblatt entlassen, dessen Gebäude nach 1945 Sitz der Redaktion von Die Welt war. Weitere Mitarbeiter der ersten Probenummern sollen Lovis H. Lorenz (bis zur letzten Ausgabe 1944 Chefredakteur bei Scherls in Berlin erscheinender Zeitschrift Die Woche), Richard Tüngel (siehe Die Zeit), Hans Scherer (ehemals Redakteur der Berliner Börsenzeitung) und C. W. Ceram (Kurt W. Marek), ehemals Serienautor der Berliner Illustrirten, gewesen sein.[38]

Am 1. November 1946 erhielt die Politikredaktion Zuwachs. Der neue Name: Hans-Joachim Kausch. Nach einer eidesstattlichen Erklärung vom 16. Oktober 1947 (mittlerweile als Chef der Zentralredaktion) hatte er von 1933 bis 1944 in seiner „Eigenschaft als Berliner Korrespondent der Hamburger Nachrichten, der Schlesischen Zeitung und anderer nicht parteigebundener (sic!) Tageszeitungen" an den Pressekonferenzen der Reichsregierung teilgenommen.[39]

1943 reiste Kausch auf Einladung des zuständigen Ministeriums in die besetzten Ostgebiete. Seine „Einblicke in die bisher erzielten Leistungen und die Planungen" der selbsternannten deutschen Entwicklungshelfer in der Südukraine und auf der Krim: Die „sowjetische Verwaltung" habe einen „Torso" hinterlassen. Jetzt gelte es, „eine neue Etappe in der Auflockerung des bolschewistischen Agrarsystems und in der Abschaffung der verhaßten Kolchose" zu erreichen. „Freund und Helfer ist der Gebietskommissar vor allem den Reichsdeutschen und Volksdeutschen. Sein Haus ist Treffpunkt der Kameraden. Auch die weibliche Hand fehlt nicht. Deutsche Mädel, ausgebildet in der Kolonialschule von Witzenhausen für alle Arbeiten der Farmersfrau, ... führen erst recht ein Stück Heimat in diese Männerwelt ein und verbreiten um sich anheimelnde deutsche Gemütlichkeit." Für alle sei dies eine schwere Arbeit. Doch: „Um deutsches Blut und deutsches Volksgut zu retten, lohnt sich jede Mühe."[40]

Einen Monat nach Kausch stieß Günther Sawatzki als Kulturredakteur zur *Welt*. Seine Richtlinien über die Aufgabe der Kulturpolitik einer Zeitung, formuliert schon 1933 in *Die Literatur*, entstammten dem Fundus der Nationalsozialisten: „Das Feuilleton hat niemals Tendenz, aber immer Richtung", schrieb der damals 27jährige. „Es will nicht bewirken, sondern befestigen. Es kann keine andere Haltung anerziehen, als die dem Gehalt des deutschen Wesens entstammt."[41] Das qualifizierte ihn dazu, wenig später die Schriftleitung Kulturpolitik beim *Mannheimer Tageblatt* zu übernehmen.[42] Sawatzki wechselte von der *Welt* schon Ende 1946 zur *Hamburger Allgemeinen Zeitung*.

Zu den freien Mitarbeitern mit Garantie, also fester Gehaltspauschale, gehörten am 1. April 1946 Paul Fechter und Josef (Jupp) Müller-Marein (Reporter bei der *Zeit*), und noch vor der Generallizenz wurde auch der erfahrene Heinz Barth Mitglied der Redaktion, während des Krieges Spion des Sicherheitsdienstes und Auslandskorrespondent in Madrid und Burgos.[43] Herbert Kremp betitelte seinen Nachruf so: „Heinz Barth – ein Journalist mit Perspektive und Eleganz".[44]

Auch Hans Zehrer kehrte, wenn auch vergleichsweise spät, heim zur *Welt*. Axel C. Springer, Freund aus Kampener Tagen, machte ihn 1953 zum Chefredakteur, nachdem er das Blatt übernommen hatte. Zehrer wollte ebenfalls einen alten Kameraden mitbringen, Ferdinand Fried(rich Zimmermann). Der sagte nicht nein, denn seine Ehre hieß Treue. Zimmermann war SS-Sturmbannführer gewesen, mit der SS-Mitgliedsnummer 250 086.[45]

4. Lizenzzeitungen unter alliierter Aufsicht

4.1. Berlin

Der Kampf um Berlin begann in der Westberliner Presse schon im März 1946. SPD und KPD sollten zur SED verschmolzen werden. Der *Tagesspiegel*, der zunächst eine „sowjetfreundliche Haltung"[1] gezeigt und sich bemüht hatte, Berlin zur Brücke zwischen Ost und West zu machen, stellte jetzt um. Klar trat das Blatt gegen die Vereinigung der beiden Parteien ein, die in der sowjetischen Besatzungszone dennoch im April vollzogen und von der KPD und Teilen der SPD auch im Westen angestrebt wurde. Eine Spalte widmete sich in jeder Ausgabe dem „Kampf für die Freiheit".[2]

Die Unterstützung der Gegner der Einheitspartei soll zwar nicht offizielle Politik der Amerikaner gewesen sein,[3] dennoch wurden dem *Tagesspiegel* genau in der Zeit der Kampagne (in Ost und West) wiederholt Auflagenerhöhungen genehmigt – von 335.000 auf 450.000. Die französischen Presseoffiziere pflegten auch in Berlin ihren Opportunismus gegenüber Goebbels' Propagandisten. Und die Briten beeilten sich, Anfang 1946 Lizenzen für zwei neue Zeitungen zu erteilen, den *Telegraf*[4] und den *Sozialdemokrat*[5], um den Westberlinern die Angst davor zu nehmen, die Gerüchte über einen bevorstehenden Abzug der Alliierten aus der Stadt könnten sich bewahrheiten, und gegen die Überzahl an sowjetischen Zeitungen anzukämpfen. Insgesamt sechs Titel hatten die sowjetischen Behörden unmittelbar nach Kriegsende gegründet: *Berliner Zeitung* (überparteilich), *Deutsche Volkszeitung* (KPD), *Das Volk* (SPD), *Neue Zeit* (CDU), *Der Morgen* (LDP), *Volkswille* (KPD). Im März 1946 kamen drei weitere Ost-Zeitungen hinzu.

Schon Anfang 1948 erschienen alle Westberliner Zeitungen täglich (das konnte damals außer ihnen nur noch die *Mainzer Allgemeine*). Dazu wurde im Juni 1947 mit dem *Rundfunk im Amerikanischen Sektor (RIAS)* ein Hörfunksender installiert, den die Sowjetunion als Provokation empfand.

Schon 1948 wurden für einen *Tagesspiegel*-Redakteur die Untaten der Deutschen im Dritten Reich von den jüngeren Erfahrungen mit den Russen überlagert: 25 Jahre Zwangsarbeit, so lautete ein Urteil in der Sowjetischen Besatzungszone (SBZ) gegen fünf Westdeutsche, die die rote Fahne vom Brandenburger Tor geholt hatten, dazu Blockade, „Ausplünderung der Wirtschaft bis zur Schändung unserer Frauen" – dagegen würde die Erinnerung an die Verbrechen der Nazis zu verblassen drohen, meinte E. A., vermutlich Erich Anspach.[6]

Die Pressekontrolle ließ diesen Kommentar unbeanstandet, weil das Verbot der Kritik an den Alliierten längst nicht mehr in Kraft war. Besonders in Berlin rückte die „Bekämpfung des Nationalsozialismus ... hinter die Auseinandersetzung mit dem Kommunismus".[7] Der ansonsten gegenüber den Deutschen äußerst tolerante Berliner Zeitungswissenschaftler Harold Hurwitz konstatiert sogar, die Kommentatoren der Berliner Zeitungen „reagieren manchmal mit ausgesprochen nationalistischen Emotionen".[8]

Der westdeutsche Medienfeldzug gegen die Kommunisten im Osten war offiziell im Oktober 1947 eingeläutet worden – der kommunistische gegen den Westen war bereits angelaufen –, und auch die westliche Presse argumentierte längst ziemlich deutlich gegen die „Bolschewisten". Die Nachrichtenagentur *UPI* gab eine Rede General Clays wieder, der gesagt habe, die Direktive Nr. 40, die Angriffe auf die Alliierten untersagte, gelte nicht für Angriffe gegen den Kommunismus.[9]

Berlin war zu diesem Zeitpunkt längst nicht mehr Brücke zwischen Ost und West, sondern Frontstadt. Das mußte sich auch auf den hart umkämpften Zeitungsmarkt auswirken. Beim schnellen publizistischen Gegenschlag, so der Eindruck, wurden die Lizenzträger und Redakteure von den Presseoffizieren (noch) weniger streng als anderswo unter die Lupe genommen. Wie in keiner anderen Stadt sonst sammelten sich in der ehemaligen Reichshauptstadt die alten Federn.

Der Tagesspiegel: Kampf gegen den Kommunismus

Erstes Angriffsziel des Ostens war der *Tagesspiegel*. Erik Reger, so giftete im November 1948 das *Neue Deutschland (ND)*, sei ein „faschistischer Journalist". Auf Seite 1 druckte das Ostberliner Blatt einen Steckbrief, in dem es hieß, der Lizenzträger des *Tagesspiegel* habe in den zwölf Hitlerjahren „in keiner Weise am antifaschistischen

Kampf zum Sturz Hitlers oder zur Abkürzung des Hitlerkrieges" teilgenommen. „Statt dessen half er SS-Literaten bei der Abfassung nazistischer Bücher."[10]

Der amerikanische Presseoffizier Peter de Mendelssohn schätzte Reger als „starke Persönlichkeit" und „außerordentlich kraftvollen Publizisten". Mitlizentiat Heinrich von Schweinichen hatte Mendelssohn ein Memorandum Regers mit dem Titel „Grundsätzliche Gedanken zum Wiederaufbau der deutschen Presse" übergeben. Mendelssohn brachte die beiden mit Walter Karsch und seinem „alten Freund" Edwin Redslob zusammen. Das Lizenzträgergremium des *Tagesspiegel* war konstituiert.[11]

Das *ND* griff Reger und den *Tagesspiegel* vor allem wegen Regers Attacken gegen die Vereinigung von SPD und KPD zur SED an, aber auch wegen seiner Einstellung zum Krieg. Reger vertrat die Ansicht, auch ohne Hitler hätte es einen Zweiten Weltkrieg gegeben, das sei schon nach Hindenburgs Wahl klar gewesen.[12] Jetzt sahen ihn die Kollegen des *ND* sogar als „Anhänger eines dritten Weltkrieges". Das SED-Blatt zitierte aus einem Leitartikel, gezeichnet mit „rg.", Regers Kürzel: „Was anderes könnte die Aufgabe des amerikanischen Präsidenten sein als die, ... den dritten Weltkrieg (!) so energisch (!), furchtlos (!) und neuartig (!) zu führen, daß er mit einem die freiheitlichen Völker vom Alpdruck erlösenden Frieden beendet werden kann."[13]

Regers Vorkriegsgeschichte: Seine Bücher waren zwar von den Nazis verboten worden, und er emigrierte 1934 in die Schweiz (wo er Artikel für die *Basler Nationalzeitung* schrieb), aber 1936 kehrte er zurück, wurde Mitglied der Reichschrifttumskammer und veröffentlichte Novellen bei Rowohlt. Von 1938 bis 1945 war er Angestellter des Deutschen Verlags, den die Nationalsozialisten der Familie Ullstein abgepreßt hatten. In verschiedenen Tageszeitungen wurden Romane Regers, aber auch Schöngeistiges in den Feuilletonspalten abgedruckt.[14] Die Amerikaner schätzten ihn dennoch äußerst positiv ein: „Er verband die Qualitäten eines Zeitungsherausgebers, Gelehrten und Anwalts der Sozialdemokratie, was sehr nützlich war, um den Kern für eine demokratische Presse in Deutschland zu pflanzen."[15] Erik Reger war der erste deutsche Journalist, der ins Ausland reisen durfte, zur Außenministerkonferenz im Februar 1948 nach London.

Auch beim zweiten Lizenzträger, Edwin Redslob, hätten die Ostberliner Propagandisten Beweise für Kollaboration finden können.

Der ehemalige Reichskunstwart (bis 1933) war den Amerikanern als „freelance writer" für Reclam und Insel Verlag von 1933 bis 1945 bekannt.[16] Was er den Amerikanern verschwiegen hatte und diese übersahen: In *Das Reich*, der Zeitung, die Goebbels Woche für Woche mit Leitartikeln versorgte, versuchte Redslob 1944, Goethe zum Ahnherrn der (von den Nationalsozialisten verehrten und geförderten) „Wissenschaft für das Volkstum" zu machen. Goethe, darauf verweist Redslob, habe den Begriff der Volkheit, die „naturgegebene Gemeinschaft", geschaffen, „der die Erfüllung in der Nation als Voraussetzung für die Erfüllung in der Menschheit fordert".[17] Im Belgrader NS-Besatzungsblatt *Donauzeitung* betrachtete er die slowakische Kunst und sah die „Gegenüberstellung einer männlich-ernsten, zugleich im politischen Tageskampf stehenden Literatur und einer vielfach von Frauen geübten Volkskunst", etwa Töpfern. Redslob anerkennt, die slowakische Kunst sei „Anregung für Europa: befreit und neuen Möglichkeiten zugeführt im eigenen, im Kampf sich bewährenden Staat, erscheint sie infolge der engen Verbindung mit Deutschland als eine Brücke zwischen dem Europa des Ostens und der der Mitte".[18]

Erster Wirtschaftsredakteur war Otto Bach. Er hatte im Dritten Reich enge Kontakte zur Handelskammer in Paris, wo er eine offizielle Zeitschrift herausgab, „mehr oder weniger ein offizielles Sprachrohr der deutschen Wirtschaftspolitik in Frankreich".[19] Auch Wirtschaftsminister Walter Funk schrieb in diesem Blatt. In einem Zusatz zum Fragebogen erklärte Bach, er habe dieses Amt angenommen, „um der Einziehung zum Militärdienst zu entgehen".[20] Ein SPD-Mitglied namens Fechner (vermutlich der spätere Justizminister der DDR, Max Fechner) schrieb Bach folgende Empfehlung: „Seine journalistische Befähigung dürfte erwiesen sein durch seine erfolgreiche Mitarbeit sowohl in der deutschen als auch in der Auslandspresse."[21] Trotz seiner Zusammenarbeit mit dem Nazi-Wirtschaftsministerium erschien er den Behörden auch aufgrund dieser Empfehlung als Wirtschaftsredakteur tragbar. Eine Lizenz blieb ihm allerdings verwehrt.

Von Beginn an gehörte auch Robert Arzet zur Wirtschaftsredaktion des *Tagesspiegel*, die er spätestens im September 1946 in leitender Funktion übernahm.[22] Arzet war 1931 bis 1937 Berliner Korrespondent des *New York Herald Tribune* und gleichzeitig von 1923 bis 1937 der *Basler Nationalzeitung* (für die auch Reger gearbeitet hatte). Während des Krieges plante er – großdeutsch – in der *Deutschen Berg-*

werkszeitung „Die Zukunft des deutschen Kapitalexports" nach der „wirtschaftlichen Neuordnung des europäischen Raumes" sowie die „kommende Kolonialpolitik". Neue Gesetze für die Kapitalbewegung „zwischen den künftigen Großräumen" müßten gesucht werden. Deutliches Mißfallen findet Arzet am „jüdischen Interesse gerade an den lukrativen Industrie- und Handelsunternehmungen in Südosteuropa".[23]

Als der großdeutsche Traum geplatzt war, mußten die Deutschen umdenken. Kaum mehr als ein Jahr war es her, daß Arzet die Finanz- und Währungskonferenz der Vereinten Nationen von Bretton Woods und die Verträge über die Einrichtung einer Weltbank und eines Weltwährungsfonds attackiert hatte: „Die amerikanische Währungspolitik kann also nur Mißtrauen einflößen."[24] Dreieinhalb Jahre war es her, daß Arzet den Amerikanern eine „finanzielle Durchdringung fremder Staaten"[25] vorgeworfen hatte. Jetzt war Berlin froh, die Amerikaner in der Stadt zu wissen.

Die amerikanischen Kontrolloffiziere versahen Arzet mit dem Prädikat GA (grey acceptable). Damit war er faktisch entnazifiziert, kam allerdings für eine Führungsaufgabe in der neuen demokratischen Presse nicht in Frage. Ein mildes Urteil, denn Arzet hatte in seinen Artikeln eine deutsche imperialistische Politik verfolgt, indem er Kolonien als künftigen Besitz Deutschlands ansah und einen europäischen Großraum unter deutscher Führung anstrebte.[26]

Arzets Nachfolger von April 1949 an, Robert Hafferberg, konnte von 1934 bis 1945 als freier Wirtschaftsjournalist arbeiten, vorwiegend für die *Münchner Neuesten Nachrichten (MNN)*. In seinen Analysen fand er – nicht falsch, aber der Regierungspropaganda folgend – bestätigt, „daß Demokratie und Freiheit in schweren Konflikt miteinander geraten können".[27] Außerdem war er Hauptschriftleiter eines Versicherungsfachblatts.[28] Im offiziellen Organ des Berufsverbandes, *Deutsche Presse*, nannte er 1934 die „Aufgaben der Zukunft" für den Handelsteil:

„1. Darstellung und Verständlichmachung der Regierungsmaßnahmen auf wirtschaftlichem Gebiet

2. Kontrolle der Wirtschaft, ob und inwieweit sie den Grundsätzen der Regierung gerecht wird

3. Getreue Widerspiegelung der Auswirkungen der Regierungsmaßnahmen auf die gesamte Volkswirtschaft"[29]

Die Berliner Redaktion des *Tagesspiegel* übernahm 1947 Ludwig Eberlein, der später wieder zu seinem ursprünglichen Gebiet zurückkehrte, zur Kulturpolitik. Noch 1944 war er Mitarbeiter in diesem Ressort bei *Das Reich* gewesen. Als Musikkritiker der letzten und auch wieder der ersten Stunde fand Erwin Kroll beim *Tagesspiegel* ein Dach. Gleichzeitig schrieb er über Berlins Musikszene in der *Neuen Zeitung*. Bisweilen lag der Tenor seiner Artikel nahe dem Kulturverständnis der nationalsozialistischen Machthaber. In der *DAZ* berichtet Kroll 1941 über Komponisten und „die Musikerzieher von heute". Die müßten sich nach den „musikalischen Gemeinschaftsbestrebungen" richten und sich auf „die Schaffung einer musikalischen Volkskultur" einstellen.[30] Während des Krieges scheute sich Kroll nicht, seine Berichte auch an die *Kieler Zeitung* zu verkaufen, das „gauamtliche Organ der NSDAP". Auch dem Stuttgarter Partei-Gauorgan, dem *NS-Kurier*, lieferte er mitten im Krieg Neues über das „Sommerliche(s) Musikleben in Berlin" und andere Artikel.[31] Die Kulturschriftleiter druckten Krolls Texte offenbar gern. Zu seinen Auftraggebern zählten auch die *Danziger Neuesten Nachrichten* und die *Hallischen Nachrichten*.

Für das Sportressort und das Demokratische Forum (unter diesem Titel wurden Leserbriefe abgedruckt) verließen sich die Lizenzträger ebenfalls auf Altbewährte: Victor Hackenberger diente 1933 bis 1945 als Sportjournalist und Redakteur beim Ullstein-, dann Deutschen Verlag, im *12-Uhr-Blatt* und bei der *BZ am Mittag*, die „besonders den Volkssport pflegt".[32] Konrad E. Engelbrecht, der im November 1947 dazukam, war Mitarbeiter der *Berliner Börsenzeitung* gewesen.

Der Abend: NS-Verlagsdirektor als Lizenzträger

Bei der zweiten amerikanisch lizenzierten Zeitung Berlins, *Der Abend*, zeigt sich die Doppelzüngigkeit der amerikanischen Lizenzpolitik am deutlichsten. Während in Bayern, Baden-Württemberg und Hessen dutzende Altverleger wegen ihrer Vergangenheit im Dritten Reich – zu Recht – nicht wieder beschäftigt wurden, durfte der Manager eines großen NS-Verlags seine Tätigkeit in Berlin nahtlos fortsetzen: Lizenzträger Hans Sonnenfeld, von 1930 bis 1945 Direktor der Druckerei-Abteilung beim Ullstein-, dann Deutschen Verlag, erhielt trotz seiner leitenden Funktion im Nazi-Unternehmen das Prädikat WA (white acceptable).

Der Kollege an seiner Seite, Chefredakteur Maximilian Müller-Jabusch, war bis 1941 Pressechef bei der mächtigsten und einflußreichsten Bank des Reiches, der Deutschen Bank.

Ihr Personal suchten die beiden entsprechend aus: Lokalredakteur Paul Alfred Otte war bei der *Berliner Volkszeitung* für Kultur und Unterhaltung verantwortlich gewesen.[33] Reporter Dieter Friede, der später unter dubiosen Umständen im Ostsektor der Stadt verschwand,[34] hatte für die *Rheinisch-Westfälische Zeitung* und die *Pößnecker Zeitung* als Hauptstadtkorrespondent die Berliner Politik betreut. Die Briten hatten ihn zuvor schon an ihrer Besatzungszeitung *Der Berliner* mitarbeiten lassen.

Einen erwiesenen Antidemokraten heuerten die Lizentiaten mit Werner von Lojewski[35] an, der den Amerikanern – vor 1945 – entgegengeschleudert hatte: „Diese amerikanische Demokratie wird vom neuen Europa nicht gewollt."[36] Es war seine Antwort auf Roosevelts Wort, Amerika müsse Europa retten. Lojewski sah das ganz anders: Nicht die Amerikaner und ihre Demokratie hätten beispielsweise soziale Sicherheit erreicht, denn Demokratie und soziale Sicherheit seien gar nicht zu vereinbaren, dagegen habe „der Nationalsozialismus in Deutschland dieses Problem gelöst".[37] Lojewski war – das bezeugt auch seine Tätigkeit für den *Westdeutschen Beobachter* und die *NSZ-Westmark* Ludwigshafen (Zielsetzung: „Vertiefung der nationalsozialistischen Weltanschauung"[38]) – ein überzeugter Anhänger Adolf Hitlers und Antijudaist: „Aus den Worten des Führers, der es stets anderen überließ, falsche Diagnosen und Prophezeiungen zu machen", schöpfte Werner von Lojewski „Zuversicht", daß der Krieg bald siegreich beendet sein werde.[39] Während sich in Amerika die britischen „Kriegstreiber und Finanzmänner, die Rüstungsmagnaten und die Börsenjuden miteinander vermählt" hätten, entstehe in Europa die neue Welt unter dem „weiten Dach der Achse".[40] Als der Blitzkrieg sich dann doch länger hinzog, und Hitler sagte, „der Krieg kann dauern, solange er will – das letzte Bataillon auf diesem Felde wird ein deutsches sein", findet Lojewski die Verzögerung nicht so schlimm: „Die Leiden der Jahre nach dem Weltkrieg haben entscheidend zum nationalsozialistischen Aufbruch beigetragen. Was wiegt es demgegenüber, wenn zum endgültigen Aufstieg des Abendlandes noch Opfer gebracht werden müssen und dieser Aufstieg nicht über Nacht kommt, sondern eine Zeit braucht! Wir haben die Kraft und die Nerven, nicht nur unsere Feinde, sondern auch die Zeit zu überwinden. Mit dieser Losung geht das deutsche Volk weiter ans Werk."[41]

1941 war für ihn der Krieg „im Grunde schon entschieden". Und so „können wir mit aller Lässigkeit nach England hinübersagen: Marschiert nur im Westen auf, und ihr werdet euer blaues Wunder erleben".[42]

Als der Traum zu platzen drohte, forderte Lojewski in einem Leitartikel von jedem Deutschen „äußersten Einsatz".[43] Den West-Alliierten warf er vor, den dritten Weltkrieg schon zu planen für die Zeit, in der „der gemeinsame Feind am Boden liegen würde". Das sei eine „Bankrotterklärung der Demokratie". „Damit wird bewiesen, was aus Europa werden würde, falls Deutschland den Krieg nicht gewinne. Weltkrieg Nr. 3 wäre die unausbleibliche Folge."[44] Noch aber, so wenig später, stehe das Reich zwar „in Ruinen", aber „ungebrochen", und er sieht ein „Weihnachtsfest ungeschwächten Kampfeswillens in der Reichshauptstadt".[45]

Lojewskis Vertrauen in die „starke und mutige Führung" ist auch 1943 nicht erschüttert. Die Alliierten müßten erkennen, daß „des Volkes moralische Widerstandskraft auch in Zeiten der Rückläufigkeit nicht zermürbt werden kann". In den USA und England herrsche darüber „bange Unrast", zumal man dort nicht wisse (weil es die deutsche Propaganda nicht hinausposaune), welche „Überraschung" man noch bereit habe.[46]

Nicht nur er, auch andere Propagandisten hielten die Bevölkerung mit solchen Durchhalteartikeln bei der Stange, indem sie die Mär von einer kommenden Wunderwaffe aufrechterhielten. Man kann ihnen den Vorwurf nicht ersparen, den Krieg verlängert und den Tod unzähliger Menschen billigend in Kauf genommen zu haben.

Lojewski ist keine Ausnahmeerscheinung. Leitartikel mit diesem Tenor schrieben die allermeisten politischen Kommentatoren in allen Tageszeitungen des Reichs – eingeschlossen die Zeitungen der Intellektuellen, deren Schriftleiter nach 1945 für sich in Anspruch nahmen, auf ihre Weise Widerstand geleistet zu haben. Wenn dem so gewesen sein soll, so gingen derartige Gedanken in einer Flut propagandistischer Artikel unter, die anschwoll, je weiter der Krieg fortschritt und der Bestand des Reiches schließlich für Journalisten erkennbar bedroht war.

Kurier: Nachdenken über die Zeit

Den *Kurier*, der mit der französischen Lizenz Nr. 2904 erstmals am 12. November 1945 erschien, übernahmen Teile der ehemaligen Redaktion der *Frankfurter Zeitung*. Paul Bourdin, 1933 bis 1943 Pariser und Brüsseler Korrespondent der *FZ*, ab 1944 für die *DAZ*, wurde anstelle Carl Helfrichs bald Chefredakteur. Mendelssohn urteilte, Bourdin habe das Blatt mehrere Jahre mit Geschick, Umsicht und Geschmack geleitet.[47] Inmitten von Trümmern und in fensterlosen Räumen, ausgestattet mit ein paar Stühlen und Tischen, einer alten Schreibmaschine und einem Telefon, entstand bis zum 12. November 1945 in der Schulzendorfer Straße im Stadtteil Wedding die erste Nachmittags- und Abendzeitung.

Das scheint Bourdin für seine späteren Aufgaben als Regierungssprecher in Bonn qualifiziert zu haben. Vergessen war, daß er neben Goebbels' Leitartikeln in *Das Reich* aus seiner Weltanschauung keinen Hehl gemacht hatte: Maurice Thorez war für ihn ein „denaturierter Franzose",[48] Franzose zwar, aber eben Kommunistenführer.

Um sich sammelte Bourdin seine alten Kollegen von *FZ* und *Das Reich*. Wirtschaftsredakteur Hans (Otto) Wesemann hatte von 1934 an der *FZ* angehört. Während des Krieges ließ er sich von Goebbels zu *Das Reich* locken, ein lukrativer Job: Redakteure erhielten zwischen 700 und 900 Reichsmark Gehalt, Ressortleiter sogar 1.100 bis 1.500. Gemeinsam mit John Brech leitete Wesemann das Wirtschaftsressort. 1944 belächelte er die „verkitschte Massenseele" der Amerikaner. Die Kriegsinserate (etwa für sparsamen Verbrauch) in amerikanischen Zeitungen versuchten, „wirtschaftliche Einsicht und nationale Disziplin in Köpfe zu pflanzen, die dafür längst verdorben sind".[49] Deutsche Propaganda.

Auch einige der ehemaligen Berliner Redakteure der *FZ* fanden beim *Kurier* ihr erstes neues Wirkungsfeld. Kurt Balzer etwa, mindestens bis Kriegsbeginn Chef vom Dienst beim *Berliner Lokalanzeiger*, oder Eberhard Schulz, der während des Krieges als Berichterstatter des Heeres schwülstige Reportagen aus Tunesien geschrieben hatte (in der *FZ* und in *Das Reich*[50]) und 1943 auch noch die stellvertretende Hauptschriftleitung der *Deutschen Leipaer Zeitung* und des *Volksanzeigers Haida* im besetzten Sudetenland übernommen hatte. Mit SS-Mann Hans Schwarz van Berk hatte er außerdem ein Redaktionsbüro betrieben, das Propaganda ins Ausland lancierte.[51]

Einer von Schulz' Kriegsberichten erzählt: „Und tief gesättigt und den Rausch des Sieges in den Adern wandern die erschöpften Sinne einem neuen Tag zu. Es wartete eine neue Schlacht." Natürlich waren auch in dieser die deutschen Soldaten überlegen. Es sei das „Zusammenspiel der Instinkte in unserer Panzerherde (gewesen), die den Feind zusammentrieb".[52]

1947 wechselte Schulz zur *Wirtschaftszeitung* nach Stuttgart, wohin ihn sein ehemaliger stellvertretender Chefredakteur, Erich Welter, gerufen hatte. Beide gingen dann kurz nach der Gründung 1950 zur *Frankfurter Allgemeinen Zeitung (FAZ)*.

Zu den Gründern des *Kurier* gehörte auch Margret Boveri.[53] Sie war außenpolitische Schriftleiterin des *Berliner Tageblatt* gewesen, dann Auslandskorrespondentin der *Frankfurter Zeitung* in Skandinavien, den USA und Portugal. Und sie hatte in Rudolf Pechels *Deutscher Rundschau* zum Kreis der publizistischen Widerständler gehört. Sie schrieb bis Kriegsende. 1956 reflektierte sie: „Die Erfahrung, daß Personen, die ich nicht als Verbrecher ansehen konnte, mit den verschiedensten Begründungen, aber in meist sehr gleichförmiger Weise verhaftet, mißhandelt, oft auch hingerichtet wurden, hat mich zum Nachdenken über die Besonderheiten meiner Zeit gezwungen."[54]

Das hat sie offenbar erst nach dem „Zusammenbruch" getan. Denn zwischen ihrem Wirken unter Pechel und ihrer Integration in die neue demokratische Presse hatte Boveri durchaus ihren „Sündenfall". Die letzte Ausgabe des Goebbels-Blattes *Das Reich* zierte ihr Nachruf auf Franklin Delano Roosevelt, den amerikanischen Präsidenten. Ihr erster Satz: „Ein großer Feind Deutschlands ist gestorben." Wo, so fragte sich die Autorin, liegen die Wurzeln des Hasses auf Deutschland, den sie Roosevelt unterstellte? Boveri suchte in der Familiengeschichte, schließlich war ja alles erblich im Nazideutschland und somit auch der Haß. Was Boveri ausgrub, war kein Geheimnis, aber brauchbar: Roosevelts Großvater sei Opiumschmuggler gewesen, die Mutter trage den Vornamen Sara, als Kind habe Roosevelt Marinegeschichten gelesen („bis zum Werke Malans, dem imperialistischen Marinestrategen Amerikas") und an einer Kopfgrippe nach der anderen gelitten. Es scheine, so spottete Boveri, „als habe der protestantisch-amerikanische Gott … ihm noch ein Gutes antun wollen, indem er sein Leben zu Ende gehen ließ, bevor das Unheil seiner Politik zur Erfüllung und Vollendung kam". Viele begännen zu erkennen, daß der ganzen Welt

Schreckliches bevorstehen möge. „Aber der Mann, der für Amerika die Verantwortung trägt, hat sich ihm durch den Tod entzogen.“[55] In derselben Ausgabe, am 22. April 1945, rief Goebbels in seiner wöchentlichen Kolumne zum „Widerstand um jeden Preis“ auf.

Neben Boveri konnte man im Feuilleton auch schon wieder Stücke von Karl Korn (früher *Berliner Tageblatt*, *FZ* und *Das Reich*), Christa Rotzoll (*Reich*-Mitarbeiterin), Peter Bamm (*Reich*-Autor) und Carl Linfert lesen.

Linfert hatte 1943 als „Wege und Ziele der Kunst“ folgendes propagiert: „Da Dank dem Willen (sic!) der Staatsführung trotz aller Änderung die Substanz des deutschen Lebens erhalten bleibt, konnte auch an die Kunst ein Verlangen gestellt werden, das Tradition und Gegenwart gleichermaßen umfaßte.“ Die Kunst müsse heute nicht mehr ziellos dahingehen, sondern sei „auf ein Anliegen der Gegenwart gerichtet“. Exemplarisch hob er ein Bild von Armin Reumann hervor, das den Titel „Finis“ trägt und das „zwischen blutigem Rüstzeug, durchstoßen von einem Bajonett, ein zerknülltes Blatt mit der gotischen Aufschrift ‚Versailler Vertrag‘ zeigt“. Andere Bilder, die er erwähnte, zeigten einen Hitlerjungen mit Sammelbüchse und ein Bildnis von Goebbels, zu dem er vermerkt: „Rudolf G. Zill malte Umsicht und besorgte Energie vor allem.“[56] Linfert widmete seine Kunst im *Kurier* ebenfalls der Gegenwart, beispielsweise 1948 in einem zeitgemäßen Artikel über „Schrecken und Zwang durch Politik – Die Folgen der Marxschen Lehre“.[57]

Telegraf: Tribüne des Sozialismus

Der Chefredakteur des *Telegraf*, Arno Scholz, hatte scheinbar eine weiße Weste. 16 Jahre lang lautete seine Vita für die Nazizeit so: „Während der Diktaturjahre hatte er sich als Werbeberater und mit dem Betrieb einer Klischeeanstalt durchgebracht.“[58] Der Ostberliner Historiker Albert Norden, Mitglied des Politbüros und ZK-Sekretär der SED, nannte 1962 pikante Details, die Scholz verschwiegen hatte. Norden behauptete – allerdings ohne Resonanz im Westen –, daß Scholz „Berater des Nazi-Beauftragten für die ‚Entjudung der deutschen Wirtschaft‘“ gewesen sei. 1939 habe er sich von den Nazis die Klischeeanstalt Beckert und Lefson übergeben lassen, die zuvor in jüdischem Besitz gewesen war. Druckaufträge habe er auch aus Goebbels' Propagandaministerium angenommen.[59]

Unter Scholz wurde der *Telegraf* schnell zur beliebtesten Zeitung Berlins – und zwar im Ostteil wie im Westen. Schon nach wenigen Wochen, am 1. Mai 1946, ging *Der Berliner*, britische Besatzungszeitung, samt Personal im *Telegraf* auf, worunter sich auch Hans Hermann Theobald befunden haben muß, von 1922 bis 1945 Lokalschriftleiter der *Berliner Morgenpost*.[60] Von diesem Datum an erschien das Blatt sechsmal wöchentlich im Umfang von acht Seiten. Nach einem halben Jahr betrug die Auflage mehr als eine halbe Million Exemplare.

In seinem Geleitwort zur ersten Ausgabe am 22. März 1946 nannte Scholz den *Telegraf* „eine Tribüne für alle, die an der Verwirklichung des Sozialismus mitarbeiten wollen. (...) Journalisten, denen es zwölf Jahre lang ausdrücklich verboten oder unter Anwendung brutalster Methoden unmöglich gemacht wurde, ihren Beruf auszuüben, redigieren den ‚Telegraf‘. (...) Sie waren die letzten, die warnend ausriefen: ‚Hitler bedeutet den Krieg!‘ und waren verzweifelt, als sie spüren mußten, daß sie im Volk keinen Widerhall mehr fanden."

Zur Redaktion dieser „Tribüne" gehörte Kulturchef Walther Oschilewski[61], der bei der *DAZ* und anderen großen Zeitungen des Reichs noch als Walter G. Oschilewski gezeichnet hatte. Im NS-Besatzungsblatt *Warschauer Zeitung* hatte er – dem Zeitgeist entsprechend – Volkskunst als „typische(n) Ausdrucksform der deutschen Stämme und Landschaften" gefeiert.[62] Oschilewski selbst nahm dennoch für sich in Anspruch, sich in der Nazi-Zeit zurückgezogen zu haben: „In der Nazi-Zeit allzu schlecht beleumundet, wandte er sich der Fachschriftstellerei für das Druck-, Buch-, Verlags- und Kunstgewerbe zu."[63]

Von Lothar Papke, dem Stuttgarter Vertreter des *Telegraf*, finden sich 1943 mehrere Artikel im *Völkischen Beobachter* (Berliner Ausgabe). Im Juli beschrieb er das Ringen der Baltendeutschen um Eigenständigkeit, um dann zur Jetztzeit zu kommen: „Die Vollstrecker eines 700-jährigen Ringens auf dem gefährlichsten Vorfeld Europas", so Papke, „sind die deutschen Soldaten von 1941."[64]

Sportchef Eugen Wagener, früher bei der *Berliner Morgenpost*, und Lokalredakteur Rudolf Brendemühl ergänzen die Liste der Belasteten beim *Telegraf*. Brendemühl hatte bis mindestens 1937 die Schriftleitung Nachrichten bei der *Thüringer Gauzeitung* inne, die die Nazis 1923 gegründet hatten. Oschilewski schrieb über Brendemühl, der 1928 als junger Mann beim *Vorwärts* angefangen hatte: „Nach dem

Verbot des Blattes durch das Hitler-Regime ging er mit Karl Wiegner nach Altenburg, um an den Heimatbeilagen thüringischer Zeitungen mitzuarbeiten." Erst seine Tätigkeit als Referent für die medizinischen Zeitschriften in der Ärztekammer habe ihm eine neue wirtschaftliche Grundlage gesichert.[65] Wirtschaftsredakteur Friedrich Sarow schließlich soll „bis zum Verbot durch Hitler" der *Frankfurter Zeitung* angehört haben.[66]

Der *Telegraf* verstand sich als „eine politische Tageszeitung demokratisch-sozialistischer Prägung"[67], wandte sich aber entschieden gegen die „Aggression des machthungrigen und lebenszerstörenden Kommunismus und Sowjetismus"[68].

Am 26. November 1946 druckte der *Telegraf* einen „ausserordentlich historischen Roman". Herkunft: „Aus dem Reich der Mitte." Zeit der Handlung: das Jahr 946. Autor: Dr. Phil. Lu. Die „8. Fortsetzung" trug den Titel: „Die Heimkehr des Pu".

„Als sich Pu auf einem Spaziergang dem Marktplatz näherte, hörte er schon wieder das Gebrüll einer großen Menschenmenge, die – von Zeit zu Zeit Beifall kreischend – einem Redner zuhörte. Der schrie: ‚Lange Jahre haben sie uns ...'

‚Pfui', brüllte die Masse.

‚... aber jetzt wird alles ganz anders ...'

‚Bravooooo.'

‚... jetzt werden wir sie ...'

‚Jaaaaa.'

Und Pu erinnerte sich erstaunt an eine andere Stunde vor Jahren und erkannte sogar einige der lautesten Schreier wieder. (Fortsetzung folgt)"

Ob der Autor seine Geschichte auch auf den *Telegraf* angewendet wissen wollte?

Weitere Neugründungen: Die Aufgaben der Nation

Alle britisch lizenzierten Zeitungen verzichteten für die Dauer der Lizenzzeit auf ein vollständiges Impressum. Das *Volksblatt* gab nur den Namen des Lizenzinhabers bekannt, *Der Tag* immerhin den Chefredakteur. Das erste brauchbare Impressum druckte das *Montags-Echo* erst 1950. Darin als Lokalredakteur verzeichnet: Heinz Mittelstädt. Er hatte als Schriftleiter beim *Königsberger Tageblatt* jüngste deutsche Presseerfahrungen gesammelt. Sein Kollege Kurt Fritz Grigoleit hätte bei einer amerikanisch lizenzierten Zeitung unmittelbar nach Kriegsende sicherlich keine Anstellung gefunden. Er war von 1933 bis 1945 Pressechef des Zirkus Sarrasani gewesen und deshalb noch im März 1947 in der „Schwarzen Liste" der US-Militärregierung verzeichnet,[69] weil er in dieser Funktion Mitglied der Pressekammer gewesen sein muß und außerdem auch finanziell prosperiert haben dürfte – für die Amerikaner ursprünglich ein Hinweis auf Konformität und Ausschlußgrund.

Der Chefredakteur von *Der Tag*, das war bekannt, hieß von 1947 an Wilhelm Gries, der diese Aufgabe zuvor bei der sowjetisch lizenzierten *Neuen Zeit* eingenommen hatte. Mit einem Teil der Redaktion wechselte Gries zur Neuerscheinung *Der Tag*, als die Sowjets die *Neue Zeit* mittels der Papierschraube unter Druck setzten.

Gries hatte Geschichte: Als Schriftleiter der *Saarbrücker Landeszeitung* feierte er mit den meisten Deutschen den Anschluß des Saarlands ans Reich. Zwischen der Hakenkreuzfahne und einem schwarz-weiß-roten Banner verkündete eine Sonderausgabe: „Die Saar ist frei". Ausdrücklich gelobte darin die Redaktionsleitung ihre Treue zum Reich. „Die Saarbrücker Landeszeitung marschierte in der großen Front der Deutschen zum Sieg." Auch Chefredakteur Wilhelm Gries mochte an diesem Tag nicht zurückstehen: „Wir sind am Ziel", jubelte er. „Christlich und deutsch" wollten die Saarländer bleiben und „an der Schaffung einer wahren Volksgemeinschaft" mitwirken. „So grüßen wir denn in historischer Stunde das Reich und seinen Führer mit dem festen Willen, alle Kräfte restlos für die großen Aufgaben der Nation einzusetzen."[70] Die großen Aufgaben sollten noch kommen.[71]

Die SPD-Zeitung *Sozialdemokrat* leitete zunächst ein Mann, der sich als Bundestagsmitglied und Regierender Bürgermeister Berlins noch große Verdienste erwerben sollte. Seine Biographie gab für die Zeit der nationalsozialistischen Herrschaft an, er sei 1933 nach seiner Tätigkeit als Leiter der wirtschaftspolitischen Abteilung des „Allgemeinen Freien Angestellten-Bundes" erwerbslos gewesen, ab 1935 freier Volkswirt und Schriftsteller. Seine journalistische Betätigung wurde verschwiegen.[72] Als Wirtschaftsfachmann hatte er bis 1944 sein Wissen in den Dienst einer in Wien erscheinenden Zeitung gestellt, des *Südost-Echo*, dessen offizieller Berliner Korrespondent er war. Nach ihm sind wegen seiner Verdienste nach 1945 – zu Recht – eine große

Straße und ein Institut der Freien Universität benannt. Sein Name: Otto Suhr. Als Lizenzträger hätte er, wenn sich die Berliner Presseoffiziere an ihre schriftlichen Anweisungen gehalten hätten, dennoch außen vor bleiben müssen.

Neue Zeit: Im Osten nichts Neues

Die Amerikaner mochten ihren Augen und Ohren sicher nicht trauen: die Männer in den Redaktionen der östlichen Besatzungszone, vor allem in Berlin, hätten in ihrer Zone – da waren sie sich sicher – keine Beschäftigung gefunden. Als „very doubtful" sahen sie zum Beispiel den „editor" der *Neuen Zeit* an, Emil Dovifat, und dessen „chief assistant", Alfred Gerigk. Letzterer habe während des ganzen Hitler-Regimes illustrierte Publikationen des Deutschen Verlags betreut, beispielsweise weit verbreitete Stories über die Okkupationsgebiete in Südrußland und der Ukraine.[73]

Die sowjetischen Offiziere wollten schnell wieder Zeitungen haben. Das Personal, so scheint es, wurde nicht nach ideologischen Kriterien ausgewählt. Der Zweck – Sprachrohre der Militärverwaltung zu haben – heiligte die Mittel. Chefredakteur des CDU-Blatts *Neue Zeit* wurde daher für die ersten Monate Emil Dovifat. Sein Verständnis von den Aufgaben einer Zeitung hatte während der Diktaturjahre so geklungen: Der politische Teil einer Zeitung „hat den Willen des Führers und den Sinn der Staatsführung im Gange der Ereignisse des Tages zu deuten, zu erläutern, in die Sprache ihrer jeweiligen Leserschaft zu übersetzen".[74] Auch Dovifat verstand die Zeitung als Massenführungsmittel, der Regierung untertan.

Schon 1933 hatte er das neue Schriftleitergesetz verteidigt: „Nur in der Verbindung staatlicher Führung von oben und natürlich Meinungsbildung von unten wird schließlich die letzte Aufgabe zu erreichen sein, ... die innere Einheit der Nation."[75] Der letzten Ausgabe des von ihm herausgegebenen „Handbuchs der deutschen Tagespresse" gab er im Herbst 1943 das Vorwort bei: „Möge das Werk den Kriegsaufgaben der Presse dienen und allen, die mit ihr arbeiten. Für die Zukunft bleibe der Band ein Beweis des entschlossenen Einsatzes der deutschen Zeitung im Kriege."[76]

Otto Köhler hat Dovifat ein ganzes Kapitel gewidmet und dagegen argumentiert, daß heutige Biographen Dovifats Opportunismus beschönigen.

Längst sind Dovifats Bände mit dem Titel „Zeitungslehre" umgeschrieben. Sie entsprechen nun den Erfordernissen einer demokratischen Presse, die Dovifat mit den Nationalsozialisten so erbittert bekämpft hatte. 1961 erhielt er das Bundesverdienstkreuz.

Der Professor gilt noch heute als Nestor der deutschen Zeitungswissenschaft. *Die Zeit* überlegte 1987, ob man ihm nicht ein Denkmal setzen solle. Schließlich beweise eine Biographie von Klaus-Ulrich Benedikt, daß Dovifat „erstaunlich vieles vorgedacht hat, was noch heute (oder auch schon wieder) die Diskussion um Journalismus und Publizistik bewegt".[77]

Den Namen Dovifat kennen die Studenten von Publizistik, Zeitungs- oder Kommunikationswissenschaft schon nach den ersten Grundkurs-Sitzungen. Auch seine Fehltritte? Wissen sie, was er damals geschrieben hat und was heute „noch immer" oder „schon wieder" die Diskussion bewegt, was heute wie damals galt? Daß er für das Propagandaministerium gearbeitet hat, obwohl er nach heutiger Lesart den Nazis als politisch unzuverlässig gegolten haben soll?

Ein Journalist, so Dovifats Lehre von damals, müsse sich „immer ausrichten auf das große Ganze, auf die Lebensgesetze und die Lebensnotwendigkeiten unseres Volkes, seiner Ehre und seiner Zukunft. Dafür in der Wiedergabe und Beurteilung des Zeitgeschehens Opferwille und Tatbereitschaft wachzurufen, das ist ihre Aufgabe."[78]

Auch bei ihren anderen Blättern ließen die sowjetischen Presseoffiziere die alliierten Absprachen über eine Entnazifizierung der Presse außer acht: Bei der *Berliner Zeitung* heuerte mit Georg Holmsten ein ehemaliger „leitender Redakteur in der Auslandsabteilung des Deutschen Nachrichtenbüros (German Information Bureau)" an.[79] Das *Deutsche Nachrichtenbüro* war amtliche Agentur und staatliches Propagandainstrument, seine Mitarbeiter im SHAEF-Handbuch ausdrücklich von einer weiteren Beschäftigung in den Medien ausgeschlossen. Holmsten will sich Zugang verschafft haben, indem er sich als „antifaschistischer Journalist" vorstellte. „Antifaschistisch – das war ein Begriff, der damals aufkam. Antifaschisten nannten sich viele Deutsche mit mehr oder weniger Recht, und die Angehörigen der Siegermächte staunten nur, wie viele Deutsche Gegner der Nazis gewesen sein wollten."[80] Ob Holmsten sich mehr oder weniger als Antifaschist sah, gibt er nicht bekannt. Dafür mehr als deutlich, daß er sich nicht zu den Kommunisten rechnete und die Zeitung bald verließ. Er erwähnt, Anfang der 30er Jahre sei ihm von einem SA-Mann ein Zahn ausgeschlagen worden, die Redaktion nennt im Vorspann eine Zugehörigkeit zur Bewegung des 20. Juli 1944 und eine zweijährige Tätigkeit als „Informationsoffizier in Zivil im Amt Canaris". Das weitere bleibt verhüllt, schließlich ging es nicht um die Vergangenheit, sondern um den Neuanfang. Auch die Sowjetoffiziere scherte Holmstens Propagandatätigkeit nicht, ebensowenig wie bei Redakteur Günther Mossner und Chefredakteur Wilhelm John von *Der Morgen*, die zuvor als Schriftleiter bei Scherl gearbeitet hatten.[81] Zum Zentralorgan der Nationaldemokratischen Partei Deutschlands (NDPD), *Nationalzeitung*, stieß Albrecht Albert als Chefredakteur, zuvor stellvertretender Hauptschriftleiter beim *12 Uhr Blatt*.

Und in der übrigen sowjetischen Besatzungszone? Erich Gaenschalz, Chefredakteur der in Weimar erscheinenden *Thüringischen Landeszeitung*, hatte bis zur letzten Ausgabe in der *Schlesischen Zeitung* die Beilagen „Der Sippenforscher" und „Das Buch der Zeit" betreut. Die *Leipziger Volkszeitung* leitete von 1948 an als Chefredakteur Gerhard Dengler. Er war 1937 in die NSDAP eingetreten und promovierte 1939 zum Dr. phil. 1943 geriet er bei Stalingrad in sowjetische Kriegsgefangenschaft und schloß sich dem „Nationalkomitee Freies Deutschland" an. Nach dem Krieg wurde er Mitglied der SED und übernahm nach seiner Station in Leipzig eine Redakteursposition bei der DDR-*Wochenschau* und beim *Neuen Deutschland*, für das er schließlich als Korrespondent nach Bonn ging.

Der ehemalige zweite Mann in der Redaktion der *Potsdamer Tageszeitung*, Hans Hupfeld, leitete jetzt das Lokalressort der *Potsdamer Tagespost*. Hannelore Wenzel hatte in Sonneberg/Thüringen das amtliche Mitteilungsblatt der NSDAP, die *Sonneberger Tageszeitung*, betreut, jetzt redigierte sie im selben Haus für das *Thüringische Volk* die Bezirksausgabe.

Neuere Untersuchungen der Entnazifizierungspolitik von KPD/SED belegen, daß schon Anfang 1946 zwischen aktiven und nominellen Mitgliedern der NSDAP unterschieden wurde. Letztere durften bei loyalem Verhalten mit Integration und Unterstützung rechnen. Mitläufer hat es bei dieser Unterscheidung scheinbar nicht gegeben. Schon im August 1947 erhielten mit dem Befehl 201 der sowjetischen Militäradministration ehemalige Parteimitglieder der NSDAP das aktive und passive Wahlrecht und waren damit in die Gesellschaft reintegriert, ohne sich ihrer Geschichte gestellt zu haben. Das kam den Menschen entgegen und half den Machthabern, ihre Stellung zu festigen.[82] Offenbar wurde diese Praxis – im Gegensatz etwa zur Justiz, wo alle Parteimitglieder ausgetauscht wurden – auch in der Presse angewandt.

4.2. Die amerikanische Zone

Die amerikanische Zone war in zwei Distrikte aufgeteilt. In Hessen und Württemberg-Baden wurden bereits im September 1945 in den wichtigsten Städten Zeitungen gegründet. Entgegen den Vorbehalten des für Bayern zuständigen Colonel McMahons zählten die Presseoffiziere von DISCC 6871, Cedric Belfrage und Eric Adler, auch Kommunisten zu den antifaschistischen, demokratischen Kräften. Hurwitz schätzte den Einfluß von Kommunisten bei der *Stuttgarter Zeitung* „sehr stark" ein ebenso wie bei der *Frankfurter Rundschau* und der *Rhein-Neckar-Zeitung* sowie bei den *Hessischen Nachrichten* in Kassel.[1]

Liedtke nennt in dieser Sektion der amerikanischen Zone fünf KP-Lizenzträger.[2] Bis Juni 1949 waren in Hessen 14, in Württemberg-Baden 16 Zeitungen gegründet. Hinzu kam noch mit der letzten Lizenz der amerikanischen Zone das *Heidelberger Tageblatt*, das vom 25. Mai 1949 an erschien.

4.2.1. Hessen

Frankfurter Rundschau: Sieben linke Lizenzinhaber

Die erste Zeitung der amerikanischen Zone, die *Frankfurter Rundschau (FR)*, war, getreu der Direktive JCS 1067 folgend, fest in der Hand „linker" Lizenzträger: drei Sozialdemokraten, zwei KPD-Mitglieder, ein KPD-Sympathisant und ein Linkskatholik des alten Zentrums. Der zuständige Offizier, der Kommunist Cedric Belfrage, behauptete später, er habe sich streng an die Instruktionen des Hauptquartiers gehalten, alle Nazi-Journalisten auszusieben und sie durch aktive Anti-Nazis zu ersetzen.[1] Deswegen sollte er bald Ärger bekommen. Belfrage und andere Mitglieder seines Teams mußten im Sommer

1946 aus der Information Control Division (ICD) ausscheiden – Belfrage mit der Begründung, er sei Engländer und arbeite in der falschen Zone.[2]

Gillessen attackierte später die Lizenzträger. Er behauptete, daß „niemand der Erfordernis journalistischer Erfahrung entsprach".[3] Daß aus der *FR* doch eine respektable Zeitung geworden ist, könnte gegen das Dogma sprechen, nur erfahrene Journalisten seien in der Lage, eine Zeitung zu machen. Diese Behauptung steckt ja in dem Argument, es habe zu wenige verwendbare Journalisten gegeben, die das Dritte Reich überstanden haben, ohne sich zu kompromittieren.[4] Daß es auch mit angeblich unerfahrenen Journalisten gehen kann, wenn sie von einigen erfahrenen angeleitet werden – die Frankfurter haben es vorgemacht. Allerdings: Auch bei der *FR* setzten einige wenige ihre Karrieren fort, obwohl sie 1933 nicht geendet hatten.

„Progressiver Zentrumsmann"[5] sei er gewesen, meinten die einen, „kommunistischer Mitläufer"[6] nannte ihn ein anderer. Wilhelm Gerst, einer der sieben Lizenzträger der *FR*, wurde bald zur Zielscheibe der Kritik und Namensgeber für die „Lex Gerst". Dabei meinten die Kritiker gar nicht ausschließlich ihn, sondern die gesamte vermeintliche oder wirkliche Offenheit der Presseoffiziere den Kommunisten gegenüber. Die *FR* war vielen Bürgerlichen ein Dorn im Auge. Grund: Sie trat für eine strenge Entnazifizierung, für eine Zusammenarbeit aller antifaschistischen Kräfte einschließlich der Kommunisten und sogar für die Verschmelzung von SPD und KPD ein.

Gerst wurde zur Zielscheibe konservativer Katholiken und Bürgerlicher. Gegen nur wenige Journalisten nach 1945 gruben deren Gegner alte Artikel aus. Ausgerechnet und bezeichnenderweise war Gerst, der sich als progressiver Katholik verstand (später sollte er die Ostberliner Agentur *ADN* in Bonn vertreten), eines der wenigen Opfer.

Das allerdings mit guten Gründen: Es hätte deren genügend gegeben, ihm die Lizenz zu verweigern oder wieder wegzunehmen, nicht nur das Wort seiner Frau, „ihre und ihres Mannes schönste Zeit sei die Zeit in Berlin gewesen, wo sie mit Goebbels liiert waren und an den Empfängen im Propaganda-Ministerium teilnahmen".[7] Auch eine Rede vom August 1933 ließ alles andere als einen überzeugten Demokraten erkennen. Zur Situation nach dem Ersten Weltkrieg sagte Gerst: „Wir wollten die Verhinderung des Parteienstaates, also die Beseitigung der liberalen Erbschaft der französischen Revolution und die Zusammenlegung der Exekutive und der Legislative. Wir bekämpften die formale Demokratie und wollten an deren Stelle eine organische Demokratie. (...) Wir wollten aber nicht den Staat von Weimar. (...) Wir deutsche Katholiken haben den Staat von Weimar nicht herbeigesehnt und nicht gewollt. (...) Die göttliche Vorsehung hat nicht die deutschen Katholiken berufen, dieses Werk zu tun, der Führer, der ausersehenes Werkzeug war, steht heute in der Macht. So müssen wir erkennen und anerkennen, daß der Träger der deutschen Aufgabe der Nationalsozialismus ist. (...) Wir müssen erkennen, daß wir ihm und seiner Sendung uns bedingungslos und vorbehaltlos einzuordnen haben."[8]

Gerst sagte diese opportunistischen Sätze als Präsident des „Reichsbundes für Freilicht- und Volksschauspiele und der Thingstättenbewegung". Warum ihm Belfrage trotzdem eine Lizenz erteilte, geht aus den Akten nicht hervor. Gersts „Sündenregister" war noch länger:

Im Volkschaftsverlag für Buch, Bühne und Film druckte er in der von ihm herausgegebenen Reihe „Spiele der Erhebung deutscher Jugend" nationalsozialistische Literatur, etwa ein Stück des Parteigenossen Walter Blachetta mit dem Titel „Hitlerjugend marschiert". Dieses Stück sei ihm ein „unerwünschtes Stück" gewesen, verteidigte sich Gerst später, ebenso „Das Spiel von Job, dem Deutschen" von Kurt Eggers. Er habe es drucken müssen, versicherte Gerst. Um diesem Zwang der Nationalsozialisten zu entkommen, habe er schließlich mit dem St. Georg Verlag in Frankfurt einen rein katholischen Verlag gegründet, den er bis 1943 leitete und in dem er eine Zeitschrift und katholische Literatur herausgab.[9]

Gerst war, seinen Tätigkeiten entsprechend, Mitglied der Reichsschrifttumskammer, ebenso der Reichskammer der Bildenden Künste. Im Oktober 1944 wurde er inhaftiert – aus politischen Gründen. Möglicherweise bewerteten die Amerikaner dies als schwerwiegend als die Äußerung, die Vorsehung habe Hitler geschickt.

Ein amerikanisches Dossier resümiert: „Sein Benehmen war immer am Rande der Grenzlinie. Je nach Notwendigkeit erscheint er zuzeiten als Pro-Nazi, zu anderen als Anti-Nazi." Major Bertram Schaffner vom ICD Screening Center urteilte deshalb: „Nicht empfohlen für eine leitende Position in der Presse."[10]

Dennoch erhielt Gerst die Lizenz. Als sich die Stimmung in Frankfurt gegen ihn gewandt hatte, schwenkten die Amerikaner um: In ihren „Weißen, Grauen und Schwarzen Listen" vom 1. August 1946 und

1. März 1947 wurde er folglich als GA, „grey acceptable" geführt und kam damit für eine Lizenz nicht mehr in Frage. Zwischen diesen beiden Erscheinungsdaten, am 22. Oktober 1946, wurde ihm die Lizenz entzogen.

Gerst, Vorsitzender der hessischen Zeitungsverleger, mußte das Blatt verlassen, obwohl er, wie sein damaliger Kollege Richard Kirn später sagte, der „beweglichste", „fleissigste" und „erfahrenste", allerdings auch der „intriganteste" unter den Lizentiaten gewesen sei. Kirn nannte ihn einen „Linkskatholiken". Die „Lex Gerst" sei Zeichen dafür gewesen, „dass kein Mann, gleichgültig, welchen Glaubens, welcher Parteizugehörigkeit, ob er von den Nazis verfolgt war, ob er eine jüdische Frau hatte – dass kein Mann, der während des 3. Reiches etwas mit der Zeitung zu tun hatte, Lizenzträger werden konnte".[11]

Auch innerhalb der Redaktion fanden sich Männer mit zweifelhafter Geschichte. Redakteur Hans Henrich kam von der „Amtliche(n) Zeitung der NSDAP" Dresdens, dem *Freiheitskampf*, nach Frankfurt. Zumindest findet sich dort 1943 ein Artikel über Rumänien, in dem er Marschall Ion Antonescu mit markigen Worten als zackigen Schaffer und Hüter von Ordnung feiert. Antonescu habe im September 1940 „den Schlußstrich unter ein trauriges Kapitel rumänischer Geschichte" gesetzt.[12] Es ist geradezu eine Ironie der Geschichte, daß der *Freiheitskampf* als letzte deutsche Tageszeitung noch erschien, als die Wehrmacht längst die Kapitulationsurkunden unterschrieben hatte. Die letzte am Wettinerplatz in Dresden gedruckte Ausgabe vom 8. Mai 1945 wurde nicht mehr ausgeliefert. Ihre Spitzenmeldung: „Auch Dr. Goebbels gefallen."[13]

Kommunalredakteur Aloys Kern leitete vor dem Krieg den *Vilbeler Anzeiger*, später war er als stellvertretender Hauptschriftleiter bei der *Butzbacher Zeitung* tätig. Richard Kirn, den Lizentiat Emil Carlebach als seinen „engsten Mitarbeiter in der Lokalredaktion" bezeichnete, war vorher Lokal- und Sportredakteur beim Frankfurter *General-Anzeiger* gewesen. Auf Druck der Militärregierung, die ihn unterdessen mit dem Prädikat GA versehen hatte, mußte er zur *Frankfurter Neuen Presse* wechseln.[14]

Bis 1949 wurde der kommunistische Einfluß innerhalb der Zeitung zurückgedrängt. Während in der noch heute als „links" geltenden *FR* auch einige der Sprachrohre Goebbels' wieder zu Brot und Ehre kamen, wurde der kommunistische Lizenzträger Emil Carlebach im August 1947 mit fadenscheinigen Argumenten seines Postens enthoben. Mitlizentiat Arno Rudert vollzog seine Läuterung selbst; er überwarf sich mit der KPD, wurde aus der Partei ausgeschlossen und konnte so weitermachen.

Frankfurter Neue Presse: Das bürgerliche Gegenblatt

Im Frühjahr 1946 wurde dem Begehren weiter bürgerlicher Kreise nachgegeben, in Frankfurt eine zweite Zeitung zu gründen. Sie sollte offenbar ein Gegengewicht gegen die „kommunistische" *FR* bilden. Von deren Kontingent wurde Papier für 50.000 Exemplare abgezogen, später noch einmal für 25.000.[15] Frankfurt wurde so zur ersten Stadt im Westen, die zwei Tageszeitungen hatte.

Mit der ersten Ausgabe der *Frankfurter Neuen Presse (FNP)* zeichnete Richard Kirn, der von der *FR* zur *FNP* gewechselt hatte, verantwortlich für die Lokalredaktion. Er war nicht der einzige „Graue", wie er selbst erklärte: Außer ihm seien „noch die Herren F.K. Müller, H.P. Tillenburg und ein Herr Brinkmann, der aber schon verhältnismässig bald ausschied", in die *FNP* eingetreten.

F.K. Müller hieß mit Vornamen Friedrich Karl und wurde 1948 zum stellvertretenden Chefredakteur ernannt. Seine Vergangenheit nach seinen eigenen Worten: „Ich war seit 1932 zunächst bei der Frankfurter Zeitung, dann bei der im gleichen Verlag erscheinenden Neuen Zeitung Volontär und Redakteur (Feuilleton), bis ich im Jahre 1942 zum Militär eingezogen wurde."[16]

Wenn es richtig ist, daß sich Müller während des Krieges Fritz C. nennen ließ, dann bestand seine Tätigkeit beim Militär auch darin, Artikel zu schreiben – für die *Deutsche Zeitung in Norwegen*. Dort hatte er zunächst versucht, den Anspruch des Reichs auf den „Ostraum" zu rechtfertigen. Das Ringen der germanischen Welt „um sinnvolle Ordnung des osteuropäischen Großraums" dauere schon Jahrhunderte. „Viel Schweiß haben die Besten darum vergossen. Auch Blut, sehr viel Blut. In unseren Tagen reift endlich die Erfüllung heran, nicht die Erfüllung eines romantischen Traums, auch nicht eines imperialistischen Verlangens, sondern einfach die einer welthistorischen Notwendigkeit. Diese erheischt es, dass der Boden mit all seinen Schätzen nicht ewig polnischer Unfähigkeit und bolschewistischer Barbarei ausgeliefert bleibt, sondern dass er ein für allemal denen zufällt, die gewillt und imstande sind, den weitest möglichen Nutzen für die Allgemeinheit daraus zu ziehen."[17]

Als „nationalsozialistische Leistung" wertete es Müller, daß nach dem „historischen 30. Januar" die Auslandsdeutschen wieder zu einer Einheit haben werden können, „nachdem der Nationalsozialismus ‚Bewegung' auch in die vielgestaltige Masse der weitverstreuten Auslandsdeutschen gebracht hatte". Schuld daran, daß die Auslandsdeutschen keine richtige Vorstellung „vom Wesen der nationalsozialistischen Bewegung und vom Wollen des Führers" hätten, waren für Müller „die jüdisch geleiteten Organe", die „verzerrte Darstellungen" im Ausland verbreitet hätten. „Wir (sic!) gehen mit unserer Gesinnung nicht hausieren." Aber es sei die Pflicht der Auslandsdeutschen in Norwegen, „uns wenigstens im täglichen Tun und Lassen nationalsozialistisch zu erweisen. Auch das kann einen bescheidenen Beitrag zur Erfüllung einer großen Idee bilden", der „wir die Treue gelobt haben".[18]

Fritz C. Müller erwies sich in diesen Artikeln als folgsamer, überzeugter Nationalsozialist und als Antijudaist. Der Gebrauch des Pronomens „wir" signalisiert eine enge Identifizierung mit den Nationalsozialisten.

Der „Herr Brinkmann", von dem Kirn sprach, verließ die *FNP* tatsächlich nach wenigen Monaten schon Ende 1946. Er wechselte zur neugegründeten *Offenbach Post* und im Oktober 1948 zur *Frankfurter Abendpost*.[19] Tatsächlich hatte er – mittlerweile angeblich Sozialdemokrat[20] – sein Handwerk schon vor 1945 ausgeübt. Er zeichnete als Schriftleiter der 1932 gegründeten *Deutschen Sport-Korrespondenz*. Während des Krieges war er Chef vom Dienst (CvD) und Sportschriftleiter bei der *Donauzeitung* in Belgrad. Nach dem Tod des Fliegers Ernst Udet machte er diesen zum leuchtenden Vorbild: „Die Generation der Weltkriegskämpfer liebte Ernst Udet als einen der tapfersten aus ihren Reihen, ... die nationalsozialistische Wehrmacht sah in ihm einen der besten Offiziere, den hervorragenden Kenner und Beherrscher aller technischen Probleme der Luftfahrt. So erfüllte sich sein Leben und so war und bleibt er unser ewig leuchtendes Vorbild."[21] Daß Udet 45jährig den Freitod gewählt hatte, verschwieg Brinkmann den Lesern. Es hätte nicht zum Bild des Helden und Vorbildes gepaßt.

Auch die persönliche Geschichte seines Kollegen Paul Friedrich Weber kannte Kirn offenbar nicht. Weber, auf Vorschlag der CDU in die Redaktion eingetreten,[22] war Schriftleiter bei der *Kölnischen Zeitung* gewesen, zuständig für Nachrichten und den Umbruch.[23]

Bei der *FNP* soll seit der Gründung auch Hans Bütow Redakteur gewesen sein.[24] Sein Name taucht aber im Impressum nie auf. Bis 1939, als er zur Wehrmacht eingezogen wurde, zeichnete er als Redakteur bei der *FZ*. Aber auch in den folgenden Jahren finden sich dort Artikel Bütows.

Ebenfalls in die Frankfurter Renommierzeitung war 1934 Walter Dirks eingetreten, als einer der Ersatzleute für entlassene jüdische Redakteure im Feuilleton der *FZ*. Aus seiner Feder finden sich Editorials in der *FNP*, ebenso Artikel von Paul Fechter im Feuilleton, der während der Diktatur zunächst beim *Berliner Tageblatt* für Kunst und Unterhaltung verantwortlich gezeichnet hatte, später bei der *DAZ*. Dort feierte er 1940 den „Aufstieg der neuen Plastik" – in einem Artikel zum 40. Geburtstag Arno Brekers.[25]

Dietmar Gutberlet nennt in seiner Untersuchung der *FNP* für den Stichtag 26. Januar 1949 die Zahl von 29 Redakteuren, einem Hilfsredakteur und drei Volontären.[26] Über Impressum und Handbücher konnten für den gesamten Zeitraum bis dahin nur 15 Redakteure namentlich ermittelt werden. Insbesondere nach der Währungsreform vergrößerten sich die Redaktionen der meisten westdeutschen Zeitungen, weil der Umfang wuchs, neue Außenstellen für eine räumliche Ausweitung des Verbreitungsgebiets geschaffen wurden. Selbstverständlich sind im Impressum nur die verantwortlichen Redakteure benannt. Das Beispiel *FNP* vermag zu zeigen, daß mit dem Raster der vorliegenden Arbeit nicht alle Mitglieder der Redaktionen der neuen Zeitungen erfaßt werden konnten. Eine vollständige Liste aller Redakteure der Zeit von 1945 bis zum Ende der Lizenzpflicht würde aber vermutlich eine noch größere Anzahl von politisch belasteten Journalisten bringen.

4.2.2. Württemberg-Baden

Stuttgarter Zeitung: Braune Helden

„Die braunen Zeitungshelden verschwinden." So überschrieb Helmut Cron ein Kapitel seiner Erinnerungen, die nur als Manuskript vorliegen,[1] sichtlich in der Absicht, nicht zu den „Braunen" gerechnet zu werden. Seine Geschichte in der Öffentlichkeit zu verschleiern, darin hatte Cron offenbar großen Erfolg. Und deshalb konnte er wie kaum ein anderer die Stuttgarter Zeitungslandschaft ebenso mitprägen wie die des „Deutschen Journalisten-Verbandes" (DJV), dessen erster Vorsitzender er wurde. Für seine Verdienste ernannte ihn der DJV später zum Ehrenmitglied, und Cron wurde in den „Deutschen Presserat" aufgenommen. Geschichte sollte da Geschichte bleiben. In einer Befragung zu seinen Erfahrungen mit der Lizenzpresse und zu seiner journalistischen Vita gab er noch 1966 folgende Auskunft: „Ich war seit 1924 Redakteur, seit 1928 Chefredakteur (bis 1933)."[2]

Aber Cron war auch noch nach 1933 dabeigewesen. Die amerikanischen Behörden wiesen ihm „connections with the NS Kurier" nach. 2.000 Reichsmark habe er 1938 verdient, 1944 sogar 11.000, „als er der Schriftleiter einer Nazi-Zeitung war". Colonel Gurfein urteilte deshalb: „Ich mag den Geruch von Cron nicht."[3] Aus dem potentiellen Lizenzträger der *Stuttgarter Zeitung* wurde so ein „Grauer", der das Unternehmen aber dennoch als Redakteur mitgründen durfte.[4]

Gurfein beachtete offenbar die Richtlinien seiner Regierung nicht, denn allein das rapide gestiegene Einkommen und die Arbeit beim *NS-Kurier* hätten als Ausschlußgründe genügt. Hätte Gurfein sich auf sein Riechorgan verlassen, Cron hätte sich über ein Berufsverbot nicht beklagen dürfen. Denn bis Kriegsende hatte er in Stuttgarter Zeitungen[5] und auch in anderen genügend indizierbares Material geliefert: US-Präsident Roosevelt bezeichnete er ganz im Sinne der Machthaber als „Demagogen"[6], England als „Kriegstreiber", feierte aber gleichzeitig „die schöpferische Kraft des Krieges"[7]. Fest rechnete Wirtschaftsschriftleiter Cron mit dem Sieg der deutschen Wirtschaft: „Die deutsche Wirtschaft meistert alle Schwierigkeiten", kommentierte er 1940. Unter der Zwischenzeile „Lob der Lenkung" steht über die „soldatische Wirtschaft" zu lesen: „Aufs neue hat damit der gut eingespielte Apparat der staatlich gelenkten Wirtschaft seine Funktionsfähigkeit bewährt."[8]

1941 verirrte sich der Wirtschaftsschriftleiter ins Feuilleton der *DAZ*. Dort dachte er über „Schriftsteller und Publikum" nach. Mäzen der „freien Intelligenz" sei heute nicht mehr das zahlende Publikum, das die Bücher kauft, sondern der Staat. Er bewirke „die richtige gegenseitige Abstimmung zwischen freier Intelligenz und Publikum". Deshalb aber werde die freie Intelligenz nicht eintrocknen. „Sie hat die Zukunft, die wir (sic!) ihr geben."[9]

Nach der Schließung des *Tagblatts* wechselte Cron zum „Gauorgan der NSDAP". Im *NS-Kurier* schrieb er Feuilletons und bald auch wieder Leitartikel.[10] Friedrich Hölderlin benutzt er als Zeugen gegen die wirtschaftlichen Machterweiterungspläne Englands und bezeichnet den schwäbischen Dichter deshalb als „einzige(n) wirkliche(n) Prophet(en)" des 19. Jahrhunderts, weil er „den Sturz Englands schon vor hundert Jahren prophezeit hat".[11]

1941, als das Reich für die meisten Deutschen ganz oben war, macht er sich über den Parvenü lustig, der nie ans Ziel komme, sondern „als gesellschaftlicher Flugsand ... wie der ewige Jude dauernd unterwegs sein muß. Er möchte wohl gern am Ziel sein und mit dazu gehören, aber dazu muß man nicht nur ‚dort' sein, sondern auch in entsprechender Form." Parvenüs, so resümiert der Dazugehörende, „hüllen sich in die Gewänder der Tradition, indes Geist und Leben in andere Regionen entschwebt sind".[12]

Warum man Cron eine Chance zur Bewährung gab, darauf mag Crons Einschätzung der personellen Möglichkeiten nach 1945 eine Antwort geben. Man brauchte Leute wie ihn, denn: „Dass die Dilettanten, mit denen man es damals allein zu tun hatte, nicht ausreichten – journalistisch und verlegerisch –, liess jeden sorgenvoll an Morgen denken."[13]

Mit Cron in verantwortlicher Position hielt die *Stuttgarter Zeitung* an der alten deutschen Zeitungspraxis fest, Leitartikel auf der ersten Seite zu plazieren. Den Amerikanern mißfiel diese Praxis. Ihrer Meinung nach sollten Zeitungen erst informieren, dann kommentieren. Meinung auf der ersten Seite entwerte die wichtigste Aufgabe der Presse, nämlich die Vermittlung objektiver Nachrichten – eine Vorschrift, die Cron als „grundfalsch" einschätzte. Der Widerstand der Stuttgarter hatte Erfolg. Sie durften ihre Meinungsartikel weiter auf Seite eins drucken.[14]

Zu Cron gesellten sich Karl Löhmann und Hans Otto Röcker, die beide ebenfalls aus Stuttgarter Feuilleton-Redaktionen zur ersten Tageszeitung der baden-württembergischen Landeshauptstadt stießen. Löhmann (geboren 1920) hatte beim *NS-Kurier* volontiert, Röcker war Kulturchef beim *Schwäbischen Merkur* gewesen. „Ich würde gegen Löhmann stimmen", hatte Colonel Gurfein in einem Brief geschrieben, und er nannte ihn einen „jungen Opportunisten". „Er erscheint genügend befleckt durch sein Volontariat für den NS-Kurier, Stuttgart, um von der ersten Gruppe ausgeschlossen zu werden."[15]

Gurfein hatte recht. Löhmann hatte sich als 24jähriger zum Propagandisten der Nationalsozialisten machen lassen: In seinen Artikeln spottete er über „Stalins polnisches Mannequin"[16] Wanda Wasilewska und deren Erinnerungen und begeisterte sich für Leon Degrelle, den wallonischen SS-Hauptsturmführer und Ritterkreuzträger.[17] In Erwartung der Invasion hatte er sich darauf verlassen, daß „der Führer" die Luftwaffe im Westen „zum günstigsten Zeitpunkt einsetzt". In seinem Leitartikel empfahl er dem deutschen Volk deshalb, die Invasion mit „Gelassenheit" zu erwarten.[18] Löhmann durfte dennoch Lokalredakteur werden. „Ein wichtiges Experiment im Selbstregieren", wie General Clay die Entnazifizierung durch die Deutschen selbst bezeichnet hatte, war auch mit Löhmann fehlgeschlagen. Nachträglich allerdings fiel er unter eine Art Amnestie: Das neue Gesetz zur Befreiung von Nationalsozialismus und Militarismus sah im Sommer 1946 vor, alle nach dem 1. Januar 1919 geborenen Deutschen freizusprechen, sofern sie keine Straftaten begangen hatten.[19]

Stuttgarter Nachrichten: Zwangszuteilung der Leser

Verwundert rieben sich 140.000 Stuttgarter am Morgen des 12. November 1946 die Augen. Im Briefkasten oder vor der Haustür lag nicht die *Stuttgarter Zeitung*, sondern ein anderes Blatt, die *Stuttgarter Nachrichten*. Diese Zeitung hatten sie nicht bestellt. Und die meisten hätten vermutlich lieber wieder ihre alte Zeitung gehabt. Man hatte sich gerade an sie gewöhnt. Andererseits: besser *eine* Zeitung als gar keine Zeitung. Und schlechter als die alte war die neue auch nicht, nur ungewohnt in Zeiten, in denen so viel neu war und man sich an das wenige Gewohnte gern hielt.

Warum aber lagen heute die *Stuttgarter Nachrichten* im Postkasten? Ute Flögel hat recherchiert: Im November 1946 bekam Stuttgart zwar eine zweite Zeitung, aber nicht mehr Papier. Das war wie überall knapp, und so mußte das vorhandene Kontingent für 280.000 Exemplare unter den beiden Konkurrenten aufgeteilt werden. Aufgeteilt wurden auch die Abonnenten. Die Entscheidung, wer welche Zeitung erhält, sollen zunächst die Botenfrauen gefällt haben. Die alteingesessenen Zeitungsträgerinnen haben sich dabei die *Stuttgarter Zeitung* genommen sowie die Abonnenten, die im Erdgeschoß und den ersten Stockwerken wohnten. Weil in den oberen Geschossen der Häuser durchschnittlich sozial schwächere Familien gewohnt haben sollen, sei mit dieser „Zwangszuteilung" eine „gewisse Gliederung der Leser- schaft" bestimmt worden.[20]

Die *Stuttgarter Nachrichten* waren seit Januar 1946 in Vorberei- tung. Sie sollten in der Druckerei des ehemaligen *NS-Kurier* herge- stellt werden, die völlig zerstört war. Räume für Redaktion und Her- stellung mußten angemietet werden und lagen an verschiedenen Or- ten. Dennoch zog es Karl Löhmann wieder an seinen alten Platz. Er trat Anfang 1948 bei den *Stuttgarter Nachrichten* ein. Ihm folgte Ernst Pfau, der ebenfalls bereits bei der *Stuttgarter Zeitung* das Politikres- sort betreut hatte. Für Politik war Pfau auch vorher zuständig gewe- sen, und zwar im angeschlossenen Österreich bei der *Marburger Zei- tung*, amtliches Organ des steirischen Heimatbundes und „einzige Ta- geszeitung der befreiten Untersteiermark".[21]

Die Feuilletonredaktion betreute zunächst Olaf Saile, von dem sich Artikel in den *Leipziger Neuesten Nachrichten* finden.[22] Ab Juli 1949 löste ihn Kurt Honolka ab, der im Besatzungsblatt *Deutsche Zeitung im Ostland* als Kriegsberichterstatter von der „Späte(n) Sonne am Ri- gastrand" geträumt hatte.[23]

Wirtschaftszeitung: Sieg oder Niederlage?

Erich Welter verstand das Zaudern seiner Kollegen nicht. Der Frank- reichfeldzug war siegreich beendet, das war doch etwas zum Feiern. Welter zeigte seine Freude. In Wehrmachtsuniform stand der stellver- tretende Hauptschriftleiter der *Frankfurter Zeitung* plötzlich in der Redaktion. „Nun meine Herren, was sagen Sie jetzt?" Welter blickte in die Runde. Die Kollgene jubelten nicht. „Immer noch?" fragte Wel- ter ungläubig. „Wohin wird dies führen?"[24]

Welter sah nur den militärischen Sieg. Einen *FZ*-Leitartikel über den „Krieg von heute" unterzeichnete er stolz mit: Oberleutnant Erich Welter.[25] Das war offenbar nicht das Problem. Wegen eines Ar- tikels in der *Pariser Zeitung*, einer Besatzungszeitung, wurde er aller- dings denunziert. Sein Gastspiel als Lizentiat der *Wirtschaftszeitung* war deshalb nur kurz. Stuttgarts Presseoffizier John Boxer ließ ihn dennoch weiterarbeiten. Einige Monate später soll Welter rehabilitiert worden sein.[26]

Einen alten Bekannten treffen wir dort auch wieder: Helmut Cron. Er wurde im Mai 1946 einer der Chefredakteure der *Wirtschaftszei-*

tung, in den sechziger Jahren dann Chefredakteur der *Stuttgarter Nachrichten*. Cron zur Seite standen Hans Baumgarten, der ehemalige Hauptschriftleiter des *Deutschen Volkswirts*, Otto Hoffmann, erster Schriftleiter des Handelsteils der *FZ*, und Jürgen Tern, Schriftleiter der Berliner Handelsredaktion der *FZ*.

Nikolaus Benckiser (Budapester Korrespondent der *FZ*) und Eberhard Schulz (schrieb in der *FZ* über Film) gehörten ebenfalls zur Redaktionsmannschaft.[27] Wie Schulz hatte es auch Benckiser an die Seite des Propagandaministers und in *Das Reich* getrieben, wo er Antijudaistisches von sich gab: 1944 schrieb er über „die rote Herrschaft in Ungarn". Pflichtschuldig vergaß Benckiser neben der Darstellung der Gefahren des Bolschewismus nicht zu erwähnen, daß die Juden im Nationalrat der kurzen Räterepublik Bela Kuns 1919 die Mehrheit gehabt hätten, ebenso in den Ministerien, wobei der „Chef der Kommissäre" der „bucklige Otto Korvin" gewesen sei, „dessen Gesicht auf den aus jener Zeit erhaltenen Bildern noch heute den Beschauer erschrecken kann".[28]

Auf freier Basis schrieben weitere ehemalige Kollegen der Reichspresse, etwa Klaus Mehnert (siehe: *Christ und Welt*), der über „Die Sowjetunion seit dem Kriege" räsonierte. Die Sowjets, so konnte der frühere Sowjetunionreisende sagen, hätten sich „von ihren Niederlagen, nicht aber von ihren Siegen erholt".[29]

Auch Walter Henkels und der Serienautor der *Berliner Illustrierten* Kurt W. Marek[30] machten bei der *Wirtschaftszeitung* wieder ihre ersten Gehversuche. Henkels' Kriegsberichte finden sich in *Das Reich*, in der *Kölnischen Zeitung* und anderen Blättern, darunter der *Kieler Zeitung*, dem gauamtlichen Organ der NSDAP. Es sind nicht laute, nicht reißerische Heldengeschichten, Henkels pflegte die leiseren Töne. Er ließ andere reden, um zu sagen, was er sagen wollte, beispielsweise einen Fliegerkollegen: „Wir haben uns mit dem Schicksal, daß wir einmal ins Gras beißen müssen, längst abgefunden, nicht weil wir Fatalisten geworden wären und uns eine allgemeine Wurstigkeit überkommen hätte, sondern weil wir wirklich ahnen und fühlen, spüren und wissen, daß es nicht um dich oder mich geht, sondern weil unanfechtbar das Ganze auf dem Spiel steht."[31] Henkels gehörte nach dem Krieg zur Gruppe derer, die Kanzler Konrad Adenauer zu seiner berühmten Teerunde versammelte, bei der ausgewählte Journalisten mit Hintergrundinformationen versorgt wurden.[32]

Ein weiterer ehemaliger Mitarbeiter von *Das Reich* heuerte mit Heinrich Satter bei der *Wirtschaftszeitung* an. Satter hatte bei Dovifat in Berlin vier Semester Zeitungswissenschaft studiert, war dann aber bei Ullstein eingetreten. 1936 bis 1938 – die Ullsteins hatten das Reich längst verlassen, der Verlag hieß jetzt Deutscher Verlag – war er Redakteur bei der *Grünen Post* gewesen, die von den Nazis geschlossen wurde, arbeitete dann bei der *Morgenpost* und beim *12 Uhr Blatt*. Nach 1940 war er Film- und Theaterkritiker bei *Das Reich* und *Signal*. Nach dem Krieg arbeitete Satter von München aus für zahlreiche große Zeitungen, auch in Österreich und der Schweiz.[33]

Erich Welter blieb nicht bei der *Wirtschaftszeitung*. Er wechselte bald nach Mainz, wo er bei der *Allgemeinen Zeitung* die künftige Redaktion der *Frankfurter Allgemeinen Zeitung* um sich sammelte, überwiegend aus ehemaligen *FZ*-Redakteuren bestehend, darunter auch Benckiser und Schulz sowie Baumgarten.

Christ und Welt: SS-Mitgliedschaft „rein formal"

Neben den beiden Tageszeitungen und der *Wirtschaftszeitung* wurden in Stuttgart zwei christliche, keineswegs aber unpolitische Zeitungen als Wochenblätter gegründet, das *Sonntagsblatt* und *Christ und Welt*. Bei beiden sammelten sich bekannte Journalisten.

„Rein formal", so erklärte es nach dem Krieg Wolfgang Höpker, rein formal sei die SS-Mitgliedschaft von Giselher Wirsing gewesen. Der Hauptschriftleiter der *Münchner Neuesten Nachrichten (MNN)*, seit 1940 auch Parteimitglied, habe damit nur die „Zitadelle" *MNN* erhalten wollen, um nicht die bürgerlichen Leser kampflos dem *Völkischen Beobachter* abtreten zu müssen.[34] Nach dem Krieg saß Höpker bei *Christ und Welt* wieder an der Seite des SS-Hauptsturmführers, dem der Personalbericht bescheinigt hatte: „Dr. Wirsing hat sich im Laufe der Zusammenarbeit mit dem SD als williger, fleissiger und ausserordentlich wertvoller Mitarbeiter erwiesen."[35]

Auch seine propagandistische Arbeit bei der *Tat* und später als Chefredakteur den *MNN* läßt nicht erkennen, daß Wirsing all das „rein formal" geschrieben hätte. In seinem ersten programmatischen Aufsatz von 1930 propagierte der Außenpolitiker der *Tat* (seit Hans Zehrers Ablösung 1933 Hauptschriftleiter) die Ablösung „des überfälligen parlamentarischen Systems und der überfälligen parlamentarischen

Menschen", der eine neue Außenpolitik folgen solle, die sich „Richtung Ost-Südost" orientiere.[36]

1933 übergab ihm Goebbels die Hauptschriftleitung der *MNN*. Er rechtfertigt das Vertrauen, etwa nach Hitlers Überfall auf Dänemark und Norwegen: „Der Krieg hat von neuem durch einen genialen Schachzug des Führers eine völlig andere Wendung genommen."[37]

Am 20. April 1940 schreibt Wirsing, Hitler sei „der große Revolutionär und Erneuerer auf allen Gebieten des Lebens". Überschwenglich lobt er die „überlegene Feldherrnkunst des Führers". Es gehe im Krieg „um den Kampf zweier Zeitalter, von denen das eine den Namen Adolf Hitlers trägt". Sein Werk friedlich zu vollenden „... war ihm nicht vergönnt, England, oder richtiger die Angelsachsen, das Finanzkapital, die Juden, kurzum alle Großmächte der Reaktion auf dieser Welt wollten ihn zum Kampfe zwingen. Die Überraschung, die sich diesen Mächten dann bot, war, daß derselbe Mann, der bis dahin nur als staatsmännisches Genie gegolten hatte, an die Spitze der von ihm weislich vorbereiteten und erzogenen Heere trat, um als Feldherr das zu vollenden, was mit den Mitteln des Staatsmannes nicht möglich war. (...) Unser Glaube, daß Adolf Hitler die machtvolle Kraftanstrengung der Deutschen zum guten Ende führt, ist unerschütterlich. (...) Das deutsche Zeitalter entsteht."[38]

Mit pathetischen Worten feierte Wirsing zu Weihnachten 1942, daß Deutschland zu einer Weltmacht geworden sei. „Die Zeit ist nicht mehr so beschaffen, daß wir nach den Opfern fragen könnten, die uns dies kostet. Zu viele unserer Liebsten deckt fremde Erde. Unnütz zu sagen, daß sie nur besiegelt haben, wozu wir leben. (...) Somit also ist der Genius unseres Volkes schlechthin aufgerufen, in diese Macht hineinzuwachsen, die ihm das Genie eines einzelnen errungen hat."[39]

Jetzt müsse man sich zum Herrschersein bereit zeigen. Siegten die anderen, „so wären wir in der Tat völlig und hoffnungslos verloren".[40] Wen er mit den anderen vor allem meinte, das deckt ein Wort aus dem Jahre 1944 auf: „Europa kann nur unter dem Schutz der deutschen Waffen und Führung leben, oder es muß bolschewistisch werden."[41]

Auch Chefredakteur Klaus Mehnert war als Rußland-Spezialist bekannt. Er schrieb 1935 für die *MNN* und zwei weitere Zeitungen über Manöver an der sowjetischen Westgrenze, worüber er 74 Manuskripte absetzte.[42] Danach nahm er ein Angebot der Zeitschrift *Braune Post* an, die ihn schon lange hatte gewinnen wollen, und ging für sie auf

Weltreise. „Solange der Vertrag mit den drei Blättern lief, hatte ich kein Interesse, vor allem, weil das Blatt den unappetitlichen Namen ‚Braune Post' trug." Warum er für das Nazi-Blatt schrieb, das sich die *Grüne Post* nach dem Zwangsverkauf des Ullstein-Verlags einverleibt hatte, erklärt er in seinen Memoiren: „Mir lag daran, nicht aus dem Gesichtskreis der deutschen Leser zu entschwinden."[43]

Später wurde Mehnert Mitarbeiter der Informations- und Propagandaabteilung der Deutschen Botschaft in Shanghai und des Auswärtigen Amtes, wo er auch die Zeitschrift *The XXth Century* herausgab, die er „als Deutscher für Deutsche" gemacht haben will.[44] Für die *Deutsche Zeitung im Ostland* setzte er von dort Artikel ab, etwa über Mandschuko, das er „neues Kolonialland" nennt.[45]

Der „Verteidiger" Wirsings, Wolfgang Höpker, wandte sich 1943 als Schriftleiter für Politik der *MNN* gegen „sowjetischen Proletkult" und „nordamerikanische Kühlschrank-, Jazz- und Konservenkultur", die gemeinsam einen „offenen Aufstand gegen Europa" trieben. Noch aber stehe die Entscheidung zwischen dem Abendland und dem Bolschewismus aus, auch wenn die „jüdischen Hofpublizisten des Weißen Hauses" Europa bereits zur sowjetischen Hemisphäre gehörend erklärt hätten.[46]

Trotz nach den ersten Niederlagen der Wehrmacht spricht aus diesen Worten. Als das Hurra-Gebrüll noch überzeugender geklungen hatte, nach dem Überfall auf die Sowjetunion, hatte Höpker den Deutschen Mut zum Durchhalten beim Kampf gegen einen angeblich nur scheinbar überlegenen Gegner gemacht.[47] Der russische Winter sei längst nicht so schlimm, wie Napoleon ihn erfahren habe. „An der Verläßlichkeit von General Winter nagen arge Zweifel." Panzer kämen auf dem gefrorenen Boden sogar besser voran als im nassen Frühjahr oder Herbst. Sein Schluß: Es stehe außer Zweifel, daß die Aufgabe gemeistert werde – „nicht zuletzt durch die Mithilfe aller Energien der Heimat".[48] Zwei Monate später konnte er jubeln: „Die Erde erbebt unter den Hammerschlägen einer Revolution, wie sie auch der kühnste Prophet im März 1939 nicht vorauszusagen gewagt hätte."[49]

Die Bevölkerung der „befreiten" Gebiete wollte da nicht zurückstehen. Das jedenfalls vermittelte Höpker im Oktober 1942 den Lesern, indem er mit Genugtuung feststellte, daß „ein wachsender Teil der wehrfähigen Volksdeutschen" in den Freiwilligenverbänden der Waffen-SS stehe.[50] Höpker hatte sich als verläßlich im Sinne der Machthaber erwiesen. Die letzten Ausgaben der *MNN* führten ihn 1945 als Hauptschriftleiter.

Von den Kriegsverbrecherprozessen in Nürnberg berichtete für das „Informationsblatt", so der Untertitel von *Christ und Welt*, Hans-Georg von Studnitz. Früher war Studnitz beim Scherl-Verlag Auslandskorrespondent gewesen, wechselte dann ins Auswärtige Amt. Über die Nürnberger Prozesse, auch die seines ehemaligen Chefs Ribbentrop, berichtete „HGST" nicht nur für *Christ und Welt*, sondern auch für *Die Zeit* und mehrere kleinere Zeitungen. Studnitz' rhetorische Frage zu den Prozessen: „Gibt es eine politische Schuld im Sinne des christlichen Glaubensbekenntnisses? Steht nicht die Definition von Schuld und Sühne zwischen den Siegern und Besiegten jener christlichen Erneuerung im Wege, aus der allein eine echte Gemeinschaft der Völker erwachsen kann? Ist nicht Nürnberg die Schrift an der Wand – für alle?"[51]

Auch Studnitz muß sich vorwerfen lassen, Schuld, zumindest Mitverantwortung auf sich geladen zu haben, weshalb dieser Artikel auch als Versuch gesehen werden muß, seine eigene Geschichte mit der aller Aktivisten des Nationalsozialismus einer Art Generalamnestie zuzuführen. Studnitz' Arbeiten im Dritten Reich waren von dem Sprachgebrauch geprägt, den Goebbels und der Reichspressechef vorschrieben. Studnitz sprach diese Sprache. Unter dem Titel „Diplomatie als Waffe" hatte er 1941 „die geniale außenpolitische Konzeption des Führers und seines Reichsaußenministers Joachim von Ribbentrop", seines Chefs, gefeiert[52] und mit antijudaistischen Parolen über „die jüdische Angst" des „Juden Roosevelt" gespottet.[53] 1944 schrieb er unter anderem Leitartikel im *Neuen Wiener Tagblatt*, meist über die Situation in Südosteuropa, wo er vor einem weiteren Machtgewinn der Sowjetunion warnte. Nach dem Vertrag Frankreichs mit der UdSSR kommentierte er, damit hätte „die Sowjetpolitik" einen „Brückenkopf in Westeuropa" errichtet, andererseits die Engländer „eine Niederlage erlitten, die politisch dem Verlust des Krieges gleichkommt".[54]

Als auch von Studnitz klar gewesen sein muß, wer den Krieg verlieren würde, orakelte er: „Regierungen, die mit Hilfe fremder Truppen an die Macht gelangen, haftet kein Segen an." In den von den Alliierten befreiten Staaten glaubte er einen Zerfall der Staatsautorität durch das Einbringen landesfremder Interessen feststellen zu können, die in den Organismus der befreiten Völker (Studnitz sah offenbar keine befreiten Völker und versah die beiden Worte deshalb selbstverständlich mit Anführungszeichen) eindrängen und die „seelenzerstörende Krise schneller vorantreiben, an deren Ende Zerfall und Untergang in Anarchie steht".[55]

Die Anarchie brach nicht aus, schon gar nicht in Deutschland. Studnitz konnte seine Arbeit fortsetzen.

Neben ihm schrieb auch Sigurd Paulsen, früher *DAZ*, *FZ* und Autor für *Das Reich* und später ebenfalls Teilnehmer an Adenauers Teerunde.[56] Im Januar 1945 hatte er vom Plan amerikanischer „Zionisten" berichtet, für die alliierten Streitkräfte eine jüdische Brigade aus „Palästina-Juden" zu bilden. Paulsen erkennt darin die Absicht, „Terroristen", die Attentate gegen Araber verübten, „aus ihrer unterirdischen Tätigkeit heraus und an die Front zu befördern". Es sei ein „Versuch der Disziplinierung der jüdisch-revisionistischen Radikalen, die man eigentlich in ein Konzentrationslager stecken müßte". Abschätzig bewertet Paulsen die Aussichten als „gering, daß ein jüdisches Regiment sich kriegerische Lorbeeren erwerben könnte".[57]

Auch Theodor Heuss (siehe Heidelberg) lieh *Christ und Welt* seine Stimme, Ursula von Kardorff (siehe *Süddeutsche Zeitung*)[58], Hanns-Erich Haack, der frühere Pariser Korrespondent für mindestens acht Tageszeitungen des Reichs, und Helmut Lindemann.

Der hatte 1938 im offiziellen Organ des „Reichsverbandes der Deutschen Presse" einen britischen Journalisten gelobt, weil er „den journalistischen Beruf als eine öffentliche Aufgabe auffaßte und als eine Verpflichtung gegenüber der Nation".[59] Bis auf das Forum sicherlich tolerabel. Im *Neuen Wiener Tagblatt* schrieb Lindemann, den die Amerikaner als GA eingestuft hatten, von Stockholm aus vom „Irrtum, der England zum Kriege gegen Deutschland veranlaßte".[60] Und als die Sowjetunion über Skandinavien ins Zentrum Europas marschierte, berichtete er aus Stockholm im *Stuttgarter NS-Kurier*. Die eigenbrötlerischen Schweden rügt er jetzt für ihr Festhalten an den „Demokratien des Westens" und für die Ablehnung einer europäischen Gemeinschaft, die Deutschland „aus den Nebeln ideologischer Schwärmerei in die klare Atmosphäre politischer Realtiäten" gestellt habe. Am „Vorabend der europäischen Entscheidung" aber, unter der „Bedrohung einer Herrschaft Europas durch die Sowjetunion", werde „gewiß manchen Schweden ein Ahnen überkommen von der Notwendigkeit der europäischen Schicksalsgemeinschaft".[61]

Zwei Monate später war er sicher: „Die Tage des Marxismus sind gezählt. Das gilt für Schweden nicht weniger als für andere Länder."[62]

In einem Brief an den Autor stellte Lindemann klar, daß er von Frühjahr 1939 bis Kriegsende Korrespondent der Nachrichtenagentur *Europapress* gewesen sei. Es sei ihm nicht bekannt, daß er für das *Neue Wiener Tagblatt* und den *Stuttgarter NS-Kurier* geschrieben habe. „Wenn Sie dort Artikel unter meinem Namen gefunden haben, so sind diese von mir nicht für diese Blätter geschrieben worden." Wie Lindemanns Name dann in das „Handbuch der deutschen Tagespresse" von 1944 gelangt – es weist ihn als Korrespondenten des *NS-Kuriers* in Stockholm aus –, muß also ein Rätsel bleiben. Wie auch immer: Auch die Beschäftigung bei der Agentur war 1945 Ausschlußgrund. Das SHAEF-Handbuch hatte das leitende Personal von *Europapress* ausdrücklich unter das für die neue Presse „verbotene Personal" eingereiht. Lindemann kommentiert bis heute außenpolitisch relevante Ereignisse, unter anderem für die Münchner *Abendzeitung*.

Diktion und Themen von *Christ und Welt* lassen für die ersten Jahre nach 1945 den Schluß zu, daß sich im Denken der Blattmacher keine große Wende vollzogen hat. Amerikanische Pressebeobachter kamen deshalb zu dem Schluß: „Wenn nicht nationalsozialistisch, so ist die Gruppe extrem nationalistisch."[63] Die „Political Information Branch" schätzte *Christ und Welt* Ende 1948 als „verdecktes Nazi-Blatt" (under cover Nazi-paper) ein. Der Lizenzträger Fleischer sei nur vorgeschoben. Der wahre Chefredakteur sei Eugen Gerstenmeyer, „der Mann mit engsten Verbindungen zum Nazi-Ministerium für Erziehung und Kultur".[64] Gerstenmeyer wurde später Bundestagspräsident.

Lizenzträger Fleischer vorgeschoben, die SS-Mitgliedschaft des ersten Chefredakteurs rein formal, und auch der Name der Wochenzeitung *Christ und Welt* war mit kühler Berechnung gewählt worden. Die Redaktion selbst erklärte ihn 1971 so: „Die Kirchen standen damals hoch im Kurs. (...) Ihr Dach allein war intakt und gewährte Trost. (...) Was in der ersten Zeit noch ein kühner Wurf nach vorn gewesen war, wurde in der Krise, in die die Kirchen geraten sind, mehr und mehr Mißdeutungen und Mißverständnissen ausgesetzt." Das habe sogar Inserenten abgeschreckt. Die Konsequenz: Die Zeitung wechselte ihren Titel. Von April 1971 an hieß sie *Deutsche Zeitung*.[65]

Sonntagsblatt: Die Liebe zum Vaterland

Das *Deutsche Allgemeine Sonntagsblatt* nennt im Impressum zwar nur den Lizenzträger, den Hannoverschen evangelischen Landesbischof Hanns Lilje. Als Chefredakteur aber bastelte einer der „Wegbereiter des Nationalsozialismus"[66], Hans Zehrer, an einem neuen Image. Bei der britisch lizenzierten *Die Welt* hatte er noch nach wenigen Wochen gehen müssen – wegen seiner Vergangenheit.[67]

Beim *Sonntagsblatt*, so ist zu lesen, habe Zehrer ein Blatt gemacht, das sich der Tagespolitik weitgehend enthielt.[68] Wer die ersten Jahrgänge zur Hand nimmt, kann dies nicht bestätigen. Keine Ausgabe ohne Artikel zur Politik. Regelmäßig steht auf der letzten Seite ein Essay zu einem politischen Thema, dessen Autor stets ungenannt bleibt. Im inneren Teil fragte etwa Hermann Ziock, längst wieder Chefredakteur bei den *Westfälischen Nachrichten*: „Du liebst Dein Vaterland?"[69] Auch Walter Kiaulehn, W.E. Süskind und Walter Henkels steuerten Texte bei.

Dennoch wurde Hans Zehrer zugestanden, von seinen früheren Ideen Abstand genommen zu haben. „Seine Tätigkeit im Schatten der evangelischen Kirche hatte ihn vollends rehabilitiert, seine Vergangenheit war vergessen, die Kritik an seiner Person verstummt."[70] 1953 wurde Zehrer dann doch Chefredakteur, bei der einst britischen Vorzeigezeitung *Die Welt*, die mittlerweile Axel Springer übernommen hatte.

An Zehrers Seite blieb auch der ehemalige *Tat*-Kollege Ferdinand Fried.[71] Bis 1945 hatte er wirtschaftspolitische Essays und Leitartikel in verschiedenen Zeitungen, u.a. den *MNN*, geschrieben. England warnte er: „Wir haben ... einen langen Atem".[72] Roosevelt, so orakelte er, werde die „Geister dieses Wirtschaftskrieges, die er rief, nicht mehr beschwören können".[73]

In einem Buch, „Aufstieg der Juden", erwies er sich darüber hinaus als Antijudaist: „Kamen die Nordvölker als Krieger mit dem Schwert, um sich schließlich Land für den Pflug zu verschaffen, so versuchten die unterdrückten semitischen Volksstämme hinterher allmählich, das von den Eroberern geschaffene Staatengebilde zu unterhöhlen und zu zersetzen, und ganz entscheidend zu Hilfe kam ihnen dabei ihre Gabe der List und des Betruges, durch die sie das Eroberte langsam wieder abgaunern konnten; gegen die Gewalt des Schwertes setzten sie gewandte Schläue und Überredungskunst und gegen die Arbeit des Pfluges den Schuldschein und den Wucher. (...) Diese Semiten konnten keinen Staat aufbauen, sondern nur einen Staat zerstören, sie konnten keine Kulturgüter schaffen, sondern nur Kulturgüter stehlen oder vernichten. Sie konnten keine Geschichte machen, sondern nur Geschichte fälschen."[74]

In den letzten Kriegsjahren gehörte Fried zum ständigen Mitarbeiterstamm von *Die Zeit*, der Reichszeitung für den Gau Sudetenland. Die in Reichenberg erscheinende Zeitung gab als Zielsetzung an: „Als große Gauzeitung wirkt sie ... in das Reich und nach dem Südosten Europas. Sie hat den geistigen Anschluß des Deutschtums im Sudetenland an das gesamte Deutschtum durchzuführen und entsprechend ihrer Vergangenheit als das Kampfblatt der ehemals größten auslandsdeutschen Volksgruppe in der besonderen Behandlung auslandsdeutscher Fragen eine Tradition zu pflegen."[75]

Frieds Biographie im deutschen „Who's who?" ist eine von vielen, denen der Autor zu mißtrauen gelernt hat. Daß SS-Mitgliedschaften nach 1945 in keiner Biographie mehr standen, mag angehen.[76] Aber auch Frieds publizistische Tätigkeit während des zwölfjährigen Reiches wird einfach verschwiegen. Insbesondere ein Buchtitel fehlt: „Der Aufstieg der Juden".[77]

Rhein-Neckar-Zeitung: Vom Verleger zum Bundespräsidenten

Zwölf Jahre Berufsverbot lautete im Frühjahr 1933 das unausgesprochene Urteil für den Politiker Theodor Heuß.[78] Mit seiner Stimme für das sogenannte Ermächtigungsgesetz zur „Behebung der Not von Volk und Reich" hatte er sein Schicksal mit herbeigeführt. Der Politiker Theodor Heuß hatte allerdings noch einen zweiten Beruf, er war Publizist. Bis 1945 kam niemand im Propagandaministerium auf die Idee, ihm seinen Broterwerb zu verbieten. An seinen Leitgedanken nahm niemand im nationalsozialistischen Deutschland Anstoß.

Theodor Heuss, Lizenzträger der *Rhein-Neckar-Zeitung (RNZ)* in Heidelberg und späterer Bundespräsident, teilte 1938 die großdeutschen Träume von einer neuen Ordnung Europas mit Zentrum Deutschland. In einer historischen Abhandlung über das „Werden einer Nation" beklagt er „die ganze Verwickeltheit des habsburgischen Staatsgebäudes" und die „innere Lügenhaftigkeit der Verträge von Versailles und Saint-Germain". Aber: „Der Spuk ist vorbei. Großdeutschland ersteht."[79]

„Papa Heuss" schrieb für die *FZ*, die *DAZ*, zahlreiche weitere große Tageszeitungen des Reichs wie die *Leipziger Neuesten Nachrichten*, und er verdiente sein Geld auch beim *Illustrierten Blatt*, „ein verschrobenes, antiamerikanisches Blatt"[80] mit starken Nazitendenzen (Titel-Exempel 1938/39: „Adolf Hitler, der die Sehnsucht der Deutschen erfüllte" / „Der Führer und der Duce"), das Heuss aber nie gelesen haben will.[81] Wenn das eine „Nebenbeschäftigung" gewesen war, wie der Presseoffizier Cedric Belfrage Heuss' Autorenschaft in Zeitungen und Magazinen einstufte, so war es eine einträgliche.

Auch in *Die Hilfe* von Friedrich Naumann, deren Redaktion Heuß von 1933 bis 1936 geleitet hatte, gab er weitere Zeugnisse seiner Freude über die Expansion und seiner Fehleinschätzung der nächsten Zukunft: Unter dem Titel „Die mitteleuropäische Problematik" reklamierte er 1938, „daß geistige und politische Bewegungen, die durch ein Volk gehen, nicht vor den Grenzpfählen halt machen, die einmal von dynastischer Erbgeschichte oder von wechselvollem Kriegsausgang eingerahmt wurde".[82] Kurz vor dem Anschluß Österreichs mahnte er, der deutsch-österreichische Streit sei immer auf das Habenkonto der Gegner gegangen. Prag und Paris werden „sich daran gewöhnen müssen, statt eines Gegensatzes einen volks- und außenpolitischen Gleichklang der beiden deutschen Staaten in Rechnung zu setzen".[83]

1940, als Hitler alle Auslandsdeutschen heim ins Reich holte, verteidigte Heuß den „Rücksiedlungs- und Neusiedlungsprozeß in die Machtsphäre des Reichs". Sie sei „zur Zukunft gewandt ein großartiges Geschichtsunternehmen". Die „schwierige Verteidigungsstellung" der deutschen Minderheit, der „zerstreuten Deutschen", habe nach Versailles eine „unerträgliche Verschärfung" gebracht. Rückführung sei ein „nationaler Sicherungsvorgang", ein „Kraftgewinn für den Boden", aber auch verbunden mit persönlichem Verzicht. Was, so suggeriert der Text, zwar beachtet werden müsse, aber nicht so schlimm sei. Denn: „Ganz Deutschland ist an diesem Prozeß der Gewinnung und Sicherung des Bodens beteiligt ..."[84]

Dem Krieg gegenüber zeigte sich Heuß 1939 als kühler, fast distanzierter Betrachter und Analytiker. Er sprach zunächst nicht von „wir", sondern von den Deutschen. 1940 reklamierte er allerdings einen „Führungsanspruch der Deutschen" (und das hieß angesichts der Situation einen Führungsanspruch der Deutschen unter Adolf Hitler), als er im Dezember die Antwort Churchills auf eine Anfrage bezüglich seiner Kriegsziele (Churchill sagte, das Entscheidende sei, nachher überhaupt noch zu leben) so wertete: Das Wort zeige, daß England militärisch allein stehe und keinen Missionsgedanken habe. Die Deutschen seien „im Willen eindeutiger". Daran schloß Heuß eine Beurteilung der Kriegslage an: Es finde „eine Art von völkischer Flurbereinigung großen Stiles statt", durch die „mögliche politische Schwierigkeiten der Zukunft behoben" sein würden. Das werde „begleitet von Entscheidungen, die den durch Menschenzahl, Leistung und Schulung gegebenen Führungsanspruch der Deutschen in einer europäischen Ordnung politisch festigen und wirtschaftlich intensivieren". Für Staats- und Völkerrechtler erwachse daraus „die anregende Aufgabe, ... für die Erweichung des harten Souveränitätsbegriffs, mit dem sie bei der Betrachtung der Neuzeit zu arbeiten sich gewöhnt hatten, eine elastische Begrifflichkeit zu finden". Die Sicherung der kontinentalen Zukunft könne heute auch „von England militärisch schlechterdings nicht mehr bedroht werden", und London müsse die Lehre machen, „daß die Nähe einer starken unversehrten Militärmacht ein Argument darstellt, das allen Diplomatenwechseln auf die Zukunft überlegen ist".[85]

Niemals findet sich bis dahin bei Heuß die Propagandistensprache, die die meisten seiner Kollegen angenommen hatten. Angesichts der deutschen Siege aber schwindet zusehends die vorher gepflegte kühle Distanz. Im April 1941 spricht er erstmals von „unseren Gegnern" und reiht sich damit verbal ein.[86]

Das tat auch *Die Hilfe* als Gesamtwerk. Immer öfter tauchten nach den „Blitzsiegen" in den Artikeln der Name Hitlers und das Attribut „Führer" auf. Den Tribut, den alle Medien zollen mußten, bezahlte auch *Die Hilfe*. Zum 51. Geburtstag Hitlers druckte die Schriftleitung auf der ersten Seite, eingerahmt in einem Kasten, folgendes: „Es ist gänzlich unwichtig, ob wir leben, aber notwendig ist, daß unser Volk, daß Deutschland lebt! (Reichstagsrede zum 1. Sept. 1939) In diesem von dem Führer gewählten Zeichen beglückwünschen wir ihn zu seinem heutigen Geburtstag."[87] Das war weniger Pomp als der von den Tageszeitungen zu solchen Anlässen veranstaltete, im Vergleich mit anderen Zeitschriften dieser Kategorie aber angemessen.

Zurück zum späteren Bundespräsidenten: In totaler Verkennung der Tatsachen behauptete Hurwitz später, Heuß habe unter den Nazis einem „offiziellen Schreibverbot" unterlegen, habe sich aber „als freier

Schriftsteller durchschlagen können"[88] und unter Pseudonym in der *FZ* und anderen Blättern publiziert. Beide Behauptungen sind falsch. Noch am 3. Juni 1944 druckte die *Königsberger Allgemeine Zeitung* einen Artikel von Heuß – unter voller Namensnennung.

Was am schwersten wiegt: Heuß scheute sich nicht, seine Artikel in der Wochenzeitung drucken zu lassen, deren Leitartikler jede Woche der Propagandaminister selbst war. *Das Reich* bezahlte gut – Goebbels erhielt jeweils 2.000 Reichsmark Honorar, übers Jahr gesehen rund 100.000 Reichsmark. Die Redaktion würdigte Goebbels („Unser Leit-artikler") zu seinem 45. Geburtstag mit den schlichten Worten: „Hier ist kein Platz für eine Huldigung. Dazu steht Dr. Goebbels unserer Arbeit zu nahe."[89] Und mit ihr Theodor Heuß. Wie Journalisten heute mit einer derartigen Vergangenheit eines ihrer berühmteren Urahnen umzugehen beabsichtigen, zeigte im Jubiläumsjahr *Die Zeit*. Das Hamburger Wochenblatt druckte im Mai 1995 einen Artikel, der nachweisen wollte, daß die Deutschen in den Massenmord an den Juden eingeweiht waren. Hauptzeugnis: Ein Leitartikel von Goebbels mit dem Titel: „Die Juden sind schuld!". Er beweist: Wer lesen konnte, muß es gewußt haben. Goebbels sprach eindeutig von einem „allmählichen Vernichtungsprozeß", dem die Juden nun unterlägen. In einem Nebensatz am Schluß des Artikels erwähnt der Autor, daß auch „unser erster Bundespräsident" im *Reich* geschrieben habe. Der Fakt bleibt undiskutiert.[90] 50 Jahre danach ist die Zusammenarbeit eines Nachkriegsjournalisten mit dem obersten Propagandisten des Dritten Reichs keinen kritischen Satz wert.

Viel Geld und offenbar auch Anerkennung verdiente sich Heuß neben seiner journalistischen mit seiner schriftstellerischen Arbeit, etwa mit einem Buch über den Politiker Friedrich Naumann: „Das Naumann-Buch von dem früheren Abgeordneten Theodor Heuss kann durchaus positiv besprochen werden", hieß es in der Anweisung Nr. 129 der Berliner Reichspressekonferenz. „Gegen das Buch bestehen keinerlei Bedenken. Es ist von der Partei geprüft worden. Beanstandungen waren nicht nötig. Der Verlag steht dem Prop.Min nahe."[91] Auch Heuß' Buch über den Biologen „Anton Dohrn in Neapel" fand Anerkennung. Für *Das Reich* machte er daraus einen dreispaltigen Artikel,[92] ausführlich wurde es noch einmal besprochen.[93]

Seine journalistische Tätigkeit bis zum Ende des Krieges verziehen die Presseoffiziere dem Kandidaten Heuss ebenso wie sein Votum für das Ermächtigungsgesetz im Jahr 1933. Was Alfred Toombs, Chief of Intelligence, störte, war der rapide angestiegene Verdienst des Publizisten Heuß. Durch seine Honorare von der *FZ* und anderen Zeitungen und die Unterstützung aus dem Hause Bosch (Toombs: „Fabrikant von Kriegsmaterialien für die Nazis") habe er über die Maßen prosperiert. In der Tat verdiente Heuß laut Fragebogen 1933 2.000 Reichsmark, 1935 das Doppelte und 1944 schon 11.000 RM. Toombs wollte daher als Mitglied des Lizenzierungsstabs nicht dafür stimmen, dessen Antrag gutzuheißen, „weil er sich selbst bloßgestellt hat, indem er die Gewinne im Nazi-System akzeptierte"[94].

Bei der Auswahl der Redakteure nahmen es die Lizenzträger der *RNZ* ebenfalls nicht so genau: In der Wirtschaftsredaktion regierte Walter Koch, der seine Brötchen bis gegen Kriegsende bei der *Württemberger Zeitung*, dem nationalsozialistischen Morgenblatt in Stuttgart, verdient hatte. 1943/44 meldete das Impressum: „z.Zt. Wehrdienst". Mit Arthur Heichen gehörte der frühere Berliner Korrespondent des *Hannoverschen Kuriers* (Verleger: Walter Jänecke [95]) und Herausgeber eines *Graphisch Statistischen Dienst(es)* für Tageszeitungen (Stoffgebiet: Wirtschaft) zur Redaktionsmannschaft, mit Emil Belzner, der 1947 als Redakteur zeichnete, der vormalige Schriftleiter für Wissenschaft und Kultur des *Stuttgarter Neuen Tagblatts*.[96] Hinzu kam Lokalredakteur Fritz Sartorius, der während des Krieges die Heimatnachrichten der *Heidelberger Neuesten Nachrichten* redigiert hatte.[97]

Korrespondent für Auswärtige Angelegenheiten war laut „confidential" vom 8. Mai 1948 Franz C. Heidelberg.[98] 1937 hatte Heidelberg als Schriftleiter für Politik der *Essener Allgemeinen Zeitung* gezeichnet, 1939 findet sich eine Serie über einen angeblichen „Millionenschwindel um den Panamakanal" – für die USA strategisch und wirtschaftlich ein wichtiges Unternehmen – im *Hamburger Anzeiger*. Während des Krieges schrieb er Leitartikel und besprach Bücher für die *Pariser Zeitung* und zeichnete als Pariser Mitarbeiter des in Wuppertal erscheinenden *Sport-Montag*.[99] Die Amerikaner hatten ihn deshalb in den Listen der Jahre 1946 und 1947 als B (black) geführt.

Daß die Zahl der belasteten Redakteure bei der *RNZ* zunahm, kann Heuss wohl kaum angelastet werden. Wenige Wochen nachdem ihm die Amerikaner die Lizenz übergeben hatten, wurde er Kultusminister von Baden-Württemberg, und es fehlte ihm die Zeit, sich um das Projekt zu kümmern. Er blieb dennoch im Herausgebergremium. Als sein Kollege Rudolf Agricola 1948 nach Halle übersiedelte, um seinen Lehrauftrag an der Universität wahrnehmen zu können, entzogen die Amerikaner diesem die Lizenz. Zweierlei Maßstab, wofür Koszyk die Zeitumstände – Blockade Berlins und Kalter Krieg – verantwortlich macht: Agricola, 1933 wegen „Verbreitung illegaler Pamphlete" zu acht Jahren Schwerstarbeit verurteilt, war Kommunist.[100]

Heidelberger Tageblatt: Kampagnen zur Bundestagswahl

Für die letzte Zeitungsgründung der Amerikaner erhielt in Heidelberg wenige Monate vor der Generallizenz der Altverleger Pfeffer eine Interimslizenz für das *Heidelberger Tageblatt*.[101] Zum Chefredakteur ernannte er Karl Silex, der in der britischen Zone nach nur wenigen Wochen an seiner Vergangenheit als Hauptschriftleiter der *DAZ* gescheitert war. Eines seiner dortigen Ziehkinder, Herbert von Borch, ehemaliger Korrespondent aus Rom, machte er zum Politikchef.[102] In seinen Erinnerungen freut sich Silex: „Wir konnten uns noch an den Kampagnen für die ersten Bundestagswahlen beteiligen."[103]

Nur wenige Jahre zuvor hatte auch Silex wie die meisten Journalisten die Außenpolitik Hitlers wortstark unterstützt, die in den Zweiten Weltkrieg mündete: „Die Befreiung des Sudetenlandes ist auf friedliche Weise erreicht worden, und dank der Entschlossenheit der Politik Adolf Hitlers ist nun unsere letzte territoriale Forderung in Europa erfüllt. (...) Es zeigte sich, daß alle zusammen bis an den Rand des Abgrundes treten mußten, bevor ein gemeinsamer Revisionswille zur Revisionstat werden konnte. Es ist dies nichts anderes als das praktische Durchexerzieren der Risikopolitik."[104]

Als die Welt dann 1940 doch in den Abgrund gestürzt war, erwies sich Silex als Kriegstreiber. Auf eine Rede Winston Churchills hin, der sagte, jeder Gedanke an Frieden sei „vollständig aus der Existenz gefegt", erwidert „Sx.": „Churchill braucht sich nicht zu sorgen, daß der Friede unzeitgemäß ausbrechen könnte."[105] Nach einem Bombenabwurf über Hamburg erneuert er diese Parole: „Jetzt wird bis zur letzten Entscheidung gekämpft."[106]

Nach dem Überfall Hitlers auf die Sowjetunion zählte Silex die Gefallenen der Russen, die erbeuteten Waffen, die zerstörten Panzer, um dann besorgt zu fragen: „Wo kamen diese Massen an Menschen und Material nur immer wieder her! Wer hätte sich da noch ausmalen mögen, was uns allen geschehen wäre, wenn dieser Kriegsmaschine die Zeit gelassen worden wäre, die Vorbereitungen für den Überfall fortzusetzen, sich weiter in diesem Tempo zu verstärken, um dann nach ihrem Plan über uns herzubrechen. (...) Mit der Härte dieser Kämpfe wuchs das Bewußtsein von der Größe der Gefahr, der der Führer am 22. Juni zuvorkam. Unendliche Dankbarkeit gebührt ihm dafür, daß er dies getan hat."[107]

Als Silex in den Kreis der demokratischen Journalisten aufgenommen worden war, kritisierte der *Tagesspiegel* in Berlin diese Entscheidung: „Jener Silex, der das Impressum der Deutschen Allgemeinen Zeitung in ihrer wildesten NS-Zeit zierte, findet sich seit zwei Wochen als Chefredakteur des neuen Heidelberger Tageblattes wieder. (...) Heidelberg liegt in der amerikanischen Zone, wo bisher verhältnismäßig ordentlich gesäubert wurde. Wir nehmen daher an, daß das Versehen mit dem Heidelberger Tageblatt raschestens korrigiert wird. Die Generallizenz kann nicht als Generalpardon aufgefaßt werden."[108]

Solch klare Äußerungen waren unter Journalistenkollegen eher die Ausnahme. Man fühlte sich offenbar im selben Boot sitzend. Was war, sollte ruhen. Der Feind stand im Osten. Was dazu führte, daß sogar ein britischer Presseoffizier in einem Fall stolz darauf war, einen alten Kollegen „durch den Fragebogenschlamassel bei unserem Sicherheitsdienst in Hamburg" geschleust zu haben.[109] Wahrscheinlich war die Vita vieler Kollegen, die bei kleineren Zeitungen gearbeitet hatten, auch gar nicht bekannt und wurde von diesen geflissentlich verschwiegen. Es gehört zur Ironie der bundesrepublikanischen Pressegeschichte, daß Silex kaum sechs Jahre nach den Angriffen des *Tagesspiegel* zum Chefredakteur eben dieser Zeitung ernannt wurde. Das auflagenschwache *Heidelberger Tageblatt* war zu dieser Zeit längst dem *Mannheimer Morgen* angegliedert worden.

Mannheimer Morgen: Eingeschwenkt

„Einschwenken" auf die neue Politik, das sei die Politik Karl Vetters 1933 gewesen. Auf diese opportunistische Weise habe der Verlagsdirektor des Mosse-Verlags seinen Posten retten wollen. Das warf Arno Scholz im *Telegraf* dem Lizenzträger des *Mannheimer Morgen* vor. „Dazu holte er sich den doppelzüngigen Henning Duderstadt ..., ließ ihn zwei Artikel schreiben, die später erweitert wurden zu dem Buch

‚Vom Reichsbanner zum Hakenkreuz'. (...) Karl Vetter veröffentlichte, obwohl alle seine Freunde davon abrieten, diese Artikel aus seinem Bestreben heraus, auf dem Sessel zu bleiben ...“ Vetter habe deshalb „kein Recht, in den Zeitungen von heute zu schreiben“.[110] Auf diese Vorwürfe hin trat Vetter von seinem Posten zurück.

Vor ihm hatte bereits Mitlizentiat Oskar Hörrle gehen müssen, nachdem ihm die Nachrichtenkontrolle hatte nachweisen können, daß er „in verschiedenen Briefen sich seiner Freundschaft mit hochstehenden Nazis gerühmt“ hatte.[111]

Den zweiten Lizenzträger, Eitel Fritz Schilling von Cannstadt, rettete offenbar nur der mangelnde Platz in den Kriegsausgaben der Zeitungen vor Verstrickung. Er hatte immer Schriftsteller werden wollen. Zunächst aber lernte er etwas Handfestes, wie er einräumt, nämlich Kaufmann. Er habe sein Talent zunächst als mittelmäßig eingeschätzt. 1932 aber war sein Selbstvertrauen gewachsen, von Cannstadt widmete sich ganz der Schriftstellerei. Nach 1933 wurde er Mitglied der Reichsschrifttumskammer (Mitglieds-Nummer 13 999). Während des Krieges überreichte er sein Manuskript „Bummel an der Torresstraße“ dem „Pg. Erxleben“ beim Hauptamt Wissenschaft, um es über ihn bei einer Zeitschrift unterzubringen. Der *Völkische Beobachter* und das Reichspresseamt hatten das Stück zuvor abgelehnt – nicht jedoch wegen der Qualität, sondern wegen der Länge. „Eine Ablehnung des Inhalts ist mir nicht bekannt geworden“, schrieb Erxleben.[112]

Chefredakteur Karl Eugen Müller kam von der *Süddeutschen Zeitung*, wo er als Außenpolitiker angestellt gewesen war. Nach München hatte er 1940 von der *Neuen Badischen Landeszeitung* gewechselt, wo er bis 1930 Chefredakteur gewesen war und dann bis 1938 politische Leitartikel geschrieben hatte. Vom 11.12.1940 bis 1945 arbeitete er als stellvertretender Leiter des städtischen Informationsdienstes München. Seine Aufgabe nach eigener Aussage: „Vermittlung von städtischen Nachrichten an die Presse und Kontrolle von ca. 80 Zeitungen in Bezug auf kommunalpolitisch wichtige Meldungen.“[113] Die amerikanischen Behörden störte weder seine langjährige Tätigkeit in der Presse noch seine Kontrolltätigkeit für die Nationalsozialisten auf kommunaler Basis. Nach den Richtlinien des SHAEF-Handbuchs wäre seine Anstellung ausgeschlossen gewesen.

4.2.3. Die Enklave Bremen

Weser-Kurier: Nationalistische Gesinnung

In der Enklave Bremen gründeten die Amerikaner zwei Zeitungen. Bei einer davon, der *Nordsee-Zeitung*, gab es tatsächlich eine Stunde Null. Allerdings gibt das Impressum der Zeitung, die am 19. September 1949 ihr kurzes Leben beendete, nur wenig Auskunft über ihr Personal. Die Konkurrenz vom *Weser-Kurier* gestand ihren Lesern im März 1946 überraschend offen, daß es in ihrem Haus durchaus Kontinuitäten gibt. In einer „Zwischenbilanz" resümierte die Redaktion über die neuen Gruppenzeitungen.

„Ist es nicht also wieder eine gelenkte Presse? mag er (der Leser, P.K.) gedacht haben, und wird nicht das Klavier der öffentlichen Meinung, auf dem ein Dr. Goebbels sich rühmte, so meisterhaft zu spielen, lediglich von einem anderen Pianisten bedient?" Die Frage ergebe sich, ob die Gruppenzeitung ihre Bewährungsprobe bestanden habe. „Sie wird bejaht von allen Mitgliedern der Redaktion, die, ganz gleich, ob sie in früheren Jahren in den Schriftleitungen der Frankfurter Zeitung, des Hamburger Fremdenblatts, der Weser-Zeitung, der Bremer Volkszeitung, der Bremer Nachrichten oder in anderem Rahmen tätig waren, kameradschaftlich und ohne äußeren oder inneren Druck zusammenarbeiten."[1]

In anderem Rahmen als dem einer Zeitung arbeitete bis 1945 Lizenzträger Felix von Eckardt. 1933 beendete er seine journalistische Tätigkeit, um Drehbuchautor zu werden. So liest es sich in den Berichten amerikanischer Presseoffiziere, die ihn als „weiß" (WB) einstuften. Doch Eckardt hatte sich keinesfalls zurückgezogen; er wechselte unter dem Dache des Hauses der Propaganda lediglich das Stockwerk: Mit den Drehbüchern für 19 Filme erschrieb er sich nicht nur ein Vermögen, was 1945 Kriterium für den Ausschluß aus dem Journalistenberuf war. Er schrieb sich auch in die Herzen der Nazi-Führung.

„Jeder muß bereit sein, einzustehen für Führer und Reich", ließ er 1941 einen Schauspieler im Propagandafilm „Kopf hoch, Johannes" sagen, dessen Mitautor von Eckardt war. Schon 1936 hatte er in „Weiße Sklaven (Panzerkreuzer Sewastopol)" einem zaristischen Helden – ganz im Sinne des Führers – die Worte in den Mund gelegt: „Was hinter uns liegt, ist nur der Anfang in der blutigen Auseinandersetzung mit der roten Anarchie. So sollen alle Kulturvölker der Erde vernichtet werden. Unser Schicksal droht der ganzen Welt. Wehe den Völkern, die diese Gefahr nicht sehen! Späte Einsicht wird entsetzlich sein. Wir werden weiterkämpfen.“[2]

In „Menschen im Sturm“ von 1941 schließlich deklamierte ein Deutscher: „Serben, das sind ja keine Menschen. (...) Diese Hunde.“ Sein Film „Die Entlassung“ (Eckardt ist Mitautor) wurde 1942 mit dem Prädikat „Film der Nation“ geadelt.[3]

Im neuen Deutschland machte von Eckardt ebenfalls schnell Karriere: Von 1952 an war er Leiter des Presse- und Informationsamtes der Regierung Adenauer.

Zu Eckardt gesellten sich der Feuilletonredakteur Manfred Hausmann, der während des Krieges in den großen Tageszeitungen des Reichs zu Hause gewesen war,[4] und als Chef vom Dienst Walter Nieselt, der ehemalige Hauptschriftleiter der *Berliner Illustrierten Nachtausgabe* und stellvertretende Hauptschriftleiter der Wochenzeitung *Der Montag*. Die Politikredaktion übernahm 1947 Hermann Opitz, der zuvor für die *DAZ* und *Der Landsmann* aus Breslau berichtet hatte.[5]

Unter dem Titel „Wirtschafts-Kurier“ schrieb Jürgen Tern, früher bei der *FZ* (siehe Stuttgart), in fast jeder Ausgabe eine Kolumne, daneben einige Leitartikel.

Der *Weser-Kurier* vertrat in seinen Anfangszeiten trotz eines SPD-Verlegers eine deutlich konservative Linie. Im Dezember 1946 fiel das Blatt der Pressekontrolle wegen Anzeichen von nationalistischer Gesinnung auf. General McClure ordnete an, dem Lizenzträger im Wiederholungsfall mit „drastischen Maßnahmen“ zu drohen.[6]

4.2.4. Bayern

Bayern hinkte der Entwicklung in der amerikanischen Zone um einige Wochen hinterher. Während in Hessen, Baden-Württemberg und Bremen, die in der Sektion 6871 DISCC zusammengefaßt waren, bereits im September 1945 in den wichtigsten Städten Zeitungen gegründet worden waren, hatten die Behörden in Bayern bis Mitte September noch nicht einmal einen Vorschlag genehmigt. Hurwitz macht dafür den für DISCC 6870 zuständigen Sektionsleiter Colonel McMahon verantwortlich. Er sei ein alter Soldat gewesen, der KZ-Insassen, die sich um eine Anstellung in der neuen Presse bemühten, als „asoziale

Typen" klassifizierte.[1] Auch der Nachrichten-Kontrolloffizier Joseph Dunner sei ein eingefleischter Antikommunist gewesen.[2] 1946 schrieb er einen Bericht über „Communists in strategic positions in bavarian radio and press", in dem er sich über angebliche Kommunisten in bayerischen Redaktionsstuben erregte, insbesondere über den Versuch des bayerischen KP-Sekretärs Bruno Goldhammer, Einfluß in der *Süddeutschen Zeitung* zu bekommen.[3] Wegen dieser Konstellation mag es verständlich erscheinen, daß in den 26 Zeitungen der „bayerischen Zone" kein Kommunist als Lizentiat eingesetzt wurde.[4] Dies unterstreicht die These, die Zulassung sei auch von persönlichen Sympathien oder Animositäten der Presseoffiziere abhängig gewesen.

Süddeutsche Zeitung: Die Nagelprobe

Intelligence-Chief Alfred Toombs hatte sich entschieden: „Ich werde nicht dafür stimmen, diesem Mann eine Lizenz zu geben." Franz Josef Schoeningh, dem Toombs die Lizenz für die *Süddeutsche Zeitung* verweigern wollte, hielt die Urkunde zur Herausgabe der ersten Zeitung in Bayern am 6. Oktober 1945 schließlich doch in den Händen. Wilhelm Hausenstein, bis 1943 Redakteur der *FZ*, den die Amerikaner ursprünglich als Lizentiaten haben wollten,[5] hatte Schoeningh nachdrücklich empfohlen.

Schon im Juni 1945 hatte sich Schöningh mit den Presseoffizieren Joseph Dunner und Ernest Langendorf in Hausensteins Haus in Tutzing getroffen. Die letzten vorbereitenden Absprachen wurden gemeinsam mit den anderen Lizenzträgern in der Jagdhütte Schoeninghs zwischen Bernried und Weilheim getroffen.

Toombs Vorbehalte blieben, allerdings nicht, weil er nicht zum Treffen in der Jagdhütte geladen war. Welche Bedenken hatte er? Schoeningh war bis zur letzten Ausgabe 1941 stellvertretender Hauptschriftleiter der katholischen Zeitschrift *Hochland* gewesen, laut *BBC* „das letzte unabhängige europäische Periodikum, das auf deutschem Boden herausgegeben wird".[6] Schoeningh behauptete, *Hochland* sei das einzige Blatt in Deutschland gewesen, das den Namen Hitler nie gedruckt habe, „nicht einmal zu seinem 50. Geburtstag".[7] Das scheint zu stimmen, kann aber bei einem Blatt, das sich nicht gerade als politische Schrift verstand, kaum als Zeichen von Widerstand gewertet werden. Auch neuere Publikationen versuchen, *Hochland* zur publizistischen Opposition zu rechnen; es habe „eine für Eingeweihte erkennbar ablehnende Position" bezogen.[8] Dessen regimekritische Äußerungen seien beobachtet und toleriert worden, um ein kleines, nichtgefährliches kritisches Potential in geordnete Bahnen, in „sorgsam überwachte ‚Stauräume'" zu lenken, meint Norbert Frei vom Münchner „Institut für Zeitgeschichte".[9]

Auf Beispiele, die diesen angeblichen Widerstand belegen könnten, verzichten Frei und auch Co-Autor Johannes Schmitz. Andererseits vergißt Frei zu erwähnen, daß die Zeitschrift 1935 die „Rückeroberung des Saargebiets" als Erfolg der katholischen Erziehung gepriesen hatte, die zu Treue zu Volk und Vaterland geführt habe – trotz der schon zweijährigen Regentschaft Hitlers im Reich.[10] Einen Monat später durften die Leser eine durchaus positive Würdigung der neuen Idee lesen. „Die nationalsozialistische Bewegung vermochte in eine gegensätzliche Gesellschaft ... die politische Idee ‚Volk' ... als weithin wirksames Einigungsband hineinzutragen." Dem „bedrohten Kleinbürgertum" und dem „aussichtslosen geistigen Nachwuchs" habe dies wieder „Sinn und Ziel geschenkt". Selbst Teile der sozialistischen Arbeiterschaft hätten sich angeschlossen.[11] Zu dieser Zeit war Karl Muth noch Chefredakteur und Vorgesetzter Schoeninghs.

Unter Schoeninghs Verantwortung wurde in der Zeitschrift etwa die „Kriegsschuldlüge" propagiert (die Verantwortung für den Krieg wurde England und in dessen Fahrwasser Frankreich zugeschoben) und von einem „Abwehrkampf" gesprochen, in dem „Deutschland und Österreich Schulter an Schulter stehen".[12] Ein Beitrag „Stimmen für Großdeutschland" versammelte unmittelbar nach dem „Anschluß" Österreichs Zitate von Joseph Görres bis Ludwig Windthorst, die alle beinhalten: „Wir brauchen Österreich".[13] Ein Soldatenbuch versieht ein Rezensent mit der Ehrung, „eines der schönsten Denkmale frontsoldatischen Geistes" zu sein.[14] Solche Texte vermögen zwar keinen Widerstand nachzuweisen, sind aber dazu angetan zu verdeutlichen, daß auch *Hochland* und sein Hauptschriftleiter Schoeningh nationalen und durchaus militärischen Geistes waren, dem Zeitgeist entsprechend, allerdings mit leiseren Tönen als anderswo. Nach der letzten Ausgabe schrieb Schoeningh: „Vom ‚Hochland' hoffe ich, daß es so eindeutig gesprochen hat, daß jetzt auch sein Schweigen beredt wird."[15]

Schoeningh schrieb auch selbst. Unter dem Pseudonym Walter Vonnegut veröffentlicht er Feuilletons in der *FZ*, etwa über die Seen

Podoliens und die dortigen Winde.[16] 1944 arbeitete er in der Zivilen Administration in den besetzten Ostgebieten (Tarnopol, Polen, Ungarn). Schoeningh hat also bis fast zum Schluß journalistisch gearbeitet, wenn auch gänzlich schöngeistig. Zwar nahmen die Alliierten dem Kandidaten Schoeningh seine anti-nazistische Einstellung ab, die oben angeführten Artikel und das Beschäftigungsverhältnis bis 1941 hätten gemäß den Richtlinien aber ausgereicht, um ihn auszuschließen. Toombs Einwände waren demnach berechtigt.

Der zweite Lizenzträger der *SZ*, August Schwingenstein, gründete die *Wiesenhorner Zeitung* mit, bei der er 1920 bis 1933 gearbeitet hatte. Von 1933 bis 1937 gehörte er der *Augsburger Zeitung* an, unterbrochen von einer kurzfristigen Haft im Jahr 1935 wegen des Verdachts geheimer katholischer Operationen.[17]

1937 führt ihn das „Handbuch der deutschen Tagespresse" als Korrespondent des *Geschäftsanzeigers Edenkoben* und der *Hönne-Zeitung Balve*. Außerdem gab er den *Zeitungsdienst Schwingenstein* heraus, der Lokalspitzen und Artikel zur Wirtschaftspolitik anbot. Das „Handbuch" von 1944 nennt „Schriftleiter Schwingenstein" als Münchner Mitarbeiter des *Voitsberg-Köflacher Wochenblatts*.

In einer Festschrift zu den ersten Neugründungen in Bayern äußerte sich der um die Reputation der Presseleute der ersten Stunde sehr bemühte Hans Kapfinger eher beschönigend: Schwingenstein habe 1933 seine Arbeitsstelle verloren „und mußte jahrelang um das tägliche Brot kämpfen. (...) 1939 erwarb er von der Verlagsanstalt Manz in München deren Romanverlag." Da ist man geneigt zu fragen, womit, wenn er doch bis dahin um das tägliche Brot zu kämpfen gehabt hatte. 1943, fuhr Kapfinger ohne Beweise zu nennen fort, habe sich Schwingenstein an der Widerstandsorganisation des Grafen Stauffenberg beteiligt.[18]

Im Fragebogen gab Schwingenstein selbst nur für das Jahr 1935 als Einkommensquelle an: „als Journalist".[19] Wären die Kriterien zur Auswahl von Lizenzträgern – fast 500 Personen wurden gecheckt – streng eingehalten worden, Schwingenstein hätte ausgeschlossen bleiben müssen.

Immerhin zeigen die Fälle der beiden Lizenzträger der *SZ* zweierlei: Erstens konnte sich ein Schriftleiter mehr oder weniger tief in Goebbels' Propagandaapparat einlassen – die beiden haben sich im Vergleich zu anderen zurückgehalten. Wer aber will zweitens deren Arbeit als Widerstand beurteilen? Anders gefragt: Wenn man in den Seiten von *Hochland* Widerstand sehen will, wem außer einer kleinen Gruppe schweigender Leser war er wozu nützlich? Muß sich Widerstand nicht an seiner Wirkung messen lassen? Eine Wirkung aber – das müssen auch die Apologeten des publizistischen Widerstandes zugeben – ging von *Hochland* nicht aus. Aktiver Widerstand wurde weder in *Hochland* noch in anderen derartigen Publikationen geboren.

Oberst Bernhard B. McMahon traute diesen Männern im Oktober 1945 dennoch zu, „dem deutschen Volke endlich die Wahrheit zu sagen; machen Sie ihm klar, daß die Deutschen den Krieg verloren haben, der von Anfang an unmoralisch war". Der Festakt war kaum vorbei, der Ehrentrunk von McMahon „nach alter Sitte in einem Zug bis zur Nagelprobe" ausgetrunken,[20] der Stehsatz von Hitlers „Mein Kampf", der im Verlag des *Völkischen Beobachters* gefunden worden war, symbolträchtig eben eingeschmolzen, da lief die Rotation für die erste Ausgabe der *SZ* an. Am 6. Oktober 1945 erschien – mit der Lizenz Nr. 1 – die erste Tageszeitung in Bayern.

Innerhalb der Redaktion der überregionalen Zeitung sammelten sich Redakteure ehemaliger großer Zeitungen. Lokalredakteur Alois Hahn hatte bis 1943 zur *Münchner Zeitung* gehört, war dann bis 1945 Schriftleiter der Lokalredaktion der *MNN* und Münchner Korrespondent der *Oberhessischen Zeitung* in Marburg (Lahn) gewesen. Elly Staegmeyr, Mitgründerin des Handelsteils und Wirtschaftsredakteurin, schrieb bis 1945 im Handelsteil der *MNN*, woher sie auch ihren Kollegen Alexander Huke kannte, der ebenfalls in die Handelsredaktion der *SZ* eintrat (und später die KFZ-Seite betreute).[21]

Außenpolitiker Karl Eugen Müller schrieb bis 1938 für die *Neue Badische Landeszeitung*, bei der er bis 1930 Chefredakteur gewesen war, politische Leitartikel. Bis 1945 arbeitete er als stellvertretender Leiter des städtischen Informationsdienstes München. Seine Aufgabe bestand nach eigener Aussage in der „Vermittlung von städtischen Nachrichten an die Presse und Kontrolle von ca. 80 Zeitungen in Bezug auf kommunalpolitisch wichtige Meldungen".[22] Als Theaterredakteur stellte Schwingenstein Alfred Dahlmann ein, der zu Beginn der Nazi-Herrschaft bei den *MNN* volontiert hatte. Danach belieferte er als freier Autor auch die *Dresdner Neuesten Nachrichten* und andere Zeitungen mit Kunstberichten. In der *Deutschen Zeitung im Ostland*, Riga, rezensierte er 1942 die Münchner Kunstausstellung, deren

Werke „Zeugnis geben von jener unbrechbaren Kraft des Lebens- und Kulturwillens, wie sie das deutsche Volk auch in seinen schwersten und härtesten Tagen beseelt".[23]

Eine Aufstellung der verantwortlichen Redakteure von 1947 nennt außerdem die Namen Max von Brück und Otto Heinz Tebbe.[24] Max von Brück kam aus dem Feuilleton der *FZ*, in das er 1934 eingetreten war, als die meisten der jüdischen Redakteure das Haus verlassen mußten.

„Wenn es darum geht", schrieb Brück im ersten Kriegsjahr, „zu einem neuen Wirklichkeitsdrama zu gelangen, muß diese Welt, von welcher uns die Kamera Schein und Abbild, mitunter erschütterndes Abbild, gibt, geistig verwandelt im Drama ihre Sprache finden." Seine Forderung: Man müsse, der Kriegssituation angemessen, „eine neue Schicksalstragödie dichten".[25] Diese Forderung unterstützten viele der damaligen Theaterbetrachter, ging es doch darum, den soldatischen Kampf zu glorifizieren und möglichst auch die neue „Bewegung" – ein Beispiel, das verdeutlicht, warum Goebbels dem Kulturteil eine neue, hervorgehobene Bedeutung zudachte.

Der auch nach dem Kriege führende Zeitungswissenschaftler Emil Dovifat, der bis Herbst 1945 Chefredakteur der sowjetisch lizenzierten *Neuen Zeit* war, hatte mehrfach dieses „neue Feuilleton" gelobt. Eine positive Leistung der heutigen Zeitung sei „die hoffnungsfrohe Fortgestaltung des Feuilletons, das in der großen Form der Betrachtung (eine Erfindung Goebbels', P.K.), wenn sie persönlichkeitsgeformt und in edler sprachlicher Haltung vorgetragen wird, aus der Beobachtung von kleinen, nebensächlichen Dingen des Lebens zu großen und allgemeinen Erkenntnissen führt, wie es sich in einer seelisch vertiefenden Form der sprachlichen Gestaltung in den Schilderungen unserer Kriegsberichter zeigt".[26]

Das Feuilleton als unpolitischer Unterhaltungsteil, schreibt er an anderer Stelle, habe im nationalsozialistischen Zeitungswesen keinen Platz mehr. Es sei zum „dritten politischen Ressort" geworden. „Die Stunde eines guten, gesinnungsgebundenen Feuilletonismus hat wieder geschlagen."[27]

Neben Otto Heinz Tebbe, der mindestens bis 1937 Schriftleiter für Westdeutschland bei der *Zeno-Zeitung* in Münster sowie Redakteur für die Provinz bei der *Tremonia* von Lambert Lensing in Dortmund gewesen war,[28] machten die Lizenzträger wenige Monate vor dem

Ende der Lizenzpflicht einen weiteren altbekannten Schreiber zum verantwortlichen Redakteur: Heinz Holldack zeichnete von Mai 1949 an als Verantwortlicher für Außenpolitik. Bis vier Jahre zuvor hatte er aus Rom berichtet, unter anderem für die *Münchner Zeitung*, aber auch für die *Danziger Neuesten Nachrichten*, das *Stuttgarter Neue Tagblatt*, die *Litzmannstädter Zeitung* (Warthegau) und auch für die *Straßburger Neuesten Nachrichten*, die amtliche Tageszeitung der NSDAP.[29] Nach Danzig schickte er 1940 und 1941 je einen Leitartikel zum Jahrestag des Marsches auf Rom. Titel: „Faschistischer Aufbau" und „Der Marsch auf Rom". Durch den Krieg, so Holldack, lasse sich „das faschistische Italien" nicht in seiner Aufbauarbeit stören. Ausdrücklich lobt er die neue Zivilprozeßordnung, die dem Staat „eine übergeordnete Rolle über den Parteien" verschaffe.[30]

Knapp ein Jahr später betätigte sich Holldack als Rassenideologe. Italienische Hochschullehrer hätten festgestellt, so berichtet er, „daß es eine italienische Rasse gibt, daß sie arisch ist, da sie alle nichtarischen Elemente aufgesogen hat". Die Römer seien ein „arischer Bauernstamm", und von ihnen an „ ... beginnt die italienische Rasse sich im hellen Licht der Geschichte übersichtlich zu entwickeln. (...) Infolge seiner geographischen Lage und seines Kolonialbesitzes ist das italienische Volk weniger stark als das deutsche, das unmittelbar an die Heimat der Ostjuden grenzt, durch die Juden rassisch gefährdet, dafür härter durch Araber, Levantiner und Neger."[31]

Aus Italien verabschiedete er sich mit einem Artikel über König Viktor Emanuel. Dem warf er 1944 „seine feige Flucht in das Lager der Alliierten und seine würdelosen Anbiederungsversuche an den innenpolitischen Gegner" vor.[32] Der König hatte im Sommer 1943 Mussolini fallengelassen und Pietro Badoglio zum Regierungschef ernannt. Dieser schloß mit den Alliierten einen Waffenstillstand, seine Truppen kämpften auf alliierter Seite gegen Mussolinis „Republica Soziale Italiana".

Vielleicht weil Holldack einen König nun nicht mehr mochte, Italien aber liebte, ging er nach München. Dort waren Könige längst abgeschafft (auch wenn viele Bayern gern wieder eine Monarchie hätten), die Stadt sieht sich aber bis heute als nördlichste Stadt Italiens.

1946 schickte die *SZ* Ursula von Kardorff, die 1950 Redakteurin der Zeitung wurde, zu den Nürnberger Prozessen. Ihr Handwerk hatte sie von 1937 an bei der *DAZ* gelernt, wo sie über vorbildliche Frauen berühmter Soldaten und deren „Bewährung im Kriege" berichtete.

„Keine dieser Frauen versagte", befindet sie, und „daß fast alle sich klaglos in ihr mitunter sehr schweres Schicksal fügten".[33] Während des Krieges geschrieben, muß dies als Aufforderung an die Leserinnen verstanden werden, ihr Schicksal ebenso tapfer zu ertragen. Auch dies ein Feuilleton, das die Rolle der Kultur als „dritte politische Kraft" verdeutlicht – emotional verpackt werden politische Inhalte an die Leserinnen und Leser übermittelt. Auch 1944 gingen die Frauen in Berlin noch aufrecht. Sie arbeiten, räumen Schutt weg, aber sie schmücken sich noch, sind „zäher und vitaler" geworden, aber auch „zynischer und zarter".[34] Eine halbseitige Betrachtung, „persönlichkeitsgeformt" und „in edler sprachlicher Haltung vorgetragen", die „aus der Beobachtung von kleinen, nebensächlichen Dingen des Lebens zu großen und allgemeinen Erkenntnissen führt", auch dies ein Musterbeispiel „eines guten, gesinnungsgebundenen Feuilletonismus" nach den Kriterien Dovifats und Goebbels'.

Auch im Feuilleton der *SZ* trafen sich zahlreiche der ehemaligen Edelschreiber wieder: W. E. Süskind etwa, der während des Reichs eine eigene Literatur-Zeitschrift herausgegeben und in allen großen Gazetten des Landes geschrieben hatte. In *Die Literatur* hatte er 1939 darüber nachgesonnen, „wie weitläufig und vielschichtig die geistigen Möglichkeiten in unserem neuen und großen Deutschland auch in punkto Kunst beschaffen sind".[35] Als seine Zeitschrift 1942 wegen Papiereinsparungen geschlossen wurde, schrieb Süskind als Theaterkritiker an der Seite Goebbels' für dessen Vorzeige-Wochenzeitung *Das Reich*[36] und als Literaturkritiker für die *Krakauer Zeitung*.

In der *DAZ* findet sich 1940 eine Abhandlung Süskinds über „die englischen Seeräuber". Gemeint sind die Männer um Francis Drake und John Hawkins, doch der Bezug zur Ist-Zeit ist leicht herzustellen. Der Aufsatz schließt mit dem Zitat eines holländischen Seefahrers: „Sie erstreben ungerechtfertigterweise eine alleinige Beherrschung der Meere, was keine Nation erlauben kann."[37] Ein weiteres Exempel publizistischen Gehorsams, denn die von den Engländern angestrebte Herrschaft über die Meere war offizielle Nazi-Propaganda.

Neben Süskind schrieben auf freiberuflicher Basis der Filmkritiker Gunter Groll, der 1939 im *Reichssender München* einen Vortrag zum deutschen Film gehalten hatte, und der Musikkritiker Karl H. Ruppel[38], bis zuletzt Berliner Kunstschriftleiter der *Kölnischen Zeitung* und Autor für viele andere Zeitungen des Reichs. Außerdem betrieb Fritz

Nemitz jetzt statt Kunstbetrachtungen bei den *MNN* (bis 1942) und der *Kölnischen Zeitung* (bis mindestens 1944) Kunstkritik in der *SZ*,[39] Hanns Braun statt Theaterbetrachtung in der *Münchner Zeitung*[40] Theaterkritik.

Auch Karl Ude trat kurzfristig als Redakteur dem Feuilleton bei,[41] bevor er 1946 den Chefredakteurssessel bei der literarischen Monatsschrift *Welt und Wort* übernahm. Von 1933 an war er fester Mitarbeiter des Feuilletons der *MNN*, der *Essener Allgemeinen Zeitung*[42] sowie anderer Blätter des Reichs gewesen.

1940 hatte er einen Artikel über die Münchner Kunstausstellung mit den Worten begonnen: „Dem Menschen unserer Zeit ist eine besondere, geradezu andächtige innere Gelassenheit eigen – eine Aufgeschlossenheit gegenüber dem schaubaren Gleichnis, aus dem er große geistige Zusammenhänge zu ergreifen und seiner selbst in einem tieferen Maße bewußt zu werden vermag. So hat er beispielsweise auch die Fahne mit neuen sinnbildlichen Inhalten zu füllen verstanden, die einen Einsatz bis zum letzten lohnen, und in einem Zeichen wie dem Hakenkreuz weiß er das Wesen seiner Weltanschauung und Weltschau auf die knappste Formel zu bringen."

Seinen Bericht schließt er mit Schiller: „Jedes Volk hat seinen Tag in der Geschichte, doch der Tag der Deutschen ist die Ernte der ganzen Zeit."[43]

Ude blieb der Kunstausstellung ein treuer Begleiter. Folgen wir ihm durch die Jahre: 1941 wies er zunächst auf das im Eingangssaal präsentierte „Sinnbild für den Charakter dieser Schau" hin. Es zeigt „den Führer mit seinen Mitarbeitern, mit dem Reichsmarschall und einigen hohen Offizieren der Wehrmacht im Kampfgelände". Es „mahnt auf solche Weise eindringlich daran, wie sehr diese Zeit im Zeichen des Krieges steht und die wesentlichen Kräfte unseres Volkes auf die Erringung eines Sieges gerichtet sind, der uns die gesicherte Zukunft von Volk und Reich bestätigt". Die hohe Zahl der Exponate zeige „nicht allein den schöpferischen Kraftüberschuß unseres Volkes", sondern sei „auch der Erfolg der ‚kunsterzieherischen Arbeit des Nationalsozialismus' (Wilfried Bade)". Das folgende Resümee vermag zu verdeutlichen, daß Ude den Anforderungen der Machthaber an die Aufgabe des Feuilletons durchaus gerecht geworden ist. Die Ausstellung, so Ude, zeige ein „Bild von ungewöhnlicher Geschlossenheit".[44] Eine Geschlossenheit, die auch im Volk als ganzes erzeugt werden sollte, um den Krieg im nationalsozialistischen Sinne erfolgreich zu bestehen.

Noch deutlicher wurde die Aufgabe von Kunst und Feuilleton im nächsten Jahr. Wieder zur Eröffnung der Kunstausstellung schrieb Ude: „Als vor nunmehr fast drei Jahren dieser Krieg über uns hereinbrach (sic!) und sich hier und dort zugleich auch das alte Wort in Erinnerung brachte, daß im Krieg die Musen zu schweigen hätten, mag manche kulturelle Veranstaltung überwiegend noch deshalb verwirklicht worden sein, um gegen das harte alte Postulat den Gegenbeweis anzutreten und uns selber die seelische Potenz unseres Volkes deutlich zu machen."

Die Kunstausstellung, so fuhr er fort, sei keine bloße Leistungsschau, sondern es gehe „allein um die Mobilisierung aller Kräfte im unmittelbaren Dienst am Leben selber, das mehr denn je mit Kampf und Selbstbewährung gleichbedeutend ist". Es komme darauf an, „daß wir als Volk in weitaus stärkerem Maße als früher zu Nutznießern der Kunst werden, die uns aus eigenem Blut und Geist geschenkt wird, und uns von ihren Inhalten und Werten für die strengen Forderungen des Tages erbauen lassen". Die Ausstellung lasse „schon jetzt erahnen, in welchem Maß die neue Schau für unser Volk ein Born der Kraft und der inneren Sammlung zu sein vermag".[45]

Das Wort von der „Kunst als Born deutscher Kraft" gebraucht Ude 1943 erneut. Die Darstellung des menschlichen Körpers sei dazu angetan, „die Daseinsberechtigung des Beschauers zu vertiefen". Ude stellt einen „Hang zum Friedlich-Harmonischen und Humorigen" fest sowie „eine gesunde, diesseitsbewußte Sinnenfreudigkeit, der eine große Anzahl von Frauenakten nicht nur auf dem Gebiet der Malerei, sondern auch auf dem der Plastik zuzuschreiben ist". Letztere wende sich auch der „nachdrücklichen Verkündung eines kämpferisch-männlichen Ideals" zu. Die zeitgenössische Kunst sei bestrebt, „uns Entspannung und zugleich Kraft zu vermitteln, damit wir vor dem harten Schicksal unserer Tage zu bestehen vermögen".[46]

Einen Tag zuvor, am 26. Juni, hatte Goebbels selbst in der *Berliner Börsenzeitung* zur Ausstellungseröffnung geschrieben: „Unsere Kunst zeugt für uns selbst." Die Schriftleitung hängte Goebbels' Leitartikel einen Redaktionsschwanz an. „Mit Recht fragt sich Reichsminister Dr. Goebbels in diesen Stunden eines barbarischen Luftkriegs gegen die Zivilbevölkerung und gegen Kulturstätten, was die Angloamerikaner denn den Kunstleistungen Deutschlands und Italiens zur

Seite zu stellen haben. (...) Jetzt lassen sie auch schon durch Neger in einer knappen Stunde ‚einen Kulturbesitz in Schutt und Asche legen, an dem Jahrhunderte gebaut haben'."

Ude befaßte sich weiter mit Schöngeistigem, ohne je die Aufgabe der Kunst im neuen Staat zu vergessen. Bei einer Betrachtung über die „zeitgenössische Lyrik" stellte er gelegentlich „Entartung" fest. Wie Lyrik heute zu sein habe, davon gab er manche Probe. Ein von ihm vorgestellter „volkstümlich schöner Vers" lautet:

Wir wollen wirken und schaffen
Bis in den Abend hinein
Aber das Wachsen lassen
ist dein.

Solche Gedichte seien „volkstümlich und kunstvoll zugleich, weit entfernt von humanistischer ‚Gebildetensprache' und darum auch zugleich eher dazu berufen, den Menschen unserer Tage die tröstliche Freude am deutschen Gedicht zu erhalten, dem sicherlich vielerlei Gestalt möglich ist, dem aber keine besser ansteht als jene, die auch unserem eigenen Wesen gemäß ist".[47]

 Das oben zitierte Gedicht würde wohl auch heute Platz finden in der *SZ*: in der Wochenendausgabe auf der letzten Seite unter der Rubrik: „Helden der Lyrik".

Ein Schreiben an Ude, in dem er um eine Darstellung seiner heutigen Sicht gebeten wurde, blieb leider unbeantwortet.

Zu seinem 85. Geburtstag feierte ihn die *SZ*; er sei Münchens „ältester aktiver Journalist". Der Inhalt seiner Manuskripte sei „wie eh und je ganz auf der Höhe der Zeit – aktuell und kritisch, informativ und der Sache, um die es gerade geht, stets förderlich". Soll der Leser hier zwischen den Zeilen lesen? Denn die Zeit zwischen 1933 und 1945 spart der Laudator aus. Für Leser, die rechnen wollen, gibt der Autor nur den Hinweis: „regelmäßig seit sechs Jahrzehnten". So alt ist die *SZ* noch nicht. Sieht sie sich in der Tradition der *MNN*? Der Münchner Lokalteil ist jedenfalls seit ein paar Jahren umbenannt. Sein Titel: *Münchner Neueste Nachrichten*.

Münchner Merkur: Fassungslos über Hitlers Verbrechen

Umbenannt hat sich auch der *Münchner Merkur*, der in den ersten Monaten *Münchner Mittag* hieß. Am 18. September 1947, nach dem Tod eines Herausgebers, trat Felix Buttersack ins Herausgebergremium ein. Von 1925 bis 1943 war er Feuilleton- und Romanredakteur beim Scherlverlag,[48] gibt Kapfinger an. Das „Handbuch der deutschen Tagespresse" von 1944 führt Buttersack auch 1944 noch als verantwortlich für Kulturpolitik beim *Berliner Lokalanzeiger*, der bei Scherl erschien. Buttersack selbst nennt das Jahr 1944 als Ende seiner „Dienstverpflichtung".[49]

Was hat Buttersack während dieser Dienstverpflichtung geleistet? Während der Zeit vor dem Krieg druckte er im *Berliner Lokalanzeiger* als Verantwortlicher der Unterhaltungsbeilage brave Histörchen und Berichte der Güte: „Jeder 25. Mann ist farbenblind".[50] Doch mit Kriegsbeginn machte auch er mobil: Einer Geschichte über die Verleihung des Eisernen Kreuzes „Für Tapferkeit vor dem Feind" folgt eine über „Deutsche Fahnen über deutschen Städten" im Weichselland, und einen Tag später heißt es: „Wir fliegen gegen den Feind". Danach gibt es „In der Heimat, in der Heimat" ein Wiedersehen.[51] Schließlich bastelt Buttersack höchstselbst die Helden von morgen: Er erzählt die Geschichte eines vorbildlichen Jungen, der mit Kinderhelm, „in strammer Haltung, Gesicht geradeaus, Gewehr über die Schulter" im Regen vor dem Haus Posten steht, stolz, Soldat wie sein Vater zu sein. Buttersacks Moral von der Geschicht': „Was ein Häkchen werden will krümmt sich beizeiten."[52]

„Fassungslosigkeit", so Buttersack später, habe ihn ob der Hitlerschen Verbrechen befallen.[53] In seinen Memoiren erzählt er zwar sein Leben, die Angaben über seine berufliche Tätigkeit vor 1945 sind aber leider recht spärlich. Sie beschränken sich auf den Hinweis, zum *Lokalanzeiger* dienstverpflichtet gewesen zu sein, und auf das Postulat: „Die Weste blieb weiß" – trotz zweifacher genauester Untersuchung seiner Vita durch die Amerikaner.[54]

Hätten sie in der *Neuen Rundschau* geblättert, sie hätten einen deutlichen Hinweis auf Buttersacks Begeisterung für das neue Großdeutschland gefunden. Der Artikel mit dem Titel „Phantasie und Gewissen" richtete sich im Januar 1941, als der Nationalsozialismus nicht mehr zu bremsen schien, gegen alle Zauderer, die keine „historische Phantasie" (was immer das sein mag) haben. Sie sei „Spiegel des notwendig Kommenden". Ihr Feind könne das Gewissen sein. „Ist es zu verantworten, das Neue?", frage das Gewissen mit dem Erbe alter Vorstellungen und – rhetorisch – auch der Autor. „Und dieses Erbe, verloren schon in der Wirklichkeit, ... scheint einmal noch Kraft zu gewinnen, indem es sich aufbäumt in Herzen, von denen viele sonst lau waren. Wir beobachten das Phänomen vielfach heute im alten Europa." Diese Art von Gewissen aber sei nicht wirkliches Leben, sondern nur „eine Waffe gegen das Leben". Im Folgenden wendet sich Buttersack gegen den Vorwurf, das Gewissen wandle sich oder schweige „in der rechten Bewegung". „Weltwenden (gemeint ist die „Weltwende" vom Januar 1933) schöpfen stets aufs neue Gewissen." Gewissen sei „nichts Absolutes, über die Wandlungen des Lebens hinaus Unwandelbares". Das Gewissen müsse „die Werte wittern in der neu entstehenden Welt". Diese „Witterung des Gewissens" verbinde sich da mit der „historischen Phantasie", „wo wir (sic!) in der rechten Bewegung sind".[55]

Buttersacks „Witterung" war offenbar immer die richtige. Er durfte seinen Beruf stets ausüben, und keiner der politischen Machthaber bereitete ihm Schwierigkeiten – und umgekehrt. Aus der rechten Bewegung über ein kurzes Gastspiel als Chefredakteur von *Radio München* führte Buttersacks Weg zum *Münchner Merkur (MM)*, als Lizenzträger und Chefredakteur.

Das außenpolitische Ressort übernahm mit der ersten Ausgabe Rudolf Heizler, der seit 1934 der Redaktion der *FZ* angehört und nach dem Krieg ein kurzes Stelldichein bei der *Schwäbischen Zeitung* in Leutkirch gegeben hatte. 1948 wechselte er zur *Abendzeitung*, wo er bald stellvertretender Chefredakteur wurde.

1948 verwaltet Heinz Hess das Kulturressort des *Merkur*,[56] in den Kriegsjahren Kulturschriftleiter der *Danziger Neuesten Nachrichten*. Unter ihm arbeitete René Prévot mit, der bis zuletzt als Rainer Prévot für die *MNN* geschrieben hatte. Im Juni 1949 kam aus dem Saarland ein neuer stellvertretender Chefredakteur zum *Münchner Merkur*: Graf Albert Montgelas, der zuvor Londoner Korrespondent der *Essener Volkszeitung* und der *Kölnischen Volkszeitung* gewesen war.[57]

Die Redakteure des *MM* hoben im Jahr 1949 mehrfach zweifelhafte Autoren ins Blatt: Jochen Willke etwa schrieb Leitartikel, bevor ihm bei der *Abendzeitung* ab 1950 als „Voluntas" eine regelmäßige Kolumne zur Verfügung stand. Am 19. April 1942 hatte er den „Führer", den „ersten Soldaten des Volkes", anläßlich seines Geburtstages im Gaublatt der NSDAP für die Steiermark gelobt:

„Und die höchste soldatische Tugend, die Tapferkeit, hat er zu seiner Lebensform gemacht. (...) Wenn wir an diesem Geburtstag an den Führer denken, wollen wir uns ruhig wieder einmal die Frage vorlegen: Sind wir nun so wie er will, sind wir Nationalsozialisten nicht nur der Worte, sondern auch der Gesinnung und der Tat? (...) Auch wir glauben an den Stern Adolf Hitlers ..."[58]

1943 schrieb er, die Alliierten würden bei einem Sieg die gesamte Ordnung zerstören, was „das Chaos für Deutschland, ja, für die ganze Welt bedeuten" würde. Mut sei deshalb gefragt. „Wer sein Leben gibt, opfert dem Vaterland das letzte ..."[59]

Auch Franz Obermaier, der wegen seiner Nazi-Vergangenheit bei der *Neuen Zeitung* als Redakteur abgelehnt worden war, schrieb 1949 gemeinsam mit Josef Mauerer eine Serie mit dem Titel: „Aus Trümmern wächst das neue Leben". Obermaier war Mitarbeiter des *Völkischen Beobachters*, der *MNN* und Mitglied der NSDAP von 1930 bis 1932 und von 1943 bis 1945.[60]

Auch Erwein Freiherr von Aretin (s.u.), Ilse Urbach (*FZ* und Schriftleiterin Kulturpolitik von *Das Reich*) und Max von Brück (s.o., *SZ*) machten weiter, ebenso Effi Horn, ehemals Lokal- und Feuilleton-Mitarbeiterin bei den *MNN* und ebenfalls Parteimitglied seit 1938.[61]

Von September 1949 an, nach der Generallizenz, verändert sich das Impressum erheblich: Als Lokalchef firmiert Rolf Flügel, als „weitere verantwortliche Redakteure" Erich Meyer-Gmunden und Korbinian Lechner. Von allen drei finden sich Texte schon vor September 1949 im Blatt. Dabei hatten die Amerikaner Flügel als „B" (black) eingestuft, weil er Lokalchef der *MNN* bis Kriegsende gewesen war.[62] 1948 wurde sein Spruchkammerverfahren eingestellt.

Er muß sich dennoch zu denen zählen lassen, die München gern als „Hauptstadt der Bewegung" gefeiert hatten: „In unfaßbar wenigen Jahren, sollte der neue Glanz des Namens München in den Himmel geschrieben werden, strahlender Mittelpunkt der Bewegung, die uns Herzstück Großdeutschlands geworden ist."[63] Buttersack nennt ihn in seinem schon angesprochenen Band bereits mit seinem Eintritt beim *MM*, im September 1947, als Lokalredakteur.[64]

Erich Meyer-Gmunden war Ressortleiter Wirtschaft bei den *MNN* bis zu Beginn des Krieges, dann Major bei der „Abwehr" von Admiral Canaris.[65] Korbinian Lechner verantwortete den Bayernteil und die Zentralredaktion der Landkreise. Von 1937 bis 1939 war er Redakteur der *Süddeutschen Sonntagspost*, dann Feuilleton-Mitarbeiter der *MNN* gewesen.[66]

Auf die Praxis des letzten Jahres der Lizenzpflicht, Redakteure vorläufig noch zu tarnen, indem man sie nicht im Impressum nennt, stößt man in der amerikanischen Besatzungszone immer wieder. Selbst wenn ihre Artikel namentlich gezeichnet waren – zu einer Intervention der Behörden kam es fast nie. Deshalb muß angenommen werden, daß die Amerikaner, die Nachzensur übten, dies bewußt tolerierten.

Münchner Allgemeine: Wir haben keine Demokratie

Neben den drei großen Zeitungen, die noch heute in München existieren, erschienen in den ersten Jahren zwei weitere Blätter. Während das *Echo der Woche* zu Beginn nur alle zwei Wochen herauskam und außerdem wegen seines Zeitschriftencharakters nicht Gegenstand dieser Arbeit ist (auch hier finden sich „Ehemalige"), muß die *Münchner Allgemeine* als Wochenzeitung mit aktuellem politischem Teil betrachtet werden. Zwar gab es auch bei ihr erst im September 1949 ein vollständiges Impressum, drei der dort Genannten aber hatten längst als Leitartikler gewirkt.

Chefredakteur und Herausgeber Erwein Freiherr von Aretin, von Beginn an Autor der *Münchner Allgemeinen*, hatte bis 1933 den *MNN* angehört. Dort schwenkte der erklärte Monarchist (dazu bekennt er sich auch in der *Münchner Allgemeinen* vom 10.10.1948) unmittelbar nach der Machtübernahme ins Lager der neuen Machthaber um: „Wir haben eine so lange Spanne des führerlosen Intrigierens hinter uns, daß wir uns selbst verleugnen würden, gäben wir nicht ehrlich der Hoffnung Ausdruck, daß diese Wandlung von Dauer sei und daß die Größe der Aufgabe die neuen Männer herausrisse aus der Enge und der Dumpfheit der Parteien in eine Welt, in der es nurmehr Deutsche gibt und deren Feinde." Für kleinliche Vorbehalte sei jetzt kein Raum mehr, das Geschehen rückte er „in die große Linie der überzeitlichen Mission unseres Volkes".[67]

Wenige Wochen nachdem Aretin diese „hoffnungsvollen" Zeilen geschrieben hatte, wurde er für kurze Zeit ins KZ Dachau eingeliefert.[68] Das mag ihn vor den Augen der Presseoffiziere gerettet haben. Denn sein Plädoyer nach der nationalsozialistischen Machtübernahme, Hitler eine Chance zu geben, ist durchaus dazu angetan, ihn als „Förderer der Nazi-Partei" und „Befürworter einer gegen die übrige

Welt gerichteten ... imperialistischen Politik"[69] zu betrachten, was nach den Lizenzbestimmungen sogar eine Tätigkeit als Redakteur bei Tageszeitungen ausgeschlossen hätte.

Neben Aretin schrieb Fritz Schumacher wieder Leitartikel, der während der Diktatur Wirtschaftsschriftleiter der *Münchner Zeitung* gewesen war. Mit Josef Thielmann und Hanns Maria Braun finden sich zwei weitere Namen im ersten brauchbaren Impressum, die schon frühere Zeitungen geschmückt hatten: Thielmann war Lokalschriftleiter bei der *Freiburger Zeitung*, Braun Kulturpolitiker der *Münchner Zeitung* gewesen.

Auch Geschäftsführer Hans Kapfinger[70] meldete sich in der zweiten Ausgabe mit einem Leitartikel zu Wort. Unter dem Titel: „Wir haben keine Demokratie" kritisiert er scharf die Entnazifizierung.[71] Diese negative Einstellung erklärt auch Kapfingers Darstellungen der Biographien der Lizenzträger der neuen bayerischen Presse. Da er die Entnazifizierung ablehnte, versuchte er, seine Kollegen zu schützen. Er schrieb ihre Geschichte oftmals einfach schön.

Augsburger Tagespost: Namenloses Impressum

Am 30.10.1945 erhielt auch das schwäbische Augsburg seine Zeitung, die *Schwäbische Landeszeitung*. In ihr traten bis zum Ende der Lizenzpflicht erkennbar keine der alten Propagandisten wieder an. Lizenzträger Johann Wilhelm Naumann war bis August 1935 Redakteur der katholischen *Augsburger Postzeitung* gewesen. 1938 habe ihn Goebbels als Redakteur der *Weltmission* abgelehnt.[72] Während dieser Jahre soll Naumann zahlreiche Vorträge vor Geistlichen gehalten haben, die gegen das Regime gerichtet waren. „Ständig war er unter Kontrolle der Gestapo", fährt Kapfinger fort, „aber keines seiner acht Kinder ging in die HJ."[73]

Als Naumann am 28. August 1948 mit der *Augsburger Tagespost* ein zweites Blatt eröffnen durfte, nahm er die Richtlinien nicht mehr so genau. Zwar verzichtete er auf ein ordentliches Impressum, die Durchsicht der Leitartikel der Ausgaben der ersten Monate ergab aber einen Überblick über regelmäßige Mitarbeiter.

Zu den fleißigsten Autoren gehörten Andreas Vogel („Von unserem Vertreter") und Franz Mariaux. Vogel hatte während des Krieges in einer Besatzungszeitung den rumänischen faschistischen Marschall Ion Antonescu als „Retter seines Vaterlandes" und als „Heerführer und treuen Waffengefährten Deutschlands" gefeiert. Als dessen erste innenpolitische Maßnahme lobte er „die Ausschaltung der Freimaurer und Juden". Außenpolitisch rühmte Vogel „die Ausrufung des Heiligen Krieges gegen den Bolschewismus" des „erfolgreiche(n) Führer(s) der rumänischen Armee an der Seite der unbesiegbaren deutschen Wehrmacht".[74]

Franz Mariaux schrieb nach 1945 vorwiegend in der Westausgabe der *Rheinischen Zeitung*. Als diese im September 1948 eingestellt wurde, muß ihm die neugegründete *Tagespost* gerade recht gekommen sein. Vor der Befreiung hatte er seine Korrespondenzen aus Paris für die *Kölnische Volkszeitung* und später für die *Kölnische Zeitung*, außerdem für das *Solinger Tagblatt*, den *Frankfurter General-Anzeiger*, die *Westfälische Zeitung* und den *Schwarzwälder Boten* abgesetzt.[75]

Beim Einmarsch der Deutschen in Frankreich hätten, so Mariaux, die deutschen Soldaten den meisten Franzosen „nicht den Krieger und nicht den Feind, sondern die Sendboten des Sieges einer neuen, stärkeren, besseren und größeren Welt bedeutet". Besonders in Paris „schwenkte man um in ein hochgetürmtes Gefühl von Hoffnung auf den Sieg einer neuen Welt". Weiter unten resümiert er, daß sich mit dem Zusammenwachsens Europas „die Opfer der Völker rechtfertigen werden".[76]

Frankreich, so schreibt er wenig später, habe Deutschland, dem „Volk von mystischer Dynamik", viel zu danken. Es wäre ohne die Besetzung durch die Deutschen „noch unmoderner geblieben als es heute ist". Bald habe der Franzose bemerkt: „Die Köpfe, die von Mystik und Dynamik erfüllt sind, ... sitzen auf festen Schultern. Das Körperliche, Athletische, das Geradlinige und Gesunde des Sieges von Juni 1940 hat den Franzosen und die Französin staunen gemacht."[77]

Weil sich der deutsche Staat in Frankreich nützlich mache, hätten sie auch anerkannt, daß „Autorität und Disziplin" unentbehrlich seien. Denn würden die Deutschen dem Land den Rücken kehren, „so würde die Anarchie Quartier nehmen". „Wer diesen Wechsel nicht verantworten möchte, ... muß den Status von heute grundsätzlich bejahen."[78] Die Ansicht, wenn Deutschland das Land verließe, sei „ein Bürgerkrieg unvermeidlich", vertrat er 1940 auch für Belgien.[79] Eine zynische Auslegung, die verschweigt, daß erst die imperialistische Politik des Reichs die neue Situation geschaffen hatte. Der Verursacher eines Mißstandes bietet sich als Retter an.

Mariaux erfüllte mit diesen Artikeln die klaren Vorgaben für die Berichterstatter aus besetzten Gebieten, wie sie etwa der Präsident des Zeitungswissenschaftlichen Verbandes, Walther Heide, interpretiert hatte: Eine der wichtigsten Aufgaben der Nachrichtenpolitik im Kriege sei es, die zuschauende Welt davon zu überzeugen, daß in dem neuerworbenen Gebiet Ruhe und Ordnung herrsche, daß die neue Herrschaft mit Zufriedenheit aufgenommen werde und daß – wo möglich – noch während des Feldzuges hinter der Front in sozialer und kultureller Hinsicht der Aufstieg beginne.[80]

Mit der *Augsburger Tagespost* hatte Naumann nicht den angestrebten Erfolg. Statt der erwarteten 200.000 Exemplare verkaufte man nur 40.000. Vermutlich war der erste Titel, die *Schwäbische Landeszeitung*, bereits zu gut eingeführt und den Lesern vertraut gewesen. Möglicherweise hätten die Altverleger aus dem Beispiel Augsburg schon zu diesem Zeitpunkt ersehen können, wie schwierig es werden würde, gegen die neuen, bereits etablierten Zeitungen anzugehen.

Der Allgäuer: Vom Charakter und Geist der Journalisten

Noch vor Weihnachten 1945 erschien auch in Kempten eine neue Zeitung – *Der Allgäuer*. Lizenzträger Kaspar Rathgeb, so wußten die Amerikaner, „war eine zeitlang Schriftleiter eines katholischen Blattes", nämlich beim *Fränkischen Volksblatt* in Würzburg, „aber er wurde schließlich wegen seiner politischen Ansichten von den Nazis entfernt".[81] Die Amerikaner stuften ihn in ihren Listen als „WB" (white B) ein, was ihn zwar für leitende Positionen in den Medien geeignet erklärte, allerdings nicht für solche auf dem Gebiet von „Presse, Publikationen oder Filmproduktion".[82]

Im Falle Rathgebs verstießen die Presseoffiziere also gegen ihre eigenen Vorgaben, sowohl gegen die in den Listen formulierten als auch die auf den Lizenzurkunden benannten, wonach Redaktionspersonal nicht nach 1935 in den Medien des Reiches gearbeitet haben durfte. Der um die Reputation der Männer der ersten Stunde sehr besorgte Hans Kapfinger lieferte später seine Version davon, weshalb Rathgeb noch nach 1935 in Amt und Würden geblieben war. Rathgeb „... wurde schließlich 1931 Redakteur am ‚Fränkischen Volksblatt' in Würzburg, wo er auch die stellvertretende Hauptschriftleitung übernehmen mußte, als nach der Machtübernahme der Hauptschriftleiter Heinrich Meier in Schutzhaft genommen wurde".[83]

Man „mußte" zu diesen Zeiten also eine Stelle übernehmen, es blieb dem Schriftleiter Rathgeb keine Wahl. Der „Führer" oder einer seiner Untergebenen befahl, man folgte. Und man profitierte vom Mißgeschick eines bei den Machthabern in Ungnade gefallenen Kollegen, dessen Stelle man nun antrat.

Auch Rathgeb selbst fiel kurzzeitig in Ungnade. Der Vorwurf: „Unzuverlässigkeit und Unzulänglichkeit in der Berichterstattung". Rathgeb wurde am 30. Juni 1936 erstmals von der Pressekonferenz des Gaupresseamtes ausgeschlossen.[84] Er verteidigte sich mit einem opportunistischen Brief an die *Phönix-Zeitungsverlags G.M.B.H.*: Auch wenn er „gelegentlich Artikel christlichen Inhalts" ins Blatt gehoben habe, so habe er doch „den politischen Teil ganz auf die Forderungen der NS-Politik eingestellt". Den Vorwurf einer „stillen Opposition", die ihm nachgesagt werde, wollte er nicht gelten lassen: „Eine versteckte oder gar offene Opposition gegen das III. Reich in einer Tageszeitung zu führen, ist wohl jedem deutschen Redakteur heute eine klare Unmöglichkeit."[85]

Rathgeb kam mit 100 Reichsmark Strafe davon. Das Verfahren kostete ihn außerdem seine Stelle beim *Volksblatt*, er wurde aber nicht von der Schriftleiterliste gestrichen. Der Vorwurf, Rathgeb habe das Blatt wieder „in katholisch-konfessionelles Fahrwasser hineinzuziehen" versucht, fiel fast gänzlich in sich zusammen. Nicht zuletzt, weil anerkannt wurde, daß Rathgeb sich bemüht habe, „als Nationalsozialist zu leben", und den Wahlkampf 1936 „in ausgezeichneter Weise durchgeführt" habe.[86]

Daß ihn die Amerikaner trotz seiner Anpassung nicht fallen ließen, mag auch an seiner ausgesprochen antisozialistischen Einstellung gelegen haben. „Dr. R." hatte beispielsweise im Mai 1936 unter dem Titel „Blick in die Zeit" gezeigt, daß er seine Lektionen gelernt hatte. Darin wetterte er gegen die „Bolschewisierung" Spaniens ebenso wie gegen den „Juden Bela Khun, der nun beauftragt ist, Spanien und wenn möglich auch Frankreich zu bolschewisieren".[87]

Rathgebs Fall ist eine Art Musterbeispiel dafür, wie sich ein Journalist 1936 nicht mehr über die allgegenwärtige Kontrolle seiner Arbeit durch den NS-Staat hinwegsetzen konnte. Aufhören oder sich beugen? Rathgeb beugte sich. Der Fall zeigt auch, wie möglicherweise anfänglich bestehende Vorbehalte – in diesem Fall die eines katholisch erzogenen Mannes – nach 1945 bei dem Versuch benutzt wurden, einen sich durch die ganze NS-Zeit ziehenden Widerstand zu konstruieren. Rathgeb hat es selbst gesagt: Eine versteckte oder gar offene Opposition gegen das Dritte Reich in einer Tageszeitung zu führen sei jedem deutschen Redakteur eine klare Unmöglichkeit gewesen.

Rathgeb hatte nun nach Kriegsende andere Sorgen. „Ihm oblag es in den Wochen der Vorbereitung ganz allein, geeignete redaktionelle, verlegerische und technische Mitarbeiter zu gewinnen." Eigens sei er durch die weitverstreuten Dörfer und Weiler des Allgäus gefahren, um die Zeitungsträgerinnen der Vorkriegszeit für die neue Zeitung zu gewinnen. Auch die altbewährten Drucker, Setzer und Metteure habe er zurückgeholt in das Verlagshaus der Familie Ferdinand Oechelhäuser, wo bis zum Einmarsch der Amerikaner das *Tagblatt* erschienen war.[88]

Rathgeb zur Seite stellten die Amerikaner nach wenigen Wochen als zweiten Lizenzträger und Chefredakteur Hans Falk. Dieser soll 1933 Berufsverbot erhalten haben,[89] als er leitender Wirtschaftsredakteur der *Hamburger Nachrichten* war. In der Folge soll er sich als Betriebsberater einer Versicherung in Berlin verdingt haben. 1943 sei er in Tirol untergetaucht, um „den Anfeindungen der Gestapo zu entgehen".[90] Auch die Angaben eines der ersten Redakteure der Zeitung, Hans Schneider, sind spärlich.[91] Einer der ehemaligen Kollegen Falks konnte zu dessen Biographie ebenfalls wenig sagen. Falk habe auf Fragen nach seinen Erfahrungen in der NS-Zeit unwillig reagiert und nie darüber gesprochen.[92] Da Texte eines Hans Falk aus den Kriegsjahren dem Lizenzträger des *Allgäuer* nicht eindeutig zugeordnet werden konnten, wurde er nicht in die Statistik im Anhang aufgenommen. Auf diese Weise wurde immer verfahren, wenn Zweifel an der Identität blieben.

Nach 1945 erwies sich Falk jedenfalls resistent gegen Forderungen, die seine Partei an ihn herantrug. Er war der SPD beigetreten, wurde aber schon 1948 wegen seiner unabhängigen redaktionellen Stellungnahmen unter dem Vorwurf „parteischädigenden Verhaltens" ausgeschlossen.[93]

Als Feuilletonredakteur meldet das erste vollständige Impressum des Blattes am 16.7.1949 Hans v. Mühlen. Der hatte sich in der *Thüringer Gauzeitung* (Untertitel: „Der Nationalsozialist") gegen den anderen Teil der Alliierten gewendet: Die Engländer nannte er „Kriegshetzer", die noch immer ihre Hand auf dem rumänischen „Nationalgut", dem Erdöl, hielten.[94]

Falk und Rathgeb gaben der Zeitung ihr Gesicht. Es sollte ein besonderes sein. Den Vorschlägen der Amerikaner, das Blatt „Alpen-Echo" oder „Alpen-Kurier" zu nennen, setzten sie den späteren Namen entgegen. Die im Namen vollzogene Begrenzung auf eine kleine Region fand auch programmatisch ihren Niederschlag. „Unser Gelöbnis zum Arbeitsbeginn!" verriet, *Der Allgäuer* wolle „in erster Linie eine gute Heimatzeitung sein".[95] Das genau hatten die Alliierten ursprünglich nicht gewollt, denn – das stellte Falk zum einjährigen Jubiläum fest – die Heimatzeitung habe eine (Nazi-) Geschichte und trage den „Geruch politischer Reaktion oder engstirnigen Hinterwäldlertums". Ihr geistiger Umfang sei oft „nicht größer als der Umfang eines Emmentalers" gewesen. „Das war nicht gut für die Entwicklung unseres Volkslebens und hat viel beigetragen zu dem Verhängnis, das mit Hitlers Machterschleichung über uns hereinbrach wie ein Rudel reissender Wölfe über eine ahnungslose Schafherde." Trotzdem mache man eine Heimatzeitung, weil man heute „von unten, sozusagen von den geistigen Quellen und Wurzeln des Heimatbodens ausgehend", neu aufbauen müsse. Das hatte so ähnlich schon eine andere Gruppe Deutscher formuliert, die eine Wende in Deutschland herbeiführte, die in der Katastrophe endete. Deshalb und um es seinen provinziellen Lesern ebenso wie den Presseoffizieren recht zu machen, beeilte sich Falk zu relativieren: Natürlich wolle man keinen „aufgeblasenen Lokalpatriotismus". Aber bevor die Deutschen daran denken könnten, Mitglied eines europäischen Staatenbundes zu werden, müßten sie zunächst lernen, sich „von Volksstamm zu Volksstamm (zu) verstehen und (zu) achten".[96]

Die Kemptener Heimatzeitung führte als erste schon nach einem Jahr fünf Bezirksausgaben ein, der Lokalteil machte 42,9 Prozent des Textteils aus.[97] Im Mai 1949 nahm die Politik ein Fünftel des Raumes ein, das Feuilleton 16 Prozent, der Sport, überwiegend Lokalsport, 10,8 Prozent, die Wirtschaft knapp fünf und das Allgemeine fast acht Prozent. Der Anteil des Lokalen betrug 38,1 Prozent.[98] *Der Allgäuer* hatte damit den kleinsten Politikteil und den größten Lokalteil aller bayerischen Zeitungen.[99] Der ganze Zeitungsinhalt war durchdrungen vom Lokalen: Politik und Wirtschaft behandelten zunehmend die Kommunalpolitik oder betrachtete die große Politik unter dem Blickwinkel der Folgen für die Region. Im Feuilleton erfuhren südschwäbische Produktionen eine „bevorzugte Würdigung", der Lokalsport wurde „mit besonderem Eifer" gepflegt.[100]

Gleichzeitig bemühten sich die Herausgeber erfolgreich um vertragliche Bindungen der Altverleger in der Region an den Allgäuer Heimatverlag und vermieden damit zu beider Nutzen den zu erwartenden Kampf nach der Generallizenz. Sie wurden mit ihren Druckereien und ihrem Vertriebsnetz ebenso eingebunden wie mit der Betreuung der Bezirksredaktionen. Eine Großzeitung wurde *Der Allgäuer* so nicht, es gelang ihm aber, eine enge Verbundenheit mit den Lesern zu gewinnen.[101] Nach der Generallizenz blieben bis auf eine Ausnahme Neugründungen der Altverleger aus.

Inzwischen hatte sich aber die Redaktion vergrößert. Hans Schneider, der später eine Dissertation über das Blatt schrieb, stieß als Innenpolitiker hinzu. Der in seiner Arbeit abgedruckte Lebenslauf erst gab Hinweise auf seinen beruflichen Werdegang, da *Der Allgäuer* auf ein vollständiges Impressum bis zur Generallizenz verzichtete: Er sei nach einem einjährigen Volontariat beim *Beobachter am Main*, Aschaffenburg, 1934 in die Schriftleiterliste A des „Reichsverbandes der deutschen Presse" aufgenommen worden. Nach acht Semestern Studium (unter anderem bei dem Zeitungswissenschaftler Karl d'Ester, der 1952 seine Dissertation annahm) und gleichzeitiger „praktischer Pressetätigkeit für eine Reihe namhafter deutscher Zeitungen" habe er kurz vor Kriegsbeginn eine „Anstellung als Redakteur beim Verlag Franz Eher Nachf. – München" erhalten, ein NS-Verlag. Nach der Kriegsgefangenschaft habe er „wegen formeller Belastung" von 1946 bis Anfang 1948 als Maurer gearbeitet, dann auf freiberuflicher Basis für den *Bayerischen Rundfunk*, die *Süddeutsche Zeitung* und die *Abendzeitung* in München. Ab Oktober 1948 sei er innenpolitischer, dann außenpolitischer Redakteur und Chef vom Dienst des *Allgäuer* geworden, im Mai 1950 Redakteur der *Memminger Zeitung*.[102]

Eine „formelle Belastung" war im Herbst 1948 längst kein Grund mehr, die Karriere in der Presse nicht fortzusetzen. 1949 ließen diese Redakteure des *Allgäuer* ihre Leser etwas von ihrem Selbstverständnis wissen:

„Die Presse ist eine Großmacht, weil sie die öffentliche Meinungsbildung bewerkstelligt. Ihr Wert hängt von dem charakterlichen und geistigen Wert derer ab, die für den Inhalt der Zeitung verantwortlich sind: den Journalisten."[103]

Unter diesem Vorspann der Redaktion schrieb „Nur ein Journalist", der gleich nach dem Krieg von den Franzosen „resozialisiert" worden war, indem er in Freiburg die Zeitschrift *Die Gegenwart* mitgestalten durfte: Friedrich Sieburg, zunächst Pariser Korrespondent der *FZ*, dann „Sonderbeauftragter Hitlers im Ministerrang" während der Petain-Regierung in Frankreich.[104] Köhler ordnet ihn seriöser der Informationsabteilung des Auswärtigen Amtes zu, deren Aufgabe es war, die Bevölkerung daheim propagandistisch auf Angriffsoperationen vorzubereiten.[105] Dafür nahmen ihn die Amerikaner in ihre schwarze Liste auf. Die Redakteure des *Allgäuers* druckten Sieburg trotzdem nach. Sie hatten offenbar Verständnis für die Nöte eines Journalisten, der vom Gestern ins Heute fiel.

Passauer Neue Presse: Eine katholische Biographie

Einen bezeichnenden Versuch der Verschleierung der Namen von verantwortlichen Redakteuren unternahm die *Passauer Neue Presse (PNP)*. Vom Februar 1949 an verzichtete der rührige Herausgeber Hans Kapfinger (beteiligte sich auch in Straubing und München an Neugründungen) auf ein vollständiges Impressum. Er hatte offenbar gute Gründe. Am 11. Oktober, also nach der Generallizenz, taucht der Name August Ramminger erstmals als verantwortlicher Redakteur auf. Blättert man in den dicken Zeitungsbänden der Münchner Staatsbibliothek zurück, findet der Leser bereits am 14. Juni und am 11. August, also vor der Generallizenz, Leitartikel Rammingers.[106] Trotz des „schweigenden" Impressums ist angesichts seiner offenen Tätigkeit als Leitartikel-Schreiber anzunehmen, daß er bereits längere Zeit vor der Generallizenz zur Redaktionsmannschaft gehört hat.

Zur Bundestagswahl 1949 schrieb er: „Nach 17 Jahren politischer Unmündigkeit gehen die Bewohner des ‚freien' Teiles Deutschlands zum ersten Mal wieder zu Wahlen, die über die Ländergrenzen hinausgreifen und das größere Vaterland neu einrichten sollen." Im folgenden nennt er das kombinierte Wahlrecht „überdemokratisch" und plädiert für eine reine Persönlichkeitswahl. „Auch in der Demokratie muß man eine Autorität und einen Verantwortlichen haben, müssen Minderheiten sich damit abfinden, Minderheit zu sein."[107]

Der autoritätsgläubige Ramminger gehörte nie zu einer Minderheit. Er war nicht 17 Jahre lang unmündig gewesen, aus seiner Sicht möglicherweise ganze vier – nach 1945. Ramminger war vor dem Krieg

Hauptschriftleiter des *Straubinger Tagblatts*. Dem Krieg an vorderster Front zog er den Zeitungsdienst vor. Überschwenglich feierte der Kriegsberichterstatter Ramminger 1940 den „Übergang über den Oberrhein": „Dieser kühne Rheinübergang ist ein neues Ruhmesblatt in der Geschichte unserer (sic!) jungen nationalsozialistischen (sic!) Wehrmacht. (...) Unaufhaltsam werden unsere Regimenter über den deutschen Schicksalsstrom marschieren, dem Endsieg entgegen."[108]

In der *Deutschen Zeitung in den Niederlanden* versuchte er bereits 1943, die Leser zum Durchhalten zu verpflichten, indem er sich erschrocken über die „roh und tierisch anmutende Zähigkeit der Bolschewisten" gibt. „Wehe Europa, wenn unsere Kämpfer diese wilde Flut aus dem Osten mit ihren Leibern nicht zurückhalten würden", orakelt er, um mit einem optimistischen Ausblick abzuschließen: „Der Schlußstrich unter das ganze Kapitel wird militärisch bei besserer Jahreszeit und mit dem Fronteinsatz der Winterproduktion der deutschen Rüstungsindustrie und der zusätzlichen Kräfte der Totalmobilisation gezogen werden."[109]

Noch im Winter 1944, als die deutschen Truppen stetig an Boden verloren, agitierte Ramminger für den Endsieg. Er kündigte eine dritte Phase des Krieges an, für die Deutschland dank seiner „Strategie der Zurückhaltung" reichlich Reserven aufgespart habe. „Je näher der Zeitpunkt rückt, um so besorgter klingen die Stimmen aus London und Washington, während Deutschland in Ruhe und Siegesgewissheit diesen Waffengang sogar herbeisehnt."[110]

Zwei Monate später erklärt Ramminger den Lesern, worum es überhaupt gehe in diesem Krieg: „Der Bolschewismus und seine demokratische Form, der Amerikanismus, müssen als Erzfeinde des europäischen Erbgutes von Europa ausgeschaltet bleiben."[111] Zu Weihnachten im letzten Kriegswinter rechnete er in einem wirren Rundumschlag gegen alle Gegner des Nationalsozialismus noch einmal mit der übrigen Welt ab: „Die Geistesströmung des Liberalismus zerstörte nun die alte Harmonie, die sich auf Prinzipien stützte, die als eine Art Naturgesetze aus der ganzheitlichen Weltanschauung des Mittelalters flossen und eine natürliche Ordnung im Völkerleben wie im Leben des Individuums verbürgten." Die Balance-of-power-Politik Englands habe Europa in das gegenwärtige Chaos gestürzt, die im Gefolge des Liberalismus entstandene freie Weltwirtschaft die Souveränität der Volkswirtschaften untergraben. Diese „falsch verstandene Freiheit des Individuums" habe als Reaktion den „Kollektivismus des Sowjetsystems" gefunden. All dies sei eine „Mißachtung der Naturgesetze". Jetzt täten sich die beiden Seiten zusammen zur „Vernichtung des Kämpfers für die Wiederherstellung der natürlichen Ordnung, der Bindung an ewig gültige Prinzipien, für ein Leben in Harmonie und Wohlstand. (...) Den Millionen von Toten und den Tränen dieses Krieges sind wir es schuldig, diese Erkenntnisse in die Tat umzusetzen."[112]

Rammingers Durchhalteappell half nichts. Wenige Monate später standen die Amerikaner in Passau, und Ramminger machte bald eine Zeitung, die eines mit Sicherheit nicht war: bolschewistisch.

Auch mit anderen Kommentatoren lag Kapfingers Blatt auf „subtil nationalistisch(er)"[113] Linie. Besonders nachdem Co-Lizentiat Leopold Goldschmidt wegen Uneinigkeit mit Kapfinger die Redaktion verlassen hatte, um zur *Neuen Zeitung* und 1947 zur *Frankfurter Neuen Presse* zu gehen, kippte das Blatt nach rechts. Für die Offiziere der Information Control Division „Tendenzen, die beobachtet werden müssen".[114] Die bayerische Bevölkerung jedoch honorierte den Kurs Kapfingers und seines Teams. Die *PNP* galt in Bayern als das populärste Blatt.

Zum Einschreiten konnten sich die Pressewächter nie entschließen, obwohl sich in der Redaktion und unter den Kommentatoren immer wieder altbewährte Kräfte fanden: Alfred Heueck, Lokalredakteur und seit Oktober 1946 „verantwortlich für den Gesamtinhalt", war Schriftleiter des Berliner *Pressedienstes Zeitberichte* von Carl Otto Hamann gewesen, der Reportagen und Feuilletons anbot. Herbert Schwörbel, der im November 1948 nach Passau kam, war zuvor Athener Korrespondent des *Südost-Echos*, das seit 1939 in Wien erschien. Hans Penzel, vormals Mitarbeiter des Parteiblattes *Mitteldeutsche Nationalzeitung*, leitartikelte über „Moskaus weltstrategische Offensive in Ostasien", Ernst Deuerlein, vorher Mitarbeiter für Heimatforschung beim *Erlanger Tagblatt*, über „Bayern und Deutschland".[115]

Lizenzträger Kapfinger selbst galt 1933 als Anhänger der Bayerischen Volkspartei (BVP). Er schrieb als katholischer Bayer vor 1933 Anti-Nazi-Artikel im *Straubinger Tagblatt*. 1933 wurde er deshalb verhaftet und öffentlich durch die Straßen Straubings abgeführt. Nach acht Tagen wurde er aus dem Gefängnis entlassen. Offenbar hat er in dieser Zeit seinen Frieden mit den neuen Machthabern gemacht. Ein Bonner Informationsbrief berichtete 1961, Kapfinger sei während des

Krieges stellvertretender Hauptschriftleiter der Nazi-Zeitschrift *Deutsche Werbung* gewesen (Schriftleiterausweis 5065 vom 16.4.1938), 1944 Pressereferent der Gauwirtschaftskammer Berlin, wo er gleichzeitig verantwortlicher Redakteur des Wirtschaftsblattes der Kammer gewesen sei. Außerdem soll er 1943 ein „arisiertes" Grundstück in Berlin-Charlottenburg erworben haben.[116]

In der *Deutschen Werbung*, dem „amtlichen Organ der Reichsfachschaft deutscher Werbefachleute", wies schon gelegentlich ein Editorial von offizieller Seite auf die Erfordernisse der Zeit hin: „Die Bildung einer echten Volksgemeinschaft würde nicht möglich sein ohne eine bis ins einzelne gehende Aufklärung über ihr Wesen und ihren Sinn", schrieb der „Oberbefehlsleiter der NSDAP", Hugo Fischer, Anfang 1942. Kapfingers Fachorgan *Deutsche Werbung*, da war sich Fischer sicher, werde ebenfalls seinen Teil beitragen zur Aktivierung aller Fachkräfte „und über besondere Aufgabenstellungen unterrichten, um auch auf diese Weise die Entwicklung dieses jüngsten Gebietes planmäßigen Werbeeinsatzes beschleunigen zu helfen".[117]

Die Zeitschrift enthielt Hinweise darauf, wie auch in den Betrieben geworben werden kann, etwa gegen Verschwendung, Unfälle und für mehr Leistung, die dem Ganzen zugute komme. Wie diese „innerbetriebliche Werbung" auszusehen habe, darum kümmerte sich Kapfinger, dessen Chefredakteur in München saß, Kapfinger dagegen direkt vor Ort in Berlin. „Deutschland steht in dem größten Entscheidungskampf", schrieb er 1943 und breitete die sich daraus ergebenden Konsequenzen für Werbefachleute aus. Ausdrücklich verwies er auf einen dazu passenden Artikel von „Dr. Goebbels" hin, der in *Das Reich* erschienen war.[118]

Kapfinger selbst gibt beschönigend und Details verschweigend folgende Vita an: Er sei nach seiner Freilassung zunächst in kaufmännischen Abteilungen von Verlagen tätig gewesen. Als Autor eines Buches, „das sich unverhüllt gegen die nationalkirchlichen Bestrebungen der Nationalsozialisten und gegen die Gewissensknechtung richtete", sei er von der Gestapo verhört worden. Daraufhin habe er im Storch-Verlag in Reutlingen eine Stelle gefunden und sich mit „Werbe-Problemen" beschäftigt. Nach einer kurzen Tätigkeit in Leipzig („wegen antinationalsozialistischer Gesinnung und wegen Konspiration mit ausländischen Journalisten fristlos entlassen") habe er sich in Berlin einer

Widerstandsgruppe angeschlossen, der „Aktion Riemenschneider". Gearbeitet habe er im Rudolf-Lorentz-Verlag. Was er dort tat, läßt er – sicher bewußt – offen. Nach der „Invasion der Russen" habe ihn das Angebot der Amerikaner erreicht, „in seine bayerische Heimat zurückzukehren und dort eine Zeitung herauszugeben".[119] Kapfinger – das gab er in einem Artikel in der *Münchner Allgemeinen* wieder – war Gegner der Entnazifizierung. Er muß wohl gefürchtet haben, selbst in die Mühlen zu geraten. Wie die Biographie seiner Herausgeber-Kollegen, so schönte er auch die eigene.

Nürnberger Nachrichten: Kein Unrecht dulden

„Jedes Unrecht, das wir ruhig erdulden, macht uns zum Mitschuldigen einer Gewalttat." Dieses Wort des französischen Moralisten Chamfort (Nicolas S. Roch) findet sich als Leitmotiv in der ersten Ausgabe des Jahres 1947 ganz oben auf der zweiten Seite der ersten fränkischen Neugründung (11. 10. 1945), der *Nürnberger Nachrichten*. Wenn es ein Unrecht war, einen offenen Anhänger des großdeutschen Traums in die Reihen aufgenommen zu haben, dann machte sich das Blatt der fränkischen Metropole mitschuldig. Feuilleton-Leiter Ludwig Baer hatte sich als stellvertretender Hauptschriftleiter des *Fränkischen Kuriers* zu nationalistischen Tönen verstiegen: „Die Ausstellung ‚Deutsche Größe' hat gerade in unserer Zeit, in unserem auf Leben und Tod gehenden Entscheidungskampf eine große Aufgabe. Denn das deutsche Volk muß wissen um seinen Weg; es muß wissen, wie alles Ringen um ein einiges Reich im Verlauf der Geschichte auf immer neuen Wegen voranschritt und immer wieder zurückgeworfen wurde; es muß erkennen, was es bedeutet, daß jetzt dieser Kampf um ein einiges Reich seine Erfüllung findet und daß eine neue Epoche deutschen Schicksals eingeleitet wird, deren Ziel im Grunde aller Kampf der Besten galt: dem germanischen Reich deutscher Nation."[120]

In den Soldaten-Kunstwerken einer Ausstellung in Nürnberg sieht er „die letzte Hingabe" sich spiegeln, „es lebt die Anspannung harten Soldatentums in ihnen und die Größe des Schicksalskampfes der Nation".[121]

Chef vom Dienst Friedebert Becker hatte in den ersten Jahren größere Organisationsleistungen zu vollbringen. Weil in Nürnberg alle Setz- und Rotationsmaschinen zerstört worden waren, mußte im zwölf Kilometer entfernten Zirndorf gedruckt werden (mit 150.000 hatten die *Nürnberger Nachrichten* eine höhere Auflage als jede

Zeitung Nürnbergs zuvor), bis das neue Verlagsgebäude, das frühere Gauhaus am Marienplatz, renoviert sein würde.

Bei der Bewältigung seiner Aufgabe half Becker sicher seine Erfahrung. Er war Sportjournalist bis mindestens 1940 gewesen[122] sowie wissenschaftlicher Mitarbeiter des Deutschen Verlages, wie der Ullstein-Verlag nach der Übernahme durch die Nationalsozialisten hieß. Diese Anstellung hätte laut SHAEF-Handbuch ausgereicht, ihn auszuschließen. In der *Berliner Morgenpost* lautete sein Tip für die Karriere: „Im Schlaf lernt es sich am besten."[123] Das „Handbuch der deutschen Tagespresse" 1944 meldet ihn als Münchner Korrespondenten des *Stuttgarter Neuen Tagblatts*. 1946 gründete er den Nürnberger Olympia Verlag, dessen Lizenzträger seit Oktober 1946 auch der Herausgeber der *Nürnberger Nachrichten*, Joseph E. Drexel, war. In diesem Verlag gab Becker *Sportmagazin, Kicker* und *Wochenend* heraus.

Sein Nachfolger Fritz Schubert gehörte schon immer zu Nürnberg: Im *8-Uhr-Blatt* von Max Willmy war er zunächst zuständig für Lokales und Bild, in den vierziger Jahren dann für Politik und Kulturpolitik.

Wenn auch Anti-Nazi, so durften die Amerikaner nicht annehmen, in Lizenzträger Drexel einen überzeugten Demokraten eingesetzt zu haben. Drexel veröffentlichte zwar von 1926 bis 1933 ein Wochenmagazin, das, wie die Amerikaner befanden, gegen die Nazis gerichtet war. Bis 1936 konnte er dennoch Mitglied der Reichspressekammer bleiben. Kapfinger führt für die Zeit bis 1937 an, Drexel sei zeitweise in der Außenhandelsabteilung des Auswärtigen Amtes angestellt gewesen, daneben „ständiger Mitarbeiter an zahlreichen Zeitungen und Zeitschriften".[124] 1937 wurde er inhaftiert und zu vier Jahren Gefängnis verurteilt – „wegen der Verbreitung von vervielfältigtem Material anti-nationalsozialistischer Art". Dies tat Drexel zwar aus anti-faschistischer Überzeugung, aber offenbar nicht um der Demokratie willen: Schon Anfang der 20er Jahre hatte er sich gegen die „dekadenten westlichen Demokratien" ausgesprochen.[125]

Koszyk gibt die „Anweisungen an den Lizenzinhaber" am Beispiel Drexels wieder: Nach jeder Ausgabe mußte zur Nachzensur ein Exemplar der Militärregierung zur Verfügung gestellt werden, personelle Entscheidungen bedurften der Zustimmung der DISCC (District Information Services Control Commands), die Lizenzträger sollten binnen eines Jahres eine eigene Druckerei einrichten (sie druckten in requirierten Druckereien der Altverleger), alle vier Wochen war eine Gewinn- und Verlust-Bilanz zu erstellen, der Überschuß mußte auf einem Sperrkonto verbucht werden (zum späteren Erwerb einer Druckerei und für Steuerzahlungen). Genau festgelegt wurden Umfang, Erscheinungsweise und das Verbreitungsgebiet, der Verkaufs- und der Anzeigenpreis sowie die Gehälter der leitenden Angestellten: Lizenzträger Drexel erhielt ein monatliches Gehalt von 1.600 Reichsmark sowie einmalig drei Prozent des Jahresreingewinns, der Chefredakteur wöchentlich 250 Reichsmark. Das restliche Personal durfte nicht mehr als 200 RM wöchentlich verdienen.[126]

Main-Post: Empörte Antifaschisten

Alle drei Lizenzträger der *Main-Post* in Würzburg hatten eine zweifelhafte Vergangenheit: Verlagsleiter Heinrich G. Merkel arbeitete ab 1938/39 als Direktor in einem Musik-Verlag in Leipzig, den die Nazis von Richard Schauer übernommen und der Gruppe Hans C. Sikorski angegliedert hatten. Schauer wirft Merkel in einem Brief an die Information Control Division vom 27. Februar 1946 vor, Parteimitglied gewesen zu sein.[127] Presse-Chef Luther Conant merkte an:

„Ich glaube nicht, daß ein Mann wie Merkel eine Lizenz hätte bekommen dürfen. (...) Was seine Arbeit in einer arisierten Musik-Firma betrifft, so war er verantwortlich für das Personal. Seit es eine Nazi-Firma war, mußte er bei seinen Personalentscheidungen den Rasse-Prinzipien der Nazis folgen."[128]

Eine Affäre gab es auch um Richard Seubert, der im Januar 1946 zu Merkel stieß. Kaum hatte er die Lizenz bekommen, stellte das Regierungspräsidium Darmstadt in einem Brief an die Militärregierung Peinliches fest: „Bald nachdem Hitler die Regierung übernommen hatte, schwenkte Seubert um, begünstigte den Nationalsozialismus, arbeitete nach deren Richtlinien im Saar-Distrikt und machte vor den Wahlen sogar Propaganda für die Nazis."[129]

In der *Deutschen Front*, dem NS-Blatt an der Saar, das auch der aus wirtschaftlichen Gründen (Rüstungsaufträge) am „Anschluß" interessierte Saarriese Röchling durch regelmäßige Anzeigen mitfinanzierte, habe er an seine früheren Genossen appelliert, mit ihm für den Anschluß der Saar zu stimmen. Die Antifaschisten der Stadt könnten nicht verstehen, „daß einem Mann, der den Nationalsozialismus öffentlich unterstützte, die Lizenz für eine Zeitung bewilligt wird".[130]

Der Name Seubert findet sich nicht in der Saar-Zeitung. Allerdings scheinen viele ihrer Autoren Pseudonyme benutzt zu haben, was eine Identifizierung im nachhinein erschwert.

Als Seubert nach nur wenigen Monaten im Amt gestorben war,[131] trat Hans Weber ab Februar 1947 an seine Stelle. Glaubt man den meist zweifelhaften Angaben Kapfingers, so soll Weber 1933 als freier Journalist in München gearbeitet und nach einem Schreibverbot einen Presse-Photodienst eröffnet haben. Ab 1938 sei er Autor des Paul Neff Verlags gewesen.[132] Was Kapfinger nicht wußte oder verschwieg: Weber hatte im Belgrader Besatzungsblatt *Donau-Zeitung* antisemitische und pronazistische Artikel geschrieben. Zeitweise zeichnete er dort sogar stellvertretend für Albert Friese verantwortlich für den Ostteil, etwa im Januar 1943, als Friese verreist war. Nach dieser Entdeckung mußte Weber gehen.[133]

Bleiben durfte dagegen Friedrich Römer, der zur ersten Redaktionsmannschaft gehörte. Er hatte vor und während des Krieges in der *DAZ*, in den *MNN* und in *Das Reich* geschrieben.[134] Auch Sportredakteur Hans Bühle, der 1937 Chef vom Dienst beim Berliner *8-Uhr-Blatt* gewesen war, fand Gnade vor den Augen der Presseoffiziere, ebenso Wolff Eder, von 1930 bis 1941 Mitarbeiter und Reporter der *MNN*[135] und später der *Münchner-Augsburger Abendzeitung*[136], die von April 1941 an wieder erscheinen konnte, nachdem sie 1934 eingestellt worden war. Hermann Josef Krautz, ehemals Lokalschriftleiter der *Dürener Zeitung*,[137] blieb nur bis 1947 in der Würzburger Redaktion, zu der im Oktober 1948 Karl Goldbach stieß, vormals Hauptschriftleiter des *Taunusboten* in Homburg vor der Höhe. Schließlich soll Carl Eduard Conrads, der bis 1938 Mitglied der Reichspressekammer war, Mitte der 30er Jahre Mitarbeiter einer Düsseldorfer Zeitung gewesen sein. Er sei ein ausgesprochener Nazi-Gegner gewesen. 1938 sei er aus der Reichspressekammer ausgetreten. Sein Weg muß ihn dann nach England geführt haben, denn: „Er gab die erste offizielle Antinazi-Zeitung in England heraus und war regelmäßiger Hörfunksprecher über *BBC* nach Deutschland." Nach 1945 arbeitete Conrads für *DPD* in der britischen Zone, bevor er Politikredakteur der *Main-Post* wurde.[138]

4.3. Die britische Zone

Während Hans Habe mit seinem amerikanischen Team längst an die Gründung deutscher Zeitungen dachte, hielten die Briten an den alliierten Absprachen hartnäckig fest. Ein „Blackout" war verabredet gewesen. In dieser Zeit sollten die Deutschen Informationen nur durch alliierte Rundfunkprogramme und Pressedienste erhalten.[1] 13 solcher Heeresgruppenzeitungen waren während der gemeinsamen Periode gegründet worden.[2] Parallel dazu gestalteten deutsche Redakteure in Aachen die bisher einzige Lizenzzeitung, die *Aachener Nachrichten*. Sie war von den Amerikanern gegründet worden, die Aachen befreit hatten, erhielt am 27. Juni 1945 eine alliierte Lizenz und ging im Juli 1945 in britische Hände über. Im Juli wurde das gemeinsame Oberkommando (SHAEF) aufgelöst.

Bis August 1945 gründeten die Briten zehn weitere Zeitungen der Militärregierung, sogenannte overt newspapers, bis November kamen noch einmal acht hinzu.[3] An ihnen arbeiteten unter Aufsicht britischer Nachrichtenoffiziere auch schon deutsche Redakteure.

In der Folge hatten es die Briten nicht so eilig, Lizenzen zu erteilen. Erste Überlegungen dazu schlossen offenbar auch Altverleger in die Gremien der geplanten Gruppenzeitungen nach amerikanischem Muster ein.[4] Die Briten neigten dagegen nicht dazu, in den Redaktionen Emigranten zu beschäftigen, weil man befürchtete, diese könnten die alten Weimarer Probleme wieder ins Land tragen.[5]

Mit dem Sieg der Labour-Party bei den Unterhauswahlen änderten die Briten auch ihr Pressekonzept. Statt wie bisher Gruppenzeitungen planten sie jetzt Parteizeitungen. Die alten „Käseblätter"[6], Kleinstzeitungen, die vom Maternbezug abhängig waren, sollte es nicht mehr geben. Diese Wendung zur Parteipresse entsprach auch den Wünschen der Altverleger um Lambert Lensing, die linkslastige Verlegergremien befürchteten.[7] Bis September 1946 entstanden so sechs SPD-nahe, sechs der CDU zugerechnete, vier KPD-, zwei FDP-nahe und zwei ans Zentrum angelehnte Zeitungen.[8] Das Personal wurde häufig von den Parteien vorgeschlagen, was Folgen hatte: Die Politiker beanspruchten erhebliche Mitspracherechte.[9] Die SPD ließ ihre Verleger einen Treuhandvertrag unterzeichnen, Konrad Adenauer verlangte die Kontrolle über alle CDU-Zeitungen. Der Streit um eine Zentrums-Zeitung führte zu einem Lizenzentzug, bei der FDP zu einem Parteiausschluß.[10]

Mit der Verordnung Nr. 108 vom 18. Oktober 1947 übergaben die Briten das Lizenzierungsverfahren in deutsche Hände. Es dauerte allerdings Monate, bis die nötigen Landespresseberatungsausschüsse eingerichtet werden konnten.[11] Die „Entnazifizierung" wurde offiziell nicht aus den Augen verloren. Auf dem „Merkblatt für Lizenzanträge" wurde dieses Ziel auch im April 1949 noch ausdrücklich genannt.

4.3.1. Nordrhein-Westfalen

Aachener Nachrichten: Die Stunde X

So werden Karrieren gerettet: Fast wäre Josef Hofmann einem Ruf der Essener *Nationalzeitung* gefolgt, nachdem die *Kölnische Volkszeitung* geschlossen worden war. Da aber war ein weitsichtiger und selbstloser älterer Kollege vor. Der handelte mit Verleger Kurt Neven aus, daß Hofmann als Redakteur in dessen *Kölnische Zeitung* eintreten konnte. Hofmann zitiert Max Horndasch – das war der selbstlose Freund – in seinen Memoiren über dessen Motive so: „Sehen Sie, wenn der Schwindel vorüber sein wird, werde ich über 65 Jahre alt sein, und dann komme ich für den Neuaufbau nicht mehr in Frage. Aber Sie, der Sie noch nicht einmal 50 Jahre alt sind, werden dann bereitstehen müssen. Deshalb müssen Sie von allem völlig unbelastet bleiben. Sie sind kein PG, Sie gehören weder der SS noch der SA an, Sie dürfen nun nicht noch zum Schluß damit belastet werden, daß Sie die letzten Jahre an einer Parteizeitung tätig sind." Horndasch ging zur *Nationalzeitung*, Hofmann zur *Kölnischen Zeitung*.[1]

So konnte Hofmann 1945 nicht nur die CDU mitgründen, sondern als Chefredakteur auch noch die erste Lizenzzeitung der Westzonen redigieren – die *Aachener Nachrichten*. Der Titel war bereits vom 24. Januar 1945 an – Aachen war bereits im Oktober 1944 befreit worden – als Wochenblatt unter der Kontrolle eines amerikanischen Teams herausgegeben worden. Schon an der ersten Nummer durften auch zwei deutsche Redakteure mitarbeiten, ein 68jähriger Sozialdemokrat und ein „32jähriger kriegsversehrter Pazifist".[2] Der Erfolg aber blieb bescheiden. Die *Aachener Nachrichten* der ersten Monate waren „ein armselig ausschauendes Produkt".[3]

Am 27. Juni 1945, kurz bevor die Briten Stadt und Blatt im Juli allein übernahmen, erhielt Heinrich Hollands die alliierte Lizenz für die

Aachener Nachrichten. Die Redaktion sollte sich um einige deutsche Kollegen erweitern.

Mit dabei: Chefredakteur Hofmann. Daß Journalisten sich auch verstricken konnten, ohne einer ausgemachten Parteizeitung anzugehören, das wollte in Aachen offenbar niemand wissen. Hofmann hat sich verstrickt: In der *Kölnischen Volkszeitung* hatte er 1940 ein Buch des Jenaer Philosophieprofessors Max Wundt empfehlend rezensiert. Hauptergebnis des Bandes ist die „Erkenntnis", daß im Verlauf der Geschichte die „nordische Rasse" das tragende Element gewesen sei. Neben ihrer Tatkraft sei auch die Ehrfurcht vor einer weltüberlegenen Macht die zweite Stärke der „nordischen Rasse" gewesen, die so zur „geschichtsbildenden Kraft" geworden sei. Hofmann forderte seine Leser auf, sich mit der Schrift auseinanderzusetzen.[4]

Bei der *Kölnischen Zeitung*, wohin Hofmann dank des vorausschauenden und selbstlosen Freundes wechseln konnte, entwickelte sich Hofmann in seiner Funktion als außenpolitischer Schriftleiter zum Analytiker des Kriegsgeschehens. Den Lesern erklärte er, daß „nicht nur die Waffen, sondern auch die Nerven den Erfolg davontragen". Das gelte in noch höherem Maße beim „totalen Einsatz des Volkes in diesem säkularen Kampf um Existenz und Zukunft".[5] In Erwartung des neuerlichen Ausbruchs der Kampfhandlungen schrieb „Ho." im Juni 1943: „Wie, wann und wo der Vorhang des Krieges in diesem Sommer aufgehen wird, wissen wir nicht. Es ist auch sinnlos, danach zu fragen, denn nur einer kann die letzte Entscheidung treffen, der Führer, der die Verantwortung trägt. (...) Die Stunde X wird Front und Heimat geeint finden, bereit zum Kampf, wie ihn diese Phase des Krieges um deutsche Zukunft und Freiheit erfordert."[6]

Wenig später war der Vorhang aufgegangen. Als sich die Ostfront Richtung Heimat bewegte, unterstützte Hofmann in seinen Leitartikeln die Propagandalüge des „Führers", die sowjetische Sommeroffensive vom Juli 1943 sei „von der deutschen Führung durch den Angriff vom 5. Juli bewußt ausgelöst" worden, „um ein Aufstauen der feindlichen Kräfte für den Winter zu verhindern und sie so weit wie möglich zu verbrauchen". Die „Tapferkeit der deutschen Truppen" und „die Überlegenheit der deutschen Führung" hätten „den operativen Durchbruch und die Zerreißung unserer Front" verhindert.[7] Die „Überlegenheit der deutschen Führung" lobte „Ho." auch in später folgenden Leitartikeln.

Im Sommer 1944 schließlich warb er fürs Durchhalten: Zwei Wochen nach der alliierten Invasion an der französischen Atlantikküste meinte „Ho.": „Man kann auch nicht mehr davon sprechen, daß der Atlantikwall ein Mythos oder ein Kartenhaus sei. (...) Das deutsche Volk aber wird angesichts der Kämpfe an den Fronten seinen Einsatzwillen steigern, denn es weiß, daß wir überall noch hart und schwer zu kämpfen haben werden."[8]

Hofmann trug in diesem Artikel außerdem dazu bei, den Glauben der deutschen Bevölkerung an die lange versprochenen „Wunderwaffen" aufrechtzuerhalten, die eine Wende im Kriege bringen sollten. Die V-1-Angriffe auf die britische Hauptstadt bezeichnete er in genauer Verkehrung der zeitlichen Abläufe als „Antwort auf den Luftterror". Bombardements deutscher Städte im größeren Stil setzten erst ein, nachdem London und andere Städte von deutschen Raketenwaffen getroffen worden waren.

Immerhin konnten sich diejenigen, die den Befehl über Geschütze und Raketen ausübten, dank solcher Propagandisten wie „Ho." sicher sein, für eine gute Sache zu kämpfen: „Die deutschen Truppen wissen, daß sie auch diesmal das Schild Europas gegen einen Feind sind, der die Kultur des Abendlandes vernichten würde, wenn es ihm gelänge, die Pforten aufzubrechen, vor denen der lebendige Wall unserer Soldaten steht."[9]

Hofmann hatte geschafft, was Goebbels in einer spöttischen Rede vor Journalisten und Verlegern nicht für möglich gehalten hatte: „Es ist zuviel verlangt, daß die Homere der Demokratie nun auch die Homere des Dritten Reiches werden."[10] Hofmann war „Journalist in Republik, Diktatur und Besatzungszeit". Auch der selbstlose Freund, Max Horndasch, durfte der Nachkriegspresse erhalten bleiben. Spätestens im Januar 1948 finden sich wieder Artikel von ihm, beispielsweise Leitartikel in der in Neuwied erscheinenden Zeitung *Der Westen*.

Die anderen der alten Mitkämpfer Hofmanns erhielten sogar feste Anstellungen. Bald nach dem „Zusammenbruch" des Walls wurde Hans Carduck Hofmanns erster Politikredakteur. Hofmann kannte Carduck noch von seiner Zeit bei der *Volkszeitung*. In seinen Memoiren erwähnt Hofmann, Carduck sei geradewegs aus der Kriegsgefangenschaft in seine Redaktion eingetreten.[11]

Den „unpolitischen Teil" übernahm Lisbeth Thoeren, die ebenfalls bei der *Kölnischen Volkszeitung* im Lokalteil (Westmark) gearbeitet hatte. Dort besprach sie zumeist Filme. Im Oktober 1939 konnte sie ihre Begeisterung über die Siege im Osten offenbar nicht unterdrücken. Sie hängte ihrer Kritik einen Absatz an, in dem sie auf die Wochenschau verweist, welche „die Leistungen der deutschen Truppe im Osten mit dem Abschluß der jubelnden Danziger Bevölkerung beim Einzug des Führers" zeige.[12] Nach der Schließung der *Volkszeitung* arbeitete Lisbeth Thoeren beim *Kölner Stadtanzeiger* als Pauschalistin und bis zuletzt mit Hofmann bei der *Kölnischen Zeitung*.

Schon nach wenigen Monaten verließ Hofmann die *Aachener Nachrichten* und erhielt eine Lizenz für die *Aachener Volkszeitung*. Sein Nachfolger Wilhelm Kindermann mußte seinen Stuhl schon bald räumen, weil er seinen Fragebogen gefälscht hatte. Kindermann hatte vergessen, seine Parteimitgliedschaft anzugeben.[13]

Hofmann nahm seine Seilschaft Carduck und Thoeren mit, als er Lizenzinhaber und Chefredakteur der *Aachener Volkszeitung* wurde. Carduck wurde bei der „Tageszeitung für Demokratie und Christentum" Stellvertreter Hofmanns, Thoeren betreute das Feuilleton. Als Redaktionsleiter der Geilenkirchener Bezirksausgabe gewann er Anton Ruhnau, vormaliger Hauptschriftleiter der *Siegerländer Tagespost*.[14]

Mitherausgeber Jakob Schmitz hatte eine Akte bei den amerikanischen Behörden: Er war, so stand darin, „Leiter eines Verlages, kaufmännischer Manager und Eigentümer einer Druckerei".[15] Das war richtig recherchiert: Bis 1945 fungierte Schmitz als Verlagsleiter und Anzeigenleiter von *Der Volksfreund – Aachener Post*. Freilich wurden die Lizenzrichtlinien nicht korrekt angewendet. Schmitz' Beschäftigung vor 1945 wäre ein klarer Ausschlußgrund gewesen. Vielleicht fehlte eine Kommunikation zwischen den Behörden, die es den Briten ermöglicht hätte, amerikanische Erkenntnisse zu nutzen. Die Integration des Altverlegers führte zu einer falschen Einschätzung der Situation nach der Generallizenz im September 1949. In einer Dissertation analysiert Jürgen Benedikt Hüffer, die *Aachener Volkszeitung* habe inhaltlich „eine hohe Übereinstimmung mit den politischen Bedürfnissen der Region" aufgewiesen und sich „dem herrschenden Milieu gut anpassen" können. Aachen sei deshalb „der einzige Regierungsbezirk, in dem ein Wiederaufleben der Altverleger gänzlich verhindert wurde"[16]. Man kann es auch anders formulieren: Sie waren in Person Schmitz' schon längst dabei, und es entstand ein Blatt, wie es zwar die Bevölkerung vor Ort haben wollte, weil es ihnen vertraut war. Das mußte aber nicht zwangsläufig ein Musterblatt sein, wie es die Alliierten ursprünglich geplant hatten.

Rheinische Zeitung: Eine Akte ohne Folgen

Karl Brunners amerikanische Akte hat die Nummer 1948/56 ZS 853. Darin festgehalten ist, daß er seit 1926 Redakteur und als Korrespondent in Berlin bis 1945 Teilnehmer an den Pressekonferenzen der Reichsregierung für mehrere Reichszeitungen war: die *Dresdner Neuesten Nachrichten* (ab 14. März 1943 mit dem *Dresdner Anzeiger* zur *Dresdner Zeitung* fusioniert),[17] die *Münchner Zeitung*, die *Hallischen Nachrichten*, das *Stuttgarter Neue Tagblatt* und die *Saarbrücker Zeitung*, das „große Heimatblatt in der Gauhauptstadt Saarbrücken", die, so ihre Selbstdarstellung von 1944, „führend im Kampf um das Deutschtum im vorgeschobenen Westen" sei.[18]

Ein „Drahtbericht unserer Berliner Schriftleitung" aus der Schreibmaschine Brunners zeigte Hitler am 9. Oktober 1939, also wenige Wochen nach Kriegsbeginn, als „Mensch in seiner ganzen Größe".[19] Als solcher, so Brunner, habe sich der Reichskanzler in seiner gestrigen Führerrede offenbart. Auch Göring, „der Mann unmittelbar neben dem Führer, sein erster und engster Mitarbeiter", erfuhr Lob von Brunner: „Sein Bild trägt die Nation im Herzen. Seine Gestalt belebt und ermuntert die Freudigkeit, die unser Vertrauen zur Führung beseelt. An ihm vor allem verspüren wir die Volksnähe nationalsozialistischer Führerschaft. (...) Er hat über Verehrung und Vertrauen hinaus die Liebe dieses Volkes erworben. (...) Der Glückwunsch des deutschen Volkes für Hermann Göring ist das Bekenntnis zu ihm und das Gelöbnis, dem großen Beispiel nachzueifern, das er als Mann und Soldat uns vorlebt."[20]

Die Leser des *Stuttgarter Neuen Tagblatts*, von denen 1941 die wenigsten die Schrecken der Front gekannt haben dürften, schwört er nach einer siegreichen Schlacht bei Kiew auf das Reich und den „Führer" ein: „Das deutsche Volk hört mit stolzer Freude die neue Siegesbotschaft von der Front. Der deutsche Soldat hat wieder Einmaliges und Unvergleichliches vollbracht. ‚Was die Front opfert, das kann überhaupt durch nichts vergolten werden', mit diesen Sätzen hat der Führer dem Empfinden des ganzen Volkes Worte gegeben. Die Heimat bleibt wie immer, so besonders in diesen Stunden im Gefühl heißen Dankes mit unseren Soldaten verbunden und bekennt aus tiefstem Herzen, dem Werk treu zu bleiben, für das der Soldat alles einsetzt, und in dieser Treue nie zu wanken."[21]

Noch 1944, nach einem Jahr schwerer Rückschläge für die Wehrmacht, glaubte er fest an die „Verwirklichung des Sozialismus reichsdeutscher Prägung". „Das nationalsozialistische Deutschland wäre vollendet, wenn der Krieg nicht gekommen wäre", verkündete er. „Seine Fundamente standen schon. Aber auf diesem Fundament ist das Reich so fest schon gegründet worden, daß der Ansturm der Feinde vergeblich sein wird. Diese Fundamente überdauern die Stürme des Krieges, und auf ihnen wird weitergebaut werden, wenn der Sieg erstritten ist."[22]

Der Sieg wurde nicht erstritten. Doch Brunner, sofern er sich als Teil des Fundaments des Staates betrachtete, überdauerte selbst die Niederlage. Nach 1945 war er wenige Monate Stellvertreter des Chefredakteurs der *Rheinischen Zeitung* in Köln, von November 1947 an dann Chefredakteur der *Neuen Ruhrzeitung* in Essen. Brunners Vergangenheit hätte nach den Richtlinien der alliierten Besatzungsbehörden ausgereicht, um ihn von einer Beschäftigung an einer Lizenzzeitung auszuschließen. Hätten die Presseoffiziere gewußt, was Brunner aus Berlin berichtet, wie er geschrieben hat, er wäre selbst unter den wenig strengen Briten für neue Ämter nicht in Frage gekommen. Brunner kommentierte später für den *Nordwestdeutschen Rundfunk* und wurde 1949 Bundestagsabgeordneter. Am 13. November 1951 starb er an den Folgen eines Autounfalls.[23]

Der erste Wirtschaftsredakteur der *Rheinischen Zeitung*, Bernd Huffschmid, setzte seine Artikel in Goebbels' Zeitung *Das Reich* ebenso ab wie in der *Pariser Zeitung*, der *Deutschen Zeitung in Norwegen*, der *Krakauer Zeitung*, dem *Neuen Wiener Tagblatt* und der *Donauzeitung*. In der *Pariser Zeitung* erklärte er den deutschen und französischen Lesern, was „staatliche Wirtschaftslenkung" bedeute.[24] Die Auslandspropaganda, so Huffschmid an anderer Stelle, habe keine Spur von der nationalsozialistischen Wirtschaftsordnung, „das will heissen von dem Primat der Politik vor der Wirtschaft", was aber nicht bedeute, der deutsche Unternehmer sei zu einer „willenlosen Schachfigur" geworden. Sein Lebensziel sei nicht mehr die Errichtung eines möglichst großen Konzerns, sondern er setze seinen Weitblick für die wirtschaftlichen Erfordernisse „der ganzen nationalen Wirtschaft" ein. Das sei der „lebendige Ausdruck der volksverpflichteten Wirtschaft im neuen Staat".[25] Das „Handbuch der deutschen Tagespresse 1944" verzeichnet Huffschmid als Pariser Mitarbeiter für Wirtschaft des *Hamburger Tageblatts*, der „führenden Zeitung der Nationalsozialisten an der Wasserkante".[26]

Huffschmids Nachfolger Hans Spies schrieb 1940 als Madrider Mitarbeiter mehrerer Zeitungen, beispielsweise in der *Schlesischen Zeitung* über die „Kulturelle(n) Ziele Spaniens". Mit dem Sieg der nationalen Idee seien „die trostlosen Jahre der Republik" beendet, und Spanien werde nun an „den Faden seiner großen Vergangenheit" wieder anknüpfen.[27] Im *Stuttgarter Neuen Tagblatt* meldete er nach Hitlers Besuch bei Franco, Spanien sei wieder erstarkt. Und: „Spaniens Weg steht fest. Denn es weiß, wer seine Freunde, wer seine Feinde sind."[28]

1944 war Spies Pariser Mitarbeiter der *Kölnischen Zeitung* und von *Die Zeit*, weshalb sich Huffschmid und Spies gekannt haben dürften. *Die Zeit* erschien seit 1935 in Reichenberg/Sudetenland und hatte als „täglich erscheinende Reichszeitung für den Sudetengau" folgende Zielsetzung: „Als große Gauzeitung wirkt sie ... in das Reich und nach dem Südosten Europas. Sie hat den geistigen Anschluß des Deutschtums im Sudetenland an das gesamte Deutschtum durchzuführen und entsprechend ihrer Vergangenheit als das Kampfblatt der ehemals größten auslandsdeutschen Volksgruppe in der besonderen Behandlung auslandsdeutscher Fragen eine Tradition zu pflegen."[29]

Der Redaktionsleiter der Westausgabe der *Rheinischen Zeitung*, Heinz Pettenberg, schrieb in der *Kölnischen Zeitung*, bevor er das Lokalressort des *Kölner Stadt-Anzeigers* übernahm. Fast hätte er eine steile Karriere gemacht. Als 1948 ein Antrag für die Gründung der *Kölnischen Post* lief, sollte zunächst Hans Zehrer Chefredakteur werden, nach dessen Absage war Pettenberg im Gespräch. Sie sollte dem Haus Neven DuMont, bisher als Altverleger nur Drucker von Lizenzzeitungen, den Wiedereinstieg ins Zeitungsgeschäft bringen. Der Antrag wurde abgelehnt.[30]

Den Wirtschaftsteil betreute R.P. Coupette, den Pettenberg vermutlich schon länger gekannt hat. Coupette war zuvor Kölner Mitarbeiter der *Bremer Nachrichten mit Weser-Zeitung* gewesen. Die Wissenschaftsautorin der *Kölnischen Zeitung*, Dora Bier, erhielt eine Redakteursstelle, und auch der ehemalige römische Korrespondent der

Kölnischen Zeitung, Gustav Rene Hocke, blieb in dieser Funktion tätig für die *Rheinische Zeitung*. Von der „drohenden Gefahr" für Sizilien und die italienischen Städte durch alliierte Bomber konnte er allerdings nicht mehr berichten. Und ob die Sizilianer sich ihrer Dankbarkeit erinnern konnten, mit der sie laut Hocke die deutsche Luftwaffe gewürdigt haben sollen, ist ebenfalls fraglich.[31]

Unter der Rubrik „Von uns aus gesehen" schrieben in der Westausgabe Pettenbergs Redakteure und „ständige engste Mitarbeiter" jede Woche Beiträge, die nicht namentlich gezeichnet, sondern mit einem Kürzel oder einem Signet versehen waren. Unter dem Zeichen eines Scharfrichterbeils schrieb fast jede Woche Werner Höfer, der während der Jahre des Nationalsozialismus nicht nur wegen seines Beifallsartikels für die Hinrichtung eines Künstlers aufgefallen war.[32] In der *Rheinisch-Westfälischen Zeitung* versprach er 1943 in einem Durchhalteartikel bessere Zeiten. Nach der 3. Rüstungstagung Albert Speers kündigte Höfer eine „Überraschung" an, die gegen den „Bombenterror" eingesetzt werden könne. Soviel könne man schon sagen: „Sie wird sich bestimmt zu unseren Gunsten auswirken!" Ohne nähere Angaben fährt Höfer ungeniert fort: „Diese Tatsachen beweisen, daß die verantwortlichen Männer der deutschen Rüstung sich auch das Schicksal des einzelnen deutschen Menschen angelegen sein lassen." Zur „Niederringung der feindlichen Terrorbomber" werde auch „die Qualität unserer Waffen" und „die unerreichte kämpferische Gesinnung und das überlegene Können unserer Flieger" beitragen. „Die Leistung dieser Männer kann durch nichts besser belohnt werden, als durch eine ebensolche Einsatzwilligkeit auch des letzten arbeitsfähigen Menschen." Man möge dabei bedenken, „daß es nur noch eine übersehbare Spanne Zeit durchzuhalten gilt, um nach der ständig fortschreitenden Wirkung unserer Abwehr wieder zum Gegenschlag überzugehen. Bis dahin aber heißt es: Schweigen und arbeiten."[33]

Franz Mariaux, der für die *Kölnische Volkszeitung* und später für die *Kölnische Zeitung* aus Frankreich geschrieben hatte,[34] stand in jeder Ausgabe eine halbe Seite zur Verfügung. Unter dem Titel „Gescheiterte Existenz" verband „Mx." 1948 Zeitkritik mit seiner „Autobiographie". Über Journalisten „in der Hitlerzeit" urteilte er: „Nicht alle Zeitungsleute waren damals das Federvieh, wofür mancher Neumächtige sie nun in Verruf getan und – zu seinem Hausbedarf – so gern wieder in der Gewalt haben möchte."[35]

Mariaux' Worte „in der Hitlerzeit" hatten vom „Gesunde(n) des Sieges von 1940" in Frankreich gekündet[36] und die Notwendigkeit von „Autorität und Disziplin" als Segen für das eroberte Land gepredigt.[37] Die „Anarchie", die er ohne die Deutschen befürchtete, brachten die nationalsozialistischen Heere selbst ins Land – mit Internierungen, Verschleppungen und Erschießungen von politischen Opponenten und Angehörigen ethnischer Minderheiten.

Kölnische Rundschau: Für Christentum und Demokratie

Vielleicht gefiel er den Briten, weil er perfekt Englisch sprach. Vielleicht erzählte der erste Chefredakteur der Besatzungszeitung *Kölnischer Kurier*, wie schön es in London sei und welch nette Menschen die Briten. Man weiß es nicht. Hans Rörig jedenfalls kannte London, und er kannte die Briten. Bis Kriegsbeginn war er Londoner Vertreter der *Kölnischen Zeitung*, während des Krieges für *Der Neue Tag* Korrespondent in Bern. Wäre Rörig ehrlich gewesen, hätte er zugeben müssen: „die Vernichtung Deutschlands" kann nicht Kriegsziel der Briten gewesen sein, wie er vor sechs Jahren agitiert hatte. Und er hätte bekennen müssen, daß es besser für Deutschland gewesen wäre, wenn es den Briten gelungen wäre, einen „Spaltpilz" zwischen Deutsche und deren „Führung" hineinzutragen, was er damals angeprangert hatte. Die Briten verkennten, hieß es 1940 bei ihm, daß das Deutschland von heute ein anderes sei als das von damals. Es sei „von einem fanatischen Glauben an seine Zukunft beseelt".[38]

Jetzt, am 19. März 1946, überließen die Briten Rörig die Chefredaktion der *Kölnischen Rundschau*. Sein Chef, der Lizenzträger Reinhold Heinen, hatte zu Zeiten des tausendjährigen Reiches eine kommunale Zeitschrift herausgegeben und für die *Kölnische Zeitung* geschrieben. Auch er hatte fest an eine große deutsche Zukunft geglaubt. Nach der Besetzung von Eupen und Malmedy im Mai 1940 hatte er geschrieben: „Wir freuen uns von ganzem Herzen dieser Heimkehr, weil sie ein Stück Wiedergutmachung des uns angetanen schändlichen Unrechts darstellt." Die Volksabstimmung, die Eupen und Malmedy zu Belgien geschlagen hat, sei eine „schamlose Komödie" gewesen.[39] Seine spätere KZ-Haft, während der er nach Darstellungen von Kommunisten Mithäftlinge denunziert haben soll,[40] scheint ihn vor den Augen der Briten als Herausgeber und Chefredakteur einer Zeitung als geeignet ausgezeichnet zu haben. Trotz der Verurteilung wegen „illegaler

124

Tätigkeit gegen den Nationalsozialismus" eine zweifelhafte Entscheidung: Heinen hatte die militärischen Ziele der deutschen Führung gutgeheißen, nach den ursprünglichen alliierten Planungen zur Entnazifizierung der Presse ein Ausschlußgrund.

Heinen scheint allerdings dazugelernt zu haben. Er war nach 1945 eine Ausnahmeerscheinung unter den CDU-Verlegern: Als einziger trat er bis 1949 für die Beibehaltung des Lizenzsystems ein, nicht um seine Position zu erhalten, sondern die neuen Pressestrukturen. Außerdem hatte er ein Redaktionsstatut ausgefertigt, das den Gesellschaftern – und damit auch ihm – lediglich ein Gehalt, aber keine Gewinnentnahmen zusicherte.[41]

Auch sonst zeigte sich Heinen großzügig. Er ließ kaum einen der alten Kollegen hängen. Seine Redaktion füllte sich zunehmend mit den ehemaligen Propagandisten, die meisten aus der *Kölnischen Zeitung* und von *Der Neue Tag*. Der stellvertretende Chefredakteur Eduard Hemmerle versorgte vor 1945 mehrere westdeutsche Zeitungen mit den neuesten Nachrichten aus Berlin, unter anderem die *Tremonia* in Dortmund, die *Mittelrheinische Landeszeitung* in Bonn und die *Landeszeitung* in Saarbrücken.[42] Im *Stuttgarter Neuen Tagblatt* hatte Hemmerle 1941 einen Artikel über „Deutsche in Rußland" verfaßt. „Vom Bolschewismus", so hat er damals erleichtert festgestellt, „wußten sie sich freizuhalten."[43]

Politikchef Wilhelm Demant zeichnete beim *Düsseldorfer Tageblatt* verantwortlich für Kommunales, Kunst und Musik.[44] Kollege Julius Mella berichtete zuvor als Schriftleiter für Westdeutschland bei der *Kölnischen Zeitung*.[45] Als im Sommer 1944 der noch junge Kölner Oberbürgermeister Peter Winkelnkemper gestorben war, schrieb Mella den Nachruf. Winkelnkemper, vor seiner politischen Karriere Hauptschriftleiter des NS-Blattes *Westdeutscher Beobachter*, war Nationalsozialist und Bereichsleiter der NSDAP gewesen, seit 1941 im Amt. Die Leser der *Kölnischen Zeitung* erfuhren vom Tod des Stadtoberhaupts auf der ersten Seite. Ein schwarz gerahmter Kasten trug die Schlagzeile: „Oberbürgermeister Dr. P. Winkelnkemper gestorben", darunter ein Foto Winkelnkempers in Uniform. Es folgte der offizielle Text des „Nationalsozialistischen Gaudienstes Köln-Aachen", dann, abgetrennt durch einen Stern, der Kommentar der *Kölnischen Zeitung*, unterzeichnet mit „Dr. Julius Mella". Er führt zunächst Winkelnkempers Leistungen an, um dann fortzufahren: „Seine Amtszeit sah die Tragik einer Stadt, wie sie in diesem Maße die schlimmsten Epochen der Vergangenheit nicht gekannt haben. Zugleich aber auch erlebte er in dieser Bürgerschaft Willen und Geist eines Widerstandes, einer Lebensverbundenheit mit dieser schwer geprüften Stadt, die vertrauensvoll zu Hoffnungen für die Zukunft berechtigen."[46] Mit Widerstand war der gegen den britischen „Bombenterror" gemeint, der Köln erheblich zerstört hatte.

Wirtschaftsredakteur Bernd Manger war Wirtschafts- und Sportchef bei den unter dem Titel *Der Niederrhein* vereinigten Zeitungen in Düsseldorf und Oberhausen.[47] Und der Leiter des Kulturressorts, Heinz Stephan, hatte bis 15. März 1943, als seine *Dresdner Neuesten Nachrichten* ihre letzte Ausgabe druckten, den Titel des Schriftleiters für Kulturpolitik („z. Zt. bei der Wehrmacht") innegehabt.

Sein Musik-Redakteur Walther Jacobs war während des Krieges stellvertretender Ressortchef für Kunst und Unterhaltung, ebenfalls bei der *Kölnischen Zeitung*. Im November 1942 gratulierte er dem Dirigenten und Präsidenten der Reichsmusikkammer zum 70. Geburtstag.[48] Als es schon schlecht stand um den Endsieg, kommentierte Jacobs eine Konzertreihe. Zum siebten Gürzenichkonzert, als Brahms gegeben worden war, ermutigte er die Leser: „In diesem Brahms war keine Resignation zu erkennen. Der Dirigent, die Solisten und das Orchester ernteten stürmischen Beifall."[49] Resignation durften 1944 auch die Deutschen nicht zeigen, weder in der Heimat noch an der Front. Immer wieder gelang es Jacobs, getreu den Regieanweisungen des Propagandaministeriums, in seine Konzertkritiken politische Elemente einfließen zu lassen. Jean Sibelius, so erfahren wir, sei in Deutschland erst verbreitet worden, als die Deutsche Sibelius-Gesellschaft „für eine systematische Vertretung des jungen Musikgutes des uns befreundeten finnischen Volkes gesorgt" habe.[50] Wenig später empfand er „wieder einmal die Größe einer Gemeinschaftsleistung von Solisten, Chor und Orchester, einer künstlerischen Tat, die vorbildlich für unsere geistige Haltung im Kriege ist".[51]

Vom *Münsterischen Anzeiger* in Bocholt kam Lokalredakteur Karl Pesch[52], vom *Neuen Tag* in Köln Lokalredakteur Heinz Baums[53], Sportredakteur Theo Kirschbaum[54] und, als Stadtredakteur, im Januar 1949 Hans Koch. Koch war im September 1944 Interims-Hauptschriftleiter der *Kölnischen Zeitung*, weil Johann Schäfer sich mit der Wehrmacht an der Ostfront aufhielt, von den „Abwehrschlachten"

um Witebsk und Pripjet-Beresina ständig heldenschwangere Kriegsberichte nach Köln drahtete („Von Major Dr. J. Schäfer"). Schon nach
sieben Tagen wurde Koch von Heinrich Tötter abgelöst, der von der
Brüsseler Zeitung nach Köln gewechselt war – und nach Kriegsende in
Osnabrück weiterwirken durfte.

Alle hatten sie für Goebbels gearbeitet, jetzt ging es mit der Lizenz
Nr. 22 und einer Auflage von 158.000 „für Christentum und Demokratie".

Rhein-Echo: Anrufe aus der Parteizentrale

74 Jahre und acht Monate Gefängnisstrafen und KZ-Haft hatten die
Mitarbeiter der *Freiheit* unter Hitler verbüßt, ihr Politikredakteur Al-
bert Lange nach vier Jahren Mitarbeit seine Zeitung verloren, die *Rote
Fahne* in Berlin.[55] Das gleiche Schicksal ereilte ihn in Düsseldorf: Am
1. März 1949 wurde die *Freiheit* verboten. Ihr Erbe übernahm das
Freie Volk, das am 10. August 1950 sein Erscheinen einstellte.

Außer der *Freiheit* konnten die Düsseldorfer am 1. März 1946 zwei
weitere Zeitungen erstmals prüfen: Die CDU bot die *Rheinische Post*
an, gedruckt im Lohndruck beim Altverleger Droste, die SPD das
Rhein-Echo. Offenbar fand sich die Mehrheit in der *Rheinischen Post*
am besten repräsentiert. Die Auflage des CDU-Blattes stieg binnen
fünf Monaten um 50.000 Exemplare, die beiden Konkurrenten büßten
jeweils fast genausoviel ein.

Das sozialdemokratische *Rhein-Echo* unterlag anscheinend einem
starken Einfluß der Parteizentrale. Neben ein paar „gestandenen"
Herren versuchten sich zu Beginn drei Volontäre. „Wenn dann also
ein Mann aus der Parteizentrale anrief und sagte, er möchte das und
das, dann stand das also im Satz."[56] Kann man sagen, das erinnere an die
„alten Herren", die vor 1945 vor der anderen Parteizentrale gezittert
hatten? Chef vom Dienst Heinz Gorrenz hatte bis kurz vor Kriegsende als stellvertretender Hauptschriftleiter bei *Der Mittag* gearbeitet,[57]
auch Hans Bernhard Füßmann, zuvor Lokalredakteur bei der *Neußer
Zeitung*,[58] durfte weitermachen, und Jakob Funke knüpfte wieder an,
bevor er bei der *Westdeutschen Allgemeinen Zeitung (WAZ)* richtig
Karriere machte.

Lizenzträger Dietrich Oppenberg war offenbar froh, dem am Gän-
gelband der SPD hängenden *Rhein-Echo* den Rücken kehren zu können. Er erhielt schon im Juli 1946 die Lizenz für die *Neue Ruhr Zeitung*,

die in Essen erscheinen sollte. Sein Urteil über seine alte Zeitung: „Sie wollten unbedingt wieder eine Parteizeitung haben, wo von morgens bis abends dreimal täglich mit Karl Marx und Friedrich Engels gegurgelt wurde."[59] Oppenberg, 28 Jahre jung, lehnte das Konzept einer eng an eine Partei gebundenen Zeitung von vornherein ab.

Auch bei der Auswahl des Redaktionspersonals behielt er immer seinen eigenen Kopf – im negativen Sinne. Gegen die Übernahme alter Schreiber hatte er nichts einzuwenden: „Soweit sie unbelastet waren natürlich. Die waren nicht Mitglied der NSDAP. (...) Sie haben sich sauber gehalten in den ganzen Jahren."[60] So aber war es leider nicht. Zumindest Funke war Parteimitglied gewesen, Oppenbergs Chefredakteur Karl Brunner hatte bis 1945 direkt aus der Parteizentrale in Berlin berichtet.[61]

Rheinische Post: Seltene Qualitäten

„Die Reste der geistigen Seuche des Nationalsozialismus treffen",[62] das wollte die *Rheinische Post*. Den Presseoffizieren mag das gefallen haben. Um dieses Ziel voranzutreiben, nahm die Redaktion 1948 Kurt Pritzkoleit in ihre Reihen auf. Er kannte sich mit dieser „Seuche" aus. Noch 1944 war Pritzkoleit Schriftleiter für Politik des *Hakenkreuzbanners* gewesen, „Kampfblatt für nationalsozialistische Zielsetzung". Gleichzeitig fungierte er als Mitarbeiter von *Der Märkische Adler* in Berlin, Organ des Gaues Mark Brandenburg der NSDAP.[63] Außerdem schrieb er für *Das Reich*.

Seine Sätze hatten sich meist mit den Worten der Nazi-Propaganda gedeckt. „Der Krieg hatte als Versuch der Westmächte angefangen, das mit friedlichen Mitteln begonnene Unternehmen des Reichs, seine Sicherheit und das Leben seiner Söhne diesseits und jenseits der Grenze gegen den Chauvinismus der Polen zu schützen, mit Gewalt zu verhindern und wenn möglich, die Lebenskraft des deutschen Volkes für immer zu zerstören."[64] Das Unternehmen, so Pritzkoleit, sei militärisch schon geglückt, die Raumenge gesprengt. Heute müßten die „Abkömmlinge der Völker ohne Raum" nicht mehr nach Übersee auswandern, um ihre Tatkraft auszuüben. „Jetzt heißt es nur stark bleiben, um den Sieg zu behaupten, den unsere Waffen schon errungen haben."[65]

Die Gegenspieler der deutschen Ziele, die „imperialistischen Großmächte" USA und Sowjetunion, hätten mit ihrem „unnatürlichen

Bündnis" das Ziel, Deutschland zu zerschlagen. „Europas Schicksal war den Herrn des Weißen Hauses völlig gleichgültig, und seine jüdischen Ratgeber trafen sich in ihrem Vernichtungswillen mit den Plänen der Judenklique im Sowjetstaat. Das frevelhafte Spiel mit dem Wohl und der Existenz der europäischen Völker wird nun von der deutschen Waffe zunichte gemacht."[66]

Wenige Monate später klang leise Ratlosigkeit an, wie denn die Opfer der alliierten Luftangriffe auf Köln, Essen, Wuppertal, Düsseldorf, Krefeld und erneut Köln getröstet werden könnten. Trotzigentrüstet empörte sich Pritzkoleit 1943, daß „zum Blockadekrieg sich der Luftterror geselt" habe. Sein heilendes Wort an die Opfer: „Wir leben in einer Zeit, in der Geschichte gemacht wird."[67]

Der Lizentiat und Chefredakteur der *Rheinischen Post*, Friedrich Vogel, zeichnete bis Kriegsende verantwortlich für Handel bei den *Düsseldorfer Nachrichten*, sein Lokalredakteur Paul Vogelpoth, der 1944 bei der Wehrmacht weilte, für Sport.[68] 1939, mit einem Artikel im *Hannoverschen Kurier*, verliert sich Vogels publizistische Spur.[69] Gleich nach dem Krieg betrauten ihn die Engländer mit der Hauptschriftleitung ihrer *Neuen Rheinischen Zeitung*.

Die Briten waren mit der Wahl zufrieden. Als Vogel längst das *Handelsblatt* übernommen hatte, galt er im Gegensatz zu den meisten seiner Kollegen als „Repräsentant der britischen Politik" in Deutschland, als „ehrlicher Mann und erstklassiger Ökonom, beides sehr selten im heutigen Deutschland".[70] Vom 22. Mai 1948 an gehörte Vogel als stellvertretender Vorsitzender dem Zonenpresserat an.

Die letzte Station von Vogels Stellvertreter Josef Noé war die Schriftleitung für Handel bei der *Kölnischen Volkszeitung* gewesen. Noch bevor Vogel am 31. Januar 1948 die Lizenz für das *Handelsblatt* übernahm, gab er die Chefredaktion an Noé ab. Mitte 1948 wurde er in die Verlagsdirektion der *Rheinischen Post* aufgenommen.

Nach dem Wechsel von Vogel zum *Handelsblatt* zeichnete Frank Vogl als Chefredakteur, der seine Artikel noch ein Jahr vor Kriegsende in der *Berliner Börsenzeitung* sowie dem *Hamburger Fremdenblatt* untergebracht hatte, etwa zu einer Arno-Breker-Ausstellung in Potsdam[71] und über „Kunst aus dem Werktag"[72]. Unter ihm übernahm Detmar Wette das Sportressort, das er bis Kriegsende beim *Kölner Stadt-Anzeiger* und bei der *Kölnischen Zeitung* innegehabt hatte.

Außenpolitiker Roland Schmidt verzeichnet 1939 das Impressum des *Dresdner Anzeigers* als Schriftleiter für Politik, der er bis 15. März 1943 blieb, als das Blatt mit den *Dresdner Neuesten Nachrichten* zur *Dresdner Zeitung* zusammengefaßt wurde. In ausführlichen Artikeln erklärte er den Lesern die Lage in den von den Achsenmächten besetzten Gebieten. Im März 1939 erinnerte Schmidt daran, daß Prag „1000 Jahre beim Reich" gewesen sei. Daß dies viele junge Menschen nicht mehr wüßten, schiebt er einer „sträfliche(n) Vernachlässigung der Schulung des nationalpolitischen Bewußtseins" zu. „Erst die machtvolle Erneuerung des nationalpolitischen Bewußtseins durch Adolf Hitler und seine Bewegung erweckte in der Vergangenheit ruhende Geisteskräfte zu neuem Leben." Daß die Besetzung der Tschechoslowakei durch die Herren aus dem Reich nur zum Nutzen der Bewohner sein könne, daran wollte Schmidt keinen Zweifel lassen: „Immer aber haben Land und Leute Blütezeiten erlebt, wenn das deutsche Element die Führung innehatte."[73]

Nach dem Einmarsch Italiens in Albanien zur Beherrschung des Zugangs zur Adria verteidigte er die römische Politik. „Und wenn die Eingliederung Böhmens und Mährens ins Deutsche Reich ein erster Schlag gegen die Einkreisung war, so ist das Vorgehen Italiens in Albanien der zweite. Die Achse läßt sich nicht einkreisen. Die Welt möge auf der Hut sein."[74]

Die Welt war auf der Hut, und so erhielt das Deutsche Reich unter anderem Namen die Chance, die „geistige Seuche des Nationalsozialismus" zu bekämpfen. Einige der Nazi-Propagandisten waren dazu ausersehen, bei der *Rheinischen Post* ihren früheren Ansichten zu widersprechen.

Westdeutsche Zeitung: Unterstützung für Altverleger

Mit der Lizenz Nr. 213 druckte der CDU-Oberbürgermeister von Mönchengladbach, Wilhelm Elfes, am 2. Juli 1948 erstmals seine *Westdeutsche Zeitung*. Berührungsängste zu den Altverlegern hatte Elfes nicht: Entgegen den Lizenzbestimmungen machte er diese zu Unteragenten. Er schloß Verträge mit den Firmen Girardet (Düsseldorf), Neven DuMont Schauberg (Köln), Neusser (Bonn), Busch-du Fallois (Krefeld), Girardet (Wuppertal) und Boll (Solingen). Neben Druck und Satz der Lokalausgaben hatten diese Firmen auch für die Besetzung der Lokalredaktionen zu sorgen. „So konnten die Altverleger ...

das gesamte Spektrum eines Zeitungshauses organisatorisch wieder-aufbauen."[75] Durch ähnliche Kooperationsverträge konnten in Westdeutschland bis März 1949 – mehrere Monate vor dem Ende der Lizenzpflicht – 568 Altverleger-Blätter wieder erscheinen.[76]

Den Lokalteil der *Westdeutschen Zeitung* betreute, zusätzlich zur *Rheinischen Post*, Paul Vogelpoth. In die Kölner Redaktion setzte Elfes Alexander Rörig und Friedrich Walter Dinger (ihre Seite hieß: „Quer durch Köln"), Kollegen seit ihrer Zeit bei der *Kölnischen Zeitung*. Dinger hatte in seinen Texten Nähe zu den Machthabern verraten: Eine Untersuchung über „Das Doppelleben des Herrn v. Erbach", der vor 200 Jahren Unterlagen über eine als unüberwindlich geltende Verteidigungsmauer in Südbaden an die Franzosen übergeben hatte, die diese dann nahmen und zerstörten, kommentierte Dinger so: „Wir wissen ..., daß seine landesverräterischen Umtriebe nur in Zeiten möglich waren, da eine politisch-militärische Tätigkeit noch nicht von der Vaterlandsliebe und persönlicher Tapferkeit abhängig war."[77]

Bemerkenswert ist Dingers Faible für die „Freizeitorganisationen" der NSDAP. Mehrmals schreibt er 1940 über deren Ferienaufenthalte in Österreich. DAF und KdF nennt er in einem Leitartikel „Die Macht im Innern". Diese Einrichtungen erfüllten eine „vielverzweigte Friedensarbeit". Überall sei „ein neues, starkes Leben eingekehrt", berichtet er nach einer Rundfahrt, „und ein mächtiger Impuls ist spürbar, der dem Kampf an der inneren Front zugute kommt".[78]

Das kulturelle Leben beurteilte für die *Westdeutsche Zeitung* Wernher Witthaus, bis Kriegsende Düsseldorfer Vertreter der *Kölnischen Zeitung* in Sachen Kulturpolitik. Mit ganz zeitgemäßer Beurteilungskraft erkannte er im letzten Kriegssommer, was wichtig sein soll und was nicht sein darf: Entscheidend sei die Verbindung der Erkenntnis mit der Tat, aber auch „daß sich die Tat im Zeichen der Qualität vollzieht, sonst fallen wir in die billige Gleichmacherei und spekulative Sentimentalität eines Kunstbetriebs, der endlich überholt sein sollte".[79] Worin Qualität zu suchen sei, darüber ließ er seine Leser nicht im unklaren. Eine Theater-Uraufführung beurteilt er so: „Es ist ein Stück, welches sich mitten in das Zeitgeschehen stürzt und dabei die Klärung und Sonderung sucht in der völkischen Berufung, im Charakter der Rasse, also auch im Herkommen."[80]

In der Bezirksredaktion zu Remscheid saß um die Jahreswende 1948/49 Walter Schmitz hinter seiner Schreibmaschine. Er kannte das Haus schon lange. Auch die Telefon-Nummer 47171 war dieselbe geblieben. Und sicher hatte er noch immer dieselben Leser wie ein paar Jahre zuvor. Das Blatt hieß jetzt allerdings nicht mehr *Remscheider Generalanzeiger*, sondern war eine Bezirksausgabe der *Westdeutschen Zeitung*. Auch die Adresse des Hauses mit der Nummer 15 hatte sich verändert: Neuenkamper Straße. Wahrscheinlich waren die meisten Remscheider erleichtert. Die Straße, in der die Zeitung gemacht wurde, hieß Gott sei Dank nicht mehr Adolf-Hitler-Straße. Dasselbe Haus in derselben Straße, doch alles, außer dem Redakteur, war umbenannt. Entnazifizierung light, Kontinuität auch auf dem Lande. Auf ähnliche Weise wurden 1948/49 bei zahlreichen Bezirksredaktionen die Etiketten ausgetauscht.

Westdeutsches Tageblatt: Vom „Kampfblatt" zur FDP-Zeitung
Zurück aus der „Polackei" mußte Emil Strodthoff im Ruhrgebiet nicht lange auf einen neuen Arbeitgeber warten. Der alte hatte *Völkischer Beobachter* geheißen, der neue war das FDP-nahe *Westdeutsche Tageblatt*. Die Herausgeber haben Strodthoffs damalige Gesinnung offenbar nicht gekannt, oder ihn geschützt. Mit einem häßlichen Artikel im „Kampfblatt der nationalsozialistischen Bewegung" hatte sich der neue Chefredakteur schon 1939 deutlich als Antisemit und „Herrenmensch" zu erkennen gegeben.

Gut fünf Wochen, so Strodthoff, habe er in der „Polackei" gesessen und dort die durch die Gassen schleichenden Existenzen gesehen, „die immer noch Andersrassige fanden, denen sie schachernd und feilschend das Fell über die Ohren ziehen konnten". Wie die Ratten seien sie ins Dunkle gehuscht, wenn der Tritt eines deutschen Soldaten auf dem Pflaster hallte. „Gelblich zerknitterte Mauscheljüdchen" mit „zottigem Mosesbart" mußten den Deutschen Quartier machen, berichtet Strodthoff schadenfroh, „und wer trotz freundlichen Auffordens meinte, nicht abkömmlich zu sein, wurde sehr schnell eines Besseren belehrt. Lange fackeln kann man in Kriegszeiten nicht ...".[81]
Emil Strodthoff war eigentlich Mitarbeiter beim *Bochumer Anzeiger* gewesen.[82] Doch er fand Zeit, auch anderweitig seine Erkenntnisse zu verbreiten. Im *Neuen Wiener Tagblatt* erschienen 1943 Artikel

aus seiner Feder, der *Völkische Beobachter* druckte in seinen letzten Ausgaben Strodthoffs „historische Novelle" mit dem Titel „Der Bettelknabe von Rimini".[83]

Von seiner Bochumer Arbeit kannte Strodthoff sicher auch Hans Hornberg, der beim *Anzeiger* den Sport betreut hatte. Hornberg durfte die Bochumer Bezirksausgabe des *Westdeutschen Tageblatts* übernehmen.

Westfälische Rundschau: Geld für die SPD-Kasse

Auch beim SPD-Blatt *Westfälische Rundschau*, als erste Zeitung Dortmunds seit dem 20. März 1946 auf dem Markt, war ein Lizenzträger schon zwischen 1933 und 1945 aufgefallen: Paul Sattler arbeitete damals bei der *Essener Allgemeinen Zeitung* als verantwortlicher Redakteur für Handel. Bei der *Rundschau*, die immerhin eine Auflage von mehr als 360.000 Exemplaren hatte, übernahm er die kaufmännische Verantwortung. In den ersten fünf Jahren will er zwei Millionen Mark an die SPD abgeführt haben.[84]

Ruhr-Nachrichten: Gegen die Monopolisten

Die CDU fühlte sich in Dortmund benachteiligt. Alle Parteien einschließlich der KPD hatten ihre Zeitung, nur Altverleger Lambert Lensing blieb in den Startlöchern sitzen. Lensing hatte bis 1945 seine Dortmunder *Tremonia* herausgeben können und war bis Kriegsende Offizier in der Propagandaabteilung beim „Oberkommando der Wehrmacht" gewesen.[85] Deshalb hatten ihm die Briten ursprünglich keine Lizenz erteilen wollen. Kurz vor Weihnachten 1948 vermittelt ein Schreiben Lensings einen Eindruck davon, wie wenig einsichtig die Altverleger waren. Trotz spricht aus seinen Zeilen, wenn er schreibt: „Bezüglich meiner Zeitung bin ich noch nicht sehr viel weiter gekommen. Ich bleibe aber in größter Aktivität und hoffe bald zum Ziele zu kommen. Die Monopolisten können sich noch nicht von ihren Monopolen trennen."[86] Verantwortung oder gar Mitschuld am Niedergang Weimars und am Aufstieg des Nationalsozialismus schienen sie sich nicht anrechnen lassen zu wollen und damit auch kein Verständnis dafür zu haben, daß man ihren Ausschluß als Sühne- oder Strafmaßnahme verstehen könnte. Sie sahen offenbar nur den wirtschaftlichen Aspekt.

Der westfälische CDU-Vorsitzende Johannes Gronowski und 20 weitere Persönlichkeiten setzten sich bei der Militärregierung für

Lensing ein. Erst als die Lizenzierung von Deutschen übernommen worden war, erhielt Lensing eine Lizenz. Das nötige Papier und ein Teil des Verbreitungsgebietes sollten von der SPD-Zeitung *Westfalenpost* abgezweigt werden.[87]

Westdeutsche Allgemeine Zeitung: Gegenüber Nazis reserviert

Was in Bochum mit der Lizenz Nr. 192 begonnen hatte, wurde binnen weniger Jahre eine der großen – inzwischen die fünftgrößte – Verlagsgruppen der Bundesrepublik. Die *Westdeutsche Allgemeine Zeitung (WAZ)* erschien am 3. April 1948 mit ihrer ersten Ausgabe. Der Danziger Erich Brost, 1925 bis 1936 Redakteur in seiner Heimatstadt bei der sozialdemokratischen *Volksstimme*, war 1935 SPD-Abgeordneter des Danziger Volkstages gewesen, dessen Mehrheitsfraktion die Nationalsozialisten stellten. Nach seiner Flucht 1936 über Polen, Schweden, Finnland und nochmals Schweden erreichte er England. In London gehörte er 1942 der polnischen Exilregierung an und erhielt so auch Kontakt zur Exil-SPD. 1945 kehrte er als Ziviloffizier mit der britischen Armee nach Köln zurück, wo er den *Kölnischen Kurier*, die Besatzungszeitung, mitbetreute. Nach einigen Wochen wechselte Brost zu *Radio Hamburg*.[88]

Brosts erste Station bei einer Lizenzzeitung war die Stelle des Chefredakteurs bei der *Neuen Ruhr Zeitung*. Dafür mußte er „... die Annehmlichkeiten einer von den Briten versorgten Radiostation, den stets gedeckten Tisch, die Zigaretten" verlassen und gegen „bombenbeschädigte Räume mit rissigen Wänden, durch die der Wind pfeift", eintauschen.[89] „Mit ihm erfolgte grundsätzliche Einigung über die Zusammensetzung der Redaktion und des übrigen Mitarbeiterstabes."[90] Das darf auch für die *WAZ* verausgesetzt werden, für die Brost am 18. Februar 1948 die Lizenz erhielt. Die erste parteiunabhängige Zeitung der britischen Zone wurde in der Folgezeit zu einem Sammelbecken ehemaliger Schriftleiter des Ruhrgebiets.[91]

Einer von Brosts ersten Mitkämpfern war Jakob Funke, der sich der Verlagsseite widmete. Vor 1945 war er noch journalistisch tätig gewesen. Er soll sich als Schriftleiter der *Rheinisch-Westfälischen Zeitung* „dem Nationalsozialismus gegenüber sichtbar reserviert" verhalten haben.[92] Hofmann, der dies behauptete, vergißt – erneut – einen wesentlichen Teil der Geschichte: Während des Krieges war Funke Chef vom Dienst der *Donauzeitung*, die im besetzten Belgrad erschien, dann Leiter des Essener Büros des *Deutschen Nachrichtenbüros (DNB)*. Außerdem war er Mitglied der NSDAP.[93]

Nach dem Krieg war Funke zunächst Lokalredakteur in Essen für das *Rhein-Echo* (Düsseldorf), dann Redakteur des *Deutschen Presse-Dienstes* und der Bezirksausgabe Essen der *Neuen Ruhr-Zeitung*. Die SPD, deren Blätter beide waren, störte sich nicht an Funkes Vergangenheit, die offenbar bekannt war: Die Zahl derer, die für den Posten des Lokalredakteurs der *NRZ* geeignet sind, sei nicht sehr groß. „Überragende fachliche Befähigung" müsse im Vordergrund stehen.[94]

Im Frühjahr 1948 gründete Funke mit Brost die *WAZ*. Man erzählt sich, die beiden hätten das Geld fürs Papier auf dem Schwarzmarkt aufgetrieben, 50.000 Reichsmark Inflationsgeld.[95] Auch die Redakteure mußten auf der Straße aufgelesen werden. Es waren offenbar genügend da:

Chef vom Dienst Carl Bertram Hommen hatte bei der *Rheinisch-Westfälischen Zeitung* die Politik betreut.[96] Die Reportageredaktion führten Felicitas Narz und Ludwig Döring. Narz hatte ihre ersten Schritte in der Presse als „Kriegsdienstberichterstatter" beim *Westdeutschen Beobachter* unternommen, dann doch noch einmal in der demokratischen Presse als Volontär neu angefangen, bei der *Neuen Ruhr-Zeitung* in Essen. Nach einer kurzen Station in der Essener Redaktion der *Westdeutschen Rundschau* (Wuppertal) kam sie zur *WAZ*.[97] Döring war vor dem Krieg Hauptschriftleiter der *Bremervörder Zeitung* gewesen, dann zuständig für Wehrfragen und Provinz bei der *Nordwestdeutschen Zeitung*.[98] Als Korrespondenten verpflichtete Brost in Düsseldorf Josef Saal, zuvor Berliner Schriftleiter der parteiamtlichen *Rheinischen Landeszeitung* (Untertitel: „Durch Nationalsozialismus zu Freiheit und Brot"),[99] für Stuttgart den ehemaligen stellvertretenden Hauptschriftleiter des *Frankfurter Generalanzeigers*, Otto Häcker.[100] Insgesamt 14 Redakteure in den 16 Lokalredaktionen waren vor 1945 Schriftleiter gewesen, darunter Dr. Venn (Witten), früher bei der zweitältesten und zweitgrößten NS-Zeitung *Westdeutscher Beobachter*, Ausgabe Bonn,[101] Carl August Richter (Duisburg) beim *Nationalblatt*, das in Koblenz erschienen war,[102] und Paul Weigand, zuvor Hauptschriftleiter bei der Siegener *Nationalzeitung*, der 1931 gegründeten amtlichen Tageszeitung der NSDAP.[103]

Selbst in der Aufnahme (die telefonische Annahme von Texten) fanden zwei in der Redaktion noch nicht vertretbare Ex-Propagandisten Unterschlupf: Hans Ruhe, zuletzt bei der parteiamtlichen *Pommerschen Zeitung*[104] und Wilhelm Schlüter von der *Niederrheinischen Volkszeitung.*[105]

In Essen, Hattingen, Gelsenkirchen, Herne, Wanne-Eickel, Hagen und Bochum sicherte sich Brost offenbar die Männer mit Lokalkenntnis. Möglicherweise war dies ein erster Schritt, um sich später gegen die Altverleger behaupten zu können.

4.3.2. Niedersachsen

Hannoversche Neueste Nachrichten: Nicht zurückstehen

Vielleicht hätte Henri Nannen nicht mit Steinen werfen sollen. Schließlich saß er selbst im Glashaus. Als er dem Mitgründer von *Christ und Welt*, dem ehemaligen SS-Hauptsturmführer Giselher Wirsing mit der SS-Nummer 310 062, seine Vergangenheit vorhielt, antwortete dessen Zeitung mit ihrem Wissen über Nannens Rolle im Dritten Reich: Nannen, so *Christ und Welt*, sei als Oberleutnant der Luftwaffe Mitglied einer SS-Propagandaabteilung gewesen, der „Psycho-Kampfkompanie Südstern". Dort habe er das fortgesetzt, „was er in der im NS-Eher-Verlag erschienenen Prachtzeitschrift ‚Die Kunst im Dritten Reich' so anmutig begonnen hatte".[1]

Nur selten bewarfen sich Journalisten nach 1945 mit dem Dreck ihrer Vergangenheit. Nannen und Wirsing taten es. Was *Christ und Welt* spöttisch „anmutig" nannte, sah etwa so aus: In Malerei und Graphik, so Nannen 1941, „offenbaren sich Gesicht und Maske der sowjetischen Kunst in ihrer erschütternden Zwiespältigkeit. Die Malerei zeigt nichts als einen schlechten, zahmen Naturalismus ältester Prägung, der ganz in den Dienst bolschewistischer Propaganda gestellt ist." Daß sich auch die meisten der in Deutschland verbliebenen Künstler in den Dienst der Propaganda gestellt hatten, war für Nannen selbstverständlich kein Thema.

Ganz anders als bei der Malerei sei dies bei der Graphik. Die zeige Darstellungen von den „ausgezehrten Müttern mit ihren hohlwangigen Säuglingen, den in Dumpfheit und Schmutz verlöschenden Greisen, den Kretins, den aller Zucht und Fürsorge entarteten Kindern".

Was Nannen störte, war, daß die Vorlagen aus einer vorrevolutionären Zeit stammten. Und deshalb beeilte er sich zu sagen, daß dies noch immer die Realität sei. Solchen Gestalten könne man jederzeit „in den zerfallenen Holzhütten sowjetischer Dörfer und Städte begegnen". Und so verstecke die Malerei „hinter einer wesenlosen Fratze absichtsvoller Fröhlichkeit" das „leiderfüllte Antlitz eines gequälten Menschentums", die Graphik hingegen zeige „das wahre Gesicht des Sowjetparadieses".[2]

Als Nannens publizistisches Wirken aus der Vergangenheit via *Christ und Welt* bekannt wurde, hatte er die *Hannoverschen Neuesten Nachrichten* und die *Abendpost*[3] längst hinter sich gelassen und die Lizenz für den *Stern* übernommen.

Der Hamburger Journalist Otto Köhler entdeckte weitere Arbeiten Nannens: In der *Kriegsbücherei der deutschen Jugend* hatte dieser das Kriegsheft 144, „Störungsfeuer von M17", geschrieben. In dieser Reihe sollte die Jugend auf das Soldatenleben vorbereitet werden. Die letzte Seite der Hefte ziert ein Wehrmachtsaufruf: „Aus der Erzählung, die Ihr soeben gelesen habt, könnt Ihr erkennen, daß ein rechter Kerl überall seinen Einsatz finden und sich dabei bewähren kann. (...) Niemand will und soll zurückstehen: auch Ihr nicht, deutsche Jungen! Wenn Ihr auch noch nicht das Alter habt, um in die wehrfähige deutsche Mannschaft aufgenommen zu werden, so sollt Ihr doch schon jetzt Stellung beziehen."[4]

Auch für die Herausgabe eines Bändchens mit dem Titel „Glanz von innen", in dem Dichter über „Bildwerke, die sie lieben" schrieben, blieb in den Kriegsjahren Zeit. Unter den Dichtern, denen Nannen ein Forum bot, waren der Präsident der Reichsschrifttumskammer, Hans Friedrich Blunck, der Lyriker Hans Carossa (den die ersten Listen der Amerikaner noch als „white B" eingestuft hatten), Reichsritter Walter von Molo, Georg Britting und Ernst Penzoldt.

Auch Nannens Mitlizentiat Joseph Hasler hatte Erfahrung: als Hauptschriftleiter der *Bochumer Volkszeitung*.[5] In der Lokalredaktion führte der ehemalige Schriftleiter (erst Lokales, ab 1943 Politik) des *Hannoverschen Kurier*, Franz Freckmann, Regie. Während des Krieges hatte er als Kriegsberichterstatter für die *Kieler Zeitung* – das gauamtliche Organ der NSDAP und amtliche Nachrichtenblatt aller Behörden – gewirkt. Dort konnte er über einen heldenhaften Angriff von neun Mann gegen einen russischen Gefechtsvorposten am Wolchow berichten: Vier Russen tot, zwei gefangengenommen – ein „voller Erfolg des Unternehmens".[6] 1944 fand man den Kriegsberichter Freckmann „im Toben der nördlichen Winterschlacht" bei Leningrad-Ilmensee.[7]

1947 wurde fast die gesamte Mannschaft der *Hannoverschen Neuesten Nachrichten (HNN)* ausgetauscht. Die zweifelhaften Lizentiaten wichen, aber die Redaktion wurde mit ebenso zweifelhaftem Personal erweitert: Walter Schnabel, der die Wirtschaft unter sich hatte, war bis 1936 bekannt als Sport- und Lokalredakteur der Berliner *Germania*, danach leitete er das Ressort Wirtschafts- und Sozialpolitik. Auf Schnabels Wirtschaftsseite erschien die ungezeichnete Besprechung eines Buches, das Goebbels' Aufsätze im NS-Kampfblatt *Angriff* sammelte. Die Aufsätze, so heißt es da, „künden immer stärker ... das Wetterleuchten einer neuen Zeit". In ihnen „spiegelt sich mit exakter Schärfe sein kämpferisches Charakterbild, sein leidenschaftlicher Wille, seine faszinierende Diktion und seine Kunst, die Sprache des Volkes zu sprechen", wider.[8] Über einem Bericht des amtlichen *Deutschen Nachrichtenbüros (DNB)* stand unter seiner Verantwortung die Zeile: „Planmäßige Entjudung der deutschen Wirtschaft".[9]

In der letzten Nummer der Zeitung, die wegen Abonnentenmangel schließen mußte, schrieb Franz von Papen zum „Abschied von der Germania": „In ihrem Namen lag immer das hohe Ziel ihres Wollens beschlossen, gleich welcher Art die Regierungsformen waren, unter denen sie für Deutschland arbeitete und warb."[10] Die *Germania* ging, Schnabel machte weiter. In der *Kölnischen Volkszeitung* gab er seinen Kollegen Ratschläge, welche Aufgaben von den Wirtschaftsteilen der Zeitungen im nationalsozialistischen Deutschland zu übernehmen seien. Sie hätten „wesentlich dazu beigetragen", den Vierjahresplan zu verwirklichen. Noch heute sei ihre Aufgabe, „Sinn und Bedeutung einer notwendigen Großraum-Wirtschaftspolitik des neuen Staates zu erläutern".[11]

Im Juli 1949 übernahm Alfred Kästner die Politikredaktion der *HNN*. Seine Kriegsartikel hatten stets eine innige Nähe zum Nationalsozialismus verraten. Während er 1942 versuchte, Gegensätze unter den Alliierten in ihrer Nordafrikapolitik zu verdeutlichen,[12] wandte er 1943 den Blick dem Reich zu: In einem Aufruf zum Durchhalten erinnerte Kästner zunächst an die Rede Goebbels' im Berliner Sportpalast vom 28. Februar des Jahres: „Ich frage Euch: Seid Ihr und ist das deutsche Volk entschlossen, wenn der Führer es befiehlt, 10, 12 und, wenn nötig, 14 und 16 Stunden täglich zu arbeiten und das Letzte herzugeben für den Sieg? (...) Ich frage Euch: Wollt Ihr den totalen Krieg, wollt Ihr ihn, wenn nötig, totaler und radikaler, als wir ihn uns heute überhaupt noch vorstellen können?" Goebbels' Rede endete, nach einem begeisterten „Ja" aus Tausenden Kehlen, mit den Worten: „Nun, Volk, steh' auf und Sturm, brich los!" Kästner fragte darauf rhetorisch: „Wie aber würde das Echo sein? Dumpfe Resignation oder leidenschaftliches Aufbäumen gegen die Gefahr?" Die Antwort gab er selbst: „Wir Deutschen waren uns nie auch nur einen Augenblick darüber im Zweifel. Unter einer energielosen, zaudernden, unentschlossenen Führung, wie die deutschen Regierungen im ersten Weltkrieg, wäre wohl auch das Volk energielos und müde geworden. Unter einer Führung, wie sie dem deutschen Volk heute in unserem Schicksalskampf gegeben ist, konnte das Ergebnis nicht in Frage stehen."

Kästner jubelte: Hunderttausende Männer hätten ihren Beruf aufgegeben, um in die Rüstungswerke zu eilen, Hunderttausende Hausfrauen sich dem Millionenheer der Munitionsarbeiter eingegliedert. Und so konnte Kästner euphorisch den „Sieg der Heimatfront" vermelden.[13]

Vom *Hannoverschen Anzeiger* stießen Karl Schiefer (ab Januar 1949 zuständig für die Bezirksausgaben) und Albert Unnerstall (ebenfalls für die Bezirksausgaben) hinzu. Schiefer hatte das Ressort „Lokales und Mitteilungen aus den Parteigliederungen" zu betreuen gehabt, Unnerstall 1943 gefordert: „Der Bauer kämpft für den Endsieg." Der Bauer sei schon immer in der Geschichte auch Verteidiger des Bodens gewesen, holte Unnerstall weit aus. Erst 1933 sei ihm durch das Reichserbhofgesetz „Hof und Grund und Boden für immer gesichert. Damals hat neben der Bauernbefreiung der Kampf um die Befreiung unseres ganzen Volkes eingesetzt und darüber hinaus um den Lebensraum der Nation. Und heute stehen wir mittendrin in diesem gewaltigen Existenzkampf." Und jetzt, so impliziert Unnerstall, sei es an den Bauern, sich dankbar zu zeigen. „Das Vaterland ruft jeden seiner Söhne. Höchste Kraftentfaltung ist nötig, um den Endsieg gegen jüdisch-plutokratischen Vernichtungswillen und die rote Flut der Sowjets zu erringen!" Der geforderte Beitrag der Bauern: „Jedes Liter Milch, das heute mehr abgeliefert wird, vermindert die Fettlücke und dient dem Endsieg; auf jedes Ei kommt es an, jeden Zentner Kartoffeln, jeden Sack Korn. Gerade auf den Feldern der Ablieferungsschlacht ist noch ein weiterer Sieg zu erfechten."[14]

1949 heuerte der ehemalige Politikschriftleiter des *Hannoverschen Kuriers,* Georg Paasch[15], als Chef vom Dienst an. Beim *Kurier* hatte auch Erwin Wäsche schon einmal gearbeitet. Der Kulturschriftleiter machte allerdings noch einen Umweg über die *Brüsseler Zeitung.* Dort folgte er seinem „Führer" bedenkenlos und voller Optimismus: Zum Geburtstag schrieb er ihm: „Und es wird die Zeit kommen, wo der Historiker schreibt: Europa siegte, weil Adolf Hitler es führte, ‚unser Hitler!'."[16]

Als „unser Hitler" dank der Vorsehung das Attentat vom 20. Juli 1944 überlebt hatte, schrieb Wäsche einen trotzig-arroganten Leitartikel: „... die absolute, demokratischen Hirnen allerdings unausdenkliche Machtbefugnis, die der Führer innehat, ist nicht auf die Bajonette einiger verschworener SS-Divisionen gestellt; sie ist vielmehr gestützt und legitimiert durch die einhellige Zustimmung der Nation ..." Im Gegensatz zur Demokratie habe es der „Führer" nicht nötig, „seine Entschlüsse zu rechtfertigen und noch dem Dümmsten begreiflich zu machen". Er sei „schon jetzt zu dem geworden, als der er in der Geschichte unseres Volkes fortleben wird: als der Führer schlechthin!"[17]

Arroganz gehörte auch in späteren Artikeln zu Wäsches Ton. 1944 mußte in allen Bereichen der Gürtel enger geschnallt werden. Es war ersichtlich, daß auch der Kulturbetrieb weiteren Beschränkungen unterworfen werden würde. Für den Fall, daß keine Bücher mehr verfaßt, kein Theater mehr gespielt werde, weil der Krieg jeden Einsatz fordere, meinte Wäsche: „Die Stille, die sich in diesem Falle über unser Vaterland senken wird, wird dann immer noch eine weit beredtere Sprache reden als der laute Tingeltangel-Lärm, mit dem unsere Gegner ihre innere Leere und ihr geistiges Unvermögen übertönen."[18]

Bösartige Menschen könnten in Wäsches Trotz ein mangelndes Selbstbewußtsein vermuten, zumal sich Wäsche schon mal Gedanken um die Berufsehre seiner Zunft machte: Nach einer Vereinbarung zwischen Filmschaffenden und den Justizministern mußte 1943 jedes Drehbuch mit justizrelevanten Themen bei den Pressestellen des zuständigen Reichsministeriums eingereicht werden – „zur Vermeidung von Verzerrungen des Ansehens der Justiz". Wäsche forderte ähnliche Absprachen mit anderen in Frage kommenden Berufsständen und nennt Arzt, Erzieher und Schriftleiter, Berufe, „die eine besondere innere Berufung voraussetzen".[19]

Wäsche durfte seiner Berufung auch unter der Aufsicht der britischen Sieger folgen.

Hannoversche Presse: Zeitung aller Schaffenden

Zwei Wochen nach dem CDU-Blatt, am 19. Juli 1946, brachte auch die SPD ihre *Hannoversche Presse* auf den Markt, „die Zeitung aller Schaffenden". Chef vom Dienst Heinz Mundhenke, ab Januar 1949 im Impressum genannt, war „Nahost-Vertreter" der *Danziger Neuesten Nachrichten* und der *Deutschen Zeitung in Norwegen* gewesen. Auch in der Belgrader *Donauzeitung* erschienen seine Artikel.[20] Im November 1941 schrieb er: „Das bulgarische Volk hat heute in seiner Gesamtheit klar erkannt, daß es allein der verantwortungsbewußten Tatkraft und Entschlossenheit des Führers zu danken ist, wenn Bulgarien von jenem entsetzlichen Schicksal verschont blieb, das zahlreiche andere Staaten, die schutzlos den sowjetischen Zugriffen ausgeliefert waren, erlitten haben."[21]

1941 besetzten deutsche und bulgarische Truppen Mazedonien, das nach militärischen Niederlagen Bulgariens 1913 unter Griechenland und Serbien aufgeteilt worden war. Mundhenke nannte die Besetzung des Landes „Wiedereingliederung ins Mutterland". Aus Dankbarkeit gegenüber den Deutschen, so will Mundhenke beobachtet haben, hänge heute in fast jedem Haus das Bild des „Führers", und bei Festlichkeiten flattere neben der bulgarischen die Hakenkreuzfahne im Wind. Mazedoniens „vordringlichste Mission" sei es, „dem wiedererstandenen Großbulgarien seine wertvollsten Kräfte zuzuführen".[22] Mundhenke scheint nur in Häusern der Anhänger der „Inneren Makedonischen Revolutionären Aktion" (VMRO) gewesen zu sein. Die VMRO hatte im August 1903 den Illinden-Aufstand und einige Tage lang den ersten makedonischen Staat angeführt und versprach sich einen erneuerten von einer engen Zusammenarbeit mit der kroatischen Ustascha und den deutschen Faschisten. Seit November 1991 ist Makedonien wieder ein selbständiger Staat. Ein Drittel der Abgeordnetensitze errang die VMRO-DPMNE, die sich auf das alte VMRO-Programm bezieht und von Großmakedonien träumt.

Zurück zum Nahost-Experten Mundhenke: 1942 forderte er die Türkei zur Neutralität auf und schloß auch sie in den „großdeutschen Wirtschaftsraum" ein: „Die Vorgänge in Irak, Iran, Palästina und Syrien haben dem türkischen Volk die Augen darüber geöffnet, was es bedeutet, wenn sich schwache und wenig widerstandsfähige Nationen für die von London, Moskau und Washington verfochtenen Ideale der Freiheit und Menschlichkeit opfern." Der Austausch mit der Türkei im „großdeutschen Wirtschaftsraum" werde künftig zunehmen, auch wenn Großbritannien sich bemühe, „diese traditionsbedingte Entwicklung zu stören".[23]

Auch bezüglich Kroatien vertrat Nahost-Experte Mundhenke strikt die Reichslinie: Ende 1943, nach der Kapitulation der italienischen Faschisten, erregte er sich über die „italienischen Verrätergenerale" Ambrosio und Roatta, die „im Einvernehmen mit den Alliierten Kroatien als Sprungbrett für ihre Dolchstoßpolitik gegen das Reich und seine Verbündeten ausersehen" hätten. Nach der „Wiedereingliederung des dalmatinischen Küstenstücks" – auf diesen Landstrich hatte das neugegründete Königreich der Serben, Kroaten und Slowenen nach dem ersten Weltkrieg verzichten müssen (festgelegt im Vertrag von Rapallo 1920) – ergäben sich für die Kroaten Notwendigkeiten: Mundhenke nennt die „Zusammenfassung aller positiver völkischer Kräfte" und die „Vernichtung des Bandenunwesens". Wie das aussah, verschwieg der Autor: Die 1929 gegründete Ustascha des Anwalts Ante Pavelic errichtete nach der Unabhängigkeitserklärung vom 10. April 1941 Dutzende Konzentrationslager und tötete Hunderttausende Andersdenkende. Orthodoxe Klöster wurden geschlossen und zerstört, die serbische Sprache und die kyrillische Schrift verboten. Das, so fährt Mundhenke fort, sei die „Antwort auf die propagandistischen Phrasen jener Intriganten, die ihre Hoffnung auch jetzt noch auf ein neues Jugoslawien alter Geistesprägung setzen".[24]

Gemeint war vor allem Josip (Broz) Tito, den Mundhenke später „Marschall von Sowjets Gnaden" titulierte. Er gebe sich wie andere „einem verhängnisvollen Wahn hin, das Rad der Geschichte zurückdrehen zu können".[25] Nach Beendigung des 2. Weltkrieges gelang es dem „Intriganten" immerhin, dem „Pulverfaß Europas" die Sprengkraft zu nehmen. Mit dem neu geschürten Nationalismus explodierte das Pulverfaß allerdings Anfang der 90er Jahre erneut.

Das Ressort Wirtschaft der *Hannoverschen Presse* betreute Robert Krugmann, der für die *Donauzeitung*, die *Brüsseler Zeitung*, die *Deutsche Zeitung in den Niederlanden* und die *Deutsche Zeitung im Ostland* ebenfalls aus Belgrad Artikel beigesteuert hatte. In ersterer lobte er „Bulgariens Bereitschaft", von der Friedens- zur Kriegswirtschaft umzustellen.[26] Sein Blick in die Zukunft versprach eine europäische Wirtschaftsgemeinschaft nach dem deutschen Beispiel – autoritär und staatlich gelenkt. Selbst England habe erkannt, daß es nicht zum freien Spiel der Kräfte zurückkehren könne.[27]

Spätestens 1949, vier Jahre nach dem Ende der Vision vom großdeutschen Wirtschaftsraum, durfte Krugmann mit Erlaubnis derer, die er zuletzt am schärfsten kritisiert hatte, seine überarbeiteten Einschätzungen von der richtigen Wirtschaftspolitik abgeben.

Das Feuilleton übernahm Gerd Schulte, vormals zuständig für Lokales beim *Hannoverschen Kurier* und Autor der *Brüsseler Zeitung*. Mit Gerda Richter war auch eine Frau dabei, die das Ressort Frauen betreute, vor 1945 Schriftleiterin für Kulturpolitik bei *Der Mitteldeutsche*.[28] Sie alle durften ihre neuen Artikel in einer Auflage von 340.000 verbreiten. Den Kollegen des KPD-Blattes *Hannoversche Volksstimme*, 1947 in *Niedersächsische Volksstimme* umbenannt, stellten die Behörden Papier für eine Auflage von 66.000 zur Verfügung.

Norddeutsche Zeitung: Deutsche Sehnsucht

In Hannover-Kleefeld entstand im Mai 1948 ein überparteiliches Blatt, die *Norddeutsche Zeitung*. Ihr Wirtschaftsredakteur, Karl Otto Heuser, hatte schon für den Stuttgarter *NS-Kurier*, das Gauorgan der NSDAP, und den *Hannoverschen Kurier* als Wirtschaftskorrespondent geschrieben. 1943 war der Diplom-Volkswirt Schriftleiter für Politik, wurde dann aber wieder in seinem Metier eingesetzt, als seine *Niedersächsische Tageszeitung* mit dem *Hannoverschen Anzeiger* zur *Hannoverschen Zeitung* zusammengelegt wurde.

Den „Einheitsmenschen" der „Bolschewisten und Amerikaner", so versprach Heuser 1943, werde es in Deutschland nicht geben – auch wenn der Krieg im Moment Tribut verlange. Deutschland und Italien hätten sich immer der „entseelten Vermassung" entgegengeworfen. Nationalsozialismus und Faschismus seien „Gegenkräfte gegen die persönlichkeitstötende Gewalt des marxistischen Sozialismus". Nach dem Krieg werde der „Führer" einen Sozialstaat „von höchster Kultur" schaffen, denn: „Die deutsche Sehnsucht (gilt) nach wie vor der Persönlichkeit".[29]

Auch die Vergangenheit des Lokalschriftleiters war nach alliierten Entnazifizierungskriterien nicht einwandfrei: Johannes Schneider hatte jahrelang als stellvertretender Hauptschriftleiter der *Landpost* in Hildesheim angehört.[30]

Hannoversche Allgemeine: Ein typisches Spruchkammer-Urteil

Das „Wörterbuch des Unmenschen" war 1949 noch längst nicht geschlossen. Eine „durchgeführte Verschmelzung" vereinigte am 25. August 1949 die *Hannoverschen Neuesten Nachrichten* mit der bis dahin in Celle erscheinenden *Deutschen Volkszeitung*[31] zur *Hannoverschen Allgemeinen Zeitung*. Sie kostete keinen der bisher angestellten Redakteure seinen Arbeitsplatz. Im Gegenteil: Sie brachte einen „redaktionellen Ausbau" und eine „geringfügige Erhöhung des Bezugspreises", dafür wurde den Lesern ein „Mehrfaches an Leistung" versprochen.

Letzter Lizenzträger der britischen Zone wurde auf diese Weise Erich Madsack, der im Dritten Reich Hauptschriftleiter des *Hannoverschen Anzeigers* gewesen war. Madsack schrieb während des Krieges nicht erkennbar, jedenfalls findet sich sein Name nicht unter Artikeln, allerdings sind diese häufig nicht gekennzeichnet. Die Leitartikel überließ er seinem Vize Fritz Hirschner, der dieser Aufgabe mit um so größerer Überzeugung nachkam. Unter Madsacks Verantwortung unterschied sich der *Anzeiger* aber während des Krieges in Aufmachung und Stil in keiner Weise von den anderen Blättern, ob in privater Hand oder in der Hand von Nazi-Gesellschaften. Im Gegenteil: Im Januar 1943 druckte der *Hannoversche Anzeiger* auf seiner ersten Seite rechts den üblichen Leitartikel, der meist auf die folgende Seite umlief. Links finden sich Artikel von Redakteuren und anderen Autoren, die dazu angetan sind, den Lesern Mut und Durchhaltekraft zu verleihen. Mit Karl Schiefer leistete sich der *Hannoversche Anzeiger* sogar einen Redakteur, der ausdrücklich für „Mitteilungen aus den Parteigliederungen" zuständig war. Von einem Rückzug der Redaktion aus der politischen Information und Meinungsbildung in die lokale und kulturelle Berichterstattung, wie reklamiert, kann keine Rede sein.[32]

Madsack selbst hatte den Verlag nach dem Tod seines Vaters unmittelbar vor Hitlers Regentschaft auch als Verleger übernommen – Chefredakteur war er schon seit 1921 gewesen. Im Dezember 1934 nahm er eine neue, alle zwei Wochen erscheinende Beilage ins Blatt. Ihr Titel: „Ehr und Wehr – Blätter für deutsches Soldatentum". Begründung: „Hinter der Wehrmacht als dem Schützer des Reiches muß das gesamte Volk stehen." Madsack entschuldigte die Einführung dieser Beilage später damit, er habe so versucht, „sich von der Partei zu distanzieren und gleichzeitig eine Rückendeckung gegen diese zu finden". Zielsetzung sei es gewesen, „sich im Kampf um die Erhaltung der Existenz gegenüber der Partei, ihrer Presse und den Dienststellen ... in den Kreisen der Wehrmacht einen Rückhalt zu schaffen". Dies sei im festen Vertrauen darauf geschehen, daß die Wehrmacht „als Sammelbecken starker oppositioneller Kräfte eines Tages den entscheidenden Kampf gegen die Partei führen werde".[33] Bis dahin galt Madsacks Streben dem Erhalt seines Verlags: Schon ein Jahr zuvor war er in die „Motorstandarte M 61" eingetreten, die 1934 in den „Nationalsozialistischen Kraftfahr-Korps" (NSKK) überführt wurde. Nach zwei Geldspenden Mitte und Ende 1933 wurde er von der Empfängerin, der SS, als förderndes Mitglied geführt. Vom 1. Mai 1937 an stand er in den Mitgliedslisten der NSDAP.

In beruflicher Hinsicht formulierte er als Zielsetzung der von ihm geführten Redaktion: „Vertiefung der kulturpolitischen Arbeit und eine klare Herausarbeitung der heimatlichen Note, das Gedankengut des nationalsozialistischen Staates mit dem bodenständigen Niedersachsentum zu staatsaufbauender Kraft und Leistung zu verbinden."[34]

1936 wurde Madsack in die Reichspressekammer und den Reichsverband der deutschen Zeitungsverleger aufgenommen. Im Rahmen der von den Nationalsozialisten durch Max Amann (Direktor des NS-Verlags Franz Eher Nachfolger GmbH und Reichsleiter für die Presse der NSDAP, eines der ersten Parteimitglieder der NSDAP), Max Winkler (Pressetreuhänder und „Chefaufkäufer") und „Stabsleiter" Rolf Rienhardt geplanten Übernahme der einst bürgerlichen Presse mußte Madsack 1936 einen Teil seines Verlages an die „Vera"-Verlagsanstalt GmbH abgeben. Am 25. Januar 1943 legte Madsack die Hauptschriftleitung des *Hannoverschen Anzeigers* nieder,[35] der ab 1. März 1943 kriegsbedingt nicht mehr erscheinen durfte. Der Pachtvertrag mit der verbleibenden *Niedersächsischen Tageszeitung* brachte Madsack 85 Pfennige pro Abonnent und Monat ein – die Regel waren 50 bis 80 Pfennige.[36]

Zu seiner Entlastung führte Madsack nach Kriegsende vor allem seine Kontakte zur Widerstandsgruppe des 20. Juli 1944 an. Außerdem habe die SA 1933 versucht, das Verlags-Hochhaus zu stürmen. Er habe den Nazis von Anfang an als unzuverlässig gegolten. Der Entnazifizierungs-Hauptausschuß für Kulturschaffende stufte Madsack als „entlastet" ein: „Nach dem Ergebnis der öffentlichen Verhandlung vom 3.12.1948 ist die aktive Beteiligung des Betroffenen an der Widerstandsbewegung vom 20. Juli 1944 erwiesen. Seine formalen politischen Belastungen fallen demgegenüber nicht mehr ins Gewicht."[37]

Auch die „Wiedergutmachungskammer" des Landgerichts I Hannover argumentierte 1954 ähnlich: Sie sprach Madsack die einst zwangsweise verkauften Anteile wieder zu. Die Unterschrift unter den Vertrag von 1936 sei nur unter massivem Druck erfolgt. „Bei der Entziehung dieser Anteile handelt es sich um eine Verfolgung aus politischen Gründen."[38] Diese Urteile müssen selbstverständlich im Zusammenhang mit der übrigen Praxis der Spruchkammern gesehen werden, die mit wenigen Ausnahmen Entlastete und Mitläufer produzierten und nach Lutz Niethammer eine „Mitläuferfabrik" waren.

Madsack durfte 1949 – das war eine Bedingung – nur 49 Prozent des Gesamtkapitals der neuen Firma übernehmen. Auf eine Überprüfung seiner Vergangenheit glaubte der Presseausschuß verzichten zu können, weil Madsack mit der Lizenz Nr. 284 bereits einen Buchverlag betreiben durfte.[39] Madsack hatte das Ziel erreicht, für das er seine Kompromisse mit dem System gemacht hatte: Der Verlag war für ihn gerettet. Madsacks erste Schlagzeile im demokratischen Westdeutschland: „Adenauer künftiger Bundeskanzler." Vom 31.12.1950 an trug die Zeitung den Untertitel *Hannoverscher Anzeiger*.

Als Chefredakteur gewann Madsack einen Mann, dem einige Monate zuvor bei der amerikanischen *Neuen Zeitung* gekündigt worden war, Hans Lehmann. Dessen Tätigkeit während des Naziregimes, bei der er gegen „vertierte Nigger"[40] gehetzt hatte, war durchgesickert. Jetzt, endlich, durfte Lehmann wieder schreiben über „Freiheit, die ich meine". In einem Leitartikel über die Auseinandersetzungen zwischen Lizenzverlegern und den wieder auf den Markt drängenden Altverlegern holte er weit aus: „Deutschland hat in den Jahren des NS-Regimes eine gelenkte Presse gehabt, und es gehörte viel Mut dazu, die Öffentlichkeit trotzdem so hinreichend mit Informationen zur eigenen Urteilsbildung zu versehen, wie das unter diesem System noch eben möglich war." Lehmann wollte damit sicher auch für sich in Anspruch nehmen, alles Menschenmögliche dafür getan zu haben. Er fährt fort: „Die Geschichte des geheimen Widerstandes jener, die unter dem NS-Regime in der Presse ein Maximum an Freiheit retten wollten, ist leider noch nicht geschrieben."[41]

Betrachtet man Lehmanns Texte aus den *Leipziger Neuesten Nachrichten*, dann war das „Menschenmögliche" nicht eben viel, oder Lehmann wollte es nicht nutzen. Versuche, das Schreiben zwischen den

Zeilen glaubhaft zu machen, sollte es bald geben. Lehmann tauchte jedoch in der Reihe jener Autoren, für die dies reklamiert wurde, nicht auf. Aber zurück zu seinem Leitartikel vom 1. November 1949: Lehmann sah sich offenbar nach den Mühsalen des Nazi-Reiches schon wieder als Opfer: Unter dem „Lizenzzwang" sei „eine oft einseitige Auswahl derer getroffen (worden), die in der Presse als Herausgeber oder Journalist tätig sein durften. (...) Jetzt ist es vorbei mit jenen zwei Klassen von Deutschen, von denen die einen arbeiteten und die anderen bei der Arbeit nur zusehen durften."

Braunschweiger Zeitung: Erziehung zur Demokratie

Die „Erziehung zur Demokratie" sei „die wichtigste Aufgabe" seiner Zeitung, die in der nächsten Zukunft zu erfüllen sei. Mit diesem Programm startete Hans Eckensberger, der Sohn des Altverlegers, am 8. Januar 1946 für alle lesbar in die neue Zeit. Seine Mannschaft war die alte: Der Verlegersohn übernahm die halbe Crew von Papas ehemaliger *Braunschweiger Landeszeitung*.[42] Vom früheren Konkurrenten, dem *Allgemeinen Anzeiger*, stieß Hans Otto Schmidt hinzu. Damals für Sport und Handel zuständig, betreute er nach dem Krieg das Lokalressort. Weil sich Walter Göbel in Goslar schon auskannte, durfte er, zuvor bei der *Goslarschen Zeitung*, die dortige Bezirksausgabe übernehmen. Den Lokalteil für Helmstedt machte Otto Jacobi, 1937 in Berlin-Pankow Hauptschriftleiter von *Der Norden*. Für die Provinz um Braunschweig kam aus dem nahen Magdeburg Albert Schwibbe vom dortigen *Generalanzeiger*, der später *Magdeburgische Zeitung* hieß. Während des Krieges war Schwibbe auch Autor der in Belgrad erscheinenden *Donau-Zeitung*.

In der Hauptredaktion in Braunschweig saß ein Sozialdemokrat, von dessen Vergangenheit wahrscheinlich auch seine Kollegen nicht alles wußten: Fritz Sänger. Nach ihm wurde in der Bundesrepublik ein „Preis für mutigen Journalismus" benannt, weil Sänger im Dritten Reich Kontakt zum Widerstand gehalten und die täglichen Anweisungen der Nazi-Führung aus der Reichspressekonferenz trotz Verbots für spätere historische Forschungen gesammelt hatte.

1989 wollte ein ehemaliger *Report*-Redakteur diesen Preis nicht annehmen. Fritz Sänger, so begründete Wolfgang Moser seine Ablehnung, sei „Teil des Lügensystems" gewesen.[43] Daß er recht hatte, bestätigte wenig später Otto Köhler in der *Zeit*[44] und – ausführlicher – im bisher einzigen Buch eines Journalisten, der sich ohne falsche Kollegensolidarität mit der Geschichte der persönlichen „Stunde Null" seiner Kollegen auseinandersetzte.[45]

Fritz Sänger war 1933 als Redakteur der *Preußischen Lehrerzeitung* entlassen worden. Von 1935 an arbeitete er in der Berliner Redaktion der *Frankfurter Zeitung*. Nach der Auflösung der *FZ* 1943 berichtete er bis April 1945 für das *Neue Wiener Tageblatt* aus Berlin, einige der Leitartikel wurden auch von der *Kieler Zeitung* übernommen.[46]

Einer von vielen Durchhalteartikeln des späteren Chefredakteurs der *Deutschen Presseagentur* ruft die Deutschen zum Volkssturm auf: „Deutschland ruft" war der Leitartikel vom 19. Oktober 1944 überschrieben. „Das Reich ist in Gefahr", lautete der erste Satz. Und dann: „Unter der Führung der Nationalsozialistischen Deutschen Arbeiterpartei formiert sich das deutsche Volk zu den Einheiten des Volkssturms. (...) Diese neue Front, die die Heimat zu ihrem Schutz aufbaut, verteidigt das Höchste, was wir besitzen, die Familie und die Heimstätte. Sie verteidigt damit Deutschland und sie bildet, indem sie zu diesem Kampf antritt, das sichtbare Zeichen des mutigen, ewigen, entschlossenen deutschen Volkes."[47]

Zwei Wochen zuvor hatte er vor den „drohenden Lasten" gewarnt, „die der Gegner einem geschlagenen Deutschland auferlegen will". „Sie haben durch die Zerstörung der deutschen Städte und Dörfer die Brutalität ihrer Gesinnung gezeigt." Er verspricht, „daß eine Wendung des Kriegsglückes bei zähem Aushalten sicher ist".[48]

Sänger blieb nicht der einzige alte Propagandist in Braunschweigs neuer Zeitung. Wirtschaftsredakteur Walter Pabst hatte als „Sonderberichterstatter" des *Hannoverschen Kuriers* beispielsweise den Überfall auf Polen gerechtfertigt als Antwort auf „Polens unerträglich gewordene Provokationen mit bewaffneter Gewalt".[49] Damit war er Teil einer gesteuerten publizistischen Propagandaschlacht, an der sich die ganze deutsche Publizistik beteiligt hat. Sie bereitete die Aktion vor und rechtfertigte sie als Antwort auf den „polnischen Terror". Eines der Schlagworte: „Oberschlesien – unteilbar und deutsch!"[50]

1944 war Pabst zum römischen Korrespondenten der *Berliner Illustrierten Nachtausgabe* und des *Berliner Lokalanzeigers* aufgestiegen. Sein Kollege im Wirtschaftsressort, Karl Heinz Schlange, kam aus Sachsen in den Westen. Er war noch 1943 stellvertretender Hauptschriftleiter des *Limbacher Tagblatts* gewesen, das vom 24. April 1943 an *Neues Tagblatt Limbach* hieß, nachdem es mit zwei kleineren Blättern zusammengelegt worden war.[51]

Als Antisemit und Antibolschewik hatte sich Politikredakteur Peter Raunau ausgezeichnet. „In der Zarenzeit", so lautet seine Einschätzung des Lebensstandards in der Sowjetunion im Jahr 1941, „ist es im Vergleich mit der Zeit des Bolschewismus viel besser gewesen. (...) Der Bauer von einst ist Leibeigener der großen Staatsbetriebe, der sogenannten Sowchose, und Knecht in der Kolchose, den kollektiven Betrieben." Nur 120 Quadratkilometer Land seien den Bauern zugestanden worden, eine Kuh und Federvieh, aber die Abgaben bestimme ein Funktionär, „meistens waren es Juden, die sich nicht genug tun konnten, das Volk zu schikanieren und auszuplündern".[52]

Doch nicht nur deshalb nannte er zwei Jahre später den Krieg gegen die Sowjetunion einen „notwendigen Krieg". „Es besteht volle Klarheit, dass es unumgänglich und höchste Zeit war, so zu handeln." Ein kriegsgefangener Oberst der sowjetischen Armee habe ausgesagt, daß Stalin Deutschland „bestimmt im August 1941 überfallen hätte". Jetzt herrsche „die letzte Klarheit über die Frontstellungen in diesem weltgeschichtlichen Ringen, hier die Völker der Staaten des Dreierpaktes, dort vor allem als letzte Instanz das Judentum bolschewistischer und plutokratischer Observanz".[53]

Das „Handbuch der deutschen Tagespresse" führt Raunau in der letzten Kriegsausgabe 1944 als Berliner Schriftleiter für die *Kasseler Neuesten Nachrichten*, das *Heilbronner Tagblatt* (Verlag: „NS-Presse Württemberg") und *Der Neue Tag*, der seit 1939 in der Herrengasse 8 in Prag erschien, wo die Böhmisch-Mährische Verlags- und Druckerei GmbH residierte. Das Blatt war offizielles Veröffentlichungsorgan des „Reichsprotektors" in Böhmen und Mähren.

Für Redaktion und Herausgeber galten, da die *Braunschweiger Zeitung* als SPD-orientiert lizenziert worden war, die „Grundsätze und Richtlinien der SPD" ohne Bindung an diese Partei. Daraus sollte ein Konflikt entstehen. Sänger fühlte sich als Chefredakteur offenbar schier überflüssig, weil die Presseoffiziere in einem Streit um den Abdruck eines kritischen Artikels über die Sowjetunion und die westdeutsche KPD seine Kompetenzen eindeutig formulierten: Für den Inhalt der Zeitung sei der Herausgeber verantwortlich. In der Folge strich Eckensberger weitere antisowjetische Artikel. Er hielt sich damit streng an die Lizenzrichtlinien, die Kritik an einem der Alliierten verboten. Auch Raunau, seinen alten Idealen als Antibolschewik treu geblieben, wurde Opfer von Eckensbergers Lizenztreue. Sein Artikel über die Behandlung von Deutschen in Polen fiel dem Rotstift zum Opfer. Raunau beantragte deshalb, seinen Vertrag wegen unterschiedlicher Auffassungen über Pressefreiheit und die Aufgaben der Presse im gegenseitigen Einvernehmen aufzuheben. Die SPD wollte aus diesen Vorfällen gelernt haben, „daß wir darauf sehen müssen, daß eine sozialdemokratische Zeitung nicht nur sozialdemokratische Redakteure, sondern auch eine sozialdemokratische Verlagsleitung hat".[54]

Während sich der eher konservative Verleger streng an die Richtlinien der Presseoffiziere halten wollte, scheinen sich die (SPD-)Redakteure weiter an ihren alten Idealen und Feindbildern orientiert zu haben, wenn auch ohne die vormalige nationalsozialistische Terminologie zu gebrauchen. Die Stoßrichtung war der Osten und der Kommunismus – was man als weitsichtig beurteilen könnte, was aber gegen die Lizenzbedingungen verstieß und letztendlich den alten Geist fortführte.

Neues Tageblatt: Im Dienst an Europa

Großdeutsche Herrenmenschen suchten nach dem „Zusammenbruch" im niedersächsischen Osnabrück wieder einen Anfang. Alfred Oesterheld, Chefredakteur bei der CDU-Zeitung *Neues Tageblatt*, war von der Sendung Deutschlands für Europa überzeugt gewesen. In der *Berliner Morgenpost* hatte sich der Schriftleiter für Handel nach den „Anschlüssen" darüber gefreut, daß das zerstückelte Deutschland jetzt im neuen Großdeutschland vereint sei. Gleichzeitig hatte er es nicht versäumt, darüber zu klagen, „daß uns die im Krieg geraubten Kolonien weiter vorenthalten werden". Dies sei einer der Gründe, weshalb Deutschland seinen Wirtschaftsraum habe erweitern müssen. Außerdem, so Oesterheld lakonisch, sei es eben so: Mitteleuropa werde „von äußerst aktiven Menschenrassen bewohnt".[55]

Während des Krieges betreute Oesterheld die Handelsredaktionen der *Berliner Allgemeinen Zeitung* und der *Morgenpost*, die im ehemaligen Ullstein-Verlag erschienen, der seit 1934 in der Hand der Nationalsozialisten war und später Deutscher Verlag hieß. Am 28. Februar 1943 wurden die beiden Blätter vereinigt, Oesterheld behielt seine Funktion.

Zwei weitere ehemalige Schriftleiter gehörten zu Oesterhelds Redaktionsmannschaft: Wirtschaftsredakteur Richard Erdmann war stellvertretender Hauptschriftleiter beim *Iserlohner Kreisanzeiger und*

Zeitung[56] gewesen, zum Leiter der Lokalredaktion der Bezirksausgabe Bersenbrück machten die Osnabrücker Fritz Zinnecke, zuvor Bernauer Mitarbeiter des *Niederbarnimer Kreisblattes* in Oranienburg.[57]

Im Juli 1949 vermeldete das Impressum erstmals einen Mann, der sich als ausgewiesener Nationalsozialist gezeigt hatte: Heinrich Tötter. Von seiner Arbeit als Hauptschriftleiter der *Brüsseler Zeitung* und dem täglichen Zwiegespräch mit dem Leser erhoffte er, daß es „für alle Teile sich fruchtbar auswirkt, im Dienst des Führers, im Dienst an Europa"[58]. Was zwanzig Jahre zuvor passiert war, nämlich „das Versagen der deutschen Presse im Ruhrkampf",[59] sollte mit ihm nicht passieren. Tötter war ein treuer Propagandist „im Dienst des Führers".

Nach dem mißlungenen Attentat auf Hitler vom 20. Juli 1944 betitelte er die Meldung auf Seite 1 ganz nach Anweisung aus Berlin so: „Der Führer lebt!" Oberzeile: „Das Schicksal versagte auch diesmal dem Feind den billigen Mördertriumph." Als Erwin von Witzleben, Erich Höppner, Helmuth Stieff, Albrecht von Hagen, Paul von Hase, Robert Bernardis, Friedrich Karl Klausing und Peter Graf York von Wartenberg zwei Stunden nach dem Urteil des Volksgerichtshofes erhängt worden waren (sie hatten vergeblich darum gebeten, erschossen zu werden), schlagzeilte Tötter: „Eine gerechte Sühne für den 20. Juli 1944".[60]

Begeistert lobte Tötter stets die Teilhabe der Flamen und auch der Wallonen am „europäischen Befreiungskampf". Selbst den Führer der faschistischen Rex-Bewegung, Leon Degrelle, machte er zum Germanen, obwohl dessen Mutter Wallonin, der Vater Franzose war.[61]

Die wallonische Erneuerungsbewegung, so schrieb er anderswo, habe an Boden gewonnen. Der Leiter des flämischen Nationalverbandes habe die Anlehnung Belgiens ans Reich „nicht nur politisch, sondern auch rassisch zu begründen versucht". Kundgebungen „zeugten von kompromissloser Bereitschaft, dem Aufruf des Führers zur Mobilisierung Europas gegen den Bolschewismus zu folgen". Schon beim ersten Werbungsappell habe sich „auch die erste Standarte der Germanischen SS in Flandern geschlossen zum Einsatz an der Front" gemeldet. Auch das „junge Akademikertum" sei bei den Freiwilligenmeldungen vertreten, „man spürt es, wie eine Welle des Erwachens durch das Land geht".[62]

Sein Optimismus war nach diesen Erfolgsmeldungen offenbar unbezwingbar. Nach fünfzig Monaten Krieg war er sich sicher über den Ausgang desselben: „Er wird uns siegen sehen!"[63]

Als die „Festung Europa" von der Westküste aus gestürmt, Tötter Hauptschriftleiter der *Kölnischen Zeitung* geworden war, hoffte er noch immer auf einen „Weg nach Germanien", auf eine „germanische Zukunft" mit den Flandern. „Daß wir Deutsche trotz aller Schicksalsprüfungen die Trümmer immer wieder beseitigt haben, und daß wir gerade jetzt, am Anfang des sechsten Kriegsjahres, einen neuen gewaltigen Aufmarsch in Szene setzen, hat dem Feind die Siegesfreude erheblich gedämpft." Daß Flandern „bei uns" sei, „läßt uns auf eine germanische Zukunft hoffen, in der Deutschland führt und die übrige germanische Welt an diesem Führungsauftrag genesen wird, soweit sie zu germanischer Ehre steht, sich mit uns dem gemeinsamen Feind entgegenwirft und in Not und Gefahr sich der völkischen Treue bewußt bleibt".[64]

Als Tötter 1949 wieder an die Schreibmaschine gerufen wurde, erinnerte er sich sicher nicht mehr daran, welches Schicksal er einst Wendehälsen nach einem nationalsozialistischen Triumph prophezeit hatte: Feinde und Kritiker werden eines Tages „,überzeugt' sein und wahrscheinlich viel Aufhebens darum machen. Dann aber legen wir ihre Briefe ad akta (sic!) und erteilen jenen das Wort, die schon seit langem mit Einsicht, Fleiß und Mut an unserer Seite stehen ..."[65] Tötter wurde von den „Feinden" nicht ausgeschlossen.

Die Konkurrenz in Osnabrück, der *Niedersächsische Kurier*, überstand die Lizenzzeit nur kurz. Verlegerin Helene Wessel hatte es versäumt, die Druckerei und den Vertrieb der Zeitung rechtzeitig auf die künftigen Verhältnisse als Wettbewerber mit den Altverlegern umzustellen. Und sie fuhr als Zentrums-Verlegerin einen redaktionellen Kurs, der deutlich abseits der CDU stand.[66]

Die Redakteure waren auch vorher fürs Zentrum eingetreten. Fritz Rediger und Hermann Diebold beispielsweise, zuständig für die Redaktion Niedersachsen, waren bis Kriegsbeginn Hauptschriftleiter bzw. stellvertretender Hauptschriftleiter der *Zeno-Zeitung* gewesen, die in Münster erschien. Zum Verlagsleiter hatten Wessel und ihre Mitherausgeber Peter Löhmann bestimmt, zuvor Anzeigenleiter und Prokurist der *Neuen Volksblätter/Osnabrücker Volkszeitung*.

Mit dem Niedergang des Zentrums als Partei mußte auch das Zentrums-Blatt *Niedersächsischer Kurier* Ende 1949 sein Erscheinen einstellen, ebenso der *Neue Westfälische Kurier*, ebenfalls von Wessel betreut. Letzterer ging in verschiedenen Altverleger-Neugründungen auf, denen sich auch die Abonnenten zuwandten.

4.3.3. Hamburg

Die Zeit: Abrechnung mit den Besatzern

Der Chefredakteur der Zeit, Richard Tüngel, wußte, was er seinen Freunden schuldig war: Als einen der ersten stellte er Peter Bamm ein, den er „schon von Berlin her kannte". Tüngel war dort bei der *UfA* und bei *Berlin-Film* angestellt gewesen. Bamm hatte bis zuletzt neben Leitartikler Joseph Goebbels in *Das Reich* geschrieben. „Vorsichtig wie alle, die nach dem Krieg wieder zu schreiben anfingen", augenzwinkert Tüngel in seinen Memoiren, „fragte er mich, ob er nicht ein neues Pseudonym haben könnte. Ich schlug ihm den Namen Peter Quast vor, den er begeistert akzeptierte."[1]

Die „Wochenzeitung für Politik, Wirtschaft, Handel und Kultur", zugelassen mit der britischen Lizenz Nr. 6, ist am 21. Februar 1946 erstmals in der britischen Zone erschienen. Neben Tüngel standen drei weitere Männer im Lizentiatengremium: Lovis H. Lorenz, vormals Hauptschriftleiter bei *Die Woche*, Ewald Schmidt di Simoni, vorher Vertriebsleiter im Frankfurter Societätsverlag, und Gerd Bucerius, von dem 1944 Artikel im *Hamburger Fremdenblatt* zu finden sind.[2] *Die Zeit* mit einer Anfangsauflage von 60.000 war in ihren Kinderjahren ein anderes Blatt als das in Ehren ergraute, wie wir es heute kennen. Der *Zeit*-Geist stand rechts.

Es muß am Personal gelegen haben. Tüngel, der Ernst Samhaber (siehe *Die Welt*) als Chefredakteur abgelöst hatte, mußte sogar einmal eine Entgegnung der Briten auf einen Artikel drucken, der den Presseoffizieren alles andere als korrekt vorgekommen war. In seinen Memoiren bemerkte er dazu: „In der Nazizeit ist mir so etwas nicht zugemutet worden."[3] Lag es daran, daß Tüngel und die Mehrheit seines Teams weiter rechts standen, als die Briten erlaubten?

In der *Zeit* wurde jedenfalls nicht mit den ehemaligen Machthabern abgerechnet, eher schon mit den Siegern. Tüngel selbst tat dies heftig schon drei Jahre nach der Befreiung Deutschlands vom Nationalsozialismus. „Vor drei Jahren", beginnt er seine Betrachtung über die „gefesselte Demokratie", sei der Krieg zu Ende gegangen. Noch immer, beklagt er sich, würden die Besatzungsmächte „ohne irgendeine demokratische Kontrolle Lizenzen verteilen, die Höhe der Auflagen festlegen, und sie nach Gutdünken verstärken oder verringern" (1947 erhielt *Die Zeit* zugunsten der Gewerkschaftszeitung *Der Bund* zehn

Prozent weniger Papier). Es gebe darüber hinaus „keine eindeutig deutsche Presse". Welche Art von Presse er als deutsch ansehen würde, läßt Tüngel offen. Was so aussehe, als wären es deutsche Zeitungen, seien Organe, „die durch die Besatzungsmächte kontrolliert werden". Auch anderweitig würde über Deutschland verhandelt, empört sich der Chefredakteur, ohne daß die Hauptbetroffenen, die Deutschen, zugelassen seien. Die Deutschen, „und gerade sehr viele gute Elemente unter ihnen", seien bitter enttäuscht über das, „was ihnen das tägliche Leben an Segnungen der Demokratie gebracht hat". Trotzig wirft er, der sich zweifellos zu den Guten rechnete, hin: „Wir haben – drei Jahre nach Beendigung des Krieges – noch keinen Frieden."[4]

Schon 1947 war *Die Zeit* in allen drei Westzonen zu haben. Mit ihren Redaktionsbüros in Köln, München, Berlin, London und Den Haag war sie das ideale Forum für alte Kämpfer wie Hans-Georg von Studnitz. Er nutze es, um die Nürnberger Folgeprozesse, beispielsweise gegen Alfried Krupp, die IG Farben-Chefs[5] und andere Industrielle, zu einem Prozeß „um Tod und Leben der deutschen Nation" zu stilisieren und dagegen zu intrigieren.[6]

Hans-Georg von Studnitz hatte während des Dritten Reiches beim Scherl-Verlag als Auslandskorrespondent gearbeitet und trat schließlich in die Presseabteilung des Auswärtigen Amtes ein. Sein Job hieß Propaganda. Unter dem Titel „Diplomatie als Waffe" feierte Studnitz 1941 „die geniale außenpolitische Konzeption des Führers und seines Reichsaußenministers Ribbentrop".[7] Ribbentrop war Studnitz' Chef.

1944 erschienen seine Leitartikel – neben denen von Fritz Sänger – im *Neuen Wiener Tagblatt*, meist über die Situation in Südosteuropa. Laut waren auch seine Warnungen vor einem weiteren Machtgewinn der Sowjetunion in Europa: Nach dem Vertrag Frankreichs mit der UdSSR, kommentierte er, hätte „die Sowjetpolitik" einen „Brückenkopf in Westeuropa" errichtet, andererseits die Engländer „eine Niederlage erlitten, die politisch dem Verlust des Krieges gleichkommt".[8] Wenn man so will, hat Studnitz Weitsicht bewiesen – auch Churchill bemerkte vor Ende des Krieges, man habe „das falsche Schwein geschlachtet". Und so muß es für Studnitz selbstverständlich gewesen sein, daß er seine Arbeit auch nach 1945 unbehelligt fortsetzen durfte.[9]

Er durfte. Und mit ihm noch andere „Edelfedern" des Reiches: Paul Fechter, der als Feuilleton-Chef in der *DAZ* Arno Breker und dessen Plastiken gefeiert hatte,[10] schrieb über „Die neue Theaterstadt Berlin",[11]

Joseph Marein, in den Naziblättern bekannt als Jupp Müller-Marein und bei der Luftwaffe als Oberleutnant, über „Musik in England",[12] Erich Welter über „Das verlorene Paradies"[13], und Bruno E. Werner, ehemals bei der *DAZ*, steuerte Kunstbetrachtungen bei über seine „Begegnung mit der befreiten Kunst"[14].

Für Reporter Marein und Kollege Bamm/Quast war es ein Übergang von einer Wochenzeitung zu einer anderen. Beide hatten nichts dagegen gehabt, ihren Namen neben den Leitartikeln von Joseph Goebbels in *Das Reich* zu lesen. Warum sollten sie sich jetzt voreinander schämen? Selbst dafür hatte keiner mehr ein Auge, daß Marein nicht einmal auf Honorare des „Kampfblatts der nationalsozialistischen Bewegung Großdeutschlands" *Völkischer Beobachter* hatte verzichten wollen. Marein schoß bis zuletzt mit seiner Schreibmaschine für „Führer" und „Vaterland".

Feuilletonisten wie Paul Fechter reklamierten später, im „unpolitischen" Teil der Blätter sei es möglich gewesen, sich abseits der Front zu halten. Blauäugiger Irrtum, kaltblütige Lüge oder scheinheilige Rechtfertigung? 1940 beispielsweise mußte der Propagandafilm „Jud Süß" von allen Redaktionen besprochen werden. Wie sollte man sich da aus der Verantwortung ziehen? Wie sollen heute diese Pflichtartikel beurteilt werden?

Emil Dovifat, noch heute der Nestor der deutschen Zeitungswissenschaft und mit seinen Büchern Lehrer aller Kommunikationswissenschaftler, formulierte die Rolle, die die Nazis dem Feuilleton zugedacht hatten: „Die nationalsozialistische Auffassung des Zeitungswesens hat für das ‚Feuilleton' als unpolitischen Unterhaltungsteil keinen Platz mehr. Sie entwickelte im Sinne ihrer Führungsaufgabe aus der alten Feuilletonsparte den kulturpolitischen Teil und hob so das Kulturelle zum Range des ‚dritten politischen Ressorts'. Damit wächst dem alten Feuilleton solch eine Fülle neuer Aufgaben zu, daß ‚jedes Versinken ins Biedermeier, jedes Dahindämmern in den kulturfreien Bereichen einer holden Gartenlaubenwelt' (Fechter) unmöglich wird. (...) Die Stunde eines guten, gesinnungsgebundenen Feuilletonismus hat wieder geschlagen."[15]

Dovifats Hinweis auf Fechter ist nicht zufällig. Am Berliner Institut für Zeitungskunde hatte Fechter im Dezember 1933 in einem zeitungsfachlichen Fortbildungslehrgang über das Feuilleton gesprochen. Die *DAZ* gab Fechters wichtigste Gedanken wieder:

„Im äußeren Bild der Zeitung stünde über dem Feuilleton die Politik. Man könne das sinnbildlich verstehen: Das Feuilleton trägt den politischen Teil auf seinen Schultern. Es hat die reizvolle Aufgabe, die politische Meinungs- und Willensbildung auf dem Umwege über die Mobilisierung der Kräfte des Herzens und Gemüts vorzubereiten und zu stützen. Die Politik sei die beste, die man nicht merke." Darin könnte man einen Hinweis darauf vermuten, wie zwischen den Zeilen geschrieben werden kann, ohne daß man (= die Machthaber) es merke. Indem Fechter im folgenden konkreter wird, schließt sich dieser Gedanke jedoch aus: „Vor dem Krieg hätten bedeutende Zeitungen der politischen Rechten ihren Romanteil bis zu 50 Prozent mit ausländischen Autoren gefüllt. Jetzt endlich sei das Bewußtsein für die nationalpolitische Aufgabe dieses Zeitungsteils erwacht."[16]

Fechter verweist also wie auch Dovifat ganz im Sinne der Machthaber auf die politische Aufgabe des Feuilletons. Und zwar bis zuletzt. Als die Theater schließen mußten, beschwor Fechter noch einmal das „unsterbliche Theater". „Das Theater ist ewig und mit ihm seine Dichter, seine Schauspieler, seine Maler und sonstigen Helfer; es hat Jahrtausende mit guten und bösen Zeiten unsterblich überlebt und wird auch diese hoffentlich kurze Unterbrechung in guter Gesundheit überdauern – zu Nutz und Frommen als weithin sichtbarer Repräsentant des höheren Begriffs von militärischen und politischen Verhältnissen, den man Kultur nennt."[17] Fechter blieb sich und seinem Kulturverständnis treu.

Das Impressum der *Kreuz-Zeitung*, bei der Fechter arbeitete (sie ging wenig später in der *DAZ* auf), wies den Kulturpolitiker 1939 folgerichtig nach dem Chefredakteur, dem Chef vom Dienst und den Politikressortleitern für Inneres und Äußeres als zuständig „für Kunst und Unterhaltung" aus. Erst dann folgten die Schriftleiter für Handel und „für den unpolitischen Teil", danach die für Lokales und Sport. Fechter schrieb für zahlreiche große Blätter des Reichs: die *Leipziger Neueste Nachrichten, Kölnische Zeitung, Königsberger Allgemeine Zeitung* ... Und er war 1933 Mitherausgeber der *Deutschen Rundschau*. Krassen Opportunismus, meint der Publizistik-Wissenschaftler Karl-Wolfgang Mirbt in einer Untersuchung des „publizistischen Widerstandes" dieser Zeitschrift, habe es nicht gegeben – „abgesehen vielleicht von einer Ausnahme", Fechters Artikel unmittelbar nach 1933. Etwa im April 1933: „Überall sind die bisher leitenden Männer verschwunden, ein Teil der Schauspieler mit ihnen. Die Bahn ist frei für Neues."[18] Ironie oder das berühmte Schreiben-zwischen-den-Zeilen schließt selbst Mirbt im Fall Fechter aus.

Während die Zeitungen des Deutschen Reichs bis Anfang der 40er Jahre die Namen der Ressortleiter meist in einem ordentlichen Impressum anführten, verzichtete *Die Zeit* wie viele der Nachkriegszeitungen darauf, ihren Lesern die Namen ihres leitenden Personals bekanntzugeben. Es dauerte bis Januar 1949, ehe sich die Redakteure aus ihrer Deckung trauten. Ex-Kriegsberichterstatter und Oberleutnant der Luftwaffe Müller-Marein,[19] später sogar Chefredakteur, wird dort erstmals ausgewiesen. Sein Nachfolger als Feuilletonchef, Walter Abendroth, der schon längst wieder aktiv war, schmückt das Impressum vom 7. Juli 1949. Abendroth, darauf verweist der sich auch nach dem „Zusammenbruch" treu gebliebene Nazi-Autor Kurt Ziesel, habe unter Goebbels als „Fanatiker von Rasse und Volkstum im Bereich der Musik" gewirkt.[20] Er war Redaktionsleiter der Zeitschrift *Deutsches Volkstum* gewesen, für die Abendroth das Kleistwort adaptierte, sie solle „der erste Atemzug der deutschen Freiheit" sein.[21] Die deutsche Freiheit muß für Abendroth etwas mit Nationalsozialismus zu tun gehabt haben. Das „Handbuch der deutschen Tagespresse" verzeichnete ihn 1944 als Berliner Mitarbeiter des *Westdeutschen Beobachters*, „neben dem Völkischen Beobachter ältestes und größtes Blatt der nationalsozialistischen Bewegung".

Im Politikressort, geleitet von Marion Gräfin Dönhoff, fand Hans-Achim von Dewitz Unterschlupf. Ihn hatte man zuvor als Berichterstatter der *Berliner Börsenzeitung* und des *Neuen Wiener Tagblatts* gekannt. Im *NWT* hatte der „Sonderberichterstatter" bekanntgegeben, daß das Volk „von seiner Regierung belogen worden ist, wie noch nie ein Volk in der Geschichte belogen wurde" – er meinte das polnische. Jetzt sei erste Pflicht die „Wiederingangsetzung der Belieferung vom Lande her und die Unterbindung der Wucherpreise des fast ausschließlich jüdischen Straßenhandels".[22] Welch eine Sprache: Wiederingangsetzung, Belieferung, Unterbindung. Auch die *Börsenzeitung* nutzte Berichte aus dem eben überfallenen Polen. Im Warschauer Getto betrachtete Dewitz den „Läusemarkt", wo „Kaftanjuden" alles mögliche verkauften und die Bevölkerung auf der „untersten Stufe des Dahinvegetierens" lebe. „All dieses Elend aber ist wiederum erst eine Folge der verfehlten Berufsstruktur, die das Judentum in Polen kennzeichnet.

Denn auch in Polen, wie überall in der Welt, hat der Jude sich auf den Handel und die Vermittlung gestürzt, alldies – dank der jüdischen Rasse – in einem Umfange, der in keinem Verhältnis zu dem Bedarf steht."[23] Ein Wort über Gründe und Ursachen blieb aus. Mehr beschäftigte Dewitz die Zukunft: Nach der „schicksalhaften Wende des September" (gemeint ist der Kriegsbeginn und die Besetzung Polens) sei „grundsätzlichste Aufgabe" im Warthegau die „Wiederbesetzung dieses alten deutschen Bodens mit Besitzern deutschen Blutes".[24]

Die Aufgabe, das wiedergewonnene Gebiet zu sichern, übernahm die Wehrmacht, und Dewitz lobte angesichts der Siege im Osten die „überlegene deutsche Truppenführung".[25] Nach einem Jahr der Niederlagen, 1943, als der „Tiger" eingesetzt werden konnte, wollte er die Moral heben, indem er versicherte, die „Überlegenheit der deutschen Panzerwaffe" sei nunmehr wieder hergestellt.[26]

Die Beilage „Informationen für die Wirtschaft" legte Tüngel in die bewährten Hände von Erwin Topf. Der hatte vor 1933 als „Jan Bargenhusen" in der *Weltbühne* geschrieben, sein Buch „Die grüne Front" wurde von den Nationalsozialisten verboten.[27] Topf durfte allerdings als Innenpolitiker beim *Berliner Tagblatt* bleiben, auch nachdem dessen Chefredakteur Paul Schaffer 1936 durch den SS-Sturmführer Erich Schwarzer ersetzt worden war.

Einen weiteren Freund aus Berliner Tagen machte Tüngel zum Berliner Korrespondenten: Karl Willy Beer, ab Juli 1933 bis zu dessen Einstellung 1939 beim *Berliner Tagblatt*, dann für die *DAZ* (Wehrmachtunterbrechung 1941 bis 1943) und bis zum Schluß als Kriegsberichterstatter für *Das Reich* der pure Durchhaltepropagandist und Nationalsozialist. Als die Fernraketen auf London fielen, schöpfte er für sich und die Leser noch einmal Hoffnung: „Im Schutze der neuen Waffen und mit ihnen in der Hand fühlt er (der Soldat, P.K.) die alte ewige Waffe des unüberwindlichen deutschen Kämpfertums damit zu jener Größe wachsen, die schließlich die gigantische Schlacht entscheidet."[28] In einem File der amerikanischen Militärverwaltung behauptet er, ein Durchhalteartikel, den er habe schreiben müssen, sei „vollständig umgeschrieben" von „Dr. Dietrich" (Otto Dietrich war Pressechef der Partei im Propagandaministerium) zurückgekommen.[29]

Vergessen wir also diesen und alle anderen Durchhalteartikel und blicken auf Beers sonstiges Wirken. Schon 1939 hatte er in der *Deutschen Allgemeinen Zeitung (DAZ)* anläßlich des 50. Geburtstages

„Hitler – ‚privat'" vorgestellt. Der „Führer" widme jede Minute seines Lebens seinem „Pflichtenkreis", stelle „sein ganzes Privatleben in den Dienst der Nation", lobhudelte Beer. In ihm sei „alles zu einer Einheit verwoben, die Zerteilungen nicht zuläßt: in eine Einheit, deren Größe alles in sich faßt, was gemeinhin verschiedenen Ursprungs ist".[30]

Beer fragte Tüngel nicht nach einem Pseudonym. Er schämte sich offenbar nicht.

Die heutige Redaktion der *Zeit* scheint noch ein bißchen Scham zu besitzen, hilfreich ist dies allerdings nicht. Im Mai 1995 druckte sie auf einer ganzen Seite einen Artikel mit dem Titel: „Das deutsche Volk war eingeweiht". Er sollte beweisen: „Wer lesen konnte, hätte es wissen können: Schon 1941 gab Goebbels der Öffentlichkeit den Massenmord an den Juden bekannt." Soviel Ehrlichkeit freut den Leser, dem bisher alle gesagt hatten: Wir haben davon nichts gewußt. Wichtigstes Beweisstück des Autors ist ein Leitartikel Goebbels' in der Wochenschrift *Das Reich*. Dort hatte der Chefpropagandist den „allmählichen Vernichtungsprozeß" des „Weltjudentums" zugegeben. Dennoch meint der Autor unkritisch darauf hinweisen zu müssen, daß das Blatt „als halbwegs lesbare Ausnahme vom hetzerischen Stil der sonstigen Presse" gegolten habe. Das ist zwar nicht falsch, es fehlt aber ein Hinweis auf die Zielsetzung, die Goebbels mit dem Blatt verfolgte. Die bestand darin, dem Ausland falsche Qualitäten vorzutäuschen. Der *Zeit*-Autor muß so verfahren, in Vorbereitung des nächsten Satzes: „Es hatte erstklassige Mitarbeiter (von denen viele nach dem Kriege im bundesdeutschen Presse- und Rundfunkwesen weiterwirkten)."[31] Damit wird, wer beim *Reich* – der „halbwegs lesbaren Ausnahme" – gearbeitet hat, entlastet, und das in einem Nebensatz. Grund: Auch *Die Zeit* zählte ehemalige *Reich*-Autoren – die vorherigen Seiten beweisen es – zu ihren Mitarbeitern.

Hamburger Allgemeine: Mit Gott!

„Es ist schwer für einen Nationalsozialisten, mit Politikern der alten Schule zu diskutieren und zu rechten."[32] Paul Schnadt, der dies schrieb, war überzeugter Nationalsozialist. Als Schriftleiter für Wirtschaft und Schiffahrt hatte er beim *Hamburger Tageblatt*, der Tageszeitung der NSDAP, gewirkt, bevor er in der *Deutschen Zeitung in den Niederlanden* als stellvertretender Hauptschriftleiter gegen „Churchillverbrechen" („Herr Tschörtschill"), „angloamerikanische Plutokratie" und die „Finanzjudengruppe" wetterte.[33] Im Januar 1943 forderte er die Deutschen zum Durchhalten auf: „In diesen Stunden und Tagen stellt sich jeder Deutsche an der Front und in der Heimat über die strengsten Pflichtgesetze des Krieges. (...) In der Seele des deutschen Volkes aber wächst riesengross die Flamme des Hasses gegen seine Feinde. (...) Das deutsche Volk, getragen von seinem Wissen um die Dinge, seiner Liebe zum Führer und beherrscht von dem Gedanken, seinen Kindern die Lebensmöglichkeiten zu schaffen und zu sichern, erhebt sich in Massen. Wir wollen den totalen Krieg und den Sieg, auf Biegen und Brechen."[34]

1944 sah er die Auflösung von Liberalismus und Demokratie sogar in den Vereinigten Staaten „in vollem Gange". Der „Plutokratie" sei es nicht gelungen, ohne Krieg ihren Millionen Arbeit und Brot zu geben. „Deutschland ist dies mitten im Frieden bereits gelungen."[35]

Zwei Jahre, nachdem er dies zu Papier gebracht hatte, wollte Schnadt kein Nationalsozialist mehr sein. Unter dem Zeitungskopf mit Wappen und Aufschrift „Mit Gott!" wirkte er nach dem Vorbild der „Plutokraten" fortan „für christlich-demokratische Erneuerung" bei der *Hamburger Allgemeinen Zeitung*. Im Frühjahr 1949 erreichte das CDU-Blatt mit der Lizenz Nr. 23 immerhin eine Auflage von 138.000 Stück.

Schnadts Vorgesetzter, der Chef der Wirtschaftsbeilage Wilhelm F. Packenius,[36] hatte sich während des tausendjährigen Reiches mehr um die „innere Front" gekümmert, die „Tag für Tag bewundernd den Siegeszug unseres Heeres in Frankreich" beobachte. Doch nicht nur an der Front werden Siege errungen. „Ein Stein im Bau des großen Deutschlands, dessen Zukunft jetzt entscheidend gestaltet wird, ist die Arbeit an der inneren Front", munterte der Wirtschaftsschriftleiter der *DAZ* Landwirte und Industriearbeiter zu fleißiger Arbeit auf.[37] Ein Jahr später wurde er deutlicher: Die Ernte, so läßt er die Leser wissen, sei eine „Waffe im Kampf um den Endsieg".[38] Dasselbe Thema beschäftigte ihn 1944 erneut, statt vom Endsieg spach er allerdings von Widerstand – Ausweis der veränderten Gesamtlage: „Das Schwergewicht der ernährungspolitischen Aufgabe liegt nach wie vor bei der Versorgung der großen Verbrauchszentren, der Städte und Industriegebiete. Von dem Grade ihrer Erfüllung hängt wiederum entscheidend die Widerstandsfähigkeit und das Leistungsvermögen der Rüstungsproduktion ab."[39]

Ihr erster Chefredakteur, Carl Silex, mußte die *Hamburger Allgemeine Zeitung* verlassen, bevor ein Exemplar verkauft worden war. Ein Artikel in der britischen Zeitung *New Statesman* hatte ihn zu Fall gebracht. Der Minister, so berichtete Silex in seinen Memoiren, habe gesagt, bei der Berufung Silex' handle es sich um ein „bedauerliches Versehen der Militärregierung". Silex meinte dazu: „Ich wußte, daß das nicht der Fall war."[40] Seine Version: Ein englischer Vernehmungsoffizier habe ihn in einem holsteinischen Entlassungslager besucht, um „sich das seltene Exemplar eines Journalisten anzusehen, der nicht Mitglied in der NSDAP gewesen war".[41] Wenig später habe ihm der Presseoffizier die Chefredaktion angeboten. Trotz der bereits eingeholten Zustimmung des Oberbefehlshabers General Robertson habe Silex darauf bestanden, daß die Zustimmung der britischen Regierung eingeholt werde. Ein „Versehen", das impliziert Silex, könne es also nicht gewesen sein. Vielmehr sah er sich offenbar als Opfer einer Intrige von Hamburger Sozialdemokraten und Labour-Politikern aus London.

Doch seine Abberufung war nach den Buchstaben der Lizenzbedingungen korrekt. Auch ohne Parteibuch hatte Silex beste Arbeit für die Nazis geleistet – bis zum Schluß: Am 1. Januar 1943 rief er die Leserschaft der *DAZ* zu Opferbereitschaft auf: „Wir gedenken der Gefallenen und wissen, daß der Zug des Todes noch weitergehen muß, daß noch mancher den Fahneneid, den er dem Führer schwor, mit dem letzten Einsatz besiegeln wird. (...) Denn an der Größe des Kampfes messen sich die schweren Entscheidungen des Führers, der von allen Deutschen die größte Aufgabe hat. Unter seiner Führung wird es uns, so hart es kommen möge, gelingen, durch den Sieg die Zukunft von Volk und Reich zu sichern."[42]

Silex' Nachfolger, Rolf Seutter von Loetzen, führte die *Rheinisch-Westfälische Zeitung* noch bis zum Jahresende 1939 als stellvertretender Hauptschriftleiter. In den Pressehandbüchern wird er nach 1949 mal als Mitglied des Redaktionskollektivs mit dem Namen v. Seutter geführt, mal als von Loetzen, im Impressum schließlich als Rolf von Loetzen. Ein Versteckspiel?

Von der *Rheinisch-Westfälischen Zeitung* kam auch Sportredakteur August H. Esser, der 1941 „zur Zeit bei der Wehrmacht" gemeldet war. Das Feuilleton betreute in den ersten Monaten Günter Sawatzki (wechselte am 1.12.1946 zu *Die Welt*), vormals Kulturpolitiker beim *Mannheimer Tageblatt*, später Adolf Frisé, dessen Leitartikel und kriegshistorische Betrachtungen mit Gegenwartsbezug sich 1939 bis 1941 in der *Deutschen Allgemeinen Zeitung* finden. Nach einigen Kriegsmonaten verglich Frisé die Materialschlachten des (ersten) Weltkrieges und deren „verschwenderische Blutverluste" mit dem Krieg des Jahres 1941: „Je unheimlicher die Mittel, um so ausschlaggebender ist die sie beherrschende Kraft, denn nicht die individuelle Verwegenheit des einzelnen Fliegers oder Tankschützen prägt der heutigen Kriegführung das Gesetz einer Umwälzung auf, sondern entscheidend ist erst die ausgesprochen revolutionäre Dynamik, die einer in sich verkrampften Welt nicht minder neue Impulse gibt als sie die Fronten aus der Erstarrung löst."[43] Der Krieg brachte Frisé einen „Durchbruch neuen Lebens", eine „Intensivierung des Lebensgefühls", wie ein „plötzlich wieder ungehemmt aufgebrochener Schicksalsstrom", der „nach über zwanzigjährigem unterirdischem Verlauf sich nun erst endgültig der Einmündung in den Ozean der Geschichte entgegenwälzt. Erst in der Mündung vollendet sich das Bild des Stromes ..."[44] Der aufgestaute Strom, unterbrochen nach Meinung Frisés durch den Versailler Vertrag, der den Expansionsbestrebungen der Deutschen vorübergehend ein Ende gesetzt hatte, floß dem Ziel entgegen. Jetzt, fuhr er fort, sei „unser Volk" aus dem „tiefen, lähmenden Traum" aufgeweckt worden, der Soldat dürfe sich – trotz der größeren Entfernungen, die jeden von seiner Familie mehr trennte als je zuvor – „mit aller Schönheit und allem Glanz der Gefahr ... in befreiender Weise über sich selbst hinaus(heben)".[45]

Die Lokalredaktion übernahm E. von Wiese, den Lesern davor als Schriftleiter mit demselben Aufgabengebiet beim *Hamburger Fremdenblatt* vertraut. Mit „Rat und Tat" durfte Erich Kühn den Lesern zur Seite stehen, zuvor Hauptschriftleiter des Hamburger *Lokal-Anzeigers*. Leitartikel steuerte auch in der *Hamburger Allgemeinen Zeitung* Sigurd Paulsen bei.

Ürigens: Auch Silex sicherte sich seinen persönlichen Sieg. Noch vor dem Ende der alliierten Aufsicht über die Presse wurde er Chefredakteur in Heidelberg, später beim *Tagesspiegel* in Berlin.

Hamburger Freie Presse: Es wachse die Eintracht

Wahrscheinlich fürchtete Alois Winbauer die strengen Augen der amerikanischen Kontrolloffiziere. Vielleicht wußte er, daß er als „Alois Vinbauer" in den schwarzen Listen der Besatzungsbehörden geführt wurde, mit Wohnort Heidelberg, als „Newspaper Editor". Er ließ das „amerikanische" Heidelberg hinter sich und versuchte sein Glück im „britischen" Hamburg. Dort müßte man ja noch wissen, daß er nach der „Machtübernahme" 1933 sein Amt als Chefredakteur des liberalen *Hamburger Anzeigers* (Auflage 150.000) niedergelegt hatte. So oder ähnlich könnte es gewesen sein. In der Hansestadt traf er einen Kollegen, der eine Erlaubnis zum Drucken einer Zeitung bekommen hatte, die Lizenz Nr. 21. Da müßte doch auch Platz für ihn sein, so könnte Winbauer weiter gehofft haben. Herr über 80.000 Exemplare einer Zeitung, zweimal pro Woche jeweils mittwochs und samstags, das war allemal besser als ein „Berufsverbot". So könnte Alois Winbauer, nach 1933 Hauptschriftleiter der *Neuen Mannheimer Zeitung*, gedacht haben. Und so wurde er Chefredakteur am Gänsemarkt, bei der *Hamburger Freien Presse*.

Hans Sommerhäuser, der Lizenzträger neben Paul Heile, war zunächst stellvertretender Hauptschriftleiter des *Hamburger Anzeigers* gewesen, dann Chef vom Dienst.[46] Sein Name findet sich zwischendurch im Impressum der *Illustrierten Beilage*, in der Fotoreportagen über die Hitlerjugend und Kriegsberichte Platz fanden.

An Winbauers Seite stellten die beiden Lizenzträger Wirtschaftsredakteur Alfred Frankenfeld. Der hatte schon immer in Hamburg gearbeitet, wenn auch als Korrespondent für das *Berliner Tageblatt* und später für *Das Reich*. Dort hatte er den „amerikanischen Imperialismus zur See" angeklagt.[47]

Churchill zieh er der „Schiffsbau-Diktatur", der sich mit Sir James Lithgow einen „eigenen Werftdirektor" eingestellt habe, um die britischen Schiffsbauer zur Eile anzutreiben. Diese „Zwangswirtschaft" sei nötig geworden wegen der „Erfolge der deutschen Seekriegsführung".[48] Für die Zukunft aber gelte es, „auch auf den Meeren" eine „neue Welt aufzubauen".[49]

Jetzt bauten Winbauer, Sommerhäuser und Frankenfeld, seit 22. Mai 1948 Mitglied des Zonenpresserats, unter dem Wahlspruch „Es wachse die Eintracht" eine neue Zeitung auf. Zu ihnen gesellte sich noch Hans Meißner, der bis 1945 aus Hannover für die *DAZ* gearbeitet und auch den Sport des *Hannoverschen Kuriers* betreut hatte. Ein Jahr nach dem ersten Erscheinen waren Winbauer und seine Kollegen schon Herren über eine Auflage von 95.000 Exemplaren.

Niederdeutsche Zeitung: Lachendes Gesicht

„Veröffentlicht unter Zulassung Nr. 102 der Militärregierung. Verlag: Niederdeutscher Verlag GmbH Hamburg 36 Gänsemarkt 21/26." So lautet das Impressum der *Niederdeutschen Zeitung* bis ins Jahr 1949.

Dann folgen die beiden Lizenzträger, Heinrich Hellwege und Ludwig Alpers, sowie der „Hauptschriftleiter". Camouflage?

Spätestens im Juni 1949 wechselt die Chefredaktion. Karl-Heinz Balzer wurde noch vor der Generallizenz Chefredakteur der *Niederdeutschen Zeitung*. Mit den militärischen Siegen der Wehrmacht im ersten Kriegsjahr hatte er sich als überzeugter Großdeutscher gezeigt. Zwölf Jahre nachdem Eupen und Malmedy nach einer Volksabstimmung an Belgien gegangen waren, freute sich Balzer 1940: „Eupen und Malmedy – wieder deutsch". Der Westfeldzug (Operationsname: „Fall Gelb") war in vollem Gange, Belgien noch umkämpft, da schrieb Balzer: „Wieder ist damit ein völkisches Unrecht des Versailler Vertrags ausgemerzt worden." Nach einer „verlogenen, schikanösen und daher zwecklosen Volksbefragung" seien die Deutschen des Gebiets trotzdem deutsch geblieben. Jetzt habe „der Führer" sie „für ihre Treue belohnt", und viele von ihnen stünden jetzt „mit lachendem Gesicht den deutschen Gruß" bietend den Soldaten gegenüber. Seine Feststellung daher: „Es ist doch deutsches Land, in dem der Marschschritt unserer Nagelstiefel erklingt."[50]

Abendblatt: Ein wertvolles Unternehmen

Am 14. Oktober 1948 betrat ein Mann die deutsche Zeitungsbühne, der Pressegeschichte schreiben sollte. Zunächst Sport- und Lokaljournalist, hatte er im Dezember 1937 die Position des stellvertretenden Chefredakteurs bei den *Altonaer Nachrichten* übernommen. Er war Mitglied des Reichsverbandes der Deutschen Presse, der Reichsschrifttumskammer und des Automobilclubs des Nationalsozialistischen Kraftfahrkorps gewesen. Sein Name: Axel C. Springer. Sein Berater: Hans Zehrer. Seine Zeitung: Das *Hamburger Abendblatt*.

Springer kam mit seiner Neugründung der Verlegerfamilie Broschek zuvor, die gehofft hatte, das alte *Fremdenblatt* wieder herausgeben zu dürfen. Broschek bekam dafür aber keine Lizenz.

Mit Karl Andreas Voss gewann Springer sogar den ehemaligen Verlagsdirektor des *Fremdenblatts* für sich, Anzeigenleiter Helmuth Klosterfelde war in derselben Funktion bis zuletzt ebenfalls beim *Fremdenblatt* angestellt gewesen, von seinen *Altonaer Nachrichten* kam als Vertriebsleiter der ehemalige Verlagsleiter Arthur Szimmetat, Verlagsleiter Hans Funk schließlich war noch 1944 Anzeigenleiter der *Berliner Illustrierten Nachtausgabe*. 1954 zeigte sich die Kontinuität auch im Namen.

Von diesem Jahr an führte das *Hamburger Abendblatt* den Untertitel *Hamburger Fremdenblatt*. Eine Ansammlung von qualifizierten Leuten im Verlagsbereich.

Auch redaktionell erlebte das *Abendblatt* keine Stunde Null. „Er hat den Ruf, niemals ein Nazi gewesen zu sein", vermerkten die Aufsichtsbehörden zwar in einer Biographie des Mannes, den Springer zum Chefredakteur ernannte: Wilhelm Schulze.[51] Dennoch galten offiziell auch 1948 noch die alliierten Richtlinien für die Einstellung von Redaktionspersonal, darunter die Bestimmung: Keiner darf in verantwortlicher Position eingestellt werden, der noch nach 1935 in Zeitschriften oder Zeitungen publiziert hatte. Dem entsprach Chefredakteur Schulze keineswegs. Bis 1935 war er Hauptschriftleiter der Berliner *BZ am Mittag* gewesen. Seine Spur findet sich während des Krieges wieder in der *DAZ*, wo er „Wiedersehen mit einer Geliebten" feierte.[52] Gemeint war Tokio, wo er als Fernostberichterstatter wirkte und wo er schon vorher für verschiedene Blätter gearbeitet hatte, ebenso in New York, Washington und England. Offiziell benannt war er 1944 als Tokioter Mitarbeiter der *Deutschen Allgemeinen Zeitung* und für *Das Reich*. Schulze durfte dennoch das *Abendblatt* mitprägen.

1948 galten offenbar längst andere Regelungen. „Deutsch-national" zu sein war kein Stigma mehr, eine Mitgliedschaft in der NSDAP kein Hindernis für die Wiederaufnahme der Karriere, von 1939 bis 1945 Presseattaché im Diplomatischen Corps in Berlin, Brüssel und Vichy gewesen zu sein ebensowenig. Die Akten wurden „vertraulich" behandelt, auch wenn darin zusätzlich vermerkt war: „Nazi-Einfluß auf ihn kann nicht als ausgerottet angesehen werden."[53] Das NSDAP-Mitglied Günther Diehl wurde also politischer Reporter beim *Abendblatt*.

Mit der ersten Ausgabe übernahm Wilhelm Backhaus den Kulturteil, schon immer sein Ressort. Im *Hamburger Fremdenblatt* hatte er die „Meisterschule der Malerei unter der Schirmherrschaft des Reichsmarschalls Hermann Göring" ein „wertvolles Unternehmen" genannt.[54] Bei Betrachtung der amerikanischen Kultur stellte er eine „amerikanische Rationalisierung und Typisierung" in allen Bereichen fest. Gegen diese überall sichtbare „Erstarrung unter dem Anhauch der rationalen Formel" wandte er sich vehement. Im Schlußsatz sprach er, gar nicht mehr der Kultur allein verhaftet, von der „Weltgefahr des Amerikanismus, die – man begreift sie am besten unter dem Bilde zweier aus verschiedener Richtung zusammenkommender

Sturzwellen – in seiner Begegnung mit dem Bolschewismus liegt".[55] Auch das die „Stunde eines guten, gesinnungsgebundenen Feuilletonismus" (Dovifat).

Ehemalige Kollegen durfte Backhaus in der Redaktion des *Abendblatts* wiederfinden: Vom *Hamburger Fremdenblatt* kamen Chef vom Dienst Otto Siemer (dort Schriftleiter Politik) sowie Sportredakteur Georg H. Meurer. Von den *Münchner Neuesten Nachrichten* könnte er den Innenpolitiker Wolfgang Köhler gekannt haben, der dort die „Epoche beispielloser Dynamik" gefeiert[56] und zwei Monate vor Kriegsbeginn die britische Propaganda gegeißelt hatte, die den Engländern einreden wolle, Hitler strebe den Krieg an.[57]

Axel C. Springer vergaß aber auch seine alten Kameraden nicht: Walther Hansemann von den *Altonaer Nachrichten*, später Lokalschriftleiter beim *Hamburger Anzeiger*, überließ er das Ressort Allgemeines. Vom *Hamburger Anzeiger* kam auch Lokalredakteur Georg Zimmermann.[58]

Das *Abendblatt* war Springers zweite Lizenz. Seine *Hör Zu* hatte bereits eine Millionenauflage und sicherte so den finanziellen Hintergrund zur Gründung einer Tageszeitung. In seinem Antrag wußte er den Vorteil finanzieller Unabhängigkeit auch für sich zu verwenden: „Die Tatsache, daß ein Zeitungsverleger in wirtschaftlichen Krisenzeiten aus eigenen Quellen schöpfen kann, bewahrt ihn mit Sicherheit vor einer evtl. Anlehnung an oft allzu finanzierungsbereite Gruppen oder Organisationen." Seine „unabhängige Zeitung" solle die Leser auch menschlich ansprechen und versuchen, sie in ihrer privaten Sphäre zu verstehen. Er wolle für den Schutz der Einzelpersönlichkeit gegen staatliche Totalitätsansprüche eintreten.[59]

4.3.4. Schleswig-Holstein

Kieler Nachrichten: Einwandfreie politische Gesinnung

Rittmeister Dr. Kurt Heinrich, dem Altverleger der *Kieler Zeitung* und der *Kieler Neuesten Nachrichten*, konnten die britischen Presseoffiziere beim besten Willen keine Lizenz erteilen. Frühzeitig, im Dezember 1931, war er in die NS-Partei eingetreten und in dieser als Ortsgruppenleiter bis 1945 tätig geblieben. Noch vor der sogenannten Machtergreifung hatte er 1932 sogar selbst zur Feder gegriffen und zugunsten der Nationalsozialisten geschrieben. Eilig war unter Beteiligung Heinrichs die *Kieler Zeitung* zum NSDAP-Parteiblatt geworden.[1]

Er wurde bei seinem Entnazifizierungsverfahren von der Spruchkammer als Aktivist in die Gruppe III eingestuft, erst 1949 zum Mitläufer umgestuft. Die Kieler CDU unterstützte Heinrich zunächst bei seinem Bestreben, möglichst schnell eine Lizenz zu erhalten. Die Parteileitung habe „keinen Zweifel an der einwandfreien politischen Gesinnung des Dr. Heinrich".[2] Es half nichts. Doch die drei Lizenzträger der neuen *Kieler Nachrichten*, die CDU-Politiker Willi Koch (Kaufmann), Max Emcke (Rechtsanwalt und Notar) und Otto Becker (Universitätsprofessor), unterzeichneten mit Heinrich einen Vertrag, ein „gentlemen agreement". Heinrich wollte sein Verlagsvermögen in die zu gründende Zeitung einbringen, die drei Politiker wollten sich dafür einsetzen, es freizubekommen und eine Lizenz beizuholen. Heinrich sollte 70 Prozent des Gewinns erhalten, die drei Zeitungsneulinge je zehn.

Auf Initiative der drei Politiker holte man noch einen vierten Mann ins Boot, den CDU-Landesvorsitzenden Karl Schröter. Das „agreement" sollte Folgen haben.

Zunächst aber wurde Zeitung gemacht. Der erste Chefredakteur – er hieß in Kiel noch immer Hauptschriftleiter – war Friedrich von Wilpert, früher Außenpolitiker bei den *Danziger Neuesten Nachrichten*, davor Korrespondent aus seiner Heimatstadt für die *Kölnische Zeitung*, die *Königsberger Allgemeine Zeitung* und die *Metzer Zeitung*, das „gauamtliche Abendblatt der Westmark".[3]

Schon im Juni 1939 hatte von Wilpert „Das deutsche Danzig und seine Bewohner" gefeiert. Nirgendwo in Deutschland sei nach dem ersten Weltkrieg der Vers „Deutschland, Deutschland, über alles, und im Unglück nun erst recht" mit solcher Inbrunst gesungen worden wie in Danzig. Die Danziger „wissen, daß ihr Los auf das engste verbunden ist mit dem Los des deutschen Volkes und hoffen, daß nicht für alle Zeit künstliche Grenzen zu trennen suchen werden, was nicht zu scheiden ist". Das Foto neben dem Text soll offenbar auf Kommendes vorbereiten. Es zeigt „Hakenkreuzfahnen im national-sozialistischen Deutschland" (Bildunterschrift).[4]

Als die baltischen Staaten in deutscher Hand waren, beschwor Wilpert 1942 die „Schicksalsgemeinschaft" und agitierte aus dem „Vorfeld des Reiches im Osten"[5] gegen die Sowjetunion. Deren neue Bauten, Parteihäuser und Kolonnenstraßen seien „Fremdkörper" im russischen Raum, sie seien „Abziehbilder amerikanischer Zivilisation". Der Boden, auf dem dies gebaut sei, „könnte genauso auch nutzbringendes Getreide tragen. Es gilt nur, das Unkraut auszurotten!"[6]

Die weiteren Redakteure suchten sich Verleger und Hauptschriftleiter in Kiel: Chef vom Dienst Kurt Gamalski war dem Verleger im Hintergrund, Rittmeister Heinrich, schon von seiner *Kieler Zeitung* her bekannt (davor war Gamalski Sportschriftleiter bei den *Kieler Neuesten Nachrichten* gewesen), Lokalschriftleiter Theodor Dotzer (vormals Schriftleiter Bild bei den *KNN*) und Kulturschriftleiter Reinhold Stolze (vorher Schriftleiter für Kulturpolitik bei den *KNN* und der *Kieler Zeitung*) wohl ebenfalls. Und für das lokale Geschehen auf dem Land engagierten sie Werner Feigel, zuvor Schriftleiter Sport, ebenfalls bei der *Kieler Zeitung*, deren Zielsetzung während des Krieges die „Vertretung der deutschen Interessen im skandinavischen Raum" lautete.[7] Sie war ausweislich des Zeitungskopfes „gauamtliches Organ der NSDAP und amtliches Nachrichtenblatt aller Behörden".

Während des Krieges durfte der ehemalige Sportschriftleiter Gamalski im NS-Blatt politische Einschätzungen abgeben: Die zerstörten Wohnhäuser in Kopenhagen zeugten von der „blutigen Willkür britischen Luftpiratentums", schreibt er. Dann ereiferte er sich darüber, daß die 1940 „von deutschen Truppen in Schutz genommen(e)" Stadt „gestern die Berliner Philharmoniker mit stürmischem Applaus und echtem Musikverständnis feierte", sich heute aber begeistere „an der Negeroper eines jüdisch-amerikanischen Komponisten, dem außerdem noch die Ehre zuteil wird, daß die Königliche Oper sein Machwerk interpretiert! Während ein kleiner Teil der Söhne dieser Stadt an der Ostfront um den Bestand unseres Kontinents gegen die Bolschewisten ankämpft, vergnügt sich die Mehrzahl dieser kerngesunden Jugend auf den Tanzböden Kopenhagens an den Klängen der heißesten Tanzmusik."[8]

Vom Schriftleiter Bild aufgestiegen zum „Kriegsberichter" der *Kieler Neuesten Nachrichten* hatte Theodor Dotzer bei der Betrachtung Luxemburgs 1940 seinen Visionen freien Lauf gelassen: Er erkannte, wie „wenig innerlich die Luxemburger sich Frankreich und französischem Wesen verbunden gefühlt haben. (...) Der Luxemburger ist deutschen Blutes und Luxemburg ist deutsches Land." Zum

Schluß des Leitartikels beschwor er „gleichnisartig" das Bild „von der stolzen großdeutschen Lebens- und Schicksalsgemeinschaft, ... ein jahrhundertealter Traum, der unter der Führung und Lenkung Adolf Hitlers in dieser Zeit nunmehr endlich seine Erfüllung findet".[9]

Diese Ex-Propagandisten-Riege schaffte es, die Auflage ihrer Zeitung in den ersten drei Nachkriegsjahren auf über 100.000 Exemplare zu steigern. Die Jahresbilanz 1947/48 wies einen Gewinn von mehr als einer Million Mark aus.

Ob die Männerfreundschaft in Kiel auch am Geld zerbrach? Man weiß es nicht. Als Rittmeister Heinrich 1948 die Rückgabe seines Vermögens betrieb, brach das „gentlemen agreement" zusammen und eine Affäre an. Ein anonymer Brief mit zwei beigelegten Artikeln aus dem Jahr 1932 torpedierte einen günstigeren Bescheid der Spruchkammer zur Entnazifizierung Heinrichs. Er blieb für eine Wiederverwendung als Lizenzträger ausgeschlossen. Die Gesellschafter nutzten die Gelegenheit, Heinrich im Juni 1948 kurzerhand aus ihrem Boot zu werfen. Als dieser einige Monate später zum „Mitläufer" zurückgestuft worden war, setzten sich dessen Widersacher beim Ministerpräsidenten dafür ein, ihn wieder in die Gruppe der Belasteten aufzunehmen. Außerdem sollten die sich im Besitz des Landes befindlichen 51 Prozent aus dem Nazivermögen an Koch übertragen werden.

Der anonyme Brief an die Spruchkammer, so ergab eine Beweiserhebung, war auf der „Erika"-Schreibmaschine des neuen Mitgesellschafters Schröter und auf Papier der *Kieler Nachrichten* geschrieben worden. Die Affäre „Erika" war geboren. Das „gentlemen agreement" wurde über die Streitereien alsbald publik. Es kam zu Tumulten im Landtag, einem Untersuchungsausschuß sowie einer Medienschlammschlacht. Die Affäre endete mit dem Ausschluß Schröters, Emckes und Beckers aus dem Herausgebergremium. Außerdem wurden im Landtagsausschuß für Entnazifizierung die drei CDU-Abgeordneten durch SPD-Mitglieder und eine unabhängige Politikerin ersetzt. Erst nach zwei Jahren war die Fehde endgültig beendet: Koch und Heinrich einigten sich vor dem Oberlandesgericht, die *Kieler Nachrichten* gemeinsam herauszugeben.[10]

Für Schröter, mittlerweile stellvertretender Vorsitzender der CDU-Bundestagsfraktion, war der Skandal um die *Kieler Nachrichten* nicht der einzige. Es kam zu weiteren Streitereien und Machtkämpfen innerhalb der Partei. Und so bemühte sich auch sein Gegenspieler, der schleswig-holsteinische Regierungschef Walter Bartram, weitere Details aus Schröters Biographie zutage zu fördern. Er verkündete im Mai 1951, daß Schröter „förderndes SS-Mitglied" gewesen sei. Ein Zeuge aus der NS-Zeit zitierte Schröter in diesem Zusammenhang so: „Hitler ist für mich ein Gott. Sie werden es für Blasphemie halten: ich bete ihn an."[11] Im Juni 1951 trat Schröter vom CDU-Landesvorsitz zurück.

Die Konkurrenz in Kiel, die *Schleswig-Holsteinische Landeszeitung* (SPD), schlug sich in der Affäre auf die Seite des ehemaligen Pg. Heinrich. Das hatte mehrere Gründe: Die SPD nutzte die Stimmung innerhalb der Bevölkerung aus, die von Schuldfragen und Entnazifizierung genug hatte. Außerdem waren Teile des Vermögens, um das es ging (eine Druckerei), vor 1933 im Besitz der SPD-Zeitung *Schleswig-Holsteinische Volkszeitung* gewesen. Die Nazis hatten das Blatt am 1. Mai 1933 geschlossen, den Besitz requiriert. Nachdem Heinrich fünf Prozent seiner Anteile an den *Kieler Neuesten Nachrichten* hatte verkaufen müssen, beschaffte er sich die ehemalige SPD-Druckerei. SPD und Heinrich einigten sich außergerichtlich. Beiden Parteien lag daran, die ehemaligen Besitzverhältnisse wiederherzustellen.[12]

Flensburger Tageblatt: Der neue deutsche Zeitungsmann
Aus welchem Holz der Zeitungsmann Dr. W. Rautenberg war und was er von der Presse erwartete, offenbarte er 1938. „Schädlinge und Saboteure", so schrieb er zum fünften Jahrestag der Parteipresse in Görlitz und der preußischen Oberlausitz, hätten in der heutigen Presse nichts zu suchen. Ebensowenig dürfe die Presse ein „zweifelhaftes Eigenleben" führen. Sie dürfe nicht in der Lage sein, „gegen die als lebenswichtig erkannten Belange von Volk und Staat zu verstoßen". Die *Oberlausitzer Tagespost*, verspricht FWR (so sein Kürzel), werde weiter mitwirken am „Kampf für Deutschlands Größe". Ihre Aufgabe sei aber vor allem „der Kampf für die Stärke und Schlagkraft der Bewegung, die unser Deutschland geschaffen hat und trägt".[13]

„Es bedurfte ... erst der harten Kampfzeit und der nationalsozialistischen Revolution, um den neuen deutschen Zeitungsmann, so wie er heute in der Öffentlichkeit als bestimmter Menschentyp bekannt ist und teilweise auch bereits aufrichtig geschätzt wird, hervorzubringen", holperte FWR zum Jubeltag seiner *Oberlausitzer Tagespost*, die 1933 als amtliches NSDAP-Blatt gegründet worden war. „Die Zeiten, da Zeitungsvertreter aus einer miserablen Gesinnung ein Geschäft machen konnten, sind endgültig dahin; nicht minder aber auch die mit jener Zeit verwandte Epoche, da man selbst ohne jegliche Gesinnung mit der Zeitung noch bessere Geschäfte machen konnte. Gewiß, es mag vorkommen, daß auch heute noch irgendein Außenseiter aus der Reihe tanzt; macht gar nichts, es ist dafür gesorgt, daß er in dieser ‚Branche‘ nicht alt wird."[14]

Hauptschriftleiter Rautenberg wurde in der Branche alt, älter jedenfalls als die „Revolution", die er unterstützt hatte. Er übernahm beim *Flensburger Tageblatt* das Wirtschaftsressort. Sein Kollege aus der Lokalredaktion, Rudolf Rümer, kam aus einer anderen Richtung an den nördlichsten deutschen Hafen – er wechselte von der *Wormser Tageszeitung* nach Flensburg. Dazwischen weilte er in der Ukraine, als Korrespondent der *Litzmannstädter Zeitung* in Rowno/Ukraine. Daß Chefredakteur Hanno Schmidt Platz für Artikel des „Antisemiten"[15] Hans-Georg von Studnitz schuf, mag Rautenberg gefreut haben – ein Mann, der sich und dem alten Deutschland treu blieb.

Der Vollständigkeit halber sei erwähnt, daß auch Lizenzträger Georg Macknow Presseerfahrung hatte. Er war bei der *Berliner Morgenzeitung* bis mindestens 1937, wahrscheinlich länger, Anzeigenleiter gewesen. Eine unpolitische Arbeit – scheinbar. Nach Anweisungen aus dem Ministerium wachte er darüber, daß keine Anzeigen jüdischer Geschäfte mehr angenommen und gedruckt werden. Denn, so verkündete die Zeitschrift *Wirtschaftswerbung* 1934: „Die Werbung hat in Gesinnung und Ausdruck deutsch zu sein."[16]

4.4. Die französische Zone

Die französische Zone wurde zu einem Auffangbecken „Ehemaliger". Vor allem die Ex-Redakteure der *Frankfurter Zeitung* sammelten sich dort und trachteten danach, eine neue *FZ* aufzubauen. In der amerikanischen Zone, wo zunächst die strengen Richtlinien für die Auswahl von Redaktionspersonal am restriktivsten eingehalten wurden, war den meisten eine Wiederaufnahme ihrer Arbeit verbaut. So traf sich die Presseprominenz des Dritten Reiches in Freiburg, Oberndorf, Leutkirch und Mainz. In der französischen Zone wurde die Kontrolle „nahezu ideologielos" durchgeführt, bemerkte Georg Würstlein. „Sie (die Franzosen, P.K.) behielten gute Fachkräfte und bewährte Verwaltungsleute einfach im Dienst, sofern diese zur Besatzungsmacht eine positive Haltung einnahmen und zu Zusammenarbeit bereit waren."[1] Bei hervorragender Fachkenntnis soll sogar von Presseoffizieren bei Entnazifizierungsverfahren interveniert, kriegsgefangene Journalisten sollen auf deren Initiative hin entlassen worden sein.[2]

Die laxe Kontrolle der französischen Presseoffiziere erklärt sich zum Teil dadurch, daß viele von ihnen als Elsässer enge Beziehungen zu ihrer Zone hatten, viele auch Germanisten waren.[3] Dies scheint dazu geführt zu haben, öfters ein Auge zuzudrücken. Kompetenzstreitigkeiten unter den Presseoffizieren und Bestrebungen, schneller als die anderen eine Zeitung zu gründen, trugen ebenfalls dazu bei. Wichtiger als eine rigorose Entnazifizierung war offenbar die Frage, ob die Journalisten sich den Forderungen der Militärs gegenüber aufgeschlossen verhielten. Die Presse wurde außerdem mehr als ein Instrument der Besatzungsmacht zur Beeinflussung der Bevölkerung verstanden denn als ein Forum freier Information und Meinungsbildung unter neuen demokratischen Bedingungen.[4]

So konnten einige Altverleger fast nahtlos ihr Blätter fortführen, etwa in Trier und in Oberndorf. „Hier war entscheidend, daß die Herausgeber die französischen Offiziere von ihrer Eignung und ihrer antinationalsozialistischen Einstellung überzeugen konnten, so daß die Herausgabe einer Zeitung in den ersten Jahren des Dritten Reiches nicht mehr ins Gewicht fiel." Hinzu komme, daß diese Verleger neben einer positiven Haltung gegenüber Frankreich „die durchschnittliche politische Einstellung der Region" repräsentiert hätten.[5]

In logischer Konsequenz wurde bei der Gründung von Agenturen sogar bewußt auf die Mitarbeit von Emigranten verzichtet. Es hieß, sie hätten „den Kontakt zu ihrem Heimatland verloren", ihre Berichte sorgten für Proteste in der Bevölkerung.[6] Gemeint waren damit Artikel über die Schuldfrage, der sich die meisten Deutschen nach dem Krieg nicht stellen wollten. In Frankreich selbst wurden deshalb Vorwürfe laut, die Zone werde von ehemaligen Vichy-Militärs betreut. Daß De Gaulle eine antisozialistische Politik auch in der Zone betreiben wollte, ist naheliegend. Daß aber sogar ehemalige Autoren des *Völkischen Beobachters* wiederverwendet wurden, wirft ein merkwürdiges Licht auf die Entnazifizierungsversuche der französischen Besatzungsoffiziere.

An der ersten Lizenzzeitung, die in der französischen Zone erschien, dem *Badener Tagblatt*, übernahm Hermann F. Geiler die Wirtschaftsredaktion. Seine Kollegen von Partei- und „ungebundener" Presse sahen ihre nächste Zukunft ebenfalls am ehesten in der französischen Zone. Darauf wurde auch die ausländische Presse aufmerksam: „Die maßgeblichen Redakteure der früheren ‚Frankfurter Zeitung', die ihre Hitlerfreundlichkeit mit einer Deutschlandausgabe, ihre angebliche Hitlerfeindlichkeit mit einer Auslandsausgabe bestätigten, wurden in der amerikanischen Zone abgelehnt und tauchten dann in der französischen auf."[7] Weniger noch als in jeder anderen der vier deutschen Besatzungszonen hat es in der französisch-lizenzierten Presse eine „Stunde Null" gegeben.

4.4.1. Baden

Badische Zeitung: Nichts von den Plänen Hitlers gewußt
Wendelin Hecht, ehemals Verlagsleiter der *Frankfurter Zeitung* und der *Neuesten Zeitung* (ebenfalls in Frankfurt), war der amerikanischen Militärregierung suspekt. In deren Listen wurde er als „black" geführt. Diese Kategorie versammelte alle, die als „nicht geeignet für eine Anstellung in irgendeinem Informationsmedium" beurteilt worden waren. Von den Franzosen erhielt Hecht die Lizenz für die *Badische Zeitung* in Freiburg. Co-Lizentiat Heinrich Rombach war zuvor Verlagsleiter der *Freiburger Tagespost* gewesen, die bis 1. Februar 1940 erscheinen konnte. Er machte seinen ehemaligen Kultur-Schriftleiter Rupert Gießler zum „verantwortlichen Redakteur". Die beiden hatten bis dahin unter Vorzensur eines französischen Hauptmanns die *Freiburger Nachrichten*, die Zeitung der Militärbehörden, redigiert.

Konsequent verzichtete der Chefredakteur der *Badischen Zeitung* auf ein Impressum, das Aufschluß über die Zusammensetzung der Redaktion hätte geben können. Er muß gewußt haben, warum er das tat: In der Johanniterstraße 4 tummelte sich bald die halbe Crew der ehemaligen *FZ*: Oskar Stark, 1935 bis 1943 dabei, wurde nach Hechts Tod im November 1947 zum Herausgeber befördert. Paul Sethe agierte hier in Freiburg, bis sich nach Beendigung des „Lizenzzwangs" in Frankfurt eine neue Chance bot – die *Frankfurter Allgemeine Zeitung*. Zu Ostern 1942 hatte „se" in der *FZ* geschrieben: „Der Kampf, den die Deutschen gegenwärtig zu führen haben, ist oft verglichen worden mit dem Kampf Friedrichs des Großen und wirklich, so wie es damals nicht um Sieg oder Niederlage, sondern um Sieg oder Untergang ging, so geht es heute wieder um Sieg oder völlige Vernichtung. (...) Der Sieg aber wird diesmal nicht nur wie damals die Sicherung des staatlichen Daseins, sondern den endgültigen Aufstieg zu den hohen Zielen bedeuten."[1]

Spätestens 1944 – so ist man geneigt zu urteilen – hatte Sethe die letzten Skrupel abgestreift. Zahllos die Artikel im *Völkischen Beobachter (VB)*, die seinen Namen tragen und in denen er preußische Offiziere und Staufenkaiser hochleben läßt.[2] Franz Taucher gibt in seinen Erinnerungen eine Erklärung für Sethes Beschäftigung beim „Kampfblatt". Fünf Kollegen der *Frankfurter Zeitung* seien nach deren Einstellung zum *VB* „dienstverpflichtet" worden.[3] Also alles nicht so schlimm, Sethe ein Opfer einer perfiden Inszenierung der Nazis? Der Fall Sethe und jede andere „Dienstverpflichtung" zeigen eindeutig, wessen „Angestellter" ein Schriftleiter im Dritten Reich war. Nicht der Verleger hatte das Sagen, die Partei bestimmte den Einsatzort ihrer Propagandisten. Die Schriftleiter müssen dies gewußt haben und sich gewärtig gewesen sein, jederzeit versetzt zu werden wie jeder andere Beamte auch.[4] Man hatte sich unausgesprochen dem Staat zur Verfügung gestellt. Gleichzeitig, das deutet Taucher an, scheint die Wahl bestanden zu haben zwischen Front und Schreibmaschine. Neben Sethe traf es auch Taucher, Erich Welter, Irene Seligo und einen weiteren Schriftleiter.

Nikolaus Benckiser (später *FAZ*) schrieb bei der *Badischen Zeitung* im Feuilleton und im Wirtschaftsteil. In einem Artikel anläßlich der Nürnberger Prozesse vertrat er unter dem Titel „Verschwörung" eine Art „Führertheorie". Selbst hohe Minister der Nazi-Regierung hätten nichts von den Plänen Hitlers gewußt. Allerdings sei „an der Verantwortlichkeit der Minister des Dritten Reiches ... nicht zu rütteln".[5] Zu seiner eigenen Verantwortlichkeit nahm er nicht Stellung.

1944, ein Vierteljahr nachdem in Ungarn die Regierung gewechselt hatte, sah Benckiser eine „neue Ära angebrochen". Warum? „Gewiß ist, daß das Land gerade noch rechtzeitig, ehe der sowjetische Vorstoß den Karpatenwall erreichte und mit der Invasion im Westen Europas in den Endkampf um seine Zukunft eingetreten ist, eine beste nationale und in die Zukunft weisende Führung erhalten hat, ohne die sein Bestand in einer derartig großen Zeit als höchst gefährlicher Akt angesehen gewesen wäre."[6]

Neben Benckiser sorgte sich im Wirtschaftsressort Otto Hoffmann, ebenfalls *FZ*-Veteran, um den „Wert der deutschen Währung".[7] Im Feuilleton tauchte der Name Hanns Reich wieder auf, der bis 1944 Schriftleiter für Unterhaltung der *Straßburger Neuesten Nachrichten* gewesen war und dessen Kulturbeiträge zahlreiche Reichszeitungen geschmückt hatten. 1941, als Straßburg wieder deutsch geworden war, stellte er fest, daß die Münsterstadt „nichts von ihrem deutschen Gesicht und Wesen verloren" habe[8] und die Hitlerjugend, die er beim Musizieren beobachtet hatte, „mit Ernst und Eifer eine kulturelle Arbeit" leiste, „die ihre Früchte in die Zukunft tragen und eine feste Grundlage unserer Musikkultur bilden wird".[9]

Auch Margret Boveri arbeitete aus Berlin zu.[10] Aus Stuttgart half Eberhard Schulz, der mit SS-Mann Hans Schwarz van Berk ein Redaktionsbüro betrieben hatte, das mehr oder weniger zutreffende Nachrichten ins Ausland lancierte. Gemeinsam schrieben die beiden zuletzt als Kriegsberichterstatter Heer in Goebbels' *Das Reich*. Heinrich Scharp telegrafierte aus Frankfurt.[11] Aus dem Ausland trugen Wolf von Dewall (vormals Türkeikorrespondent, auch für den *Völkischen Beobachter*[12]), Heinz Holldack (Rom) und Irene Seligo bei, die 1938 im *Illustrierten Blatt* über „Wildgewordene Reporter", sie meinte britische, schrieb.[13] Während des Krieges verdiente sie ihr Geld auch beim *Völkischen Beobachter*, wo sie von Lissabon aus über „die britische Musterdemokratie" spöttelte[14] oder über Churchill, der „die Zukunft Englands klar genug sieht, um sie zu fürchten".[15]

Das Volk: Kurzes Gastspiel

Vor sechs Jahren noch für die nationalsozialistische Partei schreibend, stieg Hans Här als erster Chefredakteur bei der Zeitung der Sozialistischen Partei Baden, *Das Volk*, in den Ring. 1940 – nach der „Rückgewinnung" Elsaß-Lothringens – zeigte sich der künftige Sozialist als Lokalpatriot. In einer Würdigung Grimmelshausens gerät der Autor des *Simplicissimus* zum geistigen Vater des faschistischen Reiches, der „Schicksal und Sendung des Elsaß" klar vorausgesehen habe. Grimmelshausen habe in seinem Schaffen dem deutschen Michel „die große Vision eines kommenden starken Reiches und eines überragenden Führers" gezeichnet.[16]

Härs Wendigkeit nutzte ihm nicht viel. Er blieb nur wenige Monate Chefredakteur.

Südwestdeutsche Volkszeitung: Von der Hitler- zur Hauptstraße

Auch die CDU erhielt in Freiburg ihre Zeitung. Im „Christlich Sozialen Verlag GmbH" erschien erstmals am 24. August 1946 die *Südwestdeutsche Volkszeitung*. Der Verlag als Lizenzträger war namentlich vertreten durch Emmerich Killian, der noch 1944 in Österreich beim *Tiroler Landboten* – er erschien im NS-Gauverlag – Stellvertreter des Verlagsleiters gewesen war. Chefredakteur Erich Götze war zur selben Zeit an der Front, die *Essener Allgemeine Zeitung* führte ihn als Politikschriftleiter, „z.Zt. Wehrmacht". Die Lokalredaktion übernahm Ludwig Britsch, als Politikschriftleiter der *Herner Zeitung* 1944 ebenfalls „z.Zt. Wehrmacht".

Wie bei den meisten Zeitungen der französischen Zone blieben viele der Bezirksredaktionen in der Hand der alten Schriftleiter mit Ortskenntnis. Bei der *Südwestdeutschen Volkszeitung* waren dies: in Baden-Baden Oskar Jung, der zuvor beim *Neuen Badischen Tagblatt* den Sport betreut hatte, in Oberkirch Hermann Hauser, der dort die *Renchtäler Zeitung* redigiert hatte, die erst 1936 von den Nazis im Gebäude Nr. 16 in der Adolf-Hitler-Straße gegründet worden war (jetzt wieder Hauptstraße), in Konstanz Eduard Sütterle von der *Bodensee-Zeitung* und in Bühl Willi Raupp, vor 1945 Hauptschriftleiter des *Mittelbadischen Boten*.

Gegen die übermächtige Konkurrenz der *Badischen Zeitung* konnte sich die *Volkszeitung* nicht halten. Am 16. Oktober 1949 erlosch das Blatt mit der Lizenz Nr. 886.

Schwäbische Zeitung: Friedliche Aufbauarbeit

Aus dem 20.000-Seelen-Ort Leutkirch im Allgäu werden heute 220.000 Haushalte in ganz Südwürttemberg mit der *Schwäbischen Zeitung* beliefert. Zu den Gründern dieser publizistischen Macht gehörte eine lange Reihe von Zeitungsprominenten aus dem Dritten Reich.

Vom Dezember 1945 an meldete sich unter der Telefon-Nummer 212 zunächst Wendelin Hecht, der bald nach Freiburg wechselte. Obwohl er bei den Amerikanern als ehemaliger Verleger der *Frankfurter Zeitung* sicherlich keine Lizenz erhalten hätte, ließen ihn die Franzosen in Freiburg die *Badische Zeitung* gründen, so daß er Leutkirch nach nur wenigen Monaten verließ. Sie reichten aus, etliche Kollegen aus Frankfurt ins Allgäu zu ziehen. Der kollegial verfaßten Redaktion gehörten als verantwortliche Redakteure Ernst Trip und Walter Gerteis an, die Mitte der dreißiger Jahre, als die letzten Juden die Redaktion verlassen mußten, zur Politikredaktion der *Frankfurter Zeitung* gestoßen waren. Trip, der bei der *FZ* den Spätdienst versah und nach deren Schließung beim *Frankfurter Anzeiger* weitermachen durfte, erklärte: „Ich war nicht fähig zu schreiben. Glauben Sie nicht, daß darin ein Vorwurf gegen andere liegt, die geschrieben haben oder schreiben mußten. Manche wurden mit Leichtigkeit damit fertig. Andere flüchteten in das zynische Schreiben. Aber ich war nicht fähig, diesen Widerspruch zwischen Denken und Handeln zu bewältigen. Deswegen habe ich gesagt, ich kann es nicht; ich halte das nicht aus."[17] Also redigierte er – bis zum Schluß im Jahr 1943.

Hinzu kamen Johannes Schmid, der zuletzt Leiter des Buchverlages der „Frankfurter Societäts-Druckerei" gewesen war, Albert Komma, der unter anderem in der *Berliner Börsenzeitung* geschrieben hatte, und Rudolf Heizler (*FZ*). Komma beschäftigte sich gern mit Prag und den besetzten Gebieten in der ehemaligen Tschechoslowakei. „Fünf Jahre Protektorat" in Böhmen und Mähren, das seien „5 Jahre friedliche Aufbauarbeit" gewesen. Was aber jetzt auch mit Verpflichtungen verbunden sei, die er, wie es im vermeintlichen Entscheidungsjahr 1944 die Machthaber im ganzen Reich tun, auch von den Bewohnern des Protektorats einfordert: „Da muß jeder mit Hand anlegen, wenn schon nicht zum Kampf selbst, so zu der Arbeit, die den Kämpfenden die Rüstung sichert." Schließlich werde Prag von der deutschen Wehrmacht vor dem Bolschewismus bewahrt.[18]

Nachdem Schmid, Gerteis und Heizler das Blatt verlassen hatten, gehörte auch Alfons Nobel zur Hauptschriftleitung, wie es wieder hieß. Als Nobel noch an der Spitze der Redaktion der *Neuen Augsburger Zeitung (NAZ)* gestanden hatte, schrieb er seinen Vornamen noch mit ph.

Unter der Rubrik „Unsere Meinung" erschienen in der *NAZ* Leitartikel ohne Namensnennung. Redaktionelle Praxis dürfte gerade unter dem damaligen Pressegesetz gewesen sein, daß der Hauptschriftleiter beim Abfassen von Leitartikeln ein entscheidendes Wort mitredete. Als sich Geistliche an der Saar den Separatisten anschlossen, wandte sich die Redaktion entschieden gegen die Andersdenkenden, „die bei der Abstimmung ihr Vaterland zu verraten gedenken".[19] Auch Schlagzeilen wie „Unser Ziel heißt Deutschland"[20] lassen auf entschieden nationale Einstellung der Redaktion und ihres Hauptschriftleiters schließen. Der Text unter einem Foto, das 1939 den „Kriegstreiber Winston Churchill" geradezu entstellt zeigte, mag verdeutlichen, daß auch Nobels Blatt vor den Vorgaben des Regimes bedingungslos kapituliert hatte: „Sein feistes Biedermannslächeln täuscht nicht über den tückischen Ausdruck seiner Augen hinweg. So sieht ein Mensch aus, der in blindwütigem Haß die Jugend seines Landes opfern will ..."[21]

Die Lokalredaktion der *Schwäbischen Zeitung* übernahm mit Heinrich Stein ein Einheimischer, der bis 1945 die Lokalschriftleitung des *Schwarzwälder Boten*, danach zunächst der *Schwarzwälder Post* innegehabt hatte. Auch die 16 Büros der Bezirksausgaben blieben überwiegend in ortskundigen Händen, um vor den auf ihre Chance wartenden Altverlegern, die nach dem Ende der Lizenzpflicht wieder auf den Markt drängen würden, rechtzeitig mit einem kompetenten Lokalteil aufwarten zu können. Etliche davon hatten dem „Verband Oberschwäbischer Zeitungsverleger" (Verbo) angehört.[22] In Reutlingen machte mit Erich Leupold ein ehemaliger Schriftleiter des *Pforzheimer Anzeigers* weiter, der den Untertitel „Tageszeitung für nationalsozialistische Weltanschauung" getragen hatte.[23]

Die *Schwäbische Zeitung* hat es auf diese Weise ebenso wie das *Schwäbische Tagblatt* (Tübingen) und die *Schwarzwälder Post* (Oberndorf) geschafft, die Altverleger und die alten Journalisten zu integrieren. Mit Ausnahme des *Reutlinger Generalanzeigers* ist nach dem Ende der Lizenzpflicht in der französischen Zone keine Zeitung von Bedeutung mehr gegründet worden.

Schwarzwälder Post: Stillstand

Hortolf Biesenberger hat es sicher gut gemeint. Gleich nach der Befreiung Deutschlands von der Nazidiktatur machte er sich daran, eine Dissertation über den Betrieb seines Vaters zu schreiben, genauer: über den *Schwarzwälder Boten*, noch genauer: über die Rolle, die sein Vater als Herausgeber und Hauptschriftleiter desselben im Dritten Reich gespielt hatte. Noch 1944 wurde Hermann Biesenberger als Verlagsleiter, Hauptschriftleiter und Wirtschaftsschriftleiter seines Blattes geführt. Zielsetzung: „Pflege des schwäbisch-alemannischen Volkstums".[24] Sein Vater, schrieb unbeirrt und etwas ungelenk Hortolf über Dr. Hermann B., sei „auf Grund seiner allen Parteidienststellen bekannten Haltung wegen ständig Defarmierungen (sic!) und

Demütigungen ausgesetzt" gewesen. Der NSDAP sei er nur beigetreten, um Chef seines Zeitungsverlages bleiben zu können.[25]

Dank der Weitsicht des Vaters fiel das Blatt des „Defarmierten" und Gedemütigten auch nicht den großen kriegsbedingten Schließungswellen zum Opfer. Im Mai 1941 mußten 550 Titel ihr Erscheinen einstellen, Ende Februar bis Ende April 1943 weitere 950. Der *Schwarzwälder Bote* gehörte jedoch zum verbliebenen Sechstel der Zeitungen, die sich noch in privater Hand befanden, und durfte 1942 statt 34 sogar 36 Seiten in „Antiguar" (Biesenberger – die Schriftart heißt „Antiqua") drucken.

Wahrscheinlich hätte Vater Hermann Biesenberger dem Blatt zum Wiedergeburtstag am 29. September 1945 am liebsten seinen alten Namen geschenkt. Das ließen die Behörden jedoch nicht zu, obwohl er als politische Richtung angab: „überparteilich und demokratisch". Kaum aber war der „Lizenzzwang" beendet, verwandelte sich die *Schwarzwälder Post* wieder in den *Schwarzwälder Boten*. Ein Teil des Personals war den alten Namen ohnehin gewohnt.

Den Leitartikel der ersten Ausgabe unterzeichnete am 2. Oktober 1945 Heinrich Stein, jetzt als „verantwortlicher Redakteur". Titel: „Woher – wohin?". „Dort, wo einst die Maschinen surrten, wo der Handwerker seiner Arbeit nachging, wo Geistesarbeiter ihre Werke schufen, wurde mit einem Schlage durch die deutsche Niederlage das Leben zum Stillstand gebracht." Als das Leben noch pulsierte in Deutschland, vor der Niederlage, also nach Meinung Steins offenbar bis Mai 1945, war auch Stein „Geistesarbeiter" gewesen, als Lokalschriftleiter des *Schwarzwälder Boten*. Jetzt verteidigte er die Weimarer Republik. Hätte man sie weiterentwickeln dürfen, „wir ständen, weiß Gott, heute anders da". Verantwortlich für die Misere war für Stein nur einer: „Jener Mann, der da 1923 den Marsch zur Feldherrnhalle inszenierte, trägt die Schuld an unserem Elend."[26] Stein blieb nur einige Monate und wechselte später nach Leutkirch zur *Schwäbischen Zeitung*.

Zu ihm gesellten sich Kunz von Kauffungen und Carl Georgen. Kauffungen hatte in der Nazi-Zeit die *Ku-Ka-Korrespondenz* in Breitbrunn am Chiemsee betrieben, eine Sammlung von Anekdötchen und Witzen. Biesenberger beurteilte sie damals so: „Ku-Ka als Mitarbeiter bedeutet für jede Zeitung zweifellos eine Bereicherung, besonders in heutiger Zeit allgemeiner Gemütsdepression."[27] Ende der vierziger Jahre wechselte Kauffungen nach Neustadt, wo er bei *Die Rheinpfalz*

Chefredakteur wurde. Carl Goergen war 1937 Mitarbeiter der *Eifeler Volkszeitung*. Dritter im Bunde der ersten Redaktion war Wilhelm Dautermann. Er kam aus dem nun sowjetisch besetzten Köthen, wo er bis zuletzt bei der *Köthener Zeitung*, dem amtlichen Organ der NSDAP und aller Behörden, als stellvertretender Politikschriftleiter gewirkt hatte. Später wechselte Dautermann ebenfalls zu *Die Rheinpfalz* nach Neustadt an der Haardt.

Die *Schwarzwälder Post* wurde sogar in Paris bekannt. In einer Debatte des Parlaments um die Politik in der Zone kritisierte ein Abgeordneter im April 1946 die eigenwillige Entnazifizierung von Journalisten. Er wies darauf hin, daß in der Redaktion der *Schwarzwälder Post* drei von vier Redakteuren Mitglied der NSDAP gewesen seien.[28]Die Rede des Abgeordneten Jean Wagner blieb ohne langfristige Wirkung.

Vermutlich blieb es Biesenberger nicht verborgen, daß es die Franzosen mit der Denazifizierung nicht so ernst nahmen. 1947 erhielt die Redaktion ein gänzlich neues (altes) Gesicht: Mit Herbert Füldner (*Leipziger Neueste Nachrichten* und Leipziger Korrespondent der *Dresdner Neuesten Nachrichten*) machte er einen Ehemaligen zum stellvertretenden Chefredakteur. Hinzu kamen im Laufe der Monate als Lokalredakteure: Max Faller, zuvor Hauptschriftleiter der *Emsländischen Zeitung*, Wolfgang Pohl, vor dem Krieg bei der *Oberlausitzer Tagespost* in Görlitz für Kultur und Beilagen (eine hieß „Wehr und Waffen") zuständig, später Kattowitzer Mitarbeiter von *Der oberschlesische Wanderer* – übrigens beides amtliche Organe der NSDAP – und Eugen Früth, der im alten *Schwarzwälder Boten* für Feuilleton, Unterhaltung und den *Sonntagsboten*, zwischendurch auch einmal für Kommunal- und Landespolitik, gegen Kriegsende sogar gemeinsam mit Biesenberger für Politik verantwortlich zeichnete.[29]

Füldner träumte vom Endsieg und von „Deutsch als Weltsprache". Über die Leipziger Universität urteilte er: „Diese Hochschule, die ihre Deutschheit immer vertreten und, wenn es not tat, auch verteidigt hat, hätte ihr Wesen verleugnen müssen, als es galt, sich zum Nationalsozialismus zu bekennen. Einer der neuen deutschen Zukunft leidenschaftlich entgegenstürmenden Studentenschaft gesellten sich gleichgesinnte Lehrer zu." Das war leider an fast allen Hochschulen des Reiches so. Besonders lobt Füldner die Sprachwissenschaftler, die der Fakultätsgründer Eduard Sievers in „die Zukunft einer nationalsozialistische Forschungsstätte" führen werde. Denn: „Deutsch als Weltsprache, wie sie es am Ende dieses Krieges sein wird, erfährt von den in Leipzig ausgehenden Arbeiten einen entscheidenden Antrieb."[30]

Die Entnazifizierung gehörte weder bei der *Schwarzwälder Post* noch den anderen Blättern der französischen Zone zu den Lieblingsthemen. Wenn, dann wurde kritisch über die ungeliebte Maßnahme berichtet, weshalb der Konstanzer *Südkurier* 1949 von der Aufsichtsbehörde gerügt wurde.[31] Auch die *Schwarzwälder Post* wollte von kollektiver Verantwortung oder gar kollektiver Schuld nichts wissen. Die angeblich schlechte Behandlung deutscher Kriegsgefangener im US-Lager Schwäbisch-Hall war ihr dagegen einen Bericht wert – wofür die Redaktion prompt verwarnt wurde.[32] Kritik an den Militärbehörden war für die Dauer der Lizenzpflicht untersagt.

Südkurier: Polemik gegen die Antifa-Bewegung

„In der Ostzone ist eine Wirtschaftsdiktatur errichtet worden, deren Strafen zum Teil sogar über das Maß der national-sozialistischen Kriegswirtschaftsverordnungen hinausgehen."[33] Der *Südkurier* in Konstanz druckte diesen „Fernspruch" seines A.G.-Korrespondenten aus Berlin gern und verniedlichte damit die nationalsozialistischen Konzentrationslager und die Strafjustiz des Reichs.

Der A.G.-Korrespondent war schon zu Hitlers Zeiten A.G.-Korrespondent gewesen: „Siegeszuversicht und Siegessicherheit" hatte er in der „Führerrede" am 31. Januar 1940 festgestellt und daß der Generation Hitlers von der Vorsehung offenbar nichts anderes bestimmt sei „als Sorge, Mühen und Kampf und daß von der Kraft dieser Generation Deutschlands Zukunft oder Deutschlands Untergang entschieden wird – eine Entscheidung, die für Adolf Hitler und den Nationalsozialismus, der heute Deutschland ist, nur heißen kann: Deutschland wird siegen!"[34]

Im Dresdner *Freiheitskampf*, der amtlichen Zeitung der NSDAP, beklagte er sich über ein Buch, eine Zitatensammlung deutscher Literaten und Philosophen, das in den USA und in England erschienen war. Es sollte beweisen, daß das deutsche Denken des letzten Jahrhunderts zum Nationalsozialismus hat führen müssen. Doch nicht das war es, was A.G. störte. Vielmehr fand er unangemessen, daß die Herausgeber bei der Auswahl keinen Unterschied gemacht hätten etwa zwischen „Deutschen und Juden, zwischen Nationalsozialisten und Emigranten".[35]

Der A.G-Korrespondent, der ganz in der Sprache der NS-Presse verschämt versteckt wurde, hieß Alfred Gerigk. Er berichtete – nicht nur für den *Südkurier* – wieder aus der ehemaligen Reichshauptstadt. Deren Bestimmung war es 1944 laut Gerigk gewesen, „über die Reichshauptstadt hinaus zur europäischen Stadt zu werden".[36] Jetzt war sie auf dem Weg zur geteilten Stadt.

Im „verantwortlichen Redaktionsausschuß" des *Südkurier* saßen im Laufe der ersten drei Jahre mit Hans Heiser (1941 *Rheinisch-Westfälische Zeitung*), Konrad Gunst (ehemals *Bodensee-Zeitung*), Alfred Strobel (*Westfälische Tageszeitung*), Alois Beck (*Bodensee-Zeitung*, *Bodensee-Rundschau*), Gerhard F. Hering (*Magdeburger Zeitung*) und Herbert Steinert (*Bodensee-Rundschau*) sechs Kollegen, die bis in die Kriegszeit hinein Goebbels gedient hatten.[37]

Von außen lieferten neben Gerigk mindestens zwei weitere Starautoren Nazi-Deutschlands zu: Sigurd Paulsen, ehemaliger Skandinavien-Korrespondent, und Kriegsberichterstatter Walter Henkels, beide Autoren in Goebbels' Renommier-Blatt *Das Reich*. Walter Henkels sollte von 1949 an zum festen Inventar der Teerunde Kanzler Adenauers gehören.[38]

Antifaschismus gehörte offenbar nicht zum Programm des *Südkurier*. Schon am 19. Oktober 1945 nahm das Blatt in einem Offenen Brief erstmals gegen die Entnazifizierung Stellung, gegen die Antifa-Bewegung wurde heftig polemisiert.[39] Aus diesem Grund kam es im Februar 1946 zu einem Revirement. Die Militärregierung verfügte, daß der bisherige Direktor und Chefredakteur, Johannes Weyl, der Zeitung nicht mehr angehören dürfe. Sie wurde vier neuen Gesellschaftern unterstellt, von denen je einer der CDU, SPD, FDP und der KPD angehörte. Nach der Gründung von Parteizeitungen in der französischen Zone wurde diese Entscheidung im Herbst 1948 wieder rückgängig gemacht.[40]

Weyls Demission muß in größerem Zusammenhang gesehen werden. Parteien waren mittlerweile in der französischen Zone zugelassen, es fehlte aber an Papier zur Gründung von Parteizeitungen. Unter Berücksichtigung der Mehrheitsverhältnisse in Paris – Sozialisten und Kommunisten hatten in der Regierung vom 20. November 1945 an Gewicht gewonnen – sollten linke Parteien analog mehr Einfluß in der Presse erhalten. Der Konstanzer Pressedelegierte wurde daraufhin durch einen Kommunisten ersetzt, der die Bemühungen der Antifaschisten unterstützte, beim *Südkurier* Berücksichtigung zu finden.[41] Anfang August 1946 verfügte Paris Anweisungen für eine Veränderung der Struktur der Presse in der französischen Zone: Weil nicht genügend qualifizierte Journalisten zur Verfügung ständen, müsse die Zahl der Zeitungen gesenkt werden. Dafür sollten die Parteien neue Blätter erhalten, und zwar sowohl Kommunisten als auch die CDU als wichtigste Partei der Zone.[42] Die geforderten Parteizeitungen wurden gegründet, zu den angekündigten Einstellungen kam es erst später.[43]

4.4.2. Rheinland-Pfalz

Mainzer Allgemeine Zeitung: Weitermachen

Die amerikanischen Presseoffiziere lehnten Erich Welter ab. In ihren Checklisten führten sie ihn unter „black". Welter war stellvertretender Hauptschriftleiter der *Frankfurter Zeitung* gewesen und überzeugter militärischer Raumbeschaffer für die bedrängte deutsche Nation und seinen „Führer". Nach dem aus militärischer Sicht erfolgreichen Frankreichfeldzug betrat er die Redaktion in Wehrmachtsuniform. „Nun meine Herren, was sagen Sie jetzt? Immer noch? Wohin wird dies führen?", soll er Kollegen getadelt haben, die nach dem schnellen militärischen Sieg noch immer skeptisch waren.[1] Einen *FZ*-Leitartikel über den „Krieg von heute" unterzeichnete er mit: „Oberleutnant Erich Welter".[2] 1943 wurde Welter zum *Völkischen Beobachter* „dienstverpflichtet".[3]

Weil er in der amerikanischen Zone nicht unterkommen konnte, suchte er in der französischen sein Glück – er fand es, vorübergehend. Über die ersten Jahre nach 1945 urteilt er:

„Das Ziel stand von vornherein fest: Die ,Frankfurter Zeitung' mußte wieder erstehen. Da das in der amerikanischen Zone nicht möglich war, weil hier das unmögliche Lizenzsystem bestand und wir in Freiheit wirken wollten, ... haben wir die Gelegenheit benutzt, in Mainz – dort ergab sich eine vorzügliche Gelegenheit – dem Ziel vorzuarbeiten, das wir von vornherein anvisiert hatten. Dort konnten wir alte Redakteure der Frankfurter Zeitung sammeln, teils als Redakteure, teils sie darauf vorbereiten, daß das eines Tages an sie herantreten werde, nämlich dann, wenn in der amerikanischen Zone das Lizenzsystem zu Ende ginge, woran wir fest glaubten."[4]

Im November 1949 war es soweit: Welter gründete die *FAZ* gemeinsam mit seinen Mainzer Kollegen Paul Sethe (siehe Freiburg), Erich Dombrowski, Hans Baumgarten (siehe Stuttgarter *Wirtschaftszeitung*) und Karl Korn.

Zunächst aber galt es, in Mainz die neue Zeitung aufzubauen. Die Voraussetzungen waren günstig. Die Druckerei der Mainzer Verlagsanstalt war in schlechtem, aber reparaturfähigem Zustand. Die Franzosen hatten zwar zwei Setzmaschinen abtransportiert, fünf waren aber noch vorhanden. Auch Papier gab es noch für etwa sechs Monate.

Erich Dombrowski, den die Amerikaner als „black" eingestuft und dennoch als Redakteur für die *Frankfurter Rundschau* in Erwägung gezogen hatten, wurde Chefredakteur in Mainz. Zunächst übernahm er unter Aufsicht der „Dir. de l'information" den *Neuen Mainzer Anzeiger*, der erst im April 1947 in der *Allgemeinen Zeitung* aufging. Als erste Zeitung der Westzonen erschien sie Anfang 1948 täglich. Vor dem Krieg war Dombrowski bis 1936 Hauptschriftleiter des *Generalanzeigers* in Frankfurt gewesen.

Vom Sonderberichterstatter der *DAZ* zum Chefkorrespondenten in der amerikanisch-britischen Zone stieg Fritz Fay auf. 1940, bei einem Gang durch das besetzte Metz, sah er überall „Spuren des Niedergangs", die jetzt „ausgemerzt" werden müßten. Die Altstadt zeige Spuren des Verfalls, weil die Franzosen die Stadt nur als Frontstadt betrachtet hätten. Jetzt werde das anders. „Jetzt sind die Inschriften deutsch und die Sprache ist es auch." Jetzt werde „Metz wieder werden, was es immer war: eine der treuesten Städte des Reichs".[5] Fay arbeitete auch für die *Neueste Zeitung – Illustrierte Tageszeitung* in Frankfurt. Unmittelbar vor Kriegsbeginn hatte er euphorisch über die Grenzsicherungsanlagen der „Luftverteidigungszone West" berichtet. Als Zeuge einer Übung begeisterte ihn „hoch in der Luft das grandiose Spiel der angreifenden Jagdmaschinen gegen die geschlossene Kette der Bombergeschwader". Noch sei es Übung, noch sei es Manöver, schrieb Fay, „aber es klang überzeugend, wenn Commodore Klein, der Träger des Pour le mérite, nach dieser Übung und nach einem Paradeflug von 50 Maschinen erläuternd hinzufügte: Keiner dieser Bomber hätte den Rhein überflogen!" Das Reich war gerüstet für seinen Krieg, der Reporter Fay schwärmte von der „Todeslinie der Luft".[6]

1947 gehörten zur Redaktion: als stellvertretender Chefredakteur Alois Bilz, der bei Dombrowskis *Generalanzeiger* noch Aloys geheißen hatte, aus demselben Haus für den Allgemeinen Teil Friedrich Englert, als Chef vom Dienst Heinrich G. Reichert, zuvor zuständig für Vermischtes beim *Wiesbadener Tagblatt*, im Feuilleton Hans Bütow von der *FZ*.[7] Bütow war vor der Erteilung der Lizenz sogar als möglicher Chefredakteur gehandelt worden.[8]

Mitten im Krieg beschäftigte Bilz die Situation der Schaumweinindustrie. Alles wurde knapper 1943. Er versuchte, bei den Sekttrinkern für die Unterversorgung Verständnis zu wecken. Der Umsatz, so berichtete Bilz, sei so hoch wie im vergangenen Jahr. Für die zivile Nutzung aber stehe er nur noch begrenzt zur Verfügung. Deutschland sei größer geworden als vor dem Krieg, und die „Lieferungen für die Lazarette" seien wichtiger.[9]

Bis 1949 wurde die Redaktion ergänzt durch Paul Sethe[10], Fritz Walter (davor Hauptschriftleiter des *Allgemeinen Anzeigers Meisenheim*[11]), den Feuilletonisten Fritz Bouquet vom *Mainzer Anzeiger*, der gauamtlichen Tageszeitung der NSDAP[12], Karl Korn (*Frankfurter Zeitung, Berliner Tagblatt, Das Reich*[13]) sowie die Wirtschaftsredakteure Fritz Claus (*Dresdner Nachrichten, Wirtschaft*[14]), Ernst Samhaber[15] und Jürgen Eick. Von Eick, dem späteren Mitherausgeber der *FAZ*, stammt eines der berühmten Kriegsheftchen („Panzerspähtrupp überfällig") aus der Reihe „Kriegsbücherei der deutschen Jugend", in der deutsche Soldaten deutschen Jungen zum Vorbild gegen das Böse in der Welt kämpfen.[16]

Unter die künftigen *FAZ*-Macher hatte sich auch Edmund Nacken gemischt. Er fiel nicht auf, vielleicht, weil sich die Aufmerksamkeit auf die ehemaligen Starautoren richtete. Edmund Nacken hatte aus seiner Gesinnung nie einen Hehl gemacht. Er hatte als Wirtschaftsschriftleiter im *Westdeutschen Beobachter* geschrieben, „neben dem Völkischen Beobachter ältestes und größtes Blatt der nationalsozialistischen Bewegung",[17] und er druckte – außergewöhnliche Zeiten erfordern außergewöhnliche Maßnahmen – den Hitlergruß unter einen seiner Artikel: In einem offenen Brief wandte er sich an die „Liebe Frau Grete!", die vom Arbeitsamt einen Bescheid bekommen habe, bald in der Fabrik arbeiten zu müssen. Das stand an, schließlich waren die Männer an der Front und das Vaterland bedroht. Offenbar hatte Frau Grete aber keine besondere Neigung. Nacken versuchte, sie zu überzeugen. „Heute müssen wir Deutsche uns mit unserer gesamten Kraft für den Bestand unseres Volkes einsetzen. Unsere Soldaten haben es schon die ganze Zeit getan und dabei zu Tausenden ihr Leben und ihre Gesundheit geopfert. (...) Ist es nicht selbstverständlich, wenn auch Sie nun mit anpacken?" Unterzeichnet ist der Artikel mit „Heil Hitler! Ihr Edmund Nacken".[18]

Daß er nationalsozialistische Ideologie verinnerlicht hatte, verriet er in mehreren Artikeln, die sich – die Invasion stand bevor – gegen die USA richteten. Nacken glaubt feststellen zu können, daß sich auch in den USA „das Grundgesetz durchsetzen mußte, daß nur aus guter Rasse, aus einem gesunden Zusammenklang von Blut und Boden eine wahrhafte Kultur entstehen kann. Ein Völkergemisch, das sich einerseits aus dem Aushub der ganzen Erde, andererseits aus Sonderlingen und Abenteurern zusammensetzt, kann eben aus Eigenem keine wahre Kultur hervorbringen."[19] Und weil sich mit Kindern Emotionen schüren lassen, scheute Nacken auch davor nicht zurück. Indem er Kinderarbeit in den USA angreift, stellt er die bange Frage: „Wie würden diese Plutokraten erst mit der Jugend eines besiegten Europas verfahren, wo sie mit der eigenen Jugend derart Schindluder treiben?"[20] Wenige Monate später schickte die deutsche Führung 16jährige Jungen an die Front, noch ein wenig später sollten deutsche Kinder Kaugummis von amerikanischen Soldaten erbetteln.

Die künftigen *FAZ*-Macher verstanden das „unmögliche Lizenzsystem" offenbar als Zwang, sich selbst in ihrer Freiheit eingeschränkt. Als in Wiesbaden mit der Generallizenz am 18. September das alte *Tagblatt* – zunächst kostenlos – wieder erschien, kommentierte die *Mainzer Allgemeine* die wiedergewonnene Freiheit begeistert. Die Redaktion äußerte die Hoffnung, das *Tagblatt* möge da weitermachen, wo es am 1. Juli 1943 aufhören mußte. Das *Wiesbadener Tagblatt* wurde herausgegeben von einem ehemaligen Mitglied der SA.[21]

Rheinischer Merkur: Zwielichtige Atmosphäre

Der *Rheinische Merkur* beobachtete genau: Nicht das Gefühl, befreit worden zu sein, beherrsche die Deutschen. Die meisten fühlten sich besiegt. Man könne eine „zwielichtige Atmosphäre" spüren, die „den meisten Menschen neben dem Stempel der Armut den des Pessimismus aufprägt". Wie aber die Ehre wiederherstellen? Hans-Erich von Haack, ehemaliger Pariser Korrespondent einer Reihe von Zeitungen des Reiches,[22] stellte den Widerstand heraus, vor allem den des Militärs, was „insbesondere im Hinblick auf die Generalität sehr aufschlußreich" sei.[23] Wie viele andere bastelte er an der Legende, die Deutschen seien von Hitler und ein paar Nazis verführt worden, denen allein die Schuld am deutschen Faschismus und dem „Zusammenbruch" zuzuschreiben sei.

Die Schuldfrage zu diskutieren war so gesehen gar nicht mehr nötig, auch nicht für den späteren TV-Frühschöppner Werner Höfer – seine eigene sowieso nicht.[24] Vielleicht hatte er auch vergessen, daß er zur Hinrichtung eines jungen Malers Beifall geklatscht hatte.[25] Man blickte nach vorn. Wie Höfer selbst, so sollten auch andere, die sich im Nazideutschland kompromittiert hatten, wieder zu Brot und Ehren kommen. Leidenschaftlich setzte er sich im *Rheinischen Merkur* dafür ein, daß Gustaf Gründgens, ehemaliger Intendant des Staatlichen Schauspielhauses Berlin, auf den Düsseldorfer Intendantenstuhl gehievt werden konnte. Das sei „eine vielversprechende Vision", so Höfer, schließlich sei Gründgens „Rheinländer von Geblüt".[26] Gründgens durfte kommen.

Auch große Teile der Redaktion wollten vermutlich nicht gern an ihre Vergangenheit erinnert werden: Lizenzträger Franz Albert Kramer war zunächst Pariser Korrespondent der *Kölnischen Volkszeitung* gewesen, während des Krieges Mitarbeiter der *Bayerischen Zeitung* in München, der *Dresdner Neuesten Nachrichten* und der *NSZ-Westmark*. Letztere erschien seit 1930 mit der Zielsetzung: „Vertiefung der nationalsozialistischen Weltanschauung".[27]

Willi Mohr, stellvertretender Chefredakteur, war zuvor als stellvertretender Hauptschriftleiter für den Lokalteil bei der *Koblenzer Volkszeitung* zuständig gewesen. „Für den Inhalt verantwortlich" zeichneten außerdem Ernst Kayser (Hauptschriftleiter des *Generalanzeigers* in Frankfurt)[28] und Vilma Sturm (Feuilletonistin der *Dresdner Neuesten Nachrichten*). Der *Freiheitskampf*, der ebenfalls in Dresden erschien und dort die amtliche Zeitung der NSDAP war, brachte noch 1944 ihre Artikel.[29] In der *Brüsseler Zeitung* verglich sie das Kartenspiel, „ein ritterliches Kampfspiel", mit der „edlen Kriegskunst" – gerade waren vor Stalingrad Zehntausende bei der Ausübung dieses „edlen" Geschäfts gestorben. Der kleine Mann am Biertisch werde zum Feldherrn; kaum daß er die Karten in der Hand halte, befehlige er seine Truppen, stelle eine Schlachtordnung auf, versuche, die Pläne seines Gegners zu durchschauen, erwäge Zahl und Tüchtigkeit der eigenen Heere, schicke sie ins Treffen, wobei er den Verlust jedes Mannes beklage, „am bittersten den der führenden Offiziere", und mit Stolz die Gefangenen überschaue. Gleich der „erhabenen Kriegskunst" liege der Grund für die Besessenheit des Kartenspielers in der „erregenden Mischung von Geschicklichkeit und Glück".[30]

Als Mitarbeiter schrieben neben Höfer Jürgen Schüddekopf (siehe Hamburg) und Freiherr Raitz von Frentz (vorher für *Essener Volkszeitung, Schlesische Volkszeitung* sowie die *Freiburger Tagespost* Korrespondent aus Rom).[31]

Die spätere Wochenzeitung war offenbar nicht als solche konzipiert gewesen. Bis 1947 erschien der *Rheinische Merkur* zweimal wöchentlich. Chefredakteur Kramer versprach sich vom Wechsel auf einmaliges wöchentliches Erscheinen ernsthaftere, gründlichere und sachlichere Arbeit, kurz: ein höheres Niveau. Wie kaum eine andere Zeitung nahm der *Rheinische Merkur* für die konservativ-katholische Seite Einfluß auf die Arbeit des Parlamentarischen Rates. Der spätere Bundespräsident Theodor Heuss meinte, das Blatt habe damit „für unsere innere Situation eine schlechte Atmosphäre geschaffen".[32]

Rhein-Zeitung: Geißel des Hitlerismus

Die Tageszeitung am Ort eiferte der Wochenschrift überzeugt nach: Von der ersten Ausgabe an, sie erschien zu Ostern 1946, orientierte sich das französisch lizenzierte Blatt an einer Führertheorie. „Zum Geleit" erhielten die Leser, was sie von ihrer Zeitung erwarteten: Absolution. Knapp ein Jahr nach der Befreiung von der „Geißel des Hitlerismus" formulierte die *Rhein-Zeitung*: „Die Taten weniger Wahnsinniger, die da glaubten, eine Welt nach ihrer Willkür formen zu können, führten zur fast völligen Auslöschung aller Ordnung und weitgehender Vernichtung unserer in Jahrtausenden aufgebauten Kultur."[33] Der Aufgabe, die die Alliierten an die Lizenzzeitungen gerichtet hatten, nämlich den Deutschen ihre Mitverantwortung für den Faschismus klarzumachen, kam die *Rhein-Zeitung* mit solchen Leitgedanken nicht nach.

Ob es an der Zusammensetzung der Redaktion lag? Nicht weniger als neun Redakteure der ersten drei Jahre hatten ihr Handwerk bereits während der Diktatur ausgeübt: Oskar Richardt war ausweislich des ersten vollständigen Impressums der *Rhein-Zeitung* verantwortlich für den Gesamtinhalt sowie zuständig für außenpolitische Fragen.

Aus dem besetzten Ausland hatte er zuvor für die *Kölnische Zeitung* geschrieben, als Pariser Korrespondent.[34] Auch Willi Dünwald ist am 15. Juni 1946 als Feuilletonredakteur verzeichnet, zuvor ständiger Mitarbeiter für Theater und Kunstfragen bei *Der Neue Tag* in Köln. Lokalredakteur Heinrich Schiel hatte vor 1945 beim *Generalanzeiger* in Koblenz als Lokalschriftleiter den Schlußdienst versehen.

Zu dieser Stamm-Mannschaft stießen im Laufe der Monate hinzu: Michael Weber vom *Trierischen Volksfreund* (dort Schriftleiter Handel), Hans Ritterbach von der *Kölnischen Zeitung* (dort Schriftleiter Politik), Harry Lerch von den *Leipziger Neuesten Nachrichten* (Schriftleiter Politik), Carl Triesch von der Duisburger Nebenausgabe der Kölner Zeitung *Der Neue Tag*, Kommunalpolitiker Matthias Sastges von der *Trierischen Landeszeitung* (Schriftleiter Provinz und Heimat), sowie H. L. Raymann als Nachrichten- und Schlußredakteur, ehemals *Dresdner Anzeiger*.[35]

4.4.3. Saarland

Saarbrücker Zeitung: Hort der Freiheit

Das Saarland kannte die Weimarer Republik nicht. Den Nationalsozialismus lernte es erst 1935 kennen, nachdem 90,8 Prozent der Bevölkerung für die Rückkehr ins Reich gestimmt hatten. Vergeblich, so wollen Historiker glaubhaft machen, sei der Versuch von Vertretern aller Parteien gewesen sein, „auf deutschem Boden einen letzten Hort der Freiheit" zu erhalten.[1]

20 Jahre später, 1954, wollte die Mehrheit der deutschen Politiker im Bundestag – bei Unterstützung durch große Kreise der lokalen Politik – erneut auf das Saarland verzichten, diesmal um die Westintegration nicht zu gefährden. Die Bevölkerung entschied abermals anders und lehnte das im Rahmen der Pariser Verträge ausgehandelte Saarstatut ab. Nach den Rückgliederungsverhandlungen gehört das Saarland seit dem 1. Januar 1957 wieder zur Bundesrepublik.

Für das Saarland begann die Demokratie deshalb später, die Pressefreiheit erst 1955. Bis dahin unterlagen die Zeitungen Zensur und Lizenzpflicht – von 1948 an durch die saarländische Regierung.

Schon sechs Wochen nachdem die französischen Truppen die amerikanischen an der Saar abgelöst hatten, erschien die *Neue Saarbrücker*

Zeitung als erste Tageszeitung im Saarland.[2] Bis zum Erscheinen weiterer Zeitungen gehörten einem Redaktionskomitee Vertreter von Sozialdemokratie, Kommunisten und Christlicher Volkspartei an.[3] Sie war damit eine Gruppenzeitung nach dem amerikanischen Muster. Bis Dezember 1947 wurde Vorzensur geübt. Die Korrekturfahnen mußten um 14 Uhr vorgelegt werden.[4]

Die Presseoffiziere hatten offenbar Probleme, geeignetes Personal zu finden. Es mußte nicht nur politisch unbelastet, sondern bei der anfangs ungeklärten Zukunft des Saarlandes auch politisch nicht festgelegt sein, um keiner der deutschen Positionen – Anlehnung an Frankreich, Autonomie oder deutschfreundlich – suspekt zu sein. Gleichzeitig mußte der Chefredakteur den Propagandawünschen der Franzosen Rechnung tragen. Ein Eiertanz. 1948, als die Situation sich zu klären begann, übernahm Albrecht Graf Montgelas diese Aufgabe, vor Kriegsbeginn Londoner Korrespondent der *Essener Volkszeitung*. Unter ihm arbeiteten vier Lokal- und Sportredakteure sowie neun Volontäre.[5] Auch die Redaktionen der vier Konkurrenten der *Saarbrücker Zeitung* kamen bis 1948 mit minimaler Besetzung aus: die *Saarländische Volkszeitung* mit fünf Redakteuren, die *Volksstimme* mit einem, die kommunistische *Neue Zeit* mit drei und *Das Saarland* mit zwei Redakteuren.

Saarländische Volkszeitung: Vertraute Lokalredakteure

Im folgenden Jahr wuchsen alle Redaktionen rasch an: Das Impressum der *Saarländischen Volkszeitung* – bis dahin unvollständig – meldete im Februar 1949 einen neuen Chefredakteur: Eduard Schäfer. Während des Krieges hatte ihn *Die Glocke* (amtliches Mitteilungsblatt des Gaues Westfalen-Nord der NSDAP) als Hauptschriftleiter geführt. Seiner Karriere hat das nicht geschadet. Nach seiner Tätigkeit bei der *Volkszeitung* wurde Schäfer 1957 Leiter des Presseamtes der Saar-Regierung und wenige Monate später Verlagsdirektor der *Saarbrücker Zeitung*.[6]

Mit Schäfer traten Eugen Wagner, ehemals *Saarbrücker Landeszeitung* und Politikschriftleiter der *Westfälischen Zeitung*, sowie Elisabeth Träm (Kulturpolitik bei der *Saarländischen Tageszeitung*) in die Redaktion des Blattes der „Christlichen Volkspartei des Saarlandes" ein.[7]

Die Bezirksausgabe in Völklingen, der Stadt, in der der Stahlriese Röchling seinen Standort hat, besorgte Rudolf Göttschow. Er war jetzt nicht mehr Hauptschriftleiter der *Völklinger Zeitung*, und das Haus mit der Nummer 8, in dem er arbeitete, lag jetzt nicht mehr in der

Adolf-Hitler-Straße, sondern Poststraße.[8] Auch Kollege Josef Becker saß im selben Haus wie ein paar Jahre zuvor. Damals war es zwar auch die Bezirksausgabe Neunkirchen gewesen, für die er Sport und Lokalgeschehen beobachtete, seine Zeitung hatte aber noch *Saarländische Tageszeitung* geheißen.[9]

Das Saarland: Nazi-Methoden nur Legende?

Als Hans Drexler *Das Saarland* verlassen mußte, rang das Blatt bereits heftig nach Luft. Die Auflage der Zeitung der „Demokratischen Partei des Saarlandes" betrug kaum mehr als 6.000.[10] Sein Artikel über die Nürnberger Folgeprozesse vermochte daran nichts zum Positiven zu verändern. Drexler schrieb über Kriegsprozesse, „in denen gewisse ... Stellen den Gedanken aufkommen lassen können, daß die hassenswerten Nazi-Methoden von jeher nur eine Legende gewesen seien".[11]

Dieser Artikel soll der Anlaß dafür gewesen sein, daß Drexler entlassen wurde. Es hätte andere Gründe gegeben: Die Schuld am Kriege hatte er im September 1939 England angelastet, das „nach der Ergebnislosigkeit seines diplomatischen Kampfes gegen die Wiedergutmachung des Versailler Unrechts den Kriegszustand erklärt" habe.[12] Am nächsten Tag rief er die Heimat zu Opferbereitschaft auf, denn „was einer von uns nicht für das Vaterland freiwillig gibt, das nimmt ihm der Feind, wenn er unser Herr wird. (...) Wir müssen ihn nicht nur mit der Waffe, wir müssen ihn auch durch das Opfer schlagen, das dieser Existenzkampf unseres Volkes uns auferlegt. Auch darin wollen wir uns von keinem Volk in der Welt übertreffen lassen."[13]

Vom Mai 1949 an hieß die Zeitung *Saarland – Abendpost* und erhielt auch äußerlich ein anderes Gesicht. Die Mühe war vergebens, am 30. September 1949 wurde sie eingestellt.

5. Ehemalige Goebbels-Propagandisten in der westdeutschen Nachkriegspresse – Tabellarische Übersicht

Zeitung	Mitarbeiter	Position
Berlin		
Tagesspiegel (amerik.)	Edwin Redslob	Lizenzträger/ChR
(1.Ausgabe: 27.9.45)	Erik Reger	Lizenzträger/ChR
	Otto Bach	Wirtschaft
	Robert Arzet	Handel
	Robert Hafferberg	Handel
	K. E. Engelbrecht	Demokrat. Forum
	Ludwig Eberlein	Red.Bln./Kult.pol.
	Vict. Hackenberger	Sport
	Erwin Kroll	Musik
Der Kurier (frz.)	Paul Bourdin	Lizenzträger/ChR
(12.11.45)	Kurt Balzer	Lokales
(1949 kein Impressum)	Hans Wesemann	Wirtschaft
	Eberhard Schulz	Autor/Mitgründer
	Margret Boveri	Autorin/Mitgr.
	Carl Linfert	Autor/Mitgründer
Sozialdemokrat (brit.)	Otto Suhr	Lizenzträger/ChR
(2.3.46)		
Volksblatt (brit.)	-	-
(5.3.46) (kein Imp.bis 10/1949)		
Telegraf (brit.)	Arno Scholz	Lizenzträger/ChR
(22.3.46)	Rudolf Brendemühl	Lokales
	Eugen Wagener	Sport
	Walth. Oschilewski	Kultur
	Lothar Papke	Red. Stuttgart
	Friedrich Sarow	Wirtschaft
	Hans-H. Theobald	Lokales
Der Abend (amerik.)	Hans Sonnenfeld	Lizenzträger
(10.10.46)	Max.Müller-Jabusch	Lizenzträger/ChR
(Imp.unvollst. bis 1949)	Werner v. Lojewski	Redakteur
	Paul Alfred Otte	Lokales
	Dieter Friede	Reporter

vor 1945 bei	Funktion	Red.mitglied seit
Reich/Reclam-u.Insel	Autor	27.9.45 (1.Ausgabe)
Deutscher Verlag	Angestellter	27.9.45
HK Paris, Zeitschr.	Herausgeber	27.9.45
versch. Zeitungen	MI Wirtschaft	27.9.45
MNN und andere	freier Autor	4/1949
Berliner Börsenztg.	ständig. Mitarbeit.	spätestens 9/1947
Das Reich	SL Kulturpolitik	spätestens 11/1947
BZ am Mittag	SL Sport	spätestens 11/1947
versch. Zeitungen	Musik-Kritiker	spätestens 9/1946
FZ/DAZ	MA Brüssel/Paris	Anfang 1946
Berliner Lokalanzeig.	Chef vom Dienst	spätestens 1949
Das Reich	Autor	1949
FZ/Reich/Leipaer Ztg.	SL/Autor/Stv.HS	1945 (später Stuttg.)
FZ/Das Reich	SL Berlin	1945
FZ/DAZ/Das Reich	Autor	1945
Südost-Echo, Wien	MI Berlin	1946 (kurzzeitig)
-	-	-
eigene Korrespondenz		22.3.1946 (1.Ausgabe)
Thüringer Gauzeitung	SL Thüring.Nachr.	3/1946
Berl.Morgenpost/BZ	SL Sport	spätestens 4/1949
DAZ u.a.	Autor Kultur	1948
Völkischer Beobachter	Autor	spätestens 4/1949
FZ	SL Handel	1947
Berliner Morgenpost	SL Lokales	1.5.1946
Deutscher Verlag	Dir. Druckereiabt.	10.10.46 (1.Ausgabe)
Deutsche Bank AG	Pressesprecher	10.10.46 (1.Ausgsbe)
Warschauer Zeitung/	Leitartikler	
Westdt.Beobachter/		
NSZ-Westmark		
Berliner Volkszeitung	SL Kultur/Unterh.	10.10.46 (1.Ausgabe)
RWZ/Pößnecker Ztg.	MI Berlin	10.10.46 (1.Ausgabe)

Zeitung	Mitarbeiter	Position
Der Tag (brit.) (23.3.48) (Imp. unvollst.bis 49)	Wilhelm Gries Alfred Gerigk	Chefredakteur Autor
Montags-Echo (brit.) (22.2.49) (Impressum erst ab 1950)	Heinz Mittelstädt Kurt F. Grigoleit	Lokales Lokales
Amerikanische Zone **Hessen:** Frankfurter Rundschau (1.8.45)	Wilhelm Gerst Richard Kirn Aloys Kern Hans Henrich	Lizenzträger/ChR Lokales Kommunales Redakteur
Hessische Nachrichten (5.9.45 / Kassel)	Hans Otto	Redakteur
Marburger Presse (15.9.45 / Imp.unv.bis 49)	Renate Unkrodt	Feuilleton
Wiesbadener Kurier (2.10.45)	Hans Kloos Ferdinand Himpele Konrad Bartsch Georg Franke Sigurd Paulsen	Feuilleton Wirtschaft Stv.ChR CvD Leitartikler
Fuldaer Volkszeitung (30.10.45)	Hans Seifert Fritz Maubach	verantw. Red. verantw. Red.
Darmstädter Echo (17.11.45)	-	-
Wetzlarer Neue Zeitung (1.1.46)	-	-
Gießener Freie Presse (7.1.46)	Hans Rempel Heinz Walbrück Adalbert Schmidt Otto Schober	Lizenz/Chefred. Innenpolitik Wirtschaft Redakteur

vor 1945 bei	Funktion	Red.mitglied seit
Saarbrücker Landeszt.	Hauptschriftleiter	1947 (davor Neue Zeit, Ostberlin)
versch. Zeitungen	MI Berlin	spätestens 1949
Königsberger Tagebl.	SL Wirtschaft	spätestens 1/1950
Zirkus Sarrasani	Pressesprecher	spätestens 1/1950
St. Georg Verlag	Verleger bis 1943	1.8.45 (1. Ausgabe)
Generalanzeiger, Ffm.	SL Lokales/Sport	1.8.45
Vilbeler Anzeiger	Hauptschriftleiter	spätestens 7/1948
Butzbacher Zeitung	Stv. HS	
Freiheitskampf	Autor	spätestens 7/1948
Der Westen	Stv.SL Kulturpol.	spätestens 12/1948
RWZ	Autorin Kultur	15.9.45 (1. Ausgabe)
Die Zeit, Sudetenland	SL Kultur	spätestens 12/1946
Straßburger N. Nachr.	SL Wirtschaft	spätestens 12/1946
Niederschles.Tageszt.	Hauptschriftleiter	7/1948
Oberlausitzer Tagesp.	Stv. HS	
Straßburger NN	SL Kulturpolitik	11/1948
DAZ/FZ/Das Reich u.a.	SL, MA Stockholm	1947
Tremonia / Klöckner	SL Wirtschaft	30.10.45 (1.Ausgabe)
Frankfurter Zeitung	Autor	30.10.45
-	-	-
-	-	-
versch. Zeitungen	Autor	1.6.1949
Thorner Freiheit	SL Provinz	18.10.46 (1.Ausgabe)
Darmstädter Tagblatt	Autor Kultur	18.10.46 (1.Ausgabe)
Mühlhäuser Anz.(Thür)	SL Heimat	1/1949

Zeitung	Mitarbeiter	Position
Frankfurter Neue Presse	Friedrich K.Müller	Stv.ChR
(15.4.46)	Richard Kirn	Lokales
	Karl Brinkmann	Redakteur
	Paul Fr. Weber	Redakteur
	Arnold Thelen	Wirtschaft
Kasseler Zeitung	Herbert Nuhr	Lizenzträger
(29.11.46)	Curt Kersting	Redakteur
Offenbach Post	Karl Brinkmann	CvD
(3.6.47)	Gustav Funke	Feuilleton
Werra-Rundschau	Max Klier	Wirtschaft
(2.1.48 / Eschwege)		
(Impressum erst 1.7.50)		
Waldecker Kurier	Heinz Walbrück	Wirtschaft
(6.6.48 / Korbach)	Heinrich Emde	Redakteur
(Imp.unvollst.bis 12/49)		
Abendpost	Karl Brinkmann	CvD
(1.10.48 / Frankfurt)		

Württemberg-Baden:

Zeitung	Mitarbeiter	Position
Rhein-Neckar-Zeitung	Theodor Heuss	Lizenzträger/ChR
(5.9.45 / Heidelberg)	Emil Belzner	Stv.ChR/Kultur
	Arthur Heichen	Wirtschaft
	Walter Koch	Wirtschaft
	Fritz Sartorius	Lokales
	Franz C.Heidelberg	Korrespondent
Stuttgarter Zeitung	Helmut Cron	Redakteur
(18.9.45)	Karl Löhmann	Redakteur
	Hans Otto Röcker	Redakteur
	Ernst Pfau	Politik
Schwäbische Donau-Ztg.	Siegfried v.Beoczy	CvD
(10.11.45 / Ulm)	Emil Kühle	Red. Schw.Gmünd

vor 1945 bei	Funktion	Red.mitglied seit
DZO	Autor	15.4.46 (1. Ausgabe)
s.o.	s.o.	15.4.46
Dt.Sportkorr./Donauz.	SL Sport u. CvD	15.4.46
Kölnische Zeitung	SL Umbruch/Nachr.	15.4.46
Mittag, Düsseldorf	SL Sport	11/1947
Weseler Zeitung	Verlagsleiter	6.5.47 (1. Ausgabe)
Kasseler NN	Stv. SL Lokales	1/1949
s.o.	s.o.	3.6.47 (1.Ausgabe)
Niederräder Anzeiger	MI Frankfurt	3.6.47
Eschweger Tageblatt	Hauptschriftleiter	spätestens 7/1950
Thorner Freiheit	SL Provinz	spätestens 1949
Waldeckische Landesz.	SL Sport	spätestens 12/1949
s.o.	s.o.	1.10.48 (1. Ausgabe)
FZ/DAZ/LNN u.a.	Autor	5.9.45 (1. Ausgabe)
StNT	SL Sport/Kultur	spätestens 1.4.47
Hannoverscher Kurier	MI Berlin	spätestens 1.4.47
Württemberger Ztg.	SL Lokales	spätestens 9/1947
Heidelberger NN	SL Lokales	November 1947
Essener Allg. Ztg.	SL Politik	spätestens 5/1945
Sport-Montag, Wuppert.	MA Paris	
StNT/NS-Kurier	SL Wirtschaft	18.9.45 (1.Ausgabe)
Stuttgarter NS-Kurier	SL Kultur	18.9.45
Schwäbischer Merkur	SL Kultur	spätestens 4/1946
Marburger Zeitung (A)	SL Pol./Wirtschaft	spätestens 4/1947
8-Uhr-Blatt, Nürnbg.	SL Lokales	spätestens 1947
Schwäb.Rundschau	SL Lok./Kult. (Lorch)	10.11.45 (1.Ausgabe)

Zeitung	Mitarbeiter	Position
Badische Neueste Nachr. (1.3.46 / Karlsruhe) (Imp.unvollst.bis 1949)	Karl-Rudolf Kruse E. Raitz v. Frentz E.G. Paulus	Redakteur Rom-Korr. Paris-Korr.
Heilbronner Stimme (28.3.46)	Paul Distelbarth Ilse Fischer	Lizenzträger/ChR Feuilleton
Wirtschaftszeitung (10.5.46 / Stuttgart)	Erich Welter Hans Baumgarten Helmut Cron Otto Hoffmann Jürgen Tern Nikolas Benckiser Eberhard Schulz Klaus Mehnert	Lizenzträger Chefredakteur Chefredakteur Chefredakteur Chefredakteur Redakteur Redakteur Autor
	Walter Henkels Kurt W. Marek Heinrich Satter	Autor Autor Autor Film/Thea.
Der Mannheimer Morgen (6.7.46)	Karl Vetter Karl E. Müller	Lizenzträger Chefredakteur
Fränkische Nachrichten (31.7.46/Tauberbischofsheim)	-	-
Württembergisches Zeit-Echo (1.8.46 / Schwäbisch Hall)		-
Neue Württemb. Zeitung (2.8.46 / Göppingen)	Helmut Wenninger Kurt Meyer	Lokales Redakteur
Stuttgarter Nachrichten (12.11.46)	Olaf Saile Karl Löhmann Ernst Pfau Kurt Honolka	Feuilleton Lokales Redakteur Feuilleton
Süddeutsche Allgemeine (29.7.47 / Pforzheim) (Imp. unvollst.bis 1949)	Walter Oberkampf	BA Vaihingen
Sonntagsblatt (1.2.48 / Stuttgart)	Hans Zehrer Ferdinand Fried	Chefredakteur Redakteur

vor 1945 bei	Funktion	Red.mitglied seit
Bruchsäler Zeitungsv.	Herausgeber	1.3.46 (1. Ausgabe)
Schles.Volksztg. u.a.	MA Rom	spätestens 1948
Berliner Börsenztg.	Paris/BeNeLux Korr.	spätestens 1948
Hilfe/Generalanz.Saar	Autor	27.3.46 (1.Ausgabe)
MNN/FZ/Film-Kurier	Autorin Kultur	spätestens 1/1947
Frankfurter Zeitung	Stv.HS	10.5.46 (kurzzeitig)
Deutscher Volkswirt	Hauptschriftleiter	10.5.46 (1. Ausgabe)
StNT/NS-Kurier	SL Wirtschaft	10.5.46
Frankfurter Zeitung	SL Wirtschaft	10.5.46
Frankfurter Zeitung	SL Wirtsch. Bln.	10.5.46
Frankfurter Zeitung	Schriftleiter	10.5.46
FZ/Reich/Leipaer Ztg.	SL/Autor/Stv.HS	10.5.46
MNN/Braune Post	Korrespondent	spätestens 1949
HH Fremdenblatt	MA Shanghai	
Das Reich/KZ u.a.	Kriegsberichter	spätestens 1949
Berliner Illustrierte	Serienautor	spätestens 1949
Das Reich/Signal u.a.	SL Film/Theater	?
Mosse-Verlag	Verlagsdirektor	6.7.46 (47 Rücktritt)
Neue Bad. Landesztg.	SL Politik	29.6.1946 (vorher SZ)
-	-	-
-	-	- -
Geislinger Zeitung	Volontär	2.8.46 (1. Ausgabe)
versch. Zeitungen	free-lancer	2.8.46
LNN	Autor Kultur	12.11.46 (1. Ausgabe)
s.o.	s.o.	spätestens 1/1948
s.o.	s.o.	7/1948
Dt. Ztg. im Ostland	Kriegsberichter	Juli 1949
Niederschles.Allg.Ztg.	SL Kulturpolitik	spätestens 1949
Die Tat	Hauptschriftleiter	1.2.48 (1. Ausgabe)
MNN/Buchautor/DieZeit	SL/Autor/MI Törwang	1.2.48

Zeitung	Mitarbeiter	Position
	Hermann Ziock	Autor
	Walter Kiaulehn	Autor
	W.E. Süskind	Autor
	Walter Henkels	Autor
Schwäbische Post (25.2.48 / Aalen) (Imp. unvollst. bis 49)	Hermann Baumhauer Franz Josef Härle	Redakteur Redakteur
Heidelberger Tageblatt (25.5.49)	Karl Silex Herbert von Borch	Chefredakteur Politik
Christ und Welt (6.6.48 / Stuttgart)	Giselher Wirsing Klaus Mehnert	Mitgründer Chefredakteur
	Wolfgang Höpker	Redakteur
	Hans-G.v.Studnitz	Autor
	Sigurd Paulsen	Autor
	Theodor Heuss	Autor
	Hanns-Erich Haack	Autor
	Helmut Lindemann	Autor
	Ursula v. Kardorff	Autorin

Bremen:

Zeitung	Mitarbeiter	Position
Weser-Kurier (19.9.45 / Bremen) (Imp.unvollst. bis 1949)	Felix von Eckardt Walter Nieselt Manfred Hausmann Hermann Opitz Jürgen Tern	Lizenzträger CvD Feuilleton Politik Leitartikler
Nordsee-Zeitung (27.10.47 – 19.9.49 / Bremerhaven)	-	-

Bayern:

Zeitung	Mitarbeiter	Position
Süddeutsche Zeitung (6.10.45 / München)	F.J. Schoeningh A. Schwingenstein Karl Eugen Müller Elly Staegmeyr Alexander Huke Alfred Dahlmann Karl Ude	Lizenzträger Lizenzträger Außenpolitik Wirtschaft Wirtschaft Kunst Feuilleton

vor 1945 bei	Funktion	Red.mitglied seit
Münsterischer Anz./	SL Lokales	1948 (s.a. Münster)
Generalanz. Duisburg	SL Kulturpolitik	
Signal/DZ im Ostland	Autor	1948
versch. Blätter	Autor Kultur	1948
Reich/Illu.Blatt u.a.	Kriegsberichter	1948
Bodensee-Ztg./DZO	SL Pol. Kult./HS	?
Kocher-und Nationalz.	Hauptschriftleiter	?
DAZ	Hauptschriftleiter	Mai 49 (1. Ausgabe)
Stuttg.Allg.Ztg./DAZ	MA Rom	Mai 49
MNN	Hauptschriftleiter	6.6.48 (1. Ausgabe)
MNN/Braune Post	Korrespondent	6.6.48
HH Fremdenblatt	MA Shanghai	
MNN	Politikredakteur	6.6.48
Stuttg.NS-Kurier u.a.	Diplomat.Mitarbeit.	6/1948
DAZ/FZ/Das Reich u.a.	SL, MA Stockholm	6/1948
Die Hilfe u.a.	Autor	6/1948
DaNN, StNT u.a.	MA Paris	6/1948
NWT, Stuttg. NS-Kurier	MA Stockholm	6/1948
DAZ	Autorin	8/1948
-	Drehbuchautor	19.9.45 (1.Ausgabe)
Bln..Illu.Nachtausg.	Hauptschriftleiter	spätestens 7/1949
Kölnische Zeitung	Autor Kultur	spätestens 4/1946
DAZ/Der Landsmann	MI Breslau	spätestens 3/1947
FZ	SL Wirtsch. Berlin	spätestens 4/1946
-	-	-
Hochland/FZ	Stv. HS/Autor	6.10.45 (1.Ausgabe)
zwei kleine Blätter	Korrespondent	6.10.45
Neue Bad. Landesztg.	Leitartikler	6.10.45
MNN	SL Wirtschaft	6.10.45
MNN	SL Wirtschaft	?
MNN/Dresdner N. u.a.	Autor K./MI München	6.10.45
MNN u.a.	Mitarb. am Ort	1945

Zeitung	Mitarbeiter	Position
	Max von Brück	verantw. Red.
	Otto Heinz Tebbe	verantw. Red.
	W.E. Süskind	verantw. Red.
	Heinz Holldack	verantw. Red.
	Ursula v. Kardorff	Autorin
	Hanns Braun	Theaterkritiker
	Alois Hahn	Lokales
	Fritz Nemitz	Autor Feuilleton
	Gunter Groll	Autor Feuilleton
	Karl H. Ruppel	Autor Feuilleton
Hochland-Bote (8.10.45 / Garmisch-P.) (Imp.unvollst.bis 1949)	Rudolf Werner	Redakteur
Nürnberger Nachrichten (11.10.45)	Friedebert Becker	CvD
	Fritz Schubert	CvD
	Ludwig Baer	Feuilleton
Frankenpost (12.10.45 / Hof)	-	-
Mittelbayerische Zeitung (23.10.45 / Regensburg)	Hans Huber	verantw. Red.
	Joseph Eder	verantw. Red.
Oberbayer. Volksblatt (26.10.45 / Rosenheim) (Imp.unvollst.bis 1949)	Hans Bühle	Lokales, Mühld.
Schwäb. Landeszeitung (30.10.45 / Augsburg)	-	-
Main-Post (24.11.45 / Würzburg)	Richard Seubert	Lizenzträger
	Heinrich G. Merkel	Lizenzträger
	Hans Weber	Lizenzträger/ChR
	Friedrich Römer	verantw. Red.
	Hermann J. Krautz	Politik/Wirtsch.
	Wolff Eder	CvD
	Karl Goldbach	Redakteur

vor 1945 bei	Funktion	Red.mitglied seit
versch. Zeitungen/FZ	Autor Kultur	spätestens 1947
Zeno-Zeitung, Münster	SL Westdeutschland	spätestens 1947
Die Literatur/versch.Ztg.	Hg./Autor Kultur	spätestens 5/49
Münchner Ztg. u.a.	MA Rom	5/1949
DAZ	Autorin	1946 (Redakt. 1950)
Münchner Zeitung/MNN	SL Kulturpol./Autor	1946
MNN/Oberhess.Ztg.	MO/MI München	1945
MNN/KZ/Das Reich	Autor Kultur	?
Reichssender München	Filmkritik	?
Kölnische Zeitung u.a.	SL Kult. Bln./Autor	?
Regensburger Anzeiger	Schriftleiter	8.10.45 (1.Ausgabe)
Morgenpost/StNT	SL Sport/MI München	11.10.45 (1.Ausgabe)
8-Uhr-Blatt (Nürnb.)	SL Lok./Pol./Kultur	spätestens 12/1947
Fränkischer Kurier	Stv.HS/SL Unt./Pol.	spätestens 12/1947
-	-	-
Bayerischer Anzeiger	Hauptschriftleiter	11/1948
Freisinger Nachrichten	Verleger	spätestens 4.1.47
8-Uhr-Abendblatt	CvD	spätestens 1949
-	-	-
Deutsche Front	Autor	1.1.46 (kurzzeit.)
Musikverlag Schauer	Verlagsdirektor	24.11.45 (1.Ausgabe)
Donau-Zeitung	Stv. SL Ostteil	12.2.47
MNN	Autor	24.11.45
Dürener Zeitung	SL Lokales	spät. 8/1946 (bis 47)
MNN/Mü.-Augsb.		
Abendztg.	Reporter/MO	11/1946
Taunusbote/Homburg	Hauptschriftleiter	10/1948

Zeitung	Mitarbeiter	Position
Main-Echo (24.11.45/Aschaffenburg) (Imp.unvollst.bis 7/49)	Wilhelm Engelhard Hans Wetzel Bernd Opel	Lizenzträger Lizenzträger Redakteur
Donau-Kurier (11.12.45 / Ingolstadt) (Imp. unvollst.bis 1949)	Joseph Lackas Carl Pützfeld Ludwig Emil Hansen Werner Oellers	Lizenzträger Chefredakteur Lizenzträger Autor
Der Allgäuer (13.12.45 / Kempten) (Imp.unv. bis 15.7.49)	Kaspar Rathgeb Hans Schneider Hans v. Mühlen	Lizenzträger Politik/CvD Feuilleton
Fränkische Presse (18.12.45 / Bayreuth)	Erich Neupert L.F. Märker	Lokales/Sport Pol./Wirtschaft
Fränkischer Tag (8.1.46 / Bamberg)	Carl C. Speckner	CvD
Isar-Post (15.1.46 / Landshut) (Imp.unvollst. bis 1949)	Johannes Theuner	Chefredakteur
Neue Presse (25.1.46 / Coburg) (Imp.unvollst.bis 9/49)	Johannes Langer Ernst Mannagottera	Lizenzträger Sport
Passauer Neue Presse (15.2.46)	Hans Kapfinger Alfred Heueck Herbert Schwörbel Hans Penzel Ernst Deuerlein August Ramminger	Lizenzträger/ChR Lokales Redakteur Leitartikler Leitartikler Politik
Fränkische Landeszeitung (24.4.46 / Ansbach)	Ludw. Hillenbrandt	verantw. Redakt.
Südost-Kurier (10.5.46/Bad Reichenh.)	Heinrich Haug Hans Spielhofer	Lizenzträger Red. Burghausen

vor 1945 bei	Funktion	Red.mitglied seit
Neureuther & Co, Bln.	Autor/Teilhaber	1947
Verlagsanstalt Manz	Stv. Betriebsleiter	22.11.45 (1.Ausgabe)
Lohrer Zeitung	Hauptschriftleiter	spätestens 7/1949
Aichacher Ztg.	Hauptschriftleiter	11.12.45 (1.Ausgabe)
Dt. Verlag,Saarbrücken	Leiter	
Münch.-Augsb.Abendzt.	SL Lokales	11.12.45
Herder	Verlagsleiter	3/1947
Thüring.Allg.Ztg. u.a.	Mitarbeiter	11.12.45
Fränk. Volksblatt	Hauptschriftleiter	13.12.45 (1.Ausgabe)
Franz Eher Nachf.	Schriftleiter	10/1948
Thüringer Gauztg. u.a.	MA Südost	spätestens 7/1949
12-Uhr-Blatt, Berlin	SL Lokales	12/1946
Münchner Zeitung u.a.	Kultur, Autor	6/1948
Bayer.Volksztg.	Hauptschriftleiter	12/1948
Badische Presse		
Breslauer NN/	SL Wirtschaft	15.1.46 (1.Ausgabe)
Beobachter, Hirschbg.	Stv. HS/CvD	
Ostdtsch. Morgenpost	Schriftleiter	9/1947
Coburger Tageblatt	SL Sport	spätestens 9/1949
Dt.Werbung/Wi.kammer	Stv.HS/Pressereferent	15.2.46 (1. Ausgabe)
Berlin Pressedienst	Schriftleiter	10/1946
Südost-Echo, Wien	MA Athen	11/1948
Mitteldt.Nationalztg.	Mitarbeiter	1949
Erlanger Tagblatt	MO Heimatforschung	1949
LNN/DZNL u.a.	Leitartikler	spätestens 6/1949
DZNL	Autor	24.4.46 (1.Ausgabe)
Öttinger Anzeiger	Hauptschriftleiter	1946
MNN	Theaterkritiker	spätestens 1949

Zeitung	Mitarbeiter	Position
Der Neue Tag (31.5.46 / Weiden)	-	-
Der Volkswille (15.7.46 / Schweinfurt)	Wolfgang Gubalke	Redakteur
Münchner Merkur (Mittag) (13.11.46)	Felix Buttersack	Lizenzträger/ChR
	Rudolf Heizler	Außenpolitik
	Heinrich Satter	Kulturkorr.,Bln.
	Réné Prévot	Mitarbeiter Feu.
	Effi Horn	Mitarbeiter Feu.
	Max von Brück	Autor
	Graf A. Montgelas	Stv. ChR
	Heinz Hess	Kultur
	Rolf Flügel	Lokales
	E. Meyer-Gmunden	Autor/verantw.R.
	Korbinian Lechner	Autor
	Jochen Willke	Leitartikler
	Franz Obermaier	Serienautor
	Ilse Urbach	Autorin
Niederbayer. Nachr. (20.8.47 / Straubing) (Imp.unvollst. bis 1949)	Hans Wetzel	Lizenzträger
	Karl-Heinz Eckert	Redakteur
Münchner Allgemeine (5.5.48 / München) (Imp. unvollst.bis 9/49)	Fritz Schumacher	Redakteur
	Josef Thielmann	Stv. ChR
	Hanns Braun	Redakteur
Abendzeitung (16.6.48 / München)	Rudolf Heizler	Stv. ChR
Augsburger Tagespost (28.8.48)	Franz Mariaux	Leitartikler
	Andreas Vogel	Leitartikler
Neues Volksblatt (1.5.49 / Bamberg) (Imp.unvollst.bis 11/49)	Emil Jöckle	Politik/CvD
	Hans Morper	Lokalredakteur
	Philipp Schmitt	Provinzredakteur
	Robert Styra	Kulturredakteur

vor 1945 bei	Funktion	Red.mitglied seit
-	-	-
Berliner Volkszeitung	SL Arbeit/Wirtsch.	spät.1/1947 (bis 7/1948)
Lokalanz. (Bln.) u.a.	Autor/SL Kulturpol.	18.9.47
Frankfurter Zeitung	SL Berliner Büro	13.11.46 (1.Ausgabe)
Dt. Verlag/Das Reich	Film/Theater	1946
MNN	MO Kultur	1947
MNN	MO Kultur/Lokales	spätestens 7/1947
FZ	Kultur	7/1948 (davor SZ)
Essener Volkszeitung	MA London	6/1949
DaNN	SL Kulturpolitik	spätestens 1/1948
MNN	SL Lok. (auch Film)	spätestens 9/1947
MNN	Stv. SL Wirtschaft	1949
Südd.Sonntagspost/MNN	MO Kultur	1949
Gaublatt/Steiermark	Leitartikler	?
VB/MNN	Mitarbeiter	1949
FZ/Das Reich	Mitarbeiterin	1948
s.o.	s.o.	(4.8.47)
Deutsche Wochenschau	Stv. HS	spätestens 1949
Münchner Zeitung	SL Wirtschaft	spätestens 1949
Freiburger Zeitung	SL Lokales	spätestens 9/1949
Münchner Zeitung	SL Kulturpolitik	spätestens 9/1949
Frankfurter Zeitung	SL Berliner Büro	16.6.48 (1.Ausgabe)
versch. Blätter	MA Paris	28.8.48 (Vorher GBZ)
Donauzeitung	Autor	28.8.48 (1.Ausgabe)
Bamberger Volksblatt	Hauptschriftleiter	spätestens 11/1949
Bamberger Volksblatt	SL Lokales	spätestens 11/1949
Bam.V./Regensb.Kurier	SL Sport/Provinz	spätestens 11/1949
Krakauer Zeitung	Leitartikler	spätestens 11/1949

Zeitung	Mitarbeiter	Position
Britische Zone **Nordrhein-Westfalen** Aachen:		
Aachener Nachrichten (24.1.45)	Josef Hofmann Hans Carduck Lisbeth Thoeren	Chefredakteur Politik Unpolit. Teil
Aachener Volkszeitung (22.2.46)	Josef Hofmann Jakob Schmitz	Lizenz/ChR Lizenz/Vgl.
	Hans Carduck Lisbeth Thoeren Anton Ruhnau Aloys Maria Haak	Politik Feuilleton Redakt.leiter BA BA Erkelenz
Die Freiheit (KPD) (1.3.46 – 3.1.49 / Düsseldorf)	-	-
Rheinische Post (2.3.46 / Düsseldorf) (Imp.unvollst. bis 1948)	Friedrich Vogel Josef Noé Frank Vogl Paul Vogelpoth Kurt Pritzkoleit Roland Schmidt Detmar Wette	Lizenz/ChR Stv. ChR. Chefredakteur Lokales Wirtschaft Außenpolitik Sport
Rheinische Zeitung (2.3.46 / Köln)	Karl Brunner Bernd Huffschmidt Dora Bier Heinz Pettenberg Gustav R. Hocke Hans Spies R.P. Coupette Werner Höfer Franz Mariaux	Stv. ChR Wirtschaft Wissenschaft Red.leiter, West Korr. Rom Wirtschaft Wirt./Westausg. Autor Autor
Volksstimme (KPD) (4.3.46 / Köln)	-	-
Rhein-Echo (9.3.46 / Düsseldorf) (Imp.unvollst. bis 7/49)	Hans B.F. Füßmann Jakob Funke Heinz Gorrenz	Lokales Lokales, Essen CvD

vor 1945 bei	Funktion	Red.mitglied seit
KVZ/KZ	SL Pol./Außenpol.	1945
Kölnische Volksztg.	Stv. HS	1945
KVZ/KZ	SL Lokal./Kultur	1945
KVZ/KZ	SL Pol./Außenpol.	22.2.46 (1.Ausgabe)
Der Volksfreund/	Verlagsleiter	22.2.46
Aachener Post		
Kölnische Volksztg.	Stv. HS	22.2.46
KVZ/KZ	SL Lokal./Kultur	22.2.46
Siegerländ. Tagespost	Hauptschriftleiter	spätestens 1949
Generalanzeiger, Bonn	SL Lok./Vermischtes	spätestens 1949
-	-	-
Düsseldorfer Nachr.	SL Handel/Wirtsch.	2.3.46 (1.Ausgabe)
Kölnische Volksztg.	SL Handel	2.3.46
Generalanz. Wuppertal	SL Kultur	spätestens 1948
Düsseldorfer Nachr.	SL Sport	spätestens 1948
Reich/Hakenkreuzbann.	Autor/SL Politik	spätestens 1948
DrNN/Dresdner Anz.	SL Politik	3/1949
Kölner Stadtanz./KZ	SL Sport	spätestens 3/1949
versch. Zeitungen	MI Berlin	2.10.46
Pariser Ztg./Das Reich	SL Wirtschaft	2.10.46
Kölnische Zeitung	Autorin Naturwiss.	6/1948
KZ/Stadtanzeiger	Autor/SL Lokales	1.5.48
Kölnische Zeitung	SL Kultur/MA Rom	spätestens 5/1948
NWT/KZ/Die Zeit	MA Madrid	10/1948
Bremer Nachrichten	MI Köln	5/1948
12 Uhr Blatt/RWZ u.a.	Mitarbeiter	?
KVZ/KZ	MA Paris	spätestens 1948
-	-	-
Neußer Zeitung	SL Lokales	spätestens 1949
s.o.	s.o.	3 - 7/1946
Der Mittag., Ddf.	Stv. HS	?

Zeitung	Mitarbeiter	Position
Westfalen-Zeitung (15.3.46 /Bielefeld)	Friedrich Blume H. Fleischhauer Sigurd Paulsen	Chefredakteur CvD Leitartikler
Kölnische Rundschau (19.3.46)	Reinhold Heinen Hans Rörig Eduard Hemmerle Wilhelm Demant Julius Mella Bernd Manger Karl Pesch Heinz Baums Hans Koch Theo Kirschbaum Walther Jacobs Heinz Stephan	Lizenzträger Chefredakteur Chefredakteur Politik Politik Wirtschaft CvD Städtisches Städtisches Sport Musik Kultur
Westfälische Rundschau (20.3.46 / Dortmund)	Paul Sattler	Lizenzträger
Freie Presse (3.4.46 / Bielefeld)	Carl Severing	Chefredakteur
Westfalenpost (26.4.46 / Soest) (Imp.unvollst.bis 1949)	Edmund Pesch Theo Fritzen	Chefredakteur Stv.ChR
Westdt. Volks-Echo (KPD) (7.5.46 – 4.5.48 / Dortmund)	-	-
Westdeutsche Rundschau (8.5.46 / Wuppertal)	Christian Gehring Rudolf Morche Franz Plankermann Felicitas Narz Hans Schomaker Richard Pötter Richard Balken Erich Ledertheil Karl Stetter	Lizenzträger/ChR Wirtschaft Lokales BA Essen BA Essen BA Krefeld Serienautor BA Düsseldorf BA Duisburg

vor 1945 bei	Funktion	Red.mitglied seit
Kölnische Zeitung	SL Politik	6/1948
Dresdner Anzeiger	Stv. HS	1.1.49
FZ/DAZ/Das Reich u.a.	SL/MA Stockholm	spätestens 12/1947
Kölnische Zeitung	Schriftleiter	19.3.46 (1.Ausgabe)
KZ/Der Neue Tag	MA London/MA Bern	30.7.46
mehrere Zeitungen	MI Berlin	30.7.46
Düsseldorfer Tagebl.	SL Kommunales	10.12.46
Kölnische Zeitung	SL Westdt./Kommunal.	spätestens 1949
Der Niederrhein	SL Wirtschaft	6/1948
Münsterischer Anz.	SL Lokales, Bocholt	6/1948
Der Neue Tag, Köln	SL Lokales	10.12.46
Der Neue Tag, Köln	Hauptschriftleiter	1/1949
Der Neue Tag, Köln	SL Sport	12/1948
Kölnische Zeitung	Stv.SL Kunst u.Unt.	1/1949
DrNN	Kulturpolitik	6/1948
Essener Allg. Ztg.	SL Handel/Lokal.	20.3.46 (1.Ausgabe)
Westdt. Beobachter	SL Lokales	3.4.46 (1.Ausgabe)
Tremonia/StNT	SL Kultur/Autor	1947
Westfälischer Kurier	SL Lok., BA Iserl.	spätestens 8/1949
Braunschw.Tagespost	SL Sport	
-	-	-
Sport-Montag, Wupp.	SL Politik	8.5.46 (1.Ausgabe)
Deutsche Post,Troppau	SL Wirtschaft	spätestens 1949
Welt a.Sonnabend,Ddf.	Stv. HS	spätestens 1949
Westdt.Beobachter	Kriegsberichterin	1947
Essener Volkszeitung	Mitarb. am Ort	spätestens 1949
Westdeutsche Zeitung	Hauptschriftleiter	spätestens 1949
Velberter Zeitung	SL Lokales	8/1949
Straßburger NN	SL Lokales	spätestens 1949
Generalanz. Duisburg	SL Kommunalpolitik	spätestens 1949

Zeitung	Mitarbeiter	Position
Rhein-Ruhr-Zeitung (14.5.46 / Essen) (1. vollst.Imp. 10/48)	Hubert Heinrichs Hans Eberlein Karl Sabel Willy Siefke Hermann J. Krämer	Stv. ChR Wirtschaft Politik Sport Feuilleton
Handelsblatt (16.5.46 / Düsseldorf) (Imp. unvollst.bis 1949)	Friedrich Vogel	Lizenz/ChR
Neue Ruhr Zeitung (dann: Neue Ruhrzeitung) (13.7.46 / Essen)	Jakob Funke Gustav Hensel Karl Brunner Ch. Klatt-Krieser Arnold Thelen Felicitas Narz Bernd Angerhausen Hans Kreck Friedrich Schacke	BA Essen BA Essen Chefredakteur Kultur Sport Volontärin BA Essen BA Moers BA Duisburg
Volks-Echo (KPD) (16.7.46 / Detmold)	-	-
Westfälische Nachrichten (3.8.46 / Münster) (Imp. unvollst.bis 1949)	Friedrich L.Hüffer Gottfr. Hasenkamp Theo Frerker Hermann Ziock Clemens Hülsbusch Rud. Ochsenknecht Theo Fürstenau Josef Reichelt Wilhelm Vernekohl Raitz v. Frentz	Lizenzträger Lizenzträger ChR (HS) Stv.HS, dann ChR SL Kulturpolitik Wirtschaft verantw. Red. verantw. Red. Lokales verantw. Red. Korr. Rom
Westdeutsches Tageblatt (24.8.46 / Dortmund) (Imp.unvollst. bis 1949)	Emil Strodthoff Hans Hornberg	Chefredakteur Lokal, BA Bochum

vor 1945 bei	Funktion	Red.mitglied seit
Mittelrhein.Landesztg.	SL Wirtschaft	3/1949
Kölnische Zeitung	MI Düsseldorf	spätestens 10/1948
RWZ	SL Lokales	spätestens 10/1948
Kölnische Volksztg.	SL Sport	spätestens 10/1948
Generalanzeiger, Bonn	SL Lokales	spätestens 10/1948
Düsseldorfer Nachr.	SL Handel/Wirtsch.	1. Ausgabe
Essener Anzeiger	Hauptschriftleiter	13.7.46 (1.Ausgabe)
Essener Anzeiger	MO Essen	13.7.46
mehrere große Ztgn.	MI Berlin	1.4.47
Hannov.Anzeiger/RWZ	SL Kultur	1946
Der Mittag, Ddf.	SL Sport	1946 (dann Ffm.)
Westdt. Beobachter	Kriegsberichter	8/1946
Buersche Zeitung	SL Sport/Provinz	4/1948
Generalanzeiger,Duis.	SL Lokales,Gladbeck	
Rheinhausener Zeitung	Hauptschriftleiter	?
Rhein-und Ruhrzeitung	SL Lokales, Moers	?
-	-	-
Münsterischer Anzeiger	Vgl.	3.8.46 (1. Ausgabe)
Mü.Anz./Druckerei	HS/Vgl.	3.8.46
Trierische Landesztg.	SL Politik	3.8.46
Münsterischer Anz./	SL Lokales	23.7.47
Generalanz. Duisburg		
Münsterischer Anz./	SL Münsterland	spätestens 1/1949
Westfälische Tagezt.	SL Provinz	
Zeno/Westfäl.Tagesz.	BA Lüdinghsn./SL Mü	spätestens 1/1949
DAZ	Autor Kultur	spätestans 1/1949
Münsterischer Anz.	SL Gemeindepolitik	spätestens 8/1949
Mü.Anz./Westfäl.T.	SL Kunst/Kulturpol.	spätestens 1/1949
mehrere Blätter	MA Rom	spätestens 1/1948
Bochumer Anz./VB	Autor	24.8.46 (1.Ausgabe)
Bochumer Anzeiger	SL Sport	spätestens 1949

Zeitung	Mitarbeiter	Position
Neuer Westfälischer Kurier (6.9.46 / Werl) (Imp. unv.bis Ende 1949)	Franz Bruns	BA Bochum
	Hans Albrecht	BA Brilon
	Hermann J. Berges	BA Hamm
	Hermann Müser	BA Neheim
	Hermann Schneiders	BA Gelsenk.-Buer
	Franz Zons	BA Münster
	Karl Mehls	BA Münster
	Frans-Cl.Gieseking	BA Münster
	Leo Meister	Verlagsleiter
Westdeutsche Allgemeine Zeitung (3.4.48 / Bochum) (Imp.unvollst. bis 1949)	Jakob Funke	Lizenzträger
	Felicitas Narz	Reportage
	Ludwig Döring	Reportage
	Gustav Hensel	SL Lokales,Essen
	Carl Bertr. Hommen	CvD
	Josef Saal	Korr. Düsseldorf
	Otto Häcker	Korr. Stuttgart
	Willi Franke	SL Lokales,Herne
	Leo Hamp	SL Lok. Gelsenk.
	Herm.Heidenstecker	SL Lok. Moers
	Hans Hollender	SL Lok.Hattingen
	Willy Jaeger	SL Lok. Bottrop
	Wilhelm Ludewig	SL Lok. Wanne-E.
	Herman Noruschat	SL Oberhausen
	Walter Peddinghaus	SL Lok. Hagen
	Theo Schröter	SL Lok. Mülheim
	Dr. Venn	SL Lok. Witten
	Wilhelm Kruse	SL Lok. Bochum
	Carl Aug. Richter	SL Lok. Duisburg
	Paul Weigand	SL Lok. Wattens.
Westdeutsche Zeitung (2.7.48 / Düsseldorf) (1.vollst.Imp. 18.5.49)	Paul Vogelpoth	Lokales
	Wernher Witthaus	Feuilleton
	F. W. Dinger	BA Köln
	Alexander Rörig	BA Köln
	Robert Schaberg	BA Solingen
	Walter Schmitz	BA Remscheid
	Rudolf Wildermann	BA Krefeld

vor 1945 bei	Funktion	Red.mitglied seit
Gelsenkirch.Ztg.	SL Kunst/Unt.	spätestens 1949
Westfäl.Beobachter	SL Kult.pol.	
Sauerländ. Nachr.	Vgl., Brilon	spätestens 1949
Der Patriot	Schriftleiter	
Westf.K./W.Volksblatt	SL Unt./Stv.HS	spätestens 1949
Westfäl. Kurier	SL Lokales, Neheim	spätestens 1949
Vestische N.N.	SL Lokales	spätestens 1949
Westfäl. Beobachter	BA Gladbeck/Dorsten	
Münsterische Ztg.	Hauptschriftleiter	spätestens 1949
Münsterische Ztg.	SL Lokales/Sport	spätestens 1949
Münsterische.Ztg./KZ	SL Kult./Autor Kult.	spätestens 1949
RV d.Zeitungsverleger	GF Nordostdeutschl.	spätestens 1947
Danziger Vorposten	Anzeigenleiter	
RWZ	Schriftleiter	3.4.48 (1.Ausgabe)
Westdt. Beobachter	Kriegsberichter	5/1948
Bremervörder Ztg.	Hauptschriftleiter	spät. Herbst 1948
Nordwestdeutsche Ztg.	SL Wehrfragen/Prov.	
Essener Anzeiger	MO Essen	3.4.48
RWZ	SL Politik	spät. Herbst 1948
Rheinische Landesztg.	SL Berlin Politik	spät. Herbst 1948
Frankfurt.Generalanz.	Stv. HS	spät. Herbst 1948
Herner Zeitung	Hauptschriftleiter	spät. Herbst 1948
Gelsenkir. Allg. Ztg.	Stv. HS	spät. Herbst 1948
Duisb.Generalanzeiger	SL Lok. Niederrhein	spät. Herbst 1948
Heimat a.Mittag	Stv. HS (Hattingen)	spät. Herbst 1948
Essen.Anz./E.Allg.Zt.	MO / SL Provinz	spät. Herbst 1948
Wanne-Eickeler Ztg.	SL Lokales/Provinz	spät. Herbst 1948
Duisb.Generalanzeiger	SL Lokal. Dinslaken	spät. Herbst 1948
Hagener Zeitung	SL Lokales/Sport	spät. Herbst 1948
Duisb.Generalanzeiger	Hauptschriftleiter	spät. Herbst 1948
Westdt. Beoabachter	SL Lok. BA Bonn	spät. Herbst 1948
Volks-Zeitg., Bochum	SL Provinz/Umbruch	spät. Herbst 1948
Nationalblatt,Koblenz	SL Lok.,NA Neuwied	spät. Herbst 1948
Nationalztg., Siegen	Hauptschriftleiter	spät. Herbst 1948
s.o.	s.o.	spätestens 5/1949
Kölnische Zeitung	SL Düsseldorf	spätestens 5/1949
Kölnische Zeitung	SL Lokales	spätestens 1949
Kölnische Zeitung	MO Lok./SL Technik	spätestens 1949
Solinger Tageblatt	SL Lokales/Sport	spätestens 1949
Generalanzeiger, Rem.	SL Provinz	spätestens 1949
Westdeutsche Zeitung	SL Lokales	spätestens 1949

Zeitung	Mitarbeiter	Position
Neue Volkszeitung (KPD) (15.9.48 / Dortmund)	-	-
Freies Volk (KPD) (3.1.49 / Düsseldorf)	-	-
Ruhr-Nachrichten (1.3.49 / Dortmund)	Lambert Lensing	Lizenzträger
Niedersachsen: Braunschweiger Zeitung (8.1.46)	Fritz Sänger Peter Raunau	Chefredakteur Politik
	Karl H. Schlange Hans Otto Schmidt Walter Pabst	Wirtschaft Lokales Wirtschaft
	Albert Schwibbe Otto Jacobi Walter Göbel	Provinz Lok., Helmstedt Lok., Goslar
Lüneburger Landeszeitung (15.1.46) (Imp.unvollst. bis 8/1949)	-	-
Deutsche Volkszeitung (25.3.47–23.8.49/Celle)	Friedr. v. Wilpert Karl Kühling Helmut Kimsky Max Höhne	Chefredakteur Chefredakteur Lokales Lok., Hildeshm.
Nordwest-Zeitung (26.4.46 / Oldenburg) (Imp.unvollst. bis 1/1949)	Fritz Bock Otto Behrens	Lizenzträger Lokales
Hannoversche Neueste Nachrichten (3.7.46)	Joseph Hasler Henri Nannen Walter Schnabel Franz Freckmann Georg Paasch Alfred Kästner Erwin Wäsche	Lizenzträger Lizenzträger Wirtschaft Lokales CvD Politik Feuilleton

vor 1945 bei	Funktion	Red.mitglied seit
-	-	-
-	-	-
Tremonia	Verleger	1.3.49 (1.Ausgabe)
FZ, NWT, Kieler Ztg.	MI Berlin	8.1.46 (1.Ausgabe)
DaNN/Pariser Ztg.		8.1.46
Kasseler NN/D.Neue Tag	MI Berlin	
Limbacher Tageblatt	Stv. HS	8.1.46
Brauns.Allg.Anzeiger	SL Lokales	8.1.46
Hann.Kurier/Berliner	SL Wirtschaft	1946
Ill.Nachta./Lokalanz.	MA Rom	
Magdeburg.Generalanz.	SL Provinz	spätestens 1948
Der Norden, Pankow	Hauptschriftleiter	spätestens 1949
Gosl.Zt./Harzer Tagebl.	SL Heimat	spätestens 1949
-	-	-
Danziger N.N.	Stv. HS	spätestens 1947
Osnabrücker Tageblatt	Stv. HS	spätestens 1949
Der Mitteldeutsche	SL Vermischtes	spätestens 1949
Hildesheimer Allg.Ztg.	Hauptschriftleiter	spätestens 1949
Oldenburger Nachr.	Verlagsleiter	26.4.46 (1.Ausgabe)
Wilhelmsh.Kurier	SL Lokales	spätestens 1/1949
Bochumer Volkszeitung	Hauptschriftleiter	3.7.46 (1.Ausgabe)
SS-Propagandaabt.	Autor	3.7.46
Germania	SL Wirtschaft	spätestens 1949
Hann. Kurier	SL Lokales	1.2.47
Hann. Kurier	SL Politik	1/1949
Hamburger Anzeiger	SL Politik	7/1949
HK/Brüsseler Ztg.	SL Kultur	7/1949

Zeitung	Mitarbeiter	Position
	Karl Schiefer	Bezirksausgaben
	Albert Unnerstall	Bezirksausgaben
Hannoversche Presse (19.7.46)	Gerd Schulte	Feuilleton
	Robert Krugmann	Wirtschaft
	Heinz Mundhenke	CvD
	Gerda Richter	Frauen
Niedersächsische Volksstimme (KPD) (16.8.46 / Hannover)	-	-
Neues Tageblatt (17.9.46 / Osnabrück)	Alfred Oesterheld	Chefredakteur
	Richard Erdmann	Wirtschaft
	Fritz Zinnecke	BA Bersenbrück
	Heinrich Tötter	Politik
Abendpost (6.2.47–3.3.49 / Hannover)	H. Nannen (kurzz.)	Lizenzträger
Nordwestdt. Rundschau (1.4.47 / Wilhelmshaven)	Karl-H. Brinkmann	BA Osnabrück
Niedersächsischer Kurier (3.1.48 / Osnabrück)	Peter Löhmann	Verlagsleiter
	Hermann Diebold	Niedersachsen
	Fritz Rediger	Niedersachsen
Norddeutsche Zeitung (1.5.48 / Hannover)	Karl O. Heuser	Wirtschaft
	Johannes Schneider	Lokales
Hannoversche Allgemeine Zeitung (25.8.49)	Erich Madsack	Lizenzträger
	Hans Lehmann	Chefredakteur
Hamburg Die Zeit (21.2.46 / Hamburg) (Imp.unvollst. bis 1/1949)	Lovis H. Lorenz	Lizenzträger
	Richard Tüngel	Lizenz/ChR
	Gerd Bucerius	Lizenzträger
	Ernst Samhaber	Chefredakteur
	Erwin Topf	Wirtschaft
	Karl Willy Beer	Red. Berlin

vor 1945 bei	Funktion	Red.mitglied seit
Hannoverscher Anz.	SL Lokales	1/1949
Hannoverscher Anz.	SL Provinz	7/1949
Hannoverscher Kurier	SL Lokales	spätestens 1/1948
Brüssel.Ztg./DZO/DoZ	Autor Wirtschaft	1/1949
zahllose Ztgn.	MA Nahost	1/1949
Der Mitteldeutsche	SL Kulturpolitik	1/1949
-	-	-
Berliner Morgenpost	SL Wirtschaft	spätestens 12/1947
Iserlohner Kreisanz.	Stv.HS + SL Heimat	spätestens 1/1949
Gubener Zeitung	Schriftleiter	spätestens 1949
Brüsseler Ztg./KZ	Hauptschriftleiter	spätestens 7/1949
s.o.	s.o.	1947 - 1948
Ostfries.Tagesztg.	Lokales für Norden	spätestens 1949
Neue Volksblätter	Anzeigenleiter	spätestens 7/1948
Zeno-Zeitung	Stv. HS	spätestens 7/1948
Zeno-Zeitung	Hauptschriftleiter	spätestens 7/1948
Hann.Kurier/H.Zeitung	SL Wirtschaft	1.5.48 (1.Ausgabe)
Landpost Hildesheim	Stv. HS	1.5.48
Hannoverscher Anz.	Hauptschriftleiter	25.8.1949 (1.Ausgabe)
LNN	Schlußred./Leitart.	25.8.1949
Die Woche	Hauptschriftleiter	21.2.46 (1.Ausgabe)
Ufa/Berlin-Film		21.2.46
HH Fremdenblatt	Autor	21.2.46
DAZ/Das Reich/	MA Chile	Vorbereitungsphase
Hakenkreuzbanner		
Berliner Tagblatt	SL Innenpolitik	3/1946
FZ/DAZ/Reich	SL Innenpolitik	1946

219

Zeitung	Mitarbeiter	Position
	Jupp Müller-Marein	Reporter
	Hans-A. v. Dewitz	Politik
	Paul Fechter	Autor, Berlin
	Walter Abendroth	Kultur
	Hans-G. v. Studnitz	Autor
	Peter Bamm	Autor
Hamburger Allg. Zeitung (2.4.46) (1.vollst.Imp.8.8.49)	Karl Silex (kurz)	Chefredakteur
	Rolf S. v.Loetzen	Chefredakteur
	Günter Sawatzki	Feuilleton
	Paul Schnadt	Wirtschaft
	W.F. Packenius	Wirtschaft
	Adolf Frisé	Kultur
	E. von Wiese	Lokales
	August H. Esser	Sport
	Erich Kühn	Rat und Tat
	Sigurd Paulsen	Leitartikler
Hamburger Freie Presse (3.4.46)	Hans Sommerhäuser	Lizenzträger
	Alois Winbauer	Chefredakteur
	Alfred Frankenfeld	Wirtschaft
	Hans Meißner	Lokales
Hamb. Volkszeitung (KPD) (3.4.46)	-	-
Hamburger Echo (SPD) (3.4.46)	-	-
Niederdt. Ztg. (10.2.47) (Imp.unvollst. bis 9/1949)	Karl Heinz Balzer	Chefredakteur
Hamburger Abendblatt (14.10.48)	Axel Springer	Lizenzträger
	Wilhelm Schulze	Chefredakteur
	Günther Diehl	Politik-Reporter
	Wilhelm Backhaus	Feuilleton
	Wolfgang Köhler	Innenpolitik
	Otto Siemer	CvD
	Georg H. Meuer	Sport
	Walther Hansemann	Allgemeines
	Georg Zimmermann	Lokales

vor 1945 bei	Funktion	Red.mitglied seit
Berl. Lokalanz./Reich	SL/Kriegsberichter	1946
BB/NWT	Autor/Kriegsber.	1946
DAZ/Hallische N. u.a.	Kult./MI Berlin	1946
Westdt. Beobachter	MI Berlin	spätestens 7/1949
Stuttg.NS-Kurier u.a.	Diplomat.Mitarbeit.	1947
Das Reich u.a.	Autor	1946
DAZ	Hauptschriftleiter	Vorbereitung
RWZ	Stv.ChR	1946
Mannheimer Tageblatt	SL Kulturpolitik	1946
HH Tageblatt/DZNL	SL Wirtsch./Stv. HS	spätestens 1949
DAZ/Das Reich	SL Wirtschaft/Autor	spätestens 1949
DAZ	Autor, Leitartikler	sp. 8.7.49 (Artikel)
HH Fremdenblatt	Schriftleiter	spätestens 8.8.49
Essener Anz./RWZ	SL Sport	spätestens 8.8.49
Lokal-Anzeiger, HH	Hauptschriftleiter	spätestens 8.8.49
DAZ/FZ/Das Reich u.a.	SL, MA Stockholm	spätestens 7/1949
Hamburger Anzeiger	Stv. HS/CvD	3.4.46 (1.Ausgabe)
Neue Mannheimer Ztg.	Hauptschriftleiter	3.4.46
Bln.Tagebl/DAZ/Reich	MI Hamburg	3.4.46
Hannoversches Tagebl.	Sport	spätestens 1949
-	-	
-	-	
Dt. Ztg. im Ostland	Autor	spätestens 6/1949
Altonaer Nachrichten	Stv. HS	14.10.48 (1.Ausgabe)
BZ/DAZ/HH Fremdenbl.	HS, MA Tokio	14.10.48
Presseattaché	Dipl.Corps, Berlin	14.10.48
HH Fremdenblatt	SL Kulturpolitik	14.10.48
MNN	SL Berlin	14.10.48
HH Fremdenblatt	SL Politik	14.10.48
HH Fremdenblatt	SL Sport	14.10.48
Altonaer Nachr./HH Anz.	SL übr.Textt./Lok.	14.10.48
HH Anzeiger	SL Lokales	14.10.48

Zeitung	Mitarbeiter	Position

Schleswig-Holstein:

Lübecker Freie Presse - -
(1.4.46 / SPD)

Norddeutsches Echo (KPD) - -
(1.4.46 / Kiel)

Kieler Nachrichten	Willy Brück	Verlagsleiter
(3.4.46)	Friedr. v. Wilpert	Chefredakteur
	Kurt Gamalski	CvD
	Theodor Dotzer	Lokales/CvD
	Reinhold Stolze	Kultur
	Werner Feigel	Lokales Land

Schleswig-Holsteinische		
Landeszeitung	Erich v. Lojewski	Land
(3.4.46 / Kiel)		

Lübecker Nachrichten	Heinrich Jargstorf	Land
(3.4.46)	Kurt Klugkist	Feuilleton
(Imp.unvollst.bis 6/1949)	Carl Moritz Lankau	CvD

Flensburger Tageblatt	Georg Macknow	Lizenz (Vgl.)
(6.4.46)	F. W. Rautenberg	Wirtschaft
	Rudolf Rümer	Lokales

Französische Zone:

Südbaden/Südwürttemberg:

Badener Tagblatt	Werner Hambruch	Direktor
(8.8.45 / Baden-Baden)	Hermann F. Geiler	Wirtsch./Stv.ChR
	Theo(dor) Kemper	Sport
	Otto Flake	Red. Mitarbeiter

Südkurier	Alois Beck	Heimat
(7.9.45 / Konstanz)		
	Konrad Gunst	Lokales, Politik
	Alfred Strobel	Sport
	G. F. Hering	Kultur
	Herbert Steinert	Heimat

vor 1945 bei	Funktion	Red.mitglied seit
-	-	-
-	-	-
Kieler Zeitung	Anzeigenleiter	spätestens 1947
DaNN	Stv.HS/SL Außenpol.	8/1946
Kieler NN/Kieler Ztg.	SL Sport	7/1948
Kieler NN/Kieler Ztg.	SL Bild/CvD	1/1949
Kieler NN	SL Kulturpolitik	spätestens 7/1949
Kieler Zeitung	SL Sport	spätestens 1/1949
Schwarzwälder Tagbl.	CvD	spätestens 7/1949
L.Generalanz./Ztg.	SL, CvD/Sport	spätestens 6/1949
L.Generalanz./Ztg.	SL Kultur	spätestens 6/1949
Dresdner Nachrichten	SL Politik	spätestens 6/1949
Berliner Morgenztg.	Anzeigenleiter	6.4.46 (1.Ausgabe)
Oberlausitz.Tagespost	Hauptschriftleiter	6.4.46
Wormser Tagesztg.	SL Lokales	6.4.46
Litzmannstädter Ztg.	MA Rowno/Ukraine	
Neues Baden.Tagblatt	Verlagsleiter	10/1945
HK/VB/Bergwerksztg.	MI Berlin	spätestens 5/1946
Flensburger Nachr.	SL Lokales/Sport	11/47 - 10/48
Neues Baden.Tagblatt	Mitarb. am Ort	10/1945
Dt. Bodenseeztg./ Bodensee-Rundschau	SL Sport u. Film	1949
Dt. Bodensee-Zeitung	SL Lok., Radolfzell	7/1948
Westfäl.Tagesztg.	SL Sport	9/1948
Magdeburg.Ztg./KZ	SL Kulturpolitik	2/1949
Bodensee-Rundschau	SL Politik	2/1949

Zeitung	Mitarbeiter	Position
	Alfred Gerigk	Korr. Berlin
	Walter Henkels	Autor Kultur
	Sigurd Paulsen	Leitartikler
	Hans Heiser	verantw. Red.
Schwäbisches Tagblatt (21.9.45 / Tübingen)	Josef Forderer	verantw. Red.
	Otto Weißer	BA Reutlingen
	Fritz Schlang	BA Calw
	Josef Schäfer	BA Biberach
Schwarzwälder Post (2.10.45 / Oberndorf)	Herm. Biesenberger	Lizenzträger
	Heinrich Stein	Chefredakteur
	Kunz v. Kauffungen	Schriftleiter
	Carl Goergen	Schriftleiter
	Wilhelm Dautermann	Schriftleiter
	Herbert Füldner	Stv. ChR
	Wolfgang Pohl	Lokales
	Eugen Frueth	Lokales
	Max Faller	Lokales
Schwäbische Zeitung (4.12.45 / Leutkirch)	Wendelin Hecht	Gründer
	Walter Trip	Verantw. Red.
	Johannes Schmid	Chefredakteur
	Walter Gerteis	Verantw. Red.
	Rudolf Heizler	Redakteur
	Alfons Nobel	Redakteur
	Eberhard Joser	Lokales
	Albert Komma	Redakteur
	Heinrich Stein	Lokales
	Josef Schäfer	BA Biberach
	Nikolaus Ahnen	BA Laupheim
	Anton Vorbach	BA Wangen
	Erich Leupold	BA Reutlingen
	Max Hilsenbeck	BA Friedrichsh.
	Thomas Mayer	BA Waldsee
Badische Zeitung (1.2.46 / Freiburg) (Imp.unvollst.bis 1949)	Wendelin Hecht	Lizenzträger
	Heinrich Rombach	Lizenzträger
	Oskar Stark	Lizenzträger

vor 1945 bei	Funktion	Red.mitglied seit
mehrere Zeitungen	MI Berlin	vermutl. 9/1945
mehrere Zeitungen	Kriegsberichter	1948
DAZ/FZ/Das Reich u.a.	SL, MA Stockholm	1949
RWZ	SL Politik (i.V.)	1946
Reutlinger Zeitung	SL Bezirk/Land	kurzzeitig
Tübinger Chronik	SL Sport/Unterh.	spätestens 1949
Der Gesellschafter	HS (Nagold)	spätestens 1949
Verbo/Bodensee-Ztg.	SL Lokal (Biberach)	spätestens 1949
Schwarzwälder Bote	VL/HS/Wirtschaft	2.10.45 (1.Ausgabe)
Schwarzwälder Bote	SL Lokales/Heimat	10/1945 (kurzzeitig)
eigener Pressedienst		2.10.45
Eifeler Volkszeitung	ständ. Mitarbeiter	2.10.45
Köthener Zeitung	Stv. SL Politik	2.10.45
LNN	MO Leipzig	1947
Oberlausitz.Tagespost	SL Kultur/Beilagen	1947
Schwarzwälder Bote	SL Kultur/dann Pol.	1947
Emsländische Zeitung	Hauptschriftleiter	1949
FZ	Verlagsleiter	4.12.45 (1. Ausgabe)
FZ/Frankf. Anzeiger	SL Schlußredaktion	4.12.45
Ffm. Societätsdruck.	Leiter Buchverlag	spätestens 1947
FZ	SL Politik	4.12.45
s.o.	s.o.	1946
Augsburg. Postztg./	Hauptschriftleiter	März 1948
Neue Augsburger Ztg.		
Verbo-Zeitung	SL Lokales	spätestens 1949
Berliner Börsenztg.	Autor	spätestens 1947
Schwarzwäld. Bote	SL Lokales	1/1948
Biberacher Tagblatt	SL Lokales	spätestens 1949
Laupheimer Verkünder	Verlagsleiter / HS	spätestens 1949
Riedlinger Tagblatt	SL Lokales	spätestens 1949
Donau-Bodensee-Ztg.	BA Wangen	
Pforzheimer Anzeiger	SL Lokales	spätestens 1949
Donau-Bodensee-Ztg.	SL Kulturpolitik	spätestens 1949
Donau-Bodensee-Ztg.	SL Lokales	spätestens 1949
Frankfurter Zeitung	Verlagsleiter	1.2.46 (1. Ausgabe))
Freiburger Tagespost	Verlagsleiter	1.2.46
Frankfurter Zeitung	Schriftleiter	1946

Zeitung	Mitarbeiter	Position
Badische Zeitung	Rupert Gießler	Chefredakteur
(Fortsetzung)	Paul Sethe	Autor
	Nikolaus Benckiser	Autor Kult./Wirt.
	Margret Boveri	Autorin
	Eberhard Schulz	Autor
	Heinrich Scharp	Autor
	Wolf von Dewall	Autor
	Hanns Reich	Autor Kultur
	Irene Seligo	Autorin
	Otto Hoffmann	Autor Wirtschaft
	Heinz Holldack	Autor, Rom
Südwestecho (Rastatt)	Hans Michiels	Red.ausschuß
(19.3.46–31.3.47)	Edmund Jo Bischoff	Redakteur
	Theo Kemper	Redakteur
Das Volk	Hans Här	Redakteur
(3.7.46 / Freiburg)		
Unser Tag (KPD)	-	-
(17.7.46 / Offenburg)		
Südwestdeutsche		
Volkszeitung	Emmerich Killian	Lizenzträger
(24.8.46 / Freiburg)	Erich Götze	Chefredakteur
	Ludwig Britsch	Lokales
	Oskar Jung	BA Baden-Baden
	Hermann Hauser	BA Oberkirch
	Eduard Sütterle	BA Konstanz
	Willi Raupp	BA Bühl
Das Neue Baden	Adolf Kimmig	Chefredakteur
(2.5.47 / Lahr)		
Unsere Stimme (KPD)	-	-
(16.7.47 / Schwenningen)		
Schwabenecho	Theo Walterscheid	Stv. ChR
(1.8.47/Balingen/Oberndorf)		

vor 1945 bei	Funktion	Red.mitglied seit
Freiburger Tagespost	SL Kultur	spätestens 1/1947
FZ	SL Politik	?
FZ/DAZ	MA Budapest	20.4.46 (1.Artikel)
FZ/Das Reich	SL Berlin	?
FZ/ Dt. Leipaer Ztg.	SL/Stv. HS	?
FZ	MI Berlin, Politik	?
FZ	MA Ankara	?
Straßburger NN	SL Unterhaltung	2/1946 (1. Artikel)
Illustr. Blatt/VB/FZ	Autorin/MA Lissabon	?
FZ	SL Wirtschaft	1.2.46 (1. Artikel)
versch. Zeitungen	MA Rom	14.5.46 (1.Artikel)
Rastatter Tageblatt	Hauptschriftleiter	19.3.46 (1.Ausgabe)
Badische Presse/	SL Bad.Chronik/Spo.	6/1946
Oberschles. Wanderer	SL Provinz	
Flensburger Nachr.	SL Lokales/Sport	6/1946
Kölnische Volksztg.	Autor Kultur	3.7.46 (1. Ausgabe)
-	-	-
Tiroler Landbote	Stv. Vgl.	24.8.46 (1. Ausgabe)
Essener Allgem. Ztg.	SL Politik	24.8.46
Herner Zeitung	SL Politik	24.8.46
Badisches Tagblatt	SL Sport	spätestens 1949
Renchtäler Zeitung	SL Lokales	spätestens 1949
Bodensee-Zeitung	Mitarb. am Ort	spätestens 1949
Mittelbadischer Bote	Hauptschriftleiter	spätestens 1949
Metzer Zeitung/DAZ	Autor Kult./MI Stuttg.	1/1949
-	-	-
Württemberger Ztg.	SL Lokales	1.8.47 (1. Ausgabe)

Zeitung	Mitarbeiter	Position
Ortenauer Zeitung (9.10.45–13.5.47 / Offenburg)	Karl Gies	Redakteur
Der Württemberger (16.8.47 / Reutlingen)	-	-

Rheinland-Pfalz:

Zeitung	Mitarbeiter	Position
Die Rheinpfalz (29.9.45 / Neustadt) (Imp.unvollst.bis 7/1949)	Josef Schaub	Lizenzträger
	Ernst Johann	Chefredakteur
	Kunz v. Kauffungen	Chefredakteur
	Rudolf Jöckle	BA Speyer
	Hugo le Maire	BA Kaierslaut.
	Paul Doll	BA Ludwigshafen
	Richard Gayring	Sport
	Wilhelm Dautermann	Stv. ChR
Pfälzische Volkszeitung (16.10.45 / Kaisersl.)	Hugo le Maire	Lizenzträger
	Karl Vogt	Lokales
	Rudolf Engesser	Lokales Zweibr.
Rheinischer Merkur (15.3.46 / Koblenz)	Franz A. Kramer	Lizenzträger
	Willi Mohr	Stv. ChR
	Ernst Kayser	verantw. Red.
	Vilma Sturm	verantw. Red.
	Werner Höfer	Autor
	Hans-Erich v.Haack	Autor
Trierische Volkszeitung (10.4.46, ab 7.8.49: Trier. Volksfreund)	Nikolaus Koch	Lizenzträger
	Wilhelm Pesch	Stv. ChR
	Heinz Holldack	Korr. Rom
Rhein-Zeitung (24.4.46 / Koblenz) (1.vollst.Imp. 15.6.46)	Oskar Richardt	Red.vors./Pol.
	Willi Dünwald	Feuilleton
	Heinrich Schiel	Lokales
	Michael Weber	Red.vorstand
	Hans Ritterbach	Wirtschaft
	Harry Lerch	verantw.Red.
	Carl Triesch	Redakteur
	Matthias Sastges	Kommunalpolitik
	H. L. Raymann	Nachr./Schlußred.

vor 1945 bei	Funktion	Red.mitglied seit
Düsseldorfer Tagblatt	SL Kultur	spätestens 12/1946
-	-	-
Saarländ. Tagesztg.	Anzeigenleiter	29.9.45 (1.Ausgabe)
Kölnische Zeitung	SL Kulturpolitik	1947
eigenes Pressebüro		1/1949
Pfälzer Anzeiger	SL Nachr. (Landau)	spätestens 1949
Pfälzische Presse	SL Kulturpolitik	spätestens 1949
Pfälzer Anz., Speyer	SL Lok./Sport	spätestens 1949
Mannheimer Tageblatt	SL Sport	spätestens 7/1949
Köthener Zeitung	SL Politik	spätestens 7/1949
Pfälzische Presse	SL Kulturpolitik	16.10.45 (1. Ausgabe)
Pfälzische Presse	SL Heimat/Kultur	16.10.45
Pfälzische Presse	SL Sport u.Heimatn.	16.10.45
KVZ/Bayer. Ztg./	MA Paris/MA Genf	15.3.46 (1. Ausgabe)
DrNN/NSZ-Westmark		
Koblenzer Volksztg.	Stv. HS	15.3.46
Generalanzeiger Ffm.	Hauptschriftleiter	15.3.46
DrNN/HK u.a.	Autorin	15.3.46
12 Uhr Blatt/RWZ u.a.	Mitarbeiter	spätestens 2/1947
versch. Zeitungen	MA Paris	spätestens 6/1947
Trierisch.Volksfreund	Verlagsleiter	10.4.46 (1.Ausgabe)
Trierische Landesztg.	HS, Pol./Wirtsch.	10.4.46
DaNN u.a.(s.Freiburg)	MA Rom	spätestens 9/46
Kölnische Zeitung	MA Paris	5/1946 (1. Leitartikel)
Der Neue Tag, Köln	MO Theater, Kunst	spät. 15.6.46
Generalanzeiger,Kobl.	SL Lokal. (Außend.)	spät. 15.6.46
Trier. Volksfreund	SL Handel	22.7.46
Kölnische Zeitung	SL Politik	1.1.47
LNN	SL Politik	1.2.47
Der Neue Tag, Duisbg.	SL Lokales	10.5.47
Trierische Landesztg.	SL Provinz, Heimat	spätestens 1/1949
Dresdner Anzeiger	SL Bild	spätestens 1/1949

Zeitung	Mitarbeiter	Position
Allgemeine Zeitung (3.5.47 / Mainz)	Erich Dombrowski	Chefredakteur
	Erich Welter	Redakteur
	Hans Bütow	Feuilleton
	Alois Bilz	Stv. ChR
	Edmund Nacken	Politik
	Friedrich Englert	Allgemein. Teil
	H.G. Reichert	CvD
	Fritz Fay	Korr. Bi-Zone
	Paul Sethe	Politik
	Fritz Walter	Politik
	Fritz Bouquet	Feuilleton
	Karl Korn	Feuilleton
	Fritz Claus	Wirtschaft
	Ernst Samhaber	Wirtschaft
	Hans Baumgarten	Red. Frankfurt
	Jürgen Eick	Redakteur
Der Westen (13.5.47 / Neuwied)	Wilhelm Schön	Stv. ChR
	Hermann Jung	Provinz/Sport
	Max Horndasch	Leitartikler
Rheinisch-Pfälzische Rundschau (3.7.47–30.8.49/Bad Kreuznach) (Imp.unvollst. bis 1949)	Hermann Kresse	Redakteur
Die Freiheit (SPD) (11.7.47 / Mainz)	-	-
Neues Leben (KPD) (8.8.47 / Ludwigshafen)	-	-
Saarland Saarbrücker Zeitung (27.8.45)	A. Graf Montgelas	Chefredakteur
Saarländische Volkszeitung (18.6.46) (Imp. unvollst. bis 1949)	Eduard Schäfer	Chefredakteur
	Eugen Wagner	Redakteur
	Rudolf Göttschow	BA Völklingen
	Josef Becker	BA Neunkirchen
	Elisabeth Träm	Redakteurin

vor 1945 bei	Funktion	Red.mitglied seit
Generalanzeiger Ffm.	Hauptschriftleiter	26.10.45 (1.Ausgabe)
FZ	Stv. HS	3.5.47 (1.Ausgabe)
FZ	SL Kultur	3.5.47
Generalanzeiger Ffm.	SL Handel	10/1945
Westdt. Beobachter	SL Politik	3.5.47
Generalanzeiger Ffm.	SL Sport	3.5.47
Wiesbadener Tagblatt	SL Vermischtes	3.5.47
Neueste Zeitung, Ffm.	SL Lok./Provinz	3.5.47
FZ	SL Politik	7/1949
Allg. Anz.Meisenheim	HS, 1944 auch Vgl.	7/1949
Mainzer Anzeiger	SL Feuilleton	7/1949
Bln.Tagebl./Das Reich	SL Literatur/Autor	7/1949
Dresdner Nachrichten	SL Wirtschaft	7/1949
DAZ, Das Reich	MA Chile	7/1949
Hakenkreuzbanner		
Deutscher Volkswirt	Schriftleiter	7/1949
Kriegsbücherei	Autor	?
Ddf.Tagbl./Landesztg.	HS/Stv. SL Handel	13.5.47 (1. Ausgabe)
Frankfurter Volksbl.	Stv. HS	1/1949
KVZ/Nationalztg.	Schriftleiter	spätestens 1/1948
RWZ	MI Koblenz	spätestens 1949
-	-	-
-	-	-
Essener Volkszeitung	MA London	1948 (kurzzeitig)
Die Glocke, Oelde/W.	Hauptschriftleiter	2/1949
Saarbr.Landesztg./	SL Provinz/Sport	spätestens 7/1949
Westfäl.Ztg., Münster	Stv. SL Politik	
Eschweiler Ztg./	SL Lokales/Sport	spätestens 1949
Völklinger Ztg.	Hauptschriftleiter	
Saarländ.Tagesztg.	Lokales/Sport	spätestens 1949
Saarländ.Tagesztg.	SL Kultur	7/1949

Zeitung	Mitarbeiter	Position
Neue Zeit (KPD) (22.6.46 / Saarbrücken)	-	-
Volksstimme (22.6.46 / Saarbrücken) (Imp. unvollst. bis 1949)	Herb. Hoppstädter	Lokales
Das Saarland (1.8.47–30.9.49) (Imp. unvollst. bis 1949)	Hans Drexler	Chefredakteur

Zeitungen der Besatzungsmächte:

Zeitung	Mitarbeiter	Position
Neue Zeitung (17.10.45/München/Bln.)	Bruno E. Werner	Redakteur
	Friedrich Luft	Redakteur
	Hans E. Friedrich	Literaturbeilage
	Hans Lehmann	Redakteur
	Erwin Kroll	Red. Berlin
	H.H.Stuckenschmidt	Red. Berlin
	Walter Kiaulehn	Autor
	Er. Pfeiffer-Belli	Kultur
	Hanns-Erich Haack	Autor
Die Welt (2.4.46/Hamburg/Essen)	Hans Zehrer	Chefredakteur
	Ernst Samhaber	Redakteur
	Ernst Geigenmüller	Politik
	Erwin Topf	Wirtschaft
	Jürgen Schüddekopf	Feuilleton
	Hans Scherer	CvD
	Hans-J. Kausch	Zentralredaktion
	Ben Witter	Redakteur
	Kurt W. Marek	Autor (Garantie)
	Josef Ollig	Nachricht.dienst
	Günther Sawatzki	Kultur
	Jos. Müller-Marein	Autor (Garantie)
	Paul Fechter	Autor (Garantie)
	Bruno E. Werner	Autor (Honorar)
	Heinz Barth	Polit.Korr.
	Karl-Ha. Macioszek	CvD, Ausg. Essen

vor 1945 bei	Funktion	Red.mitglied seit
-	-	-
Saar- und Bliesztg.	SL Politik	spätestens 1/1949
LNN	Hauptschriftleiter	spätestens 2/1948
DAZ/neue linie	SL Kultur/Hg.	1945
DAZ/Berliner Tageblatt	MA Rom	?
DAZ	MA Rom/Leitartikler	?
LNN	Schlußred./Leitart.	1945 (49 Hannover)
DaNN/Kieler Ztg. u.a.	Musik-Kritiker	?
MNN u.a.	Autor	?
Signal/DZ im Ostland	Autor	4/1947
FZ/Illustr.Blatt	MI Ddf./Autor	1945
DaNN, StNT u.a.	MA Paris	spätestens 1949
Die Tat	Hauptschriftleiter	Vorbereitungsphase
Bln.Tagebl./DAZ/Reich Hakenkreuzbanner	MA Chile	2.4.46 (1.Ausgabe)
HH Fremdenblatt	SL Politik	2.4.46 (1.Ausgabe)
Bln.Tagebl. (bis 1936)	SL Wirtschaft	Vorbereitung
FZ/Das Reich	SL Kultur/Kriegsb.	Eintritt 15.1.46
Berliner Börsenztg.	Schriftleiter	29.4.46
HH Nachr./Schles.Ztg.	MI Berlin	1.11.46
HH Fremdenblatt	Volontär	2.4.46 (E.: 15.3.)
Berliner Illustrierte	Serienautor	2.4.46 (E.: 1.1.)
Frankfurter Zeitung	Kriegsberichter	2.4.46 (E.: 1.1.)
Mannheimer Tageblatt	SL Kulturpolitik	1.12.46
Berl.Lokalanz./Reich	SL/Kriegsberichter	1.3.46
DAZ/Hallische N. u.a.	Kult./MI Berlin	1.4.46
DAZ/neue linie	SL Kultur/Hg.	1946
DAZ/Das Reich u.a.	MA Rom/Madrid	1949
Schlesische Volksztg.	MO Breslau	spätestens 7/1949

Abkürzungen der tabellarischen Übersicht:

(A) = Österreich
Abt./abt. = Abteilung
Allg. = Allgemeine
anz. = anzeiger
Azl. = Anzeigenleiter
BA = Bezirksausgabe
BB = Berliner Börsenzeitung
Bln. = Berlin
BZ = Berliner Zeitung am Mittag
ChR = Chefredakteur
CvD = Chef vom Dienst
DaNN = Danziger Neueste Nachrichten
DAZ = Deutsche Allgemeine Zeitung
Ddf. = Düsseldorf
Dipl. = Diplomatisch / e / er
Dir. = Direktor
DoZ = Donauzeitung, Belgrad
DrNN = Dresdner Neueste Nachrichten
Dt./dt.. = Deutsche / r / s
DZNL = Deutsche Zeitung in den Niederlanden
DZO = Deutsche Zeitung in Norwegen, Oslo
Feu. = Feuilleton
Ffm. = Frankfurt/Main
FZ = Frankfurter Zeitung
GBZ = Britische Zone
GF = Geschäftsführer
Hg. = Herausgeber
HH = Hamburg
HK = Hannoverscher Kurier
HS = Hauptschriftleiter
Korr. = Korrespondent
Kult. = Kurlturpolitik
kurzz. = kurzzeitig
KVZ = Kölnische Volkszeitung
KZ = Kölnische Zeitung
Lok. = Lokales
MA = Mitarbeiter im Ausland
MI = Mitarbeiter im Inland
MNN = Münchner Neueste Nachrichten
MO = Mitarbeiter am Ort
N. = Nachrichten

NA = Nebenausgabe
Nachf. = Nachfolger
Nachr. = Nachrichten
NN = Neueste Nachrichten
NWT = Neues Wiener Tageblatt
Pol. = Politik
Red. = Redaktion/Redakteur
RPK = Reichspressekammer
RWZ = Rheinisch-Westfälische Zeitung
SL = Schriftleiter
spät. = spätestens
Spo. = Sport
StNT = Stuttgarter Neues Tagblatt
Stv. = Stellvertretender
Unt./Unterh. = Unterhaltung
VB = Völkischer Beobachter
verantw. = verantwortlicher
versch. = verschiedene
Vgl. = Verlagsleiter
Wirtsch. = Wirtschaft
Wiss. = Wissenschaft
Ztg. = Zeitung

6. Schreiben nach jeder Richtung – Ein Resümee

Obwohl derart viele Schreiber aus nationalsozialistischen Blättern zu den Begründern der westdeutschen Nachkriegszeitungen zählten, ist man inzwischen geneigt zu sagen, die deutsche Presse scheint alles in allem zu funktionieren: respektlos vor Behörden, vergleichsweise kritisch gegenüber Politikern, unabhängig, investigativ, frei. Aber die Freiheit, sich mit der eigenen Geschichte zu befassen, blieb bisher ungenutzt. Auch zum anstehenden 50. Geburtstag, so lassen erste Veröffentlichungen befürchten, sollte sich das nicht ändern. Das Branchenmitteilungsorgan *journalist* gab im Mai 1995 den Feiertagstext vor: „Ex-Nazis hatten keine Chance". Diese Behauptung ist falsch.

Immerhin: Unter der Aufsicht der alliierten Sieger entstand in Westdeutschland eine neue Art von Zeitung. „Segensreich" – so kommentierte der Historiker Wolfgang Benz die Auswirkungen des Lizenzsystems. Es habe „sowohl das Wiederaufleben der Partei- und Interessenpresse wie der meinungslosen, ausschließlich kommerzorientierten Generalanzeigerblätter der Weimarer Republik" verhindert.[1] Zieht man den Vergleich zu den Verhältnissen vor 1945, so hat Wolfgang Benz sicher recht. Blätter, die sich in die Weltpresse einreihen könnten, sind allerdings nicht entstanden. Im Gegenteil: Provinzialismus kennzeichnet weite Teile der deutschen Presselandschaft, was sich beispielhaft in Überlegungen manifestiert, die Lokalteile der Zeitungen im Mantel und sogar auf der ersten Seite zu drucken.

149 Produkte dieser segensreichen vier Jahre wurden für die vorliegende Arbeit untersucht,[2] dazu die beiden Zonenzeitungen, die amerikanisch geführte *Neue Zeitung* und die von den Briten betreute *Die Welt*. Nur in 25 der 151 Redaktionen, das sind 16,5 Prozent, konnten keine Mitarbeiter ermittelt werden, die in der Zeit zwischen 1936 und 1945 in der deutschen Presse tätig gewesen waren. Elf der Blätter, die nach meinen Recherchen keine Alt-Propagandisten beschäftigten,

wurden der KPD zugerechnet und bald zum größten Teil zwangsweise eingestellt. Verbleiben 14: Das britisch lizenzierte *Spandauer Volksblatt* in Berlin, in Hessen das *Darmstädter Echo* und die *Wetzlarer Neue Zeitung*, in Württemberg-Baden das *Zeit-Echo* (Schwäbisch-Hall) und die *Fränkischen Nachrichten* (Tauberbischofsheim), in Bayern die *Schwäbische Landeszeitung* (Augsburg), die *Frankenpost* (Hof) und *Der Neue Tag* (Weiden), in Bremerhaven die *Nordsee-Zeitung*. In der britischen Zone blieben nur bei der *Lüneburger Landeszeitung*, dem *Hamburger Echo* und der *Lübecker Freien Presse* ehemalige Propagandisten außen vor, in der französischen bei *Der Württemberger* (Reutlingen) und *Die Freiheit* (Mainz).

Die Liste der Journalisten der „Stunde Null", die mehr oder weniger exponiert bereits in der Presse des Dritten Reiches gearbeitet hatten, weist mehr als 500 Namen aus. Das bedeutet, daß in jeder der Redaktionen, die überhaupt auf alte Schreiber zurückgriffen, durchschnittlich vier Propagandisten der Nazi-Zeit als Journalisten wieder Zugang zu ihrem Beruf gefunden haben. Bis zur Währungsreform erschienen die Blätter zwei- bis dreimal wöchentlich, und die Redaktionen waren im Vergleich zu den heutigen klein. Auch wenn die genaue Zahl der Redakteure und Autoren nicht ermittelt werden kann, so ist dies eine beträchtliche Zahl.

Noch einmal sei wiederholt: Nicht all diesen Journalisten kann eine eindeutig nationalsozialistische Vergangenheit nachgesagt werden. Viele aber, das beweisen die Texte, haben sich mit dem System mehr als arrangiert, waren dessen Sprachrohr, das Klavier, auf dem Goebbels spielte. Verschiedene Gründe können dazu geführt haben, sich der Reichspropaganda zur Verfügung zu stellen, Überzeugung bei den einen, die trügerische Hoffnung, unabhängig bleiben zu können, bei anderen, Opportunismus aus tatsächlichen oder vermeintlichen Zwängen heraus, die in den privaten Verhältnissen lagen, bei dritten. Einzelne mögen versucht haben, sich durchzulavieren, ohne sich über die Maßen schmutzig zu machen, andere sogar, auf die eine oder andere Weise Widerstand zu leisten. Nur schwarz oder weiß zu sehen, kann bei der Beurteilung des Grades der Verstrickung einzelner nicht genügen.[3] Journalisten aber waren, unabhängig davon, wie sehr sie sich mit der Ideologie der Nationalsozialisten identifizierten, in jedem Fall Teil des Propagandaapparats. Die verschiedenen Facetten der Art von Verstrickung sind im Text an Einzelbeispielen dargestellt worden. Weitergehende Untersuchungen zu einzelnen Zeitungen oder Autoren – eine lohnende Aufgabe für angehende Journalisten und Publizistikwissenschaftler an den Universitäten – werden gewiß zu einer weiteren Differenzierung beitragen.

Die Maßstäbe für die von mir vorgenommene Untersuchung sind die ursprünglichen Kriterien der Alliierten, und die waren eindeutig: Beim Konzert der neuen Tagespresse sollten die alten Instrumente keinen Platz mehr haben. Nach den Richtlinien, die die Alliierten vereinbart hatten, sollten diese mehr als 500 Personen für die Dauer der Lizenzpflicht keine Beschäftigung in der neuen, der demokratischen Presse erhalten. Doch nicht allein einfache Journalisten, sondern auch 60 Lizenzträger schlüpften bis September 1949 durch das Entnazifizierungsnetz, mindestens 68mal besetzten ehemalige Propagandisten den Sessel des Chefredakteurs.[4] Während Fritz Hausjell in seiner Untersuchung über Österreich einen „fast vollständigen Elitenwechsel" in den Spitzenpositionen feststellen konnte, hat dieser in Westdeutschland nicht stattgefunden.[5]

Auch wenn es für einzelne unter diesen „Belasteten" Gründe gegeben haben mag, ihnen „Bewährung" zuzubilligen, muß gesagt werden: Der deutsche Journalismus ging nach 1945 nicht nur „organisatorisch in den ausgetretenen Schuhen alter Abhängigkeiten ans Werk",[6] sondern in diesen ausgetretenen Schuhen gingen in hohem Maße auch die, die schon immer in ihnen marschiert waren. Die alten Instrumente spielten wieder auf beim neuen Konzert. Zwar blieben einige wenige Journalisten zunächst tatsächlich ausgesperrt, weil sie ihre Fanfare für Nazi-Deutschland zu laut geblasen hatten. Harold Hurwitz nennt für die amerikanische Zone die Zahl von 30. Im Vergleich zu denen, die trotz ihrer Vergangenheit wieder Zugang zu den neuen deutschen Zeitungen fanden, ist ihre Zahl allerdings gering.[7]

Das ursprüngliche alliierte Konzept einer Entnazifizierung in der Presse muß angesichts der hier nachgewiesenen personellen Kontinuität als gescheitert angesehen werden. Den Schreibtischtätern mit dem Ausschluß aus ihrem Beruf eine Art Strafe erteilen zu wollen erscheint durchaus verständlich und vertretbar. Zumindest bei der Besetzung von Führungspositionen wäre mehr Durchstehvermögen angebracht gewesen. Immerhin hatte die Publizistik dazu beigetragen, Hitler den Weg zur Macht zu ebnen, hatte den deutschen Expansionismus begeistert begleitet und bis zuletzt die Bevölkerung an den

„Endsieg" glauben lassen. Eine Verantwortung für das Geschehene wollten die deutschen Publizisten aber ebensowenig übernehmen wie andere Berufsgruppen.

Für die Hinwendung der Alliierten zum Pragmatischen können viele Gründe genannt werden: Ein Großteil der Nazi-Akten, die Presse betreffend, war vernichtet worden, so daß sich die Alliierten bei der Beurteilung von Kandidaten häufig auf deren Angaben und auf Empfehlungen verlassen mußten; ferner der Mangel an unbelastetem qualifiziertem Personal, offenbar nicht nur auf der konservativen Seite;[8] die Ablehnung einer rigorosen Umerziehung durch die Leser; die mangelnde Anerkennung einer Mitverantwortung für das Geschehene bei den Ex-Propagandisten und damit verbunden die mangelnde Einsicht in Richtigkeit und Notwendigkeit eines personellen Wechsels in den Redaktionen; persönliche Zu- oder Abneigung zwischen Presseoffizieren und Kandidaten; der Opportunismus einzelner Presseoffiziere; die frühzeitige Übergabe der Auswahl des Redaktionspersonals in deutsche Hände – und schließlich der sich anbahnende Kalte Krieg und die damit verbundene Hintanstellung der Entnazifizierung. Dies alles führte zu einer raschen Re-Etablierung der alten Propagandisten.

Das mußte Folgen haben für die Auseinandersetzung der Presse mit der Zeitgeschichte. Noch 15 Jahre nach dem Ende der Lizenzpflicht ignorierten die westdeutschen Zeitungen wissenschaftliche Erkenntnisse über Ursachen und Entstehen des Dritten Reiches. Die Presse vermittelte ein eigenes Geschichtsbild. Schuld und Verantwortung für die Greuel des deutschen Faschismus wurden auf eine kleine Gruppe von Nationalsozialisten abgewälzt. Schuld hatte der „Führer", und der war tot. Insbesondere die Rolle der antidemokratischen, nationalen Kräfte aus Bürokratie, Militär, Universitäten, Kirchen und bürgerlichen Parteien bei der Errichtung des nationalsozialistischen Systems wurde verschwiegen oder bagatellisiert, oft sogar entschuldigt. Der Anteil dieser Gruppierungen an der Widerstandsbewegung gegen das Dritte Reich wurde dagegen überbetont.[9] Einher ging damit sogar eine „konkrete Teilrehabilitierung" der ehemaligen Nationalsozialisten: Unterstützer wurden freigesprochen, Respekt denen gezollt, die gehorsam ihre Befehle ausgeführt hatten. Die Journalisten, das ist naheliegend, schrieben mit den anderen Berufsgruppen auch die eigene frei. Indem sie selbst braune Flecken auf der Weste hatten, mußten sie über die der anderen schweigen. Man stelle sich eine Kleinstadt vor: Geblieben sind die Führer der Institutionen und mit ihnen die Pressevertreter. Persönliche Beziehungen waren in Jahren gewachsen. Wer wollte von den Journalisten erwarten, den ersten Stein zu werfen? Um eine offene Auseinandersetzung über die Nazi-Zeit in der Presse zu erreichen, hätten die alten Schriftleiter nicht zu neuen Redakteuren gemacht werden dürfen, sondern die Zeitungen hätten in die Hände linker und junger Journalisten übergeben werden müssen. Dies geschah nur eingeschränkt.

Natürlich wurde das Dritte Reich in der Nachkriegspresse abgelehnt, „doch autoritäre, nationalistische und faschistische Begriffe, Kategorien und Argumente bestimmen die Darstellung in beträchtlichem Maße"[10] auch weiterhin. Damit entsprachen die Lizenzzeitungen den Denkmustern der damaligen Bevölkerung – und hatten wirtschaftlichen Erfolg. Nach der Rückkehr der Altverleger mit nationalsozialistischer Vergangenheit stellten die von ihnen ab 1949 neu gegründeten Zeitungen somit keine reale Konkurrenz für die Lizenzpresse dar. 1952, drei Jahre nach dem Ende der Lizenzzeit, hatten 28 Zeitungen Auflagen von mehr als 100.000 Exemplaren. Nur drei davon waren nicht unter Anleitung der Siegermächte entstanden. Die demokratische Richtung deutscher Prägung hatte sich durchgesetzt. Die ehemaligen Propagandisten, längst integriert, widmeten sich jetzt – das darf durchaus so gesehen werden – mit Verve dem Aufbau dieser westdeutschen Demokratie. Ihr „segensreiches" Wirken in der Nachkriegspublizistik zeigte auch eine besondere „Qualität" deutscher Journalisten: Sie können, je nach Zeitgeist, schreiben nach jeder Richtung.

Tageszeitungen und ihre Auflagen, 1952
(*kursiv*: nach der Generallizenz gegründete Blätter)

Hamburger Abendblatt	264.965
WAZ	255.133
Westfälische Rundschau	237.733
Ruhr-Nachrichten	230.097
Rheinische Post	210.407
Die Welt	183.947
Süddeutsche Zeitung	180.062
Die Neue Zeitung	160.291
Augsburger Allgemeine	158.917
Berliner Morgenpost	*158.214*
Die Rheinpfalz	155.080
Hannoversche Presse	152.169
Hamburger Morgenpost	*147.548*
Nürnberger Nachrichten	141.633
Rhein-Zeitung	140.818
Münchner Merkur	137.773
Mainzer Allgemeine Zeitung	129.191
Kölnische Rundschau	128.834
Abendpost	126.128
Telegraf	123.035
Mannheimer Morgen	120.886
Frankfurter Rundschau	117.926
Neue Ruhr-Zeitung	114.224
Frankfurter Neue Presse	113.656
Kölner Stadtanzeiger	*111.349*
Schwäbische Zeitung	110.975
Stuttgarter Zeitung	107.724
Braunschweiger Zeitung	105.757

(Quelle: C. Ossorio-Capella 1972, zit. in: Karl-Martin Obermeier: Medien im Revier, München (Diss.) 1991, S. 282)

7. Anhang

7.1. Anmerkungen

Vorwort

1 Michael Schmolke: Die deutschen Journalisten der Nachkriegszeit in der Selbstdarstellung ihrer Standespresse, in: Franz Dröge, Winfried Lerg, Michael Schmolcke: Publizisten zwischen Intuition und Gewißheit. Drei Vorträge, Assen 1970, S. 41–61, bes. S. 43

2 Zur Erleichterung der Beurteilung von Bewerbern auch in anderen Bereichen (Film, Theater) erstellten die Amerikaner Namenslisten, in denen sie die Eignung von Kandidaten festlegten. „Weißen" Bewerbern konnte im Pressebereich eine Lizenz erteilt werden, „graue" durften nicht in führender Position arbeiten, „schwarze" blieben ausgeschlossen.

3 Fritz Hausjell: Journalisten gegen Demokratie oder Faschismus: eine kollektiv-biographische Analyse der beruflichen und politischen Herkunft der österreichischen Tageszeitungsjournalisten am Beginn der Zweiten Republik (1945–1947), Frankfurt/M. 1989, S. 61 (Diss. Salzburg 1985)

4 Originalbrief beim Verfasser

5 Siehe Helmut Cron, Stuttgart, in: Ruprecht Eser: Die Lizenzpresse in der amerikanischen Besatzungszone Deutschlands von 1945–1949, Berlin (Magisterarbeit) 1966

6 Hausjell: Journalisten, S. 81

Einleitung

1 Karl-Heinz Stamm: Aufbauarbeit, in: journalist, 5/1995, S. 20

2 Wolfgang Moser: Nicht weißes Papier, sondern braune Phrasen, in: feder, 11/1989, S. 54

3 Otto Köhler: „...daß nirgendwo die deutschen Truppen versagten", in: Die Zeit, 23.2.1990

4 OMGUS ISD, PBr 5/237-1/14 - OMGUS war die Abkürzung für die Militärregierung der US-Zone, ISD die Abkürzung für die Information Services Division, zuvor noch ICD (Information Control Division) genannt. PBr bezeichnet die Presseabteilung.

5 Ebenda.

6 Norbert Frei, Johannes Schmitz: Journalismus im Dritten Reich, München 1989, S. 159ff.

7 Wer ist wer? Das deutsche Who's who, hrsg. von Walter Habel, Berlin, Ausgaben 1958 bis 1967

8 Der Zeitungsverlag, 5/6/1950, 24.3.1950

9 Otto Köhler: Wir Schreibtischtäter. Journalisten unter Hitler – und danach, Köln 1989, S. 20

10 Vgl. im Kapitel Berlin: Im Osten nichts Neues

11 Eugen Kogon: Die unvollendete Erneuerung, Frankfurt/M., 1964

12 Albert Norden: Goebbels' Journalisten in Bonner Diensten, Berlin (DDR) 1962

13 Rüdiger Liedtke: Die verschenkte Presse, Berlin 1982

14 Kurt Pritzkoleit: Die neuen Herren, Wien/München/Basel 1955

15 Richard Tüngel, Hans Rudolf Berndorff: Auf dem Bauche sollst Du kriechen, Hamburg 1958

16 Ernst Meier: The licensed press in the U.S. occupation Zone of Germany, in: Journalism quarterly, Frühjahr 1954

1. Vom Journalisten zum Propagandisten – die verordnete Wandlung eines Berufsstandes

1 Elisabeth Nölle: Amerikanische Massenbefragungen über Politik und Presse, Berlin (Diss.) 1940 – Der Lebenslauf im Anhang gibt ihre Pläne für die Zukunft preis: „Nach Abschluß des Studiums beabsichtige ich, Schriftleiterin zu werden." Als es keine Schriftleiterinnen mehr gab, wurde sie Marktforscherin.

2 Elisabeth Nölle: Wie Schuppen von den Augen. Charakter und Mißerfolg der englischen Propaganda, in: DAZ, 14.7.1940

3 Johann Wilhelm Naumann: Sendung der Provinzzeitung, Augsburg 1931 (Manuskript eines Vortrags vom 6.6.1931)

4 Rhein-Mainische Volkszeitung, 16.3.1933, zit. in: Joseph Wulf: Presse und Funk im Dritten Reich, Frankfurt/Berlin/Wien 1983, S. 84

5 Zit. in: Kölnische Zeitung, 16.3.1933

6 Walter Klein: Zit. in: OMGUS 751104 (Klein war Mitglied der Reichspressekonferenz bis 1945); NS-Presseanweisungen der Vorkriegszeit, hrsg. vom Institut für Zeitungsforschung der Stadt Dortmund, Bde 1–4 (1933–1936)

7 Walter Karsch, zit. in: OMGUS ZS 1088 (Karsch war ebenfalls Mitglied der Konferenz und wurde nach 1945 Chef der Zentralredaktion der britischen Zeitung Die Welt.)

8 Alfons Altmann: Die öffentlich-rechtliche Stellung des Schriftleiters und ihre Einwirkung auf den Berichtigungszwang des §11 des Reichspressegesetzes, Erlangen (Diss.) 1938

9 Karl Brunner, zit. in: OMGUS ZS 853 (Brunner war ebenfalls Mitglied der Reichspressekonferenz und wurde nach 1945 Chefredakteur der Neuen Ruhrzeitung.)

10 Theodor Heuss, zit. in: Frei/Schmitz: Journalismus, München 1989, S. 126 (Heuss, der sich vor 1945 mit „ß", nach 1945 mit „ss" schrieb, erhielt 1945 eine Lizenz für die Rhein-Neckar-Zeitung in Heidelberg.)

11 Harry Pross, in: Hans Dieter Müller: Facsimile Querschnitt durch „Das Reich", München 1964, S. 5 – 1949 wollte ein Journalist sogar in dieser Zeitung Opposition erkennen können: Joachim Günther: Zwischen den Zeilen, in: Der Kurier, 19.1.1949

12 Zit. in: Günther Gillessen: Auf verlorenem Posten. Die Frankfurter Zeitung im Dritten Reich, Berlin 1986, S. 511 – Andere Autoren vertraten die Meinung, es habe im Dritten Reich sehr wohl die Möglichkeit gegeben, zwischen den Zeilen zu schreiben und zu lesen, etwa: Konrad Ackermann: Die geistige Opposition der Monatsschrift Hochland gegen die nationalsozialistische Ideologie, Würzburg (Diss.) 1965; Helmut Diel: Grenzen der Presselenkung und Pressefreiheit im Dritten Reich. Untersucht am Beispiel der ‚Frankfurter Zeitung', Freiburg (Diss.) 1960; Fred Hepp: Der geistige Widerstand im Kulturteil der „Frankfurter Zeitung" gegen die Diktatur des totalitären Staates 1933 bis 1943, München (Diss.) 1950; Werner Bergengruen, Vorwort zu: Zwischen den Zeilen. Der Kampf einer Zeitschrift für Freiheit und Recht 1932–1942. Aufsätze von Rudolf Pechel, Wiesentheid 1948 (In diesem Zusammenhang lohnt es auch zu lesen, wie die Worte Pechels von jungen Nationalsozialisten verstanden worden sind. Mit aller gebührenden Vorsicht sei verwiesen auf: Kurt Ziesel: Das verlorene Gewissen, München 1958, S. 18ff. – Auch soll hier nicht beurteilt werden, daß Pechel in seiner Zeitschrift den neuen deutschen Dichtern wie Kolbenheyer u.a. Raum schuf.)

13 Peter de Mendelssohn: Zeitungsstadt Berlin, Berlin 1959, S. 345

14 Hans-Georg von Studnitz: Seitensprünge, Stuttgart 1975, S. 235

15 Mendelssohn: Zeitungsstadt Berlin, S. 371

16 Zit. in: Deutsche Presse, 48/1935, S. 1

17 Zit. in: Deutsche Presse, 25/1935, S. 467

18 Zit. in: Wulf: Presse und Funk, S. 56

19 Mendelssohn: Zeitungsstadt Berlin, S. 342 – Hier die exakten Zahlen: Vor der „Machtübernahme" existierten im Reich genau 4.703 Zeitungen, am Ende des Dritten Reiches waren es noch 977, davon 352 dem Partei-Pressetrust angehörend. Letztere vereinten 82,5 Prozent der Gesamtauflage auf sich. (Angaben aus: Karl-Martin Obermeier: Medien im Revier, München (Diss. Dortmund) 1991, S. 56)

20 Mit der Begründung, sie hätten den Kontakt zu den Deutschen verloren, blieben die Emigranten auch auf Betreiben der Besatzungsmächte nach 1945 häufig von einer Anstellung in der neuen Presse ausgeschlossen.

21 Mendelssohn: Zeitungsstadt Berlin, S. 327 – Winkler wurde bei seinem
    Lüneburger Entnazifizierungsverfahren 1949 als „unbelastet" in die
    Gruppe V eingestuft. (Vgl. Jürgen Benedikt Hüffer: Vom Lizenzpresse-
    system zur Wettbewerbspresse, München 1991, S. 205)
22 Mendelssohn: Zeitungsstadt Berlin, S. 384
23 Harold Hurwitz: Die Stunde Null der deutschen Presse. Die amerikani-
    sche Pressepolitik in Deutschland 1945–1949, Köln 1972, S. 134
24 Otto Köhler: Wir Schreibmaschinentäter. Journalisten unter Hitler – und
    danach, Köln 1989, S. 257
25 Wolfgang Moser, zit. in: Köhler: Ebenda

2. Der Plan von Jalta (1945): Entnazifizierung auch in der Presse

 1 Heinrich Wurstbauer: Lizenzzeitung und Heimatpresse in Bayern, Mün-
    chen (Diss.) 1952, S. 56
 2 Kurt Koszyk: Pressepolitik für Deutsche 1945–1949. Geschichte der
    deutschen Presse, Teil IV, Berlin 1986, S. 37
 3 Ebenda, S. 36
 4 Kurt Koszyk: Kontinuität oder Neubeginn. Massenkommunikation in
    Deutschland 1945–1949, Siegen 1981, S. 7
 5 Handbuch für die Kontrolle deutscher Informationsdienste, Dezember
    1944, S. 46ff.
 6 Koszyk: Pressepolitik, S. 56
 7 OMGUS ISD, PBr 5/240–1/9
 8 White, Grey and Black list for Information Control Purposes, 1.3.1947
    und 1.8.1946
 9 PWD hieß nach ihrer formellen Auflösung im Juli 1945 Information
    Control Division (ICD) und wurde dem U.S. Forces European Theatre
    (USFET) angegliedert.
10 Zit. in: Harold Hurwitz: Die Stunde Null der deutschen Presse. Die ame-
    rikanische Pressepolitik in Deutschland 1945–1949, Köln 1972, S. 57
11 Leonard Felsenthal: Die Geburtshelfer unserer Zeitung, in: Süddeutsche
    Zeitung, 8.10.1946
12 Albert Lubitsch: Wie es begann, in: Die ersten Jahre, Hamburg 1962, S. 12,
    zit. in: Karl-Heinz Harenberg: Die Welt 1946–1953. Eine deutsche oder
    eine britische Zeitung?, Hamburg 1976, S. 10
13 Justus Fürstenau: Entnazifizierung. Ein Kapitel deutscher Nachkriegs-
    politik, Neuwied 1969, S. 38 u. 105
14 Ebenda, S. 228
15 Reinhart Greuner: Lizenzpresse. Auftrag und Ende, Berlin (DDR) 1962,
    S. 181
16 Die Idee, Zeitungen als Stiftungen einzurichten (etwa die Frankfurter
    Zeitung), um sie vom Einfluß finanzstarker Anzeigenkunden freizuhal-

ten, wurde rasch verworfen. Dazu: Rüdiger Liedtke: Die verschenkte Presse, Berlin 1982

3. Leitbilder für einen neuen Journalismus

1 Hans Lehmann: Der Löwe hatte Flügel. Ein englischer Propagandafilm und die neue deutsche Wochenschau, in: LNN, 31.5.1940

2 Hans Lehmann: Sieg im Westen, in: LNN, 1.2.1941

3 OMGUS 5/235-1/17

4 Kurt Ziesel: Das verlorene Gewissen. Hinter den Kulissen der Presse, Literatur und ihrer Machtträger von heute, München 1958, S. 37 (Ziesel versäumt nicht zu sagen, daß Werners Herkunft „nichtarisch" gewesen sei – Werners Großmutter war jüdischen Glaubens gewesen –, er aber wegen seiner Übereinstimmung mit den Ideen Hitlers unangefochten habe weitermachen dürfen.)

5 Erich Pfeiffer-Belli: Darf man von Mode noch sprechen?, in: MNN, 25.3.1944

6 OMGUS 5/237-1/14

7 Etwa: Erich Pfeiffer-Belli: Romantik und Realismus im Roman, 12.1.1941

8 Hans-Heinz Stuckenschmidt: Prag als deutsches Kulturzentrum, in: MNN, 21.6.1939

9 Hans-Heinz Stuckenschmidt: Prag, in: Kölnische Zeitung, 27.3.1941

10 Vgl. das Kapitel Berlin: Der Tagesspiegel

11 Heinrich Orb (d.i. Franz Heinrich Pfeifer): Nationalsozialismus – 13 Jahre Machtrausch, Olten 1945, S. 371ff.

12 Hans E. Friedrich: Der Weg zur großen Schlacht, in: DAZ, 25.6.1940

13 Hans E. Friedrich: Kühnheit und Logik der deutschen Offensive, in: DAZ, 30.6.1940 – Ziesel erklärte ihn zum Mitglied der „Propagandaabteilung Süd", Friedrich habe außerdem in Süskinds Zeitschrift Die Literatur geschrieben.

14 Hans E. Friedrich: Krieg, Tod und Sieg, in: DAZ, 26.11.1939

15 Hans Habe: Im Jahre Null. Ein Beitrag zur Geschichte der deutschen Presse, München 1966, S. 122ff.

16 Ebenda

17 Kiaulehns erster Artikel: Konsul Hülshoven, in: NZ, 4.4.1947

18 Walter Kiaulehn: ...über allem aber steht die Infanterie. Königin der Waffen, in: Deutsche Zeitung im Ostland, 17.2.1943ff.

19 Josef Ollig: Gründerzeit, unveröff. Manuskript, zit. in: Heinz-Dietrich Fischer: Reeducation und Pressepolitik unter britischem Besatzungsstatus, Düsseldorf 1978, S. 67f.

20 Karl-Heinz Harenberg: Die Welt 1946–1953, Hamburg 1976, S. 40

21 Hans Paul Brunzel: Die „Tat" 1918–1932, Bonn (Diss.) 1952

22 Thomas Murner (d.i. Carl von Ossietzky): Zehrer und Fried, in: Weltbühne, 22.11.1932

23 Ebbo Demant: Von Schleicher zu Springer. Hans Zehrer als politischer Publizist, Mainz 1971, S. 97

24 Hans Zehrer: Der Kanzler, in: Tägliche Rundschau, 26.3.1933

25 Hans Zehrer: Die graue Internationale, in: Tägliche Rundschau, 2.4.1933

26 Demant: Zehrer, S. 130

27 Titel: Kampf um Spanien – Die Luftwaffen-"Legion Condor" kämpfte im Spanischen Bürgerkrieg 1936/37 auf seiten Spaniens.

28 Heinz Stalling gestorben, in: Völkischer Beobachter, 15.12.1941

29 Karl-Wolfgang Mirbt: Methoden publizistischen Widerstands im Dritten Reich, nachgewiesen an der „Deutschen Rundschau" Rudolf Pechels, Berlin (Diss.) 1958, S. 219

30 Ernst Samhaber: Sachlieferungen, in: Das Reich, 18.3.1945

31 Ernst Samhaber: Stalin in Südamerika, in: DAZ, 19.7.1941

32 Ernst Samhaber: Neues Wirtschaftsdenken – neue Wirtschaftsformen, in: Leipziger Neueste Nachrichten, 15.9.1940

33 Ernst Samhaber: Wer baut das neue Europa auf?, in: DAZ, 26.10.1940

34 Ernst Samhaber: Gibt es eine amerikanische Gemeinschaft?, in: Neue Rundschau, 10/1941, S. 553ff.

35 Fritz Hausjell: Journalisten gegen Demokratie oder Faschismus: eine kollektiv-biographische Analyse der beruflichen und politischen Herkunft der österreichischen Tageszeitungsjournalisten am Beginn der Zweiten Republik (1945–1947), Frankfurt/M. 1989, S. 804 (Diss. Salzburg 1985)

36 Jürgen Schüddekopf: Einfluß des Krieges auf die Filmproduktion, in: Brüsseler Zeitung, 26.7.1940

37 Jürgen Schüddekopf: Der neue Film, in: DAZ, 5.9.1940

38 Demant: Zehrer, S. 149f.

39 OMGUS ZS 1088

40 Hans-Joachim Kausch: Gebietskommissar in Taurien, in: Rheinisch-Westfälische Zeitung, 11.7.1943

41 Günther Sawatzki: Das Neue Feuilleton, in: Die Literatur, 1933/34, S. 72ff., zit. in: Joseph Wulf: Presse und Funk im Dritten Reich, Gütersloh 1964, S. 202f.

42 Handbuch der deutschen Tagespresse, Leipzig/Frankfurt/M. 1937

43 Orb: Nationalsozialismus, S. 372

44 Die Welt, 30.12.1988

45 Vgl. das Kapitel Stuttgart: Sonntagsblatt

4. Lizenzzeitungen unter alliierter Aufsicht
4.1. Berlin

1 Harold Hurwitz: Die Stunde Null der deutschen Presse. Die amerikanische Pressepolitik in Deutschland 1945–1949, Köln 1972, S. 340

2 Ebenda, S. 346

3 Ebenda, S. 345

4 Erste Ausgabe am 22. März 1946

5 Erste Ausgabe am 3. Juni 1946

6 E. A.: Richter und Gerichtete, in: Tagesspiegel, 14.9.1948

7 Kurt Koszyk: Pressepolitik für Deutsche 1945–1949. Geschichte der deutschen Presse, Teil IV, Berlin 1986, S. 71

8 Hurwitz: Die Stunde Null, S. 373

9 Zit. in: Frankfurter Neue Presse, 29.10.1947

10 Neues Deutschland, 10.11.1948

11 Peter de Mendelssohn: Zeitungsstadt Berlin, Berlin 1959, S. 465ff.

12 Diese Meinung vertrat er auch den Presseoffizieren gegenüber, dokumentiert in: POLAD 803-19

13 Zit. in: Neues Deutschland, 10.11.1948; das ND zitierte aus: rg.: Sensationen der Kriegsschauplätze, in: Tagesspiegel, 7.11.1948 (rg. war das Kürzel Regers)

14 Etwa DAZ: Der verbotene Sommer, Ende 1940, oder Neues Wiener Tagblatt: Der ehrgeizige Berg, vom 25.6.1939 an

15 POLAD 803-19, Thomas B. Wenner, Chief of the Public Relation Branch of the U.S. Political Adviser for Germany – Damit urteilte er nicht mehr nach dem Geist des berühmten „Handbuchs", denn Mitarbeiter des Deutschen Verlags waren dort unter „Prohibited Personnel" aufgeführt.

16 OMGUS 5/237-1/14

17 Edwin Redslob: Naturgegebene Gemeinschaft, in: Das Reich, 24.9.1944

18 Edwin Redslob: Brücke zwischen Völkern. Die slowakische Kunst als Wesensart der Kultur des Volkes, in: Donauzeitung, 8.5.1944

19 OMGUS 5/240-2/9

20 Ebenda

21 Ebenda

22 Ebenda

23 Robert Arzet: Die Zukunft des deutschen Kapitalexports, in: Deutsche Bergwerkszeitung, 1.12.1940

24 Robert Arzet: Die Anachronismen von Bretton Woods, in: Kölnische Zeitung, 23.7.1944

25 Robert Arzet: Clearing contra Geld, in: Kölnische Zeitung, 28.3.1942

26 Arzet: Die Zukunft des deutschen Kapitalexports

27 Robert Hafferberg: Gezeiten der Wirtschaft, in: Münchner Neueste Nachrichten, 30.12.1944

28 Peter Hartl: Anpassung und Veränderung einer bürgerlichen Zeitung im Dritten Reich und die Berufswege ihrer Journalisten am Beispiel der Münchner Neuesten Nachrichten, München (Diplomarbeit) 1989, S. 170

29 Robert Hafferberg: Aufgaben der Zukunft, in: Deutsche Presse, 6/1934, S. 66

30 Erwin Kroll: Die Musikerzieher von heute, in: Deutsche Allgemeine Zeitung, 7.7.1941

31 Erwin Kroll: Berliner Komponisten, in: Kieler Zeitung, 2.8.1943, und ders.: Sommerliches Musikleben in Berlin, in: NS-Kurier, 15.7.1943 – In beiden Zeitungen erschienen mehrere Artikel Krolls.

32 Handbuch der deutschen Tagespresse, Leipzig 1944

33 Handbuch der deutschen Tagespresse, Leipzig/Frankfurt/M. 1937 und Leipzig 1944

34 Joachim G. Leithäuser: Journalisten zwischen zwei Welten, Berlin 1960, S. 59f. – Friede wurde am 1.11.1947 unter einem Vorwand in den Ostteil der Stadt gebeten. Er kehrte nicht mehr zurück. Die sowjetischen Behörden behaupteten zunächst, Friede nicht zu kennen, mußten dann aber zugeben, er sei wegen Spionage verhaftet worden. Friede befand sich zehn Jahre lang in Straflagern der Sowjets, die längste Zeit in Workuta. 1955 kehrte er zurück.

35 Norbert Frei, Johannes Schmitz: Journalismus im Dritten Reich, München 1989, S. 191 – Der Abend druckte bis zum Ende der Lizenzzeit kein vollständiges Impressum.

36 Werner v. Lojewski: Im neuen Europa, in: Krakauer Zeitung, 8.9.1942

37 Werner v. Lojewski: Soziale Sicherheit, in: Berliner Börsenzeitung, 3.3.1944

38 Handbuch der deutschen Tagespresse, Leipzig 1944 – Lojewski soll auch beim NS-Blatt Angriff und bei der Nachrichtenagentur Transocean gearbeitet haben (Frei/Schmitz: Journalismus im Dritten Reich, S. 192)

39 Werner v. Lojeswki: Wie lange noch?, in: Warschauer Zeitung, 20.10.1940

40 Werner v. Lojewski: Die neue Welt, in: Warschauer Zeitung, 10.11.1940

41 Werner v. Lojewski: Die Losung, in: Krakauer Zeitung, 11.9.1941

42 Ebenda

43 Werner v. Lojewski: Äußerster Einsatz, in: Krakauer Zeitung, 14.1.1943

44 Werner v. Lojewski: Weltkrieg Nr. 3, in: Danziger Neueste Nachrichten, 10.12.1943, gleichlautend in Leipziger Neueste Nachrichten, 11.12.1943

45 Werner v. Lojewski: In Ruinen, in: Krakauer Zeitung, 24.12.1943

46 Werner v. Lojewski: In der Zeiten Schoße. Ein gutes Omen, in: Warschauer Zeitung, 21.1.1944

47 Mendelssohn: Zeitungsstadt Berlin, S. 470

48 Paul Bourdin: Ein denaturierter Franzose, in: Das Reich, 26.11.1944

49 Hans Otto Wesemann: Verkitschte Massenseele, in: Das Reich, 13.8.1944

50 Eberhard Schulz: An der rumänischen Pforte, in: Das Reich, 25.6.1944, und ders.: Nahkampf der Heere, ebd., 23.7.1944

51 Hans-Dieter Müller: Facsimile Querschnitt durch Das Reich, Vorwort von Harry Pross, Scherz 1964

52 Eberhard Schulz: Zusammenspiel der Instinkte, in: Frankfurter Zeitung, 24.3.1943

53 Günther Gillessen: Auf verlorenem Posten. Die Frankfurter Zeitung im Dritten Reich, Berlin 1986, S. 522

54 Margret Boveri: Der Verrat im 20. Jahrhundert, Hamburg 1956, S. 157, zit. in: Karl-Wolfgang Mirbt: Methoden publizistischen Widerstands im Dritten Reich, nachgewiesen an der „Deutschen Rundschau" Rudolf Pechels, Berlin (Diss.) 1958, S. 107

55 Margret Boveri: Ein Feind Deutschlands, in: Das Reich, 22.4.1945

56 Carl Linfert: Wege und Ziele der Kunst, in: Frankfurter Zeitung, 15.7.1943

57 Carl Linfert: Schrecken und Zwang durch Politik – Die Folgen der Marxschen Lehre, in: Kurier, 2.7.1948

58 Mendelssohn: Zeitungsstadt Berlin, S. 473

59 Albert Norden: Goebbels' Journalisten in Bonner Diensten. Eine Dokumentation, Berlin (DDR) 1962, S. 12ff. – Das Handbuch der deutschen Tagespresse von 1937 verzeichnete Arno Scholz als „Korrespondent für Bauen und Wohnen" in Charlottenburg.

60 Walther G. Oschilewski: Telegraf – Tribüne der Freiheit, Berlin 1954, S. 51

61 Oschilewski betreute außerdem zusammen mit Dora Fehling die Beilagen „Das Steckenpferd", „Aus aller Welt", „Fortschritt und Wissen", „Welt der Frau", „Literatur der Zeit", „Reisen und Wandern", „Haus und Garten", „Mode" und „Lutz und Liese"; Angaben aus Walther Oschilewski: Telegraf, S. 48

62 Walther G. Oschilewski: Was ist Volkskunst?, in: Warschauer Zeitung, 24.10.1943 – 1939 finden sich Artikel Oschilewskis auch in der Berliner Börsenzeitung, dem Darmstädter Tagblatt und der Kölnischen Zeitung.

63 Oschilewski: Telegraf, S. 48

64 Lothar Papke: Die Deutschen ohne Vaterland. Gestalten baltischer Geschichte, in: Völkischer Beobachter (Berliner Ausgabe), 25.7.1943

65 Oschilewski: Telegraf, S. 54 – Über Wiegners Wirken vor 1945 konnte nichts Näheres eruiert werden. (Wiegner soll laut Oschilewski im Februar 1946 der Redaktion beigetreten sein.)

66 Ebenda, S. 44

67 Ebenda, S. 6

68 Ebenda, S. 9

69 POLAD 803-16, Folder 820.02a

70 Die Saar ist frei, in: Saarbrücker Landeszeitung: 1.5.1935

71 Die Redakteure des Tag vermieden es auch, ihre Artikel zu zeichnen. Als Leitartikel-Schreiber gab sich Alfred Gerigk zu erkennen (siehe Südkurier, Konstanz)

72 So Walter Habel (Hg.): Wer ist Wer? Das deutsche Who's who, Berlin 1951

73 OMGUS 740/18-891 – Zu Gerigk vgl. das Kapitel Konstanz: Südkurier

74 Dovifat, Kölnische Volkszeitung

75 Münsterischer Anzeiger, 4.10.1933

76 Handbuch der deutschen Tagespresse, 1944

77 Die Zeit, 23.10.1987

78 Dovifat: Kölnische Volkszeitung

79 POLAD 803-16, Folder 820.02a

80 Georg Holmsten: Als keiner wußte, ob er überlebt. Zwischen den Sommern 1944/45, Düsseldorf 1995 – Ein Auszug davon ist am 20. Mai 1995 in der Berliner Zeitung erschienen.

81 OMGUS 740/18-891

82 Ruth-Kristin Rößler (Hg.): Entnazifizierungspolitik der KPD/SED 1945–1948. Dokumente und Materialien, Goldbach 1994, dazu eine Rezension von Friedrich-Christian Schröder: Zur weiteren Festigung unserer Macht, in: FAZ, 12.4.1995

4.2. Die amerikanische Zone

1 Harold Hurwitz: Die Stunde Null der deutschen Presse. Die amerikanische Pressepolitik in Deutschland 1945–1949, Köln 1972, S. 313

2 Rüdiger Liedtke: Die verschenkte Presse, Berlin 1982, S. 66

4.2.1. Hessen

1 Ebenda, S. 72

2 Ebenda, S. 74

3 Günther Gillessen: Auf verlorenem Posten. Die Frankfurter Zeitung im Dritten Reich, Berlin 1986, S. 514

4 Auch Bechtle ist der Meinung, bereits ein Jahr nach der Lizenzierung habe die deutsche Presse „ein beachtliches fachliches und geistiges Niveau erreicht". Vgl. Friedrich R. Bechtle: Die nordwürttembergische politische Presse 1930 bis 1950 unter Berücksichtigung allgemeiner Vorgänge im deutschen Zeitungswesen, München (Diss.) 1952, S. 171

5 POLAD 740/18

6 Hurwitz: Die Stunde Null, S. 194

7 OMGUS 5/235-1/10; 1946 wurde Gerst wegen dieser Aussage das Wahlrecht genommen.

8 OMGUS 5/235-1/10

9 OMGUS 5/235-3/5

10 OMGUS 5/235-1/10

11 Kirns Antwort auf einen Fragebogen von Ruprecht Eser, in: Ruprecht Eser: Die Lizenzpresse in der amerikanischen Besatzungszone Deutschlands von 1945–1949, Berlin (Magisterarbeit) 1966, Anhang S. 27

12 Hans Henrich: Marschall Antonescu räumt auf, in: Freiheitskampf, 23.11.1943

13 Rudolf Reinhardt: Zeitungen und Zeiten, Köln 1988, S. 9

14 Emil Carlebach: Zensur ohne Schere. Die Gründerjahre der Frankfurter Rundschau 1945/47, Frankfurt 1985, S. 14 – Auch Kirn mochte über Carlebach nicht schlecht sprechen. Er sei kein „Radau-Kommunist" gewesen, aber ein „kluger Taktiker". Er habe dafür gesorgt, daß bei der FR im Lokalteil einmal wöchentlich alle Parteien in gleichem Umfang zu Wort kamen. (Kirns Antworten auf einen Fragebogen von Ruprecht Eser, in: Ruprecht Eser: Die Lizenzpresse in der amerikanischen Besatzungszone Deutschlands von 1945–1949, Berlin (Magisterarbeit) 1966, Anhang S. 19)

15 Kirns Antworten auf einen Fragebogen von Ruprecht Eser, in: Ruprecht Eser: Die Lizenzpresse in der amerikanischen Besatzungszone Deutschlands von 1945–1949, Berlin (Magisterarbeit) 1966, Anhang S. 27

16 Müllers Antworten auf einen Fragebogen von Ruprecht Eser, in: Ebenda, Anhang S. 24

17 Fritz C. Müller: Germanen im Ostraum/Nationale Leistung als europäische Aufgabe, in: Deutsche Zeitung in Norwegen, 30.11.1941

18 Fritz C. Müller: Auslandsdeutsche, in: Deutsche Zeitung in Norwegen, 8.10.1942

19 Bei der Offenbach Post gesellte sich als leitender Kulturredakteur Gustav Funke zu Brinkmann, der ehemalige Frankfurter Korrespondent des Niederräder Anzeigers.

20 Dietmar Gutberlet: Die Frankfurter Neue Presse, Marburg (Diss.) 1964

21 Karl Brinkmann: Udet – ewig leuchtendes Vorbild, in: Donauzeitung, 23.11.1941

22 Gutberlet: Die Frankfurter Neue Presse, S. 34

23 Handbuch der deutschen Tagespresse, Leipzig 1944

24 Gillessen: Auf verlorenem Posten, S. 519

25 Paul Fechter: Aufstieg der neuen Plastik, in: DAZ, 19.7.1940 – mehr zu Fechter vgl. das Kapitel: Die Welt

26 Gutberlet: Die Frankfurter Neue Presse, S. 52

4.2.2. Württemberg-Baden

1 Helmut Cron: Stuttgarter Zeitungschronik 1945, Manuskript, am Institut für Kommunikationswissenschaft der Universität München

2 Crons Antworten auf einen Fragebogen von Ruprecht Eser in: Ruprecht Eser: Die Lizenzpresse in der amerikanischen Besatzungszone Deutsch-

lands von 1945–1949, Berlin (Magisterarbeit) 1966, Anhang S. 17. – Die
Frage lautete: Besaßen Sie bei Ihrer Einstellung durch die Amerikaner eine journalistische Vorbildung?

3 OMGUS 5/240-3/11

4 Günther Gillessen: Auf verlorenem Posten. Die Frankfurter Zeitung im
Dritten Reich, Berlin 1986, S. 521, und OMGUS 5/240-3/11, Aufstellung
der Redakteure vom 30.4.1946 – Cron war darüber offenbar noch 1966
ungehalten. Er meinte: „Die wenigsten Lizenzträger haben sich bewährt.
Es wäre besser gewesen, wenn es schon keine Leute gab, ihnen eine kurz
befristete Chance zu geben, aber niemals so wie es geschah, diese Leute zu
Millionären zu machen." (Crons Antworten auf einen Fragebogen von
Ruprecht Eser, in: Eser: Die Lizenzpresse, Anhang S. 18)

5 Cron war seit 1939 Wirtschaftsredakteur beim Stuttgarter Neuen Tagblatt, das am 31.3.1943 vom NS-Kurier übernommen wurde.

6 Helmut Cron: Die Politiker lächeln, in: Die Hilfe, 21.5.1938

7 Helmut Cron: Wettlauf der Industriestaaten, in: Stuttgarter Neues Tagblatt, 28.9.1939

8 Helmut Cron: Soldatische Wirtschaft, in: Stuttgarter Neues Tagblatt,
24.12.1940

9 Helmut Cron: Schriftsteller und Publikum, in: DAZ, 8.12.1941

10 Koszyk erwähnt Cron namentlich als Wirtschaftsredakteur des Neuen
Tagblatts. Es habe 1941 eingestellt werden müssen. Den nahtlosen Übergang Crons zum NS-Blatt verschweigt Koszyk und erweckt damit – beab-
sichtigt oder nicht – den Eindruck, Cron sei Opfer der nationalsozialistischen Pressepolitik geworden (Kurt Koszyk: Pressepolitik für Deutsche
1945–1949. Geschichte der deutschen Presse, Teil IV, Berlin 1986, S. 57)

11 Helmut Cron: Friedrich Hölderlin, in: Stuttgarter NS-Kurier, 6.6.1944

12 Helmut Cron: Über den Parvenü, in: Neue Rundschau, Februar 1941, S.
118ff.

13 Crons Antworten auf einen Fragebogen von Ruprecht Eser, in: Eser: Die
Lizenzpresse, Anhang S. 17

14 Ebenda, S. 18

15 OMGUS 5/240-3/11

16 Karl Löhmann: Wanda Wasilewska, in: Stuttgarter NS-Kurier, 14.2.1944

17 Karl Löhmann: Leon Degrelle, in: Stuttgarter NS-Kurier, 28.2.1944

18 Karl Löhmann: Der Ausweg nach vorn, in: Stuttgarter NS-Kurier,
13.1.1944

19 Koszyk: Pressepolitik, S. 67

20 Ute Flögel: Pressekonzentration im Stuttgarter Raum, München 1971
(Diss. Berlin 1968), S. 57

21 Handbuch der deutschen Tagespresse, Leipzig 1944

22 Olaf Saile: Schiller am Regiepult, in: LNN, 22.6.1939

23 Kurt Honolka: Späte Sonne am Rigastrand, in: Deutsche Zeitung im Ostland, 10.11.1942

24 Gillessen: Auf verlorenem Posten, S. 431f.

25 Erich Welter: Krieg von heute, in: FZ, 9.6.1940

26 Gillessen: Auf verlorenem Posten, S. 522

27 Zu Schulz vgl. das Kapitel Kurier, Berlin

28 Nikolaus Benckiser: Die rote Herrschaft in Ungarn, in: Das Reich, 5.3.1944

29 Klaus Mehnert: Die Sowjetunion seit dem Kriege, in: Wirtschaftszeitung, 24.9.1948

30 Zu Marek vgl. das Kapitel Die Welt

31 Walter Henkels: Meditationen in der Eismeerbaracke, in: Kölnische Zeitung, 12.5.1944

32 Norbert Frei, Johannes Schmitz: Journalismus im Dritten Reich, München 1989, S. 191f.

33 Fritz Hausjell: Journalisten gegen Demokratie oder Faschismus: eine kollektiv-biographische Analyse der beruflichen und politischen Herkunft der österreichischen Tageszeitungsjournalisten am Beginn der Zweiten Republik (1945–1947), Frankfurt/M. 1989 (Diss. Salzburg 1985), S. 806

34 Brief Höpkers vom 15.4.1947, Institut für Zeitgeschichte ZS 1744

35 Zit. in: Ebbo Demant: Von Schleicher zu Springer. Hans Zehrer als politischer Publizist, Mainz 1971, S. 65

36 Giselher Wirsing: Richtung Ost-Südost!, in: Tat, 8/1930, S. 628ff.

37 Giselher Wirsing: Genialer Schachzug, in: MNN, 10.4.1940

38 Giselher Wirsing: Zum 20. April 1940, in: MNN, 20.4.1940

39 Giselher Wirsing: Vom Geheimnis der Macht, in: MNN, 25.12.1942

40 Ebenda

41 Giselher Wirsing in: Das XX. Jahrhundert, Juli/August 1944, S. 145 (Die Tat war umbenannt worden, nachdem Wirsing den in Ungnade gefallenen Hans Zehrer als Hauptschriftleiter abgelöst hatte. Sie hieß jetzt Das XX. Jahrhundert. 1941 gab Klaus Mehnert von Shanghai aus die Zwillingsausgabe The XXth Century heraus.)

42 Klaus Mehnert: Ein Dichter in der Welt, Stuttgart 1981, S. 201

43 Ebenda, S. 210 – Zum Verkauf des Ullstein-Verlags siehe: Peter de Mendelssohn: Zeitungsstadt Berlin, Berlin 1959

44 Mehnert: Ein Dichter, S. 275

45 Klaus Mehnert: Mandschuko, in: Deutsche Zeitung im Ostland, 21.3.1943 – Mandschukuo war ein 1932 von den Japanern errichtetes Staatswesen in der Mandschurei (China). Das Kaiserreich endete 1945.

46 Wolfgang Höpker: Die Stunde des Abendlandes, in: MNN, 15.2.1943

47 Wolfgang Höpker: Raum ohne Grenze?, in: MNN, 25.6.1941

48 Wolfgang Höpker: Der russische Winter, in: MNN, 1.11.1941

49 Wolfgang Höpker: Der Südosten – eine politische Schicksalseinheit, in: MNN, 24.12.1941

50 Wolfgang Höpker: Karpatendeutsche, in: MNN, 8.10.1942, auch in: LNN, 10.10.1942

51 HGST: Bericht aus Nürnberg, in: Christ und Welt, 13.6.1948

52 Hans-Georg v. Studnitz: Diplomatie als Waffe, in: Berliner Lokalanzeiger, 28.12.1941

53 Hans-Georg v. Studnitz: Die jüdische Angst, in: Berliner Lokalanzeiger, 14.11.1941

54 Hans-Georg v. Studnitz: Westblock abgetan, in: Neues Wiener Tagblatt, 23.12.1944

55 Hans-Georg v. Studnitz: Regierungen ohne Autorität, in: Deutsche Zeitung in den Niederlanden, 5.12.1944

56 Norbert Frei, Johannes Schmitz: Journalismus, S. 191f.

57 Sigurd Paulsen: Eine jüdische Armee?, in: Das Reich, 21.1.1945

58 Vgl. das Kapitel Süddeutsche Zeitung, München

59 Helmut Lindemann: Journalist und Patriot, in: Deutsche Presse, 4/1938, S. 80f.

60 Helmut Lindemann: Wo steht England geistig?, in: NWT, 4.9.1943 – Lindemann ist bis heute (1995) unter anderem Leitartikler der Münchner Abendzeitung.

61 Helmut Lindemann: Schweden am Vorabend der Entscheidung, in: Stuttgarter NS-Kurier, 26.2.1944

62 Helmut Lindemann: Schwedens Spaltpilz, in: Schlesische Zeitung, 21.4.1944

63 ISD 5/268-1/4

64 Ebenda

65 Christ und Welt, 2.4.1971, zit. in: Otto Köhler: Wir Schreibtischtäter, Köln 1989, S. 188

66 Rudolf Küstenmeier (Welt-Chefredakteur bis 1953) in einem Brief vom 22.1.1968, zit. in: Demant: Zehrer, S. 169

67 Demant: Zehrer, S. 155ff. - Zu Zehrer vgl. das Kapitel Die Welt

68 Ebenda, S. 161

69 Sonntagsblatt, 16.5.1948

70 Demant: Zehrer, S. 161

71 Eigentlich Ferdinand Friedrich Zimmermann

72 Ferdinand Fried: Die Aussicht des Weltwirtschaftskrieges, in: MNN, 6.10.1940

73 Ferdinand Fried: Kann USA wirtschaftlich helfen?, in: MNN, 17.11.1940

74 Ferdinand Fried: Der Aufstieg der Juden, Goslar, 1937, S. 11, zit. in: Köhler: Wir Schreibtischtäter, S. 240

75 Handbuch der deutschen Tagespresse, 1944

76 Köhler: Wir Schreibtischtäter, S. 233ff.

77 Wer ist wer? Das deutsche Who's who, hrsg. von Walter Habel, Berlin, Ausgaben 1958 bis 1967 – Fried starb im August 1966.

78 Heuss schrieb seinen Namen vor 1945 mit „ß", danach mit „ss".

79 Theodor Heuß: Phasen des großdeutschen Gedankens. Das Werden einer Nation, in: Neue Freie Presse, 10.4.1938

80 OMGUS 237-1/14

81 Harold Hurwitz: Die Stunde Null der deutschen Presse. Die amerikanische Pressepolitik in Deutschland 1945–1949, Köln 1972, S. 135 – Artikel von Heuß finden sich in den Kriegsjahren in: Frankfurter Zeitung, Chemnitzer Zeitung, Deutsche Allgemeine Zeitung, Königsberger Allgemeine Zeitung, Leipziger Neueste Nachrichten, Magdeburger Zeitung, Die Hilfe, Der Pfarrerspiegel, Atlantis, Neue Rundschau, Die Diakonisse, Die neue Schau. Heuß' Ehefrau, Elly Heuß-Knapp, ließ einen Artikel über Straßburg in dem in Erfurt erscheinenden NS-Blatt Thüringische Gauzeitung drucken (1.7.1944, Die wunderschöne Stadt).

82 Theodor Heuß: Die mitteleuropäische Dynamik, in: Die Hilfe, 5.3.1938

83 Ebenda

84 Theodor Heuß: Das Deutschtum im Osten, in: Neue Rundschau, 1940, S. 564ff.

85 Theodor Heuß: Krieg um Räume, in: Die Hilfe, 12.12.1940, S. 353ff.

86 Theodor Heuß: Der Krieg um das Ostmittelmeer, in: Die Hilfe, 19.4.1941, S. 113ff.

87 Die Hilfe, 20.4.1940 und zahlreiche weitere Beispiele nach Kriegsbeginn – Im selben Heft schrieb Heuß über den verstorbenen Josef Ponten.

88 Hurwitz: Die Stunde Null, S. 136

89 Das Reich, 25.10.1942

90 Siegfried Maruhn: Das deutsche Volk war eingeweiht, in: Die Zeit, 26.5.1995

91 Zit. in: Joseph Wulf: Presse und Funk im Dritten Reich, Frankfurt/M. 1983, S. 102

92 Theodor Heuß: Die zoologische Station in Neapel, in: Das Reich, 29.12.1940

93 Erwin Ackerknecht: Weltgeltung deutschen Geistes, in: Das Reich, 8.12.1940

94 OMGUS 5/240-1/7

95 Jänecke war 1933 für einige Monate Vizepräsident des „Verbandes Deutscher Zeitungsverleger", als einer von zwei bürgerlichen Verlegern unter sieben Nazi-Mitgliedern im Vorstand.

96 Handbuch der deutschen Tagespresse, Leipzig/Frankfurt/M. 1937

97 Handbuch der deutschen Tagespresse, 1944

98 POLAD 803-16

99 Handbuch der deutschen Tagespresse, 1944 – Der Sport-Montag wurde am 1.3.1943 eingestellt.
100 Koszyk: Pressepolitik, S. 372
101 Karl Silex: Mit Kommentar. Lebensbericht eines Journalisten, Frankfurt/M. 1968, S. 263
102 Ebenda, S. 145 – Wie Silex ist auch Borch im Handbuch der deutschen Tagespresse von 1944 noch immer verzeichnet, Silex als Chefredakteur, Borch als Rom-Korrespondent der DAZ, beide versehen mit dem Zusatz: „z.Zt. im Wehrdienst".
103 Ebenda, S. 263
104 Karl Silex: Ehrenvolle Lösung für alle, in: DAZ, 30.9.1938
105 Karl Silex: Im Gehirn Churchills, in: DAZ, 6.7.1940 – Sein Kürzel bei der DAZ war Sx.
106 Karl Silex: Churchills 150.000 Betten, in: DAZ, 10.9.1940
107 Karl Silex: Der Führer, in: DAZ, 5.10.1941
108 Tagesspiegel: Die Wahl der Objekte, 7.6.1949
109 Koszyk: Pressepolitik, S. 201
110 Arno Scholz: Eine alte Feder kratzt, in: Telegraf, 20.4.1947
111 Ebenda
112 MA 141/2 (amerikanische Akten am Institut für Zeitgeschichte, München)
113 OMGUS 5/240-1/9

4.2.3. Die Enklave Bremen

1 Weser-Kurier: Zwischenbilanz, 2.3.1946
2 Albert Norden: Goebbels' Journalisten in Bonner Diensten. Eine Dokumentation, Berlin (DDR) 1962, S. 22f.
3 Ebenda
4 Hausmann schrieb in der Kölnischen Zeitung, dem Neuen Wiener Tagblatt, der Kieler Zeitung und den Leipziger Neuesten Nachrichten.
5 Handbuch der deutschen Tagespresse, Leipzig 1944
6 Harold Hurwitz: Die Stunde Null der deutschen Presse. Die amerikanische Pressepolitik in Deutschland 1945–1949, Köln 1972, S. 145

4.2.4.Bayern

1 Harold Hurwitz: Die Stunde Null der deutschen Presse. Die amerikanische Pressepolitik in Deutschland 1945–1949, Köln 1972, S. 131
2 Rüdiger Liedtke: Die verschenkte Presse, Berlin 1982, S. 112
3 „The new leader", 8.6.1946, zit. in: Heinrich Wurstbauer: Lizenzzeitung und Heimatpresse in Bayern, München (Diss.) 1952, S. 55 – Goldhammer wurde 1947 in der sowjetischen Zone Chefredakteur des Berliner Rundfunks, dann Abteilungsleiter im Amt für Information. 1950 kam er in Haft, wurde 1956 rehabilitiert und erhielt 1965 den Vaterländischen Verdienstorden.

4 Kurt Koszyk: Pressepolitik für Deutsche 1945–1949. Geschichte der deutschen Presse, Teil IV, Berlin 1986, Liste der Lizenzträger im Anhang

5 Günther Gillessen: Auf verlorenem Posten. Die Frankfurter Zeitung im Dritten Reich, Berlin 1986, S. 517

6 OMGUS 5/237-1/14

7 OMGUS 5/240-1/9

8 Norbert Frei, Johannes Schmitz: Journalismus im Dritten Reich, München 1989, S. 68

9 Ebenda

10 Hochland, 4/1935, S. 92ff.

11 Hochland, 5/1935, S. 92ff. – Autor ist Ernst Michel, der Titel: Die Krise des späten Liberalismus

12 Hans Thiele: Österreichs Erbe und Sendung im deutschen Raum, in: Hochland, 5/1937 S. 171ff.

13 Hochland, 4/1938, S. 76ff.

14 Hermann Rinn: Krieger und Soldat, in: Hochland, 8/1938, S. 422ff.

15 Schoeningh an Rudolf Pechel, zit. in: Karl-Wolfgang Mirbt: Methoden publizistischen Widerstands im Dritten Reich, nachgewiesen an der „Deutschen Rundschau" Rudolf Pechels, Berlin (Diss.) 1958, S. 285 – Auch Mirbt rechnet Hochland zum „publizistischen Widerstand".

16 Walter Vonnegut: Auf den Seen Podoliens, in: FZ, 8.12.1942, und ders.: Podolische Winde, in: FZ, 10.3.1943

17 OMGUS 5/240-1/9

18 Hans Kapfinger: Die neue bayerische Presse, Passau 1948, S. 15

19 Ebenda

20 Ebenda, S. 12

21 Handbuch der deutschen Tagespresse, Leipzig 1937 und 1944; Peter Hartl: Anpassung und Veränderung einer bürgerlichen Zeitung im Dritten Reich und die Berufswege ihrer Journalisten am Beispiel der Münchner Neuesten Nachrichten, München (Diplomarbeit) 1989

22 Kapfinger: Die neue bayerische Presse, S. 12

23 Alfred Dahlmann: DIE DEUTSCHE KUNST/ Die große Kunstausstellung München, in: Deutsche Zeitung im Ostland, 9.2.1942

24 OMGUS 5/240 - 3/10

25 Max von Brück: Schicksal und Bühne im Wandel der Wirklichkeit, in: FZ, 9.6.1940

26 Emil Dovifat: Das Zeitungs-Deutsch, in: Metzer Zeitung, gauamtliches Abendblatt der Westmark, 13.7.1942

27 Emil Dovifat, in: Walter Heide (Hg.): Handbuch der Zeitungswissenschaft, Leipzig 1940, Bd. 1, S. 984

28 Handbuch der deutschen Tagespresse, 1937

29 Handbuch der deutschen Tagespresse, 1944

30 Heinz Holldack: Faschistischer Aufbau, in: Danziger Neueste Nachrichten, 28.10.1940, und ders.: Der Marsch auf Rom, ebd., 28.10.1941
31 Heinz Holldack: Die italienische Rasse, in: Danziger Neueste Nachrichten, 26.8.1941
32 Heinz Holldack: Der letzte König von Italien, in: Straßburger Neueste Nachrichten, 7.1.1944
33 Ursula von Kardorff: Bewährung im Kriege, in: DAZ, 7.7.1940
34 Ursula von Kardorff: Die Frauen in Berlin, in: DAZ, 14.3.1944
35 Die Literatur, Juni 1939, S. 563
36 W. E. Süskind: Glanz und Elend des Zitats, in: Das Reich, 19.3.1944 – Weitere Artikel folgten.
37 W. E. Süskind: Die englischen Seeräuber, in: DAZ, 30.6.1940
38 Kurt Ziesel: Das verlorene Gewissen. Hinter den Kulissen der Presse, Literatur und ihrer Machtträger von heute, München 1958, S. 89f.
39 Hartl: Anpassung, S. 190 – Nemitz war auch Autor für Das Reich.
40 Handbuch der deutschen Tagespresse, Leipzig 1944 – Braun war bei der Münchner Zeitung als Kulturpolitiker mit dem Schwerpunkt Theater angestellt. Er schrieb für MNN, Hamburger Fremdenblatt u.a.
41 Hartl: Anpassung, S. 223
42 Handbuch der deutschen Tagespresse, 1944
43 Karl Ude: Deutsche Größe. Ausstellung in München, in: LNN, 8.11.1940
44 Karl Ude: Deutsches Kunstschaffen im Kriege. Zur Eröffnung der Großen Deutschen Kunstausstellung in München, in: LNN, 27.7.1941, außerdem in: Schlesische Zeitung, 27.7.1941
45 Karl Ude: Sinnbilder des deutschen Lebens. Zur Eröffnung der Großen Deutschen Kunstausstellung 1942, in: Berliner Börsenzeitung, 5.7.1942
46 Karl Ude: Kunst als Born deutscher Kraft. Die Reichsschau im Haus der Deutschen Kunst in München, in: Berliner Börsenzeitung, 27.6.1943
47 Karl Ude: Wege zeitgenössischer Lyrik, in: MNN, 4.1.1944
48 Kapfinger: Die neue bayerische Presse, S. 70
49 Felix Buttersack: Geschichte vom letzten Felix. Bilder eines Lebens von 1900 bis 1985, o.O., o.J., S. 176
50 Berliner Lokalanzeiger, 2.9.1939
51 Alle Artikel auf der Unterhaltungsseite im September 1939
52 Felix Buttersack: Das Häkchen, in: Berliner Lokalanzeiger, 20.10.1939
53 Buttersack: Geschichte vom letzten Felix, S.161
54 Ebenda, S. 218
55 Felix Buttersack: Phantasie und Gewissen, in: Neue Rundschau, Januar 1941, S. 1ff.
56 OMGUS 5/236-1/22, Aufstellung der Namen der Redakteure vom 2.1.1948

57 Handbuch der deutschen Tagespresse, 1937 – Montgelas wird zweimal angeführt, mit dem Vornamen Albert bei der Essener Zeitung, mit dem Vornamen Albrecht bei dem Kölner Blatt. Wahrscheinlich handelt es sich um einen Druckfehler.

58 Zit. in: Ziesel: Das verlorene Gewissen, S. 91f.

59 Ebenda, S. 92f.

60 OMGUS 5/236-1/17

61 Hartl: Anpassung, S. 209

62 Das Impressum führt Flügel im September 1940 als Schriftleiter München und Südosten. In der Ausgabe vom 19./20.12.1942 besprach er Veit Harlans ersten Farbfilm „Die Goldene Stadt".

63 Rolf Flügel: Das Lebewesen München, in: MNN, 15.1.1941

64 Buttersack: Geschichte vom letzten Felix, S. 230

65 Hartl: Anpassung, S. 148f. – Das Impressum der MNN weist Meyer-Gmunden im September 1940 als stellvertretenden Wirtschaftsschriftleiter aus. Das „Handbuch der deutschen Tagespresse" 1944 nennt Meyer-Gmunden wieder als stellvertretenden Hauptschriftleiter der MNN.

66 Hartl: Anpassung, S. 235

67 E.v.A.: Das neue Kabinett, in: MNN, 31.1.1933

68 Frei/Schmitz: Journalismus, S. 12

69 Anhang B der Lizenz-Urkunde

70 Vgl. das Kapitel Passauer Neue Presse

71 Hans Kapfinger: Wir haben keine Demokratie, in: Münchner Allgemeine, 12.5.1948

72 OMGUS 5/240-1/9

73 Kapfinger: Die neue bayerische Presse, S. 32f.

74 Andreas Vogel: Sein ganzes Leben gilt Rumänien, in: Deutsche Zeitung in Norwegen, 14.6.1942

75 Handbuch der deutschen Tagespresse, 1944

76 Franz Mariaux: Findet Frankreich zu Europa?, in: Kölnische Zeitung, 1.1.1942

77 Franz Mariaux: Deutschland in der Vorstellung Frankreichs, in: Kölnische Zeitung, 7.6.1942

78 Franz Mariaux: Deutschland in der Vorstellung Frankreichs (Teil 2), in: Kölnische Zeitung, 21.6.1942

79 Franz Mariaux: Belgien im Wiederaufbau, in: Kölnische Zeitung, 15.9.1940

80 Walther Heide: Festvortrag zum 200jährigen Bestehen der Schlesischen Zeitung, in: Schlesische Zeitung, 3.1.1942

81 Fa 286 (Standort: IfZ, München)

82 White, Grey and Black list for Information Control Purposes, 1.8.1946 und 1.3.1947

83 Kapfinger: Die neue bayerische Presse, S. 41

84 Fa 286 (Standort: IfZ, München) – Brief des stellvertretenden Gaupresse-leiters an Rathgeb

85 Fa 286 (Standort: IfZ, München) – Brief Rathgebs an die Phönix–Zei-tungsverlags G.M.B.H. vom 4.7.1936. Die Phönix beurlaubte Rathgeb wegen des schwebenden Verfahrens. Von einem Ausschluß durch die Behörden kann keine Rede sein.

86 Fa 286 (Standort: IfZ, München) – Urteilsbegründung des Bezirksge-richts der Presse des Landesverbandes Bayern vom 4.3.1937, S. 19

87 Dr. R. (d.i. Rathgeb, Caspar): Blick in die Zeit, in: Fränkisches Volksblatt, 9.5.1936, S.11f.

88 Hans Schneider: Der Allgäuer. Werden und Wirken einer Heimatzeitung seit 1945, München (Diss.) 1952, S. 60f.

89 OMGUS 5/237-1/14

90 Kapfinger: Die neue bayerische Presse, S. 44

91 Schneider: Der Allgäuer, S. 61

92 Telefonat mit Jörg B. Landes am 29. Mai 1995

93 Schneider: Der Allgäuer, S. 61

94 Hans v. Mühlen: Rumänien zwischen heute und morgen, in: Thüringer Gauzeitung, 7.4.1940

95 Der Allgäuer, 13.12.1945

96 Der Allgäuer, 14.12.1946, zit. in: Schneider: Der Allgäuer, S. 91

97 Schneider: Der Allgäuer, S. 94

98 Ebenda, S. 153ff.

99 Ebenda, S. 204

100 Ebenda, S. 213

101 Ebenda, S. 219

102 Ebenda, Lebenslauf im Anhang

103 Vorspann zum Artikel von Friedrich Sieburg: Nur ein Journalist, in: Der Allgäuer, 9.7.1949

104 Abendzeitung, 17.9.1949

105 Otto Köhler: Wir Schreibtischtäter. Journalisten unter Hitler und da-nach, Köln 1989, S. 138

106 August Ramminger: Weg aus der Wohnungsnot, in: PNP, 14.6.1949, und ders.: Persönlichkeiten, in: PNP, 11.8.1949

107 August Ramminger: Persönlichkeiten, in: PNP, 11.8.1949

108 August Ramminger: Übergang über den Oberrhein, in: LNN, 17.6.1940, auch in: DAZ, 18.6.1940

109 August Ramminger: Die Lage im Osten, in: Deutsche Zeitung in den Nie-derlanden, 16.2.1943

110 Dr. A. Ramminger: Strategie der Zurückhaltung, in: Deutsche Zeitung in den Niederlanden, 13.2.1944

111 Dr. A. Ramminger: Europäische Revolution, in: Deutsche Zeitung in den Niederlanden, 12.4.1944

112 Dr. A. Ramminger: Der Mensch – Der Geist – Der Krieg, in: Deutsche Zeitung in den Niederlanden, 23./24.12.1944

113 ICD-Bericht, zit. in: Harold Hurwitz: Die Stunde Null der deutschen Presse. Die amerikanische Pressepolitik in Deutschland 1945–1949, Köln 1972, S. 151

114 Ebenda

115 Hans Penzel: Moskaus weltstrategische Offensive in Ostasien, in: PNP, 26.5.1949, und Ernst Deuerlein: Bayern und Deutschland, in: PNP, 7.4.1949

116 Parlamentarisch-Politischer Pressedienst, 20.2.1961

117 Deutsche Werbung, 2/1940

118 Hans Kapfinger: Totale Bereitschaft, in: Deutsche Werbung, 2/1943

119 Kapfinger: Die neue bayerische Presse, S. 58

120 Ludwig Baer: Ausstellung ‚DEUTSCHE GRÖSSE' in München, in: Fränkische Presse, 20.11.1940

121 Ludwig Baer: Krieg und Kunst, in: Fränkische Presse, 6.9.1941

122 OMGUS 5/236-1/15

123 Friedebert Becker: Im Schlaf lernt es sich am besten, in: Berliner Morgenpost, 20.6.1939

124 Kapfinger: Die neue bayerische Presse, S. 21f.

125 OMGUS 5/237-1/14 – Bemerkenswert ist, daß in diesem wie in anderen Fällen die Amerikaner von jenen gegen die Demokratie gerichteten Artikeln wußten. Mit der Frage, ob diese erklärten Gegner der Demokratie nun glaubhaft helfen würden, sie aufzubauen, haben sich die Amerikaner offenbar nie beschäftigt.

126 Koszyk: Pressepolitik, S. 61f.

127 Brief an ICD vom 27.2.1946, OMGUS 5/240-1/9

128 Stellungnahme vom 8.10.1945, OMGUS 5/240-1/9

129 OMGUS 5/236-1/13

130 Ebenda

131 am 4. August 1946

132 Kapfinger: Die neue bayerische Presse, S. 37 – Kapfingers Angaben für Merkel: Nach Monaten der Arbeitslosigkeit sei er kaufmännischer Angestellter einer Automobilfirma in Chemnitz gewesen, 1938 „kaufmännischer Leiter eines Leipziger Musikverlages, wo er bis 1945 blieb". Weber sei 1941 einberufen und „1944 durch die Gestapo verhaftet" worden. (S. 36f.)

133 OMGUS 5/240-1/9 – Die Frage, warum antifaschistische Redakteure mit den ehemaligen Propagandisten zusammenarbeiten, vermag dieser Fall zu erläutern. Oft war die Vergangenheit der Kollegen nicht in allen Details bekannt. Wenn doch, so mag in den Zeiten des heraufziehenden Kalten Krieges in Einzelfällen die antikommunistische Einstellung als ge-

wichtiger eingeschätzt worden sein als die frühere pronazistische.

134 Friedrich Römer: Vom Wesen des Dilettanten, in: DAZ, 21.5.1939, ders.: Künstliches Klima, in: MNN, 5.10.1941, ders.: Fortschritte der Tierpsychologie, in: MNN, 12.10.1941, ders.: Lebenskräfte junger Mädchen, in: Das Reich, 19.1.1941

135 Hartl: Anpassung, S. 230

136 Handbuch der deutschen Tagespresse, Leipzig 1944

137 Ebenda

138 OMGUS 5/236-1/6

4.3. Die britische Zone

1 Kurt Koszyk: Pressepolitik für Deutsche 1945–1949. Geschichte der deutschen Presse, Teil IV, Berlin 1986, S. 127f.

2 Harold Hurwitz: Die Stunde Null der deutschen Presse. Die amerikanische Pressepolitik in Deutschland 1945–1949, Köln 1972, S. 80 – Die Namen der sogenannten overt newspapers nach Hurwitz (S. 80): Kölnischer Kurier (erschienen vom 2.4. bis 16.6.45), Frankfurter Presse (21.4. bis 26.7.45), Hessische Post, Kassel (28.4. bis 22.9.45), Braunschweiger Bote (4.5. bis 8.6.45), Ruhr–Zeitung, Essen (12.5. bis 16.6.45), Bayrischer Tag, Bamberg (19.5. bis 13.11.45), Münchener Zeitung (9.6. bis 6.10.45), Süddeutsche Mitteilungen, Heidelberg (16.6. bis 1.9.45), Weser-Bote, Bremen (23.6. bis 15.9.45), Regensburger Post, Straubing (29.6. bis 16.10.45), Augsburger Anzeiger (13.7. bis 23.10.45), Stuttgarter Stimme (3.8. bis 14.9.45) und Allgemeine Zeitung, Berlin (8.8. bis 11.11.45).

3 Koszyk: Pressepolitik, S. 134

4 Im Verlegerverband führte bis April 1946 Lambert Lensing den Vorsitz, der auch die Verlagsleitung der Heeresgruppenzeitung Ruhr-Zeitung übernehmen durfte. Oberstleutnant Christopher Dilke, ein Katholik, war den Altverlegern offenbar wohlgesonnen. Seine Einteilung der vorgesehenen Bezirke entsprach weitgehend Weimarer Strukturen. Siehe dazu: Jürgen Benedikt Hüffer: Vom Lizenzpressesystem zur Wettbewerbspresse, München 1991 (Diss. Dortmund), S. 49ff.

5 Koszyk: Pressepolitik, S. 128

6 So nannten offenbar viele Presseoffiziere die alte deutsche Presse, zit. in: Hüffer: Vom Lizenzpressesystem, S. 80

7 Koszyk: Pressepolitik, S. 158

8 Hüffer: Vom Lizenzpressesystem, S. 72f.

9 Ebenda, S. 86ff. – Offenbar sah die SPD das Eigentum an den Zeitungen auch als Wiedergutmachung für die Enteignungen durch die NSDAP an. (Hüffer, S. 105)

10 Ebenda, S. 108ff.

11 Koszyk: Pressepolitik, S. 240

4.3.1. Nordrhein-Westfalen

1 Josef Hofmann: Journalist in Republik, Diktatur und Besatzungszeit, Mainz 1977 – Horndasch war vor dem Krieg Hauptschriftleiter der Essener Volkszeitung. (Handbuch 1937)

2 Hurwitz: Die Stunde Null, S. 58

3 Cedric Belfrage, zit. in: Hurwitz, ebd., S. 68

4 Josef Hofmann: Aufstieg und Niedergang der Völker, in: Kölnische Volkszeitung, 4.10.1940

5 Ho.: Der unerschrockene Mut, in: Kölnische Zeitung, 2.6.1943

6 Ho.: Der globale Krieg, in: Kölnische Zeitung, 6.6.1943

7 Ho.: Der schwere Kampf, in: Kölnische Zeitung, 9.1.1944

8 Ho.: Entschlossen zu hartem Kampf, in: Kölnische Zeitung, 18.6.1944 – Die wie die V-1 ebenfalls in Peenemünde von einem Team um Wernher von Braun entwickelte V-2 schließlich brachte abermals Verwüstung in London, aber auch in Antwerpen, Brüssel und Lüttich. 1.115 dieser Fernraketen fielen auf die Insel, fast die Hälfte auf London. 2.724 Menschen starben, eine dreifache Zahl wurde schwer verletzt. Die letzte V-2 schossen die Deutschen am 5. April 1945 ab.

9 Ho.: Zwischen Dnjepr und Dnjestr, in: Kölnische Zeitung, 19.3.1944

10 Auf der Führertagung des Reichsverbandes der deutschen Presse, 19.4.1934

11 Hofmann: Journalist, S. 183ff.

12 Lisbeth Thoeren in: Kölnische Volkszeitung, 2.10.1939

13 Hofmann: Journalist, S. 168

14 Handbuch der deutschen Tagespresse, Leipzig/Frankfurt/M. 1937

15 POLAD 803-16

16 Hüffer: Vom Lizenzpressesystem, S. 99

17 Bekanntgegeben wurde dies auf Seite 1 der letzten Ausgabe der Neuesten Nachrichten vom 13./14.3.1943: „An unsere Leser. Der an uns ergangene Ruf des Führers zum totalen Kriegseinsatz erfordert auch im Dresdner Zeitungswesen schärfste Konzentration, um möglichst viele Kräfte für eine unmittelbare militärische oder rüstungswirtschaftliche Verwendung freizumachen. Wir alle wissen auch, daß der Sieg um so eher und sicherer errungen wird, je rascher und entschlossener die notwendigen Maßnahmen dazu durchgeführt werden. Aus diesem Grunde ... Verlag und Schriftleitung"

18 Handbuch der deutschen Tagespresse, Leipzig 1944

19 Karl Brunner: Mensch in seiner ganzen Größe, in: Münchner Zeitung, 9.10.1939

20 Karl Brunner: Leidenschaft des großen Herzens. Zu Hermann Görings 50. Geburtstag, in: Dresdner Neueste Nachrichten, 12.1.1943

21 Karl Brunner: Stalins letzte Hoffnung zerschlagen, in: Stuttgarter Neues Tagblatt, 8.10.1941

22 Karl Brunner: Verwirklichung des Sozialismus, in: Dresdner Zeitung, 29.1.1944

23 Katrin Martens: Die Neue Ruhr-Zeitung in Essen von 1946 bis 1949. Entstehung und Entwicklung einer Lizenzzeitung, Bochum 1993, S. 125 – Die berufliche Vergangenheit Brunners vor 1945 handelt Martens leider so ab: „... ab 1926 Journalist bei der ‚Berliner Redaktion für die Zeitungen im Reich'. Nach 1945..."

24 Bernd Huffschmid: Staatliche Wirtschaftslenkung, in: Pariser Zeitung, 14.5.1943

25 Bernd Huffschmid: Der deutsche Unternehmertyp, in: Pariser Zeitung, 2.5.1943

26 Handbuch der deutschen Tagespresse, 1944

27 Hans Spies: Kulturelle Ziele Spaniens, in: Schlesische Zeitung, 22.3.1940

28 Hans Spies: Erstarktes Spanien, in: Stuttgarter Neues Tagblatt, 31.12.1940

29 Handbuch der deutschen Tagespresse, 1944

30 Hüffer: Vom Lizenzpressesystem, S. 158f.

31 Gustav R. Hocke: Sizilien von heute, in: Kölnische Zeitung, 17.5.1942

32 Im 12 Uhr Blatt, 20.9.1943 – Karlrobert Kreiten, 27, hatte einen politischen Witz wiedergegeben und war dafür zum Tode verurteilt worden. Das Urteil wurde am 7.9.43 vollstreckt. Höfer kommentierte, „es dürfte heute niemand Verständnis dafür haben, wenn einem Künstler, der fehlte, eher verziehen würde als dem letzten gestrauchelten Volksgenossen".

33 Werner Höfer: Luftrüstung gegen Bombenterror, in: Rheinisch-Westfälische Zeitung, 27.9.1943, ähnlich auch in: Bremer Nachrichten, 30.9.1943

34 Das Handbuch der deutschen Presse, 1944, verzeichnete Mariaux als Pariser Korrespondent von Solinger Tagblatt, Generalanzeiger der Stadt Frankfurt, Kölnische Zeitung, Westfälische Zeitung (Bielefeld) und Schwarzwälder Bote.

35 Mx.: Gescheiterte Existenz, in: Rheinische Zeitung (Westausgabe), 29.9.1948

36 Franz Mariaux: Deutschland in der Vorstellung Frankreichs, in: Kölnische Zeitung, 7.6.1942 – Texte aus Mariaux' Wirken vor 1945 vgl. im Kapitel Augsburger Tagespost.

37 Franz Mariaux: Deutschland in der Vorstellung Frankreichs (2. Teil), in: Kölnische Zeitung, 21.6.1942

38 Hans Rörig: Wo steht England?, in: Kölnische Zeitung, 1.1.1940

39 Reinhold Heinen: Eupen und Malmedy, in: Kölnische Zeitung, 23.5.1940

40 Koszyk: Pressepolitik, S. 408 – Heinen war von 1941 bis 1945 wegen „illegaler Tätigkeit gegen den Nationalsozialismus" im Gefängnis, dann im KZ Sachsenhausen inhaftiert (Hüffer: Vom Lizenzpressesystem, S. 99)

41 Hüffer, ebd., S. 99 – Noch weitergehende Überlegungen, nämlich die Presse als gemeinnützige Stiftungen zu gründen, hatte es in der amerikanischen Zone gegeben.

42 Handbuch der deutschen Presse, 1944

43 Eduard Hemmerle: Deutsche in Rußland, in: Stuttgarter Neues Tagblatt, 5.8.1941

44 Handbuch der deutschen Tagespresse, 1937

45 Handbuch der deutschen Tagespresse, 1944

46 Julius Mella: Oberbürgermeister Dr. P. Winkelnkemper gestorben, in: Kölnische Zeitung, 21.6.1944

47 Handbuch der deutschen Tagespresse, 1937

48 Walther Jacobs: Peter Raabe, in: Kölnische Zeitung, 27.11.1942

49 Walther Jacobs: Siebtes Gürzenichkonzert, in: Kölnische Zeitung, 13.1.1944

50 Walther Jacobs: Zehntes Gürzenichkonzert, in: Kölnische Zeitung, 24.2.1944

51 Walther Jacobs: Verdis Requiem, in: Kölnische Zeitung, 9.3.1944

52 Handbuch der deutschen Tagespresse, 1937

53 Handbuch der deutschen Tagespresse, 1944 – Während des Krieges war Baums Kriegsberichterstatter. Einer seiner Artikel findet sich im Westdeutschen Beobachter (5.4.1944).

54 Handbuch der deutschen Tagespresse, 1944

55 Esther Betz: Düsseldorfer Zeitungen 1945–1949, in: Festschrift für Anton Betz, Düsseldorf 1963, sowie: Koszyk, Pressepolitik, S. 197

56 Interview mit Dietrich Oppenberg, zit. in: Martens: Die Neue Ruhr-Zeitung, S. 74

57 Handbuch der deutschen Tagespresse, 1937 und 1944

58 Handbuch der deutschen Tagespresse, 1937

59 Zit. in: Martens: Die Neue Ruhr-Zeitung, S. 75

60 Interview mit Oppenberg, zit. in: Martens, ebd., S. 127

61 Zu Funke vgl. das Kapitel WAZ, zu Brunner das Kapitel Kölnische Rundschau

62 Rheinische Post, 2.3.1946

63 Handbuch der deutschen Tagespresse, 1944

64 Kurt Pritzkoleit: Ein Jahr Bewährung vor dem Schicksal. Außenpolitischer Rückblick auf das Jahr 1942, in: Hakenkreuzbanner, 1.1.1943

65 Kurt Pritzkoleit: Gesprengte Raumenge, in: Hakenkreuzbanner, 30.1.1943

66 Kurt Pritzkoleit: Weißes Haus und Kreml, in: Hakenkreuzbanner, 11.2.1943

67 Kurt Pritzkoleit: Durch Terror nicht zu besiegen, in: Hakenkreuzbanner, 30.6.1943

68 Handbuch der deutschen Tagespresse, 1944

69 Friedrich Vogel: Ertragslage bei Steinkohle und Eisen, in: Hannoverscher Kurier, 7.7.1939

70 Koszyk: Pressepolitik, S. 229f.

71 Frank Vogl: Arno-Breker-Ausstellung, in: Hamburger Fremdenblatt, 25.6.1944

72 Frank Vogl: Kunst aus dem Werktag, in: Berliner Börsenzeitung, 20.7.1944 – Ein Dr. Vogl war laut Handbuch (1937) vor dem Krieg als Schriftleiter Kultur beim Generalanzeiger der Stadt Wuppertal angestellt. Wahrscheinlich handelt es sich um Frank Vogl.

73 Roland Schmidt: 1000 Jahre beim Reich, in: Dresdner Anzeiger, 18./19.3.1939

74 Roland Schmidt: Albanien – Schlüssel zur Adria, in: Dresdner Anzeiger, 8./9.4.1939

75 Hüffer: Vom Lizenzpressesystem, S. 147f. – Zu Kurt Neven DuMont, Herausgeber der Kölnischen Zeitung bis 1945, vermerkt Hüffer, er sei 1937 „rein taktisch motiviert" und „entgegen eigener Überzeugung" in die NSDAP eingetreten. (Hüffer, S. 199)

76 Hüffer: Vom Lizenzpressesystem, S. 194

77 F. W. Dinger: Das Doppelleben des Herrn v. Erbach, in: Kölnische Zeitung, 5.5.1940

78 F. W. Dinger: Die Macht im Innern, in: Kölnische Zeitung, 3.1.1940

79 Wernher Witthaus: Westdeutsche Kunstausstellungen, in: Kölnische Zeitung, 20.7.1944

80 Wernher Witthaus: Wilhelm von Scholz: Ayatari. Zur Uraufführung in Bochum, in: Kölnische Zeitung, 17.2.1944

81 Emil Strodthoff: Begegnung mit Juden in Polen, in: Völkischer Beobachter, 28.11.1939

82 Handbuch der deutschen Tagespresse, 1937

83 Emil Strodthoff: Der Bettelknabe von Rimini, in: Völkischer Beobachter, ab 13.12.1944

84 Hüffer: Vom Lizenzpressesystem, S. 110

85 Ebenda, S. 197

86 Zit. in: Ebenda, S. 163 – Hüffer schreibt, man habe Lensing „zu Unrecht einer angeblich zu starken Kollaboration mit dem Nationalsozialismus beschuldigt". Bei dieser Wortwahl muß die Frage erlaubt sein, ob es denn eine schwache Kollaboration hätte sein dürfen und wie die auszusehen gehabt hätte. Hüffers Verteidigung der Altverleger mutet auch an anderen Stellen merkwürdig an: Den Beweis der „antinationalsozialistischen" Einstellung der Tremonia Lensings erbringt er durch ein Zitat eines NSDAP-Gaupresseamtsleiters aus dem Jahr 1932, die „neutrale Position" des Verlages Girardet will er durch eine opportunistische Rechtferti-

gungsschrift erwiesen sehen, mit der sich der Verlag gegen die Vorwürfe der Nazis verteidigte, „unsere Zeitungen hätten keinen nationalen Kurs vertreten". (Hüffer, S. 173f.) – Auch der Münstersche Hauptschriftleiter Franz Zons kann die alliierten Maßnahmen gegen die Altverleger-Presse nicht verstehen und spricht von einer „Diktatur der Sieger". (Franz Zons: Die „MZ" und ihre Zeit, Münster o.J., S.108)

87 Heinz-Dietrich Fischer: Parteien und Presse seit 1945, Bremen 1971, S. 133
88 Karl-Martin Obermeier: Medien im Revier. Entwicklung am Beispiel der „Westdeutschen Allgemeinen Zeitung" (WAZ), München (Diss.) 1991 (Dortmunder Beiträge zur Zeitungsforschung), S. 254
89 Aus Hans-Georg Kösters „Extrablatt", NRZ, 18.10.1980, zit. in: Martens: Die Neue Ruhr-Zeitung, S. 68f.
90 Manuskript „Zur Gründung der NRZ", zit. in: Martens, ebd., S. 68
91 Das Impressum der WAZ benannte diese Redakteure allerdings nicht. Eine komplette Aufstellung des Redaktionspersonals vom Herbst 1948 fand Karl-Martin Obermeier, der die Geschichte der WAZ bearbeitet hat.
92 Hofmann: Journalist, S. 77
93 Martens: Die Neue Ruhr-Zeitung, S. 131
94 Aus dem Protokoll der Vorstandssitzung der SPD, Unterbezirk Essen, vom 17.6.1946, zit. in: Martens, ebd., S. 131
95 Hans Janke: Riese im Revier, in: Michael Wolf Thomas: Porträts der deutschen Presse, Berlin 1980, S. 49
96 Handbuch der deutschen Tagespresse, 1944
97 Martens: Die Neue Ruhr-Zeitung, S. 129
98 Handbuch der deutschen Tagespresse, 1937 und 1944
99 Ebenda
100 Ebenda, 1937
101 Ebenda, 1944
102 Ebenda, 1937 – Richter war Schriftleiter der Nebenausgabe Neuwied.
103 Ebenda, 1937
104 Ebenda 1944 – Das Handbuch 1937 nennt Ruhe als Schriftleiter für Westdeutschland des Duisburger Generalanzeigers.
105 Ebenda, 1937 – Schlüter arbeitete bei der Nebenausgabe Mönchengladbach.

4.3.2. Niedersachsen

1 Christ und Welt: Moral auf Striptease-Basis, 2.3.1962; gleicher Titel noch einmal von Wirsing, 16.2.1962
2 Henri Nannen: Kunst im Sowjetstaat, in: Krakauer Zeitung, 5.11.1941 (Auszug aus einem längeren Artikel aus dem Novemberheft von Die Kunst)
3 Die Abendpost erschien bis 3. März 1949 in zwölf Ausgaben in ganz Niedersachsen, stellte dann das Erscheinen ein.

4 Otto Köhler: Wir Schreibtischtäter. Journalisten unter Hitler – und danach, Köln 1989, S. 11

5 Handbuch der deutschen Tagespresse, Leipzig/Frankfurt/M. 1937

6 Franz Freckmann: „Eissaison" am Wolchow eröffnet, in: Kieler Zeitung, 18.1.1944

7 Franz Freckmann: Im Toben der nördlichen Winterschlacht, in: Krakauer Zeitung, 3.2.1944

8 Germania, 19.11.1938

9 Germania, 7.12.1938

10 Germania, 31.12.1938

11 Walter Schnabel: Vom Kurszettel zur Wirtschaftszeitung, in: Kölnische Volkszeitung, 30.4.1939

12 Etwa in: Donauzeitung, 10.11.1942: Einst Werkzeug, heute Opfer (Frankreich sei Ausbeutungsobjekt der USA), oder: Donauzeitung, 28.12.1942: Beweis der Zwietracht. Das neue Verbrechen des Intelligence Service (Zum Mord an Admiral François Darlan, dem Oberkommissar in Nordafrika, mutmaßte Kästner ohne jeden Beweis: „Mord ist eine oft erprobte und oft mit Erfolg angewandte Waffe der englischen Politik gewesen. (...) Es waren persönliche und sachliche Gründe, die England zu der Verzweiflungstat getrieben haben. (...) Die Schüsse trafen zwar Darlan, aber sie galten den Vereinigten Staaten." Darlans Attentäter war Franzose.

13 Alfred Kästner: Sieg der Heimatfront. Gewaltige Steigerung der deutschen Kampfkraft, in: Donauzeitung, 8.6.1943.

14 Albert Unnerstall: Pflugschar und Schwert. Der Bauer kämpft um den Endsieg, in: Hannoverscher Anzeiger, 30./31.1.1943

15 Handbuch der deutschen Tagespresse, Leipzig 1944

16 Erwin Wäsche: Unser Hitler!, in: Brüsseler Zeitung, 20.4.1943

17 Erwin Wäsche: Unser Führer. Das Vertrauen auf ihn ist die Bürgschaft unseres Sieges, in: Brüsseler Zeitung, 21.7.1944

18 Erwin Wäsche: Das kulturelle Leben und der totale Krieg, in: Brüsseler Zeitung, 3.8.1944

19 Erwin Wäsche: Zerrbild und Urbild. Die Wahrung der Berufsehre im Film, in: Brüsseler Zeitung, 21.10.1943

20 Das „Handbuch der deutschen Tagespresse" nennt ihn als Korrespondenten von elf Zeitungen.

21 Heinz Mundhenke: Deutschland und Bulgarien, in: Deutsche Zeitung in Norwegen, 21.11.1941

22 Heinz Mundhenke: Entfesseltes Mazedonien, in: Danziger Neueste Nachrichten, 3.8.1943

23 Heinz Mundhenke: Die Türken und Europa, in: Deutsche Zeitung in Norwegen, 14.4.1942

24 Heinz Mundhenke: Kroatiens Weg und Aufgabe, in: Danziger Neueste Nachrichten, 12.11.1943

25 Heinz Mundhenke: Hinter dem Südostwall, in: Danziger Neueste Nachrichten, 24.1.1944

26 R.W. Krugmann: Bulgariens Bereitschaft. Von der Friedens- zur Kriegswirtschaft, in: Donauzeitung, 20.6.1943

27 R.W. Krugmann: Das deutsche Beispiel. Gedanken zur europäischen Wirtschaftsgemeinschaft, in: Donauzeitung, 21.5.1943

28 Handbuch der deutschen Tagespresse, 1944 – Der Mitteldeutsche war die gauamtliche Tageszeitung der NSDAP im Gau Magdeburg-Anhalt.

29 Karl O. Heuser: Die Persönlichkeit in der Gemeinschaft, in: Hannoverscher Kurier, 3.5.1943

30 Handbuch der deutschen Tagespresse, 1937

31 Auch in Celle hatten ehemalige Mitarbeiter eines Parteiblattes mitgewirkt, als Chefredakteur 1947 der ehemalige Hauptschriftleiter der Danziger Neuesten Nachrichten, Friedrich von Wilpert, der zuvor auch am Aufbau der Kieler Nachrichten beteiligt gewesen war. Sein Nachfolger Karl Kühling hatte bis 1944 als Stellvertreter das Ressort Kultpolitik bei Neue Volksblätter und Osnabrücker Tagblatt betreut, das im nationalsozialistischen Gau-Verlag Weser-Ems GmbH erschienen war.

32 Das behauptet Jochen Mangelsen: Hannoversche Allgemeine Zeitung – Hannoverscher Anzeiger. Untersuchung zur Entwicklung einer Tageszeitung seit ihrer Gründung im Jahr 1893, Berlin (Diss. FU) 1968, S. 228

33 Zit. in: Mangelsen, ebd., S. 230 – unterstrichen im Original

34 Richtlinien für die Schriftleitung des Hannoverschen Anzeigers, 16.5.1935, zit. in: Mangelsen, ebd., S. 228

35 Mangelsen, ebd., S. 255

36 Ebenda, S. 262

37 Zit. in: ebd., S. 252

38 Zit in: ebd., S. 244f.

39 Madsack druckte bis dahin mit seiner Verlagsgesellschaft Land und Garten im Lohndruck Truppenzeitungen und Nachrichtenblätter der Militärregierung, die Hannoverschen Neuesten Nachrichten, die Abendpost, den Spiegel und gegen seinen ausdrücklichen Willen das KPD-Blatt Hannoversche Volksstimme. (Mangelsen, ebd., S. 284f.)

40 Vgl. das Kapitel Neue Zeitung

41 Hans Lehmann: Freiheit, die ich meine, in: Hannoversche Allgemeine Zeitung, 1.11.1949

42 Fritz Sänger: Verborgene Fäden, Bonn 1978, S. 107

43 Zit. in: Otto Köhler: „... daß nirgendwo die deutschen Truppen versagten", in: Die Zeit, 23.2.1990

44 Ebenda

45 Köhler: Wir Schreibtischtäter

46 Ebenda, S. 254ff.

47 fs. (d.i. Fritz Sänger): Deutschland ruft, in: Neues Wiener Tageblatt, 19.10.1944

48 fs.: Wille und Tat, in: ebd., 6.10.1944

49 Walter Pabst: Wo steht Italien?, in: Hannoverscher Kurier, 27.9.1939

50 1940 durfte eine Dissertation diesen publizistischen Kampf herausheben: Günther H. Hahn: Die deutsche Publizistik im Kampf um Oberschlesien, Berlin 1940. Berichterstatter war Prof. Dr. Emil Dovifat. Hahn zitierte auch aus seines Professors Vorlesungen des Wintersemesters 1938/39. Massenführung habe drei Grundsätze zu befolgen: Sie müsse „1. geistig vereinfachen, 2. gefühlsmäßig steigern, 3. hämmernd wiederholen". (S. 74) Dovifat betreute eine weitere Arbeit zu diesem Themenkreis: Helmut Schubring: Der Einsatz der deutschen Tagespresse für den deutsch-polnischen Verständigungsversuch Adolf Hitlers 1933 – 1939, Berlin 1941. Das Ergebnis, für das Schubring von Dovifat den Doktor-Titel erhielt: Deutschland habe „alles, aber auch alles versucht, um das Friedensziel zu erreichen". Schuld am Krieg trügen die polnischen Politiker „und zum Teil volksfremde Hetzer" sowie deren „Hintermänner im alten Westeuropa". Im von den Deutschen bewiesenen „Verantwortungsbewußtsein" liege „das deutsche Recht auch für die Ordnung und Führung in Europa". – Zu Dovifat vgl. das Kapitel Berlin

51 Handbuch der deutschen Tagespresse, 1944

52 Peter Raunau: Kolchose und Sowchose, in: Danziger Neueste Nachrichten, 12.8.1941

53 Peter Raunau: Der notwendige Krieg, in: Pariser Zeitung, 22.6.1943

54 Kurt Koszyk: Pressepolitik für Deutsche 1945–1949. Geschichte der deutschen Presse, Teil IV, Berlin 1986, S. 171ff.

55 Alfred Oesterheld: Großraum-Wirtschaft rettet Europa, in: Berliner Morgenpost, 2.4.1939

56 Handbuch der deutschen Tagespresse, 1944

57 Ebenda, 1937 und 1944

58 Heinrich Tötter: Die Zwiesprache. Ein Wort an unsere Feinde und Kritiker, in: Brüsseler Zeitung, 4.4.1943

59 So der Titel von Tötters Habilitationsschrift, Köln 1940

60 Brüsseler Zeitung, 9.8.1944

61 Heinrich Tötter: Wo steht Wallonien, in: Kieler Zeitung, 24.2.1944

62 Heinrich Tötter: Wandlungen in Belgien, in: Deutsche Zeitung in den Niederlanden, 31.3.1943

63 Heinrich Tötter: Unsere Novemberstimmung, in: Brüsseler Zeitung, 31.10.1943

64 Heinrich Tötter: Der Weg nach Germanien, in: Kölnische Zeitung, 30.9.1944

65 Tötter: Die Zwiesprache

66 Jürgen Benedikt Hüffer: Vom Lizenzpressesystem zur Wettbewerbspresse, München 1991, S. 124 (Diss. Dortmund)

4.3.3. Hamburg

1 Richard Tüngel, Hans Rudolf Berndorff: Auf dem Bauche sollst Du kriechen, Hamburg 1958, S. 154

2 Etwa über das „Kriegsschädenrecht für die kaufmännische Praxis", 17.7.1944

3 Tüngel/Berndorff: Auf dem Bauche, S. 210

4 Richard Tüngel: Gefesselte Demokratie, in: Die Zeit, 6.5.1948

5 Am 12.2.1948 schrieb er zum IG-Farben-Prozeß, es gehe um „die Sauberkeit eines in der ganzen Welt berühmten deutschen Firmennamens".

6 Vgl. dazu: Otto Köhler: Wir Schreibtischtäter. Journalisten unter Hitler – und danach, Köln 1989, S. 145ff.

7 Hans-Georg v. Studnitz: Diplomatie als Waffe, in: Berliner Lokal-Anzeiger, 28.12.1941

8 Hans-Georg v. Studnitz: Westblock abgetan, in: Neues Wiener Tagblatt, 23.12.1944

9 Vgl. auch das Kapitel Christ und Welt, Stuttgart

10 Paul Fechter: Der Aufstieg der neuen Plastik, in: Deutsche Allgemeine Zeitung, 19.7.1940

11 Die Zeit, 28.2.1946

12 Ebenda

13 Die Zeit, 7.3.1946

14 Die Zeit, 21.3.1946

15 Emil Dovifat in: Walter Heide (Hg.): Handbuch der Zeitungswissenschaft, Leipzig 1940, Bd. 1, S. 984

16 Zit. in: Joseph Wulf: Presse und Funk im Dritten Reich, Gütersloh 1964, S. 201f.

17 Paul Fechter: Unsterbliches Theater, in: DAZ, 30.8.1944

18 Karl-Wolfgang Mirbt: Methoden publizistischen Widerstandes im Dritten Reich, nachgewiesen an der „Deutschen Rundschau" Rudolf Pechels, Berlin (Diss.) 1958, S. 115 u. 252ff.

19 Das Munzinger-Archiv von 1967 weist aus, Müller-Marein sei bis 1943 „Mitarbeiter des Ullstein- und Scherl-Verlags in Berlin" gewesen, sei dann zum Wehrdienst eingezogen worden. Es nennt weder dessen Rang noch seine Arbeit als Kriegsberichterstatter.

20 Kurt Ziesel: Das verlorene Gewissen, München 1958, S. 114f.

21 Ebenda

22 Hans-Achim von Dewitz in: Neues Wiener Tagblatt, 9.11.1939 – In dieser Zeit finden sich im NWT auch zahlreiche Leitartikel Dewitz'.

23 Hans-Achim von Dewitz: Warschau – der Fleck in der Ebene, in: Berliner Börsenzeitung, 24.9.1939

24 Hans-Achim von Dewitz: Aufgaben im Warthegau, in: Berliner Börsenzeitung, 8.12.1939

25 Hans-Achim von Dewitz: Überlegene deutsche Panzerführung, in: Neues Wiener Tagblatt, 29.11.1940

26 Hans-Achim von Dewitz: Überlegenheit der deutschen Panzerwaffe, in: Neues Wiener Tagblatt, 17.4.1943

27 Margret Boveri: Wir lügen alle. Eine Hauptstadtzeitung unter Hitler, Olten/Freiburg 1965, S. 83ff.

28 Willy Beer: Die alten und die neuen Waffen, in: DAZ, 16.7.1944

29 OMGUS 1948/56

30 Willy Beer: Hitler – „privat", in: DAZ, 20.4.1939

31 Siegfried Maruhn: Das deutsche Volk war eingeweiht, in: Die Zeit, 26.5.1995

32 Paul Schnadt: Das Große im Politischen, in: Deutsche Zeitung in den Niederlanden, 25.8.1942

33 Paul Schnadt: Ein Volk in der Finsternis, in: Deutsche Zeitung in den Niederlanden, 2.6.1942

34 Paul Schnadt: Auf Biegen und Brechen. Es geht um Sieg oder Untergang, in: Deutsche Zeitung in den Niederlanden, 30.1.1943

35 Paul Schnadt: Mit oder ohne die Völker, in: Deutsche Zeitung in den Niederlanden, 16.1.1944

36 Das erste brauchbare Impressum der Hamburger Allgemeinen Zeitung weist Packenius am 8.8.1949 als verantwortlichen Wirtschaftsredakteur aus.

37 Wilhelm F. Packenius: Vorbereitung zur Kriegsernte, in: DAZ Wirtschaftsblatt, 30.6.1940

38 Wilhelm F. Packenius: Ernte als Waffe, in: DAZ Wirtschaftsblatt, 5.10.1941

39 Wilhelm F. Packenius: Die eiserne Ration, in: DAZ, 8.3.1944 – Packenius schrieb auch in Das Reich, wo er Deutschland als „unwiderruflich vermittelndes und dirigierendes Zentrum" im „Raumblock von der Ostsee bis zum Mittelmeer" sah. (Der Neue Norden, 28.7.1940)

40 Karl Silex: Mit Kommentar. Lebensbericht eines Journalisten, Frankfurt/M. 1968, S. 260

41 Ebenda, S. 259

42 Karl Silex: Erfolge und Aufgaben, in: Deutsche Allgemeine Zeitung, 1.1.1943

43 Adolf Frisé: Die Revolutionierung des Krieges, in: DAZ, 2.6.1940

44 Adolf Frisé: Der Durchbruch neuen Lebens. Zum Thema Krieg und Kultur, in: DAZ, 9.8.1940

45 Adolf Frisé: Soldat und Familie, in: DAZ, 29.12.1940

46 Handbuch der deutschen Tagespresse, Leipzig 1937 und 1944

47 Alfred Frankenfeld: Seeherrschaft – Amerika sichert die maritimen Kriegsgewinne, in: Das Reich, 17.9.1944

48 Alfred Frankenfeld: John Bull nun auch Schiffbau-Diktator, in: DAZ, 2.2.1940

49 Alfred Frankenfeld: Reederei-Führer, in: DAZ, 17.7.1940

50 Karl Hein Balzer: Eupen und Malmedy – wieder deutsch, in: Deutsche Zeitung im Ostland, 21.5.1940 – „Karl Hein" Balzer nannte sich nach 1945 „Karl-Heinz". Etliche Journalisten tauschten nach 1945 ihre Vornamen aus, entweder durch veränderte Schreibweise oder durch Weglassen oder Hinzufügen eines zweiten Vornamens.

51 Biographie v. 9.12.1948 – POLAD 803-19

52 Wilhelm Schulze: Wiedersehen mit einer Geliebten, in: DAZ, 7.12.1940

53 POLAD 803-19

54 Wilhelm Backhaus: Monumentale Malerei. Eindrücke eines Besuches bei Werner Peiner, in: Hamburger Fremdenblatt, 17.6.1944

55 Wilhelm Backhaus: Die zwei Reiche Amerikas, in: Hamburger Fremdenblatt, 11.8.1944 – Das „Handbuch der deutschen Tagespresse" 1944 weist zweimal den Namen Wilhelm Backhaus aus, einen in München, einen in Hamburg. Wahrscheinlich handelt es sich dabei auch um zwei verschiedene Personen, auch wenn Peter Hartl eine Biographie aus den vermutlich zwei Personen konstruiert. Sollte Hartl recht haben, hätte Backhaus bei den MNN volontiert. Das wäre für Backhaus nicht gerade schmeichelhaft. Die Texte in den MNN sind unzweideutig politischer als die im Fremdenblatt.

56 Wolfgang Köhler: Trugbild Großstadt, in: Münchner Neueste Nachrichten, 30.1.1939

57 Wolfgang Köhler: Die beiden England, in: Münchner Neueste Nachrichten, 15.7.1939

58 Handbuch der deutschen Tagespresse, 1944

59 Kurt Koszyk: Pressepolitik für Deutsche 1945–1949. Geschichte der deutschen Presse, Teil IV, Berlin 1986, S. 236f.

4.3.4. Schleswig-Holstein

1 Heinrich kam durch Heirat mit Irene Leonhardt zum Verlagsgeschäft. Deren Vater besaß neben den beiden Kieler Blättern den Voigtländischen Anzeiger, das Voigtländische Tageblatt und das Zwickauer Tageblatt. Nach dem 30. April 1936 erschien die Kieler Zeitung nicht mehr unter Heinrichs Führung, die KNN blieben in seinem Besitz. Am 30. September 1942, nachdem Heinrich 51 Prozent seiner Anteile hatte verkaufen müssen (Preis: 4,5 Millionen Mark), erschienen die KNN erstmals als par-

teiamtliche Tageszeitung und wurden später von der als NS-Zeitung weitergeführten Kieler Zeitung geschluckt.

2 Brief an die britische Besatzungsmacht, zit. in: Katharina Otzen: Lizenzpresse, Altverleger und Politik. Kontroverse um die Kieler Nachrichten in den Jahren 1945–1952, Sankt Augustin 1980, S. 15

3 Handbuch der deutschen Tagespresse, Leipzig/Frankfurt/M. 1937 und Leipzig 1944

4 Friedrich v. Wilpert: Das deutsche Danzig und seine Bewohner, in: Danziger Neueste Nachrichten, 3.6.1939

5 Friedrich v. Wilpert: Ostland gehört Europa, in: Kölnische Zeitung, 14.7.1942

6 Friedrich v. Wilpert: Agitation mit Bausteinen, in: Kölnische Zeitung, 28.7.1942

7 Handbuch der deutschen Tagespresse, 1944

8 Kurt Gamalski: 500 Jahre Kopenhagen, in: Kieler Zeitung, 22.6.1943

9 Theodor Dotzer: Luxemburgs deutsches Schicksal, in: Kieler Neueste Nachrichten, 4.10.1940

10 Katharina Otzen zitiert aus einem Brief des Geschäftsführers des CDU-Kreisverbandes, Schwinkowski, an Chefredakteur von Wilpert, dem im September 1946 genau 95 Aufnahmeanträge beigelegt waren, weil „ein sehr großer Teil der Redaktion ... der Kieler Nachrichten nicht Mitglied der CDU ist". (Kontroverse, S. 31)

11 Der Spiegel: Denunziation. Nun ist es aber genug, 30.5.1951

12 Otzen: Kontroverse, S. 27

13 5 Jahre Parteipresse in Görlitz und der preußischen Oberlausitz, in: Oberlausitzer Tagespost, Jubiläumsausgabe 1938

14 Ebenda

15 Otto Köhler: Wir Schreibtischtäter. Journalisten unter Hitler – und danach, Köln 1989, S. 135

16 Wirtschaftswerbung, 1934, S. 12, zit. in: Franz Bachmann: Die Zerfallserscheinungen im Anzeigenteil Berliner Tageszeitungen der Nachkriegszeit 1919–1933, Berlin (Diss.) 1940 – Der Autor lobt darin die nationalsozialistische Presse ausdrücklich, die sich von „Anzeigenunrat" freigehalten habe durch die „gesinnungsmässige Gleichschaltung von Text- und Anzeigenteil". (S. 169) Gemeint waren mit dem „Anzeigenunrat" jüdische und ausländische Anzeigen. „Der Anzeigenteil steht nur den guten deutschen Firmen als Propagandamittel zur Verfügung. Unser Leser braucht nicht zu fragen: Ist dies ein deutsches Erzeugnis, ist dies ein deutsches Unternehmen?" (S. 170) Bachmann war ausweislich seines Lebenslaufes seit 17.7.1932 NSDAP-Mitglied und gedachte „später in die Verlagsabteilung einer deutschen Tageszeitung einzutreten". Berichterstatter auch dieser Arbeit war Prof. Dr. Emil Dovifat. (vgl. das Kapitel über Berlin)

4.4. Die französische Zone

1 Georg Würstlein: Zur Problematik der deutschen Presse nach 1945, Erlangen (Diss.) 1971, S. 40

2 Stephan Schölzel: Die Pressepolitik in der französischen Besatzungszone 1945–1949, Mainz 1986, S. 70 – Schölzel zitiert auch aus einem Schreiben des „Badischen Ministeriums des Innern" vom 7.11.1946, wiedergegeben in einem Brief des Untersuchungsausschusses beim Landrat Rastatt an den Chefredakteur des Süd-West-Echos. Darin heißt es, daß beim Süd-West-Echo „Journalisten zu Wort kämen, die der NSDAP angehört und deren Personalpapiere nicht in allen Fällen der Entnazifizierungskommission vorgelegen hätten". Das Schreiben erwecke den Eindruck, daß solche Unregelmäßigkeiten auch bei anderen Zeitungen gegeben seien und deshalb die Entnazifizierung der Journalisten noch einmal überprüft werden müßte. Als der Chef der Presseabteilung der „Direction de l'information", Emile Loutre, sich sorgte, auch bei der Nachrichtenagentur Rheina könnte ein Nationalsozialist beschäftigt sein, wurde er beruhigt: Herbert Georg Curtius sei laut Fragebogen lediglich Parteianwärter gewesen. (S. 95f.)

3 Kurt Koszyk: Pressepolitik für Deutsche 1945–1949. Geschichte der deutschen Presse, Teil IV, Berlin 1986, S. 265

4 Schölzel: Die Pressepolitik, S. 44

5 Ebenda, S. 68 – Unrichtig ist, daß die angesprochenen Verleger nur „in den ersten Jahren des Dritten Reiches" ihre Zeitung herausgegeben haben, etwa in Oberndorf. (vgl. dazu das Kapitel Oberndorf)

6 Koszyk: Pressepolitik, S. 299

7 Die „Ostschweiz", zit. in: Schölzel: Die Pressepolitik, S. 69

4.4.1. Baden

1 Paul Sethe: Zwischen den Jahreszeiten, in: FZ, 5.4.1942

2 Etwa: Der Tod des Volkstribun. Der Prozeß gegen Georges Danton, 7.4.1944 / Geist – Wille – Leidenschaft. Neue Züge im Bildnis Helmuth von Moltkes, 9.7.1944 / Der Mann im Schatten. Gerhard von Scharnhorst – neu gesehen, 23.7.1944 / Ein MENSCH mit seinem Widerspruch. Zum 250. Geburtstag Voltaires, 21.11.1944 – Biographische Sammlungen wie das Munzinger-Archiv lassen diesen Teil der Geschichte Sethes aus. Die Ausgabe 1967 gab an, er „trat 1934 in die Redaktion der ‚Frankfurter Zeitung' ein, der er bis zum Verbot im August 1943 angehörte. Nach dem Krieg ..."

3 Franz Taucher: Frankfurter Jahre, Wien 1977, S. 173f.

4 Zur Stellung des Schriftleiters wurden auch damals bereits Publikationen verfaßt, etwa: Alfons Altmann: Die öffentlichrechtliche Stellung des Schriftleiters und ihre Einwirkung auf den Berichtigungszwang des §11 des Reichspressegesetzes, Coburg 1938 (Diss. Erlangen) / Alfred Balzer: Das Anstel-

lungsverhältnis des Schriftleiters an Zeitungen nach dem Schriftleitergesetz, Bautzen (Diss.) 1935 / Kurt Hoellein: Das Verhältnis des Schriftleiters zum Staat und sein Anstellungsverhältnis zum Verleger, Heidelberg (Diss.) 1938

5 Nikolaus Benckiser: Verschwörung, in: Badische Zeitung, 20.4.1946

6 Nikolaus Benckiser: Was in Ungarn geschieht, in: DAZ, 13.6.1944

7 Otto Hoffmann: Der Wert der deutschen Währung, in: Badische Zeitung, 1.2.1946

8 Hanns Reich: Das geschändete Münster, in: Straßburger Neueste Nachrichten, 19.6.1941

9 Hanns Reich: Hitler-Jugend musiziert, in: Straßburger Neueste Nachrichten, 30.5.1941

10 Vgl. das Kapitel Berlin

11 Günther Gillessen: Auf verlorenem Posten. Die Frankfurter Zeitung im Dritten Reich, Berlin 1986, S. 522f.

12 Etwa: Ueber dem Goldenen Horn. Der Friedhof von Eyub, 17.7.1944

13 Irene Seligo: Wildgewordene Reporter, in: Illustriertes Blatt, 25.6.1938

14 Irene Seligo: Churchills langes Parlament. Aus der britischen Musterdemokratie, in: Völkischer Beobachter, 15.12.1943

15 Irene Seligo: Churchills Traum vom Krieg, in: Völkischer Beobachter, 31.12.1943 / England im April, ebd., 29.4.1944

16 Hans Här: Ehrung eines Dichters und Mahners. Grimmelshausen und die alemannische Einheit, in: Kölnische Volkszeitung, 15.10.1940

17 Gillessen: Auf verlorenem Posten, S. 434

18 Albert Komma: Fünf Jahre Protektorat, in: Neues Wiener Tagblatt, 15.3.1944

19 Neue Augsburger Zeitung, 15.12.1934

20 Ebenda, 29.12.1934

21 Ebenda, 9.9.1939

22 1922 schlossen sich 20 Zeitungen zum Verband Oberschwäbischer Zeitungsverleger zusammen. Sie gaben gemeinsam eine Zeitung heraus, deren Titel „Verbo" war. Bis 30.4.1940 trug der Untertitel den alten Namen der jeweiligen Zeitung. Von diesem Zeitpunkt an unterblieb dieser Untertitel. Genannt wurde nur noch der Erscheinungsort. Am 1.4.1942 wurden alle diese Titel unter dem Namen Donau-Bodensee-Zeitung zusammengefaßt.

23 Handbuch der deutschen Tagespresse, Leipzig 1944

24 Ebenda

25 Hortolf Biesenberger: Der Schwarzwälder Bote in den Jahren 1930–1950, München (Diss.) 1953, S. 50

26 Heinrich Stein: Woher – wohin?, in: Schwarzwälder Post, 2.10.1945

27 Hermann Biesenberger: zit. in: IfZ, Ed. 138, Bd. 5

28 Schölzel: Die Pressepolitik, S. 112

29 Handbuch der deutschen Tagespresse, 1937 und 1944

30 Herbert Füldner: Leipzig – deutsche Hochburg des Wissens, in: Leipziger Neueste Nachrichten, 7.4.1943

31 Koszyk: Pressepolitik, S. 289 – Der Südkurier fiel schon 1947 wegen seiner Kritik an der Militärregierung auf. (Ebenda, S. 301)

32 Ebenda, S. 303

33 A. G.: Verschärfte Wirtschaftsdiktatur in der Ostzone, in: Südkurier, 19.1.1949

34 Alfred Gerigk: Siegeszuversicht und Siegessicherheit bestimmt die Führerrede, in: Bremer Nachrichten, 31.1.1940

35 Alfred Gerigk: Parolen der Feinde, in: Freiheitskampf, 16.6.1943

36 Alfred Gerigk: Tradition und Zukunft Berlins, in: Straßburger Neueste Nachrichten, 20.5.1944 – Vor dem Krieg war Gerigk Berliner Korrespondent der Nürnberger Zeitung, für den Neuen Görlitzer Anzeiger und den Lübecker Generalanzeiger. (Handbuch, 1937)

37 Handbuch der deutschen Tagespresse, 1937 und 1944

38 Norbert Frei, Johannes Schmitz: Journalismus im Dritten Reich, München 1989, S. 191f.

39 Koszyk: Pressepolitik, S. 430f.

40 Georges Ferber: Der Neubeginn der Presse in Konstanz nach dem Zweiten Weltkrieg, in: Jérôme Vaillant (Hg.): Französische Kulturpolitik in Deutschland 1945–1949, Konstanz 1984, S. 96f.;vgl. auch Schölzel: Die Pressepolitik, S. 98ff.

41 Schölzel: Die Pressepolitik, S. 101

42 Ebenda, S. 110f.

43 3.7.1946: Das Volk, Freiburg (SPD) / 17.7.1946: Der Neue Tag, Offenburg (KPD) / 24.8.1946: Südwestdeutsche Volkszeitung, Freiburg (BCSV) / 2.5.1947: Das Neue Baden, Lahr (FDP) / 16.7.1947: Unsere Stimme, Schwenningen (KPD) / 1.8.1947: Schwabenecho, Oberndorf/Balingen (DVP) / 16.8.1947: Der Württemberger, Reutlingen (SPD). Die Schwäbische Zeitung, Leutkirch, wurde am 1.8.1947 offiziell zur CDU-Zeitung. – Ihr Erscheinen einstellen mußten: Pfälzische Volkszeitung (Kaiserslautern, 17.5.1947), Ortenauer Zeitung (Offenburg, 13.5.1947), Südwest-Echo (Rastatt, 31.3.1947).

4.4.2. Rheinland-Pfalz

1 Gillessen: Auf verlorenem Posten, S. 431

2 Erich Welter: Krieg von heute, in: FZ, 9.6.1940

3 Taucher: Frankfurter Jahre, S. 173

4 Michael Wolf Thomas: Porträts der deutschen Presse, Berlin 1980, S. 84 – In ihrer Probenummer vom 1.11.1949 leugneten die FAZ-Macher die Absicht, die „Nachfolgeschaft" der Frankfurter Zeitung antreten zu wollen.

Deren Qualitäten habe man zwar bewundert, das heiße aber noch nicht, die FAZ habe den Wunsch, sie zu kopieren.

5 Fritz Fay: Neues Leben im alten Metz, in: DAZ, 31.12.1940
6 Fritz Fay: Die Todeslinie der Luft, in: Leipziger Neueste Nachrichten, 23.8.1939
7 Handbuch der deutschen Tagespresse, 1937 und 1944
8 Koszyk: Pressepolitik für Deutsche, S. 275
9 Dr. A. Bilz: Rationalisierung in der Schaumweinindustrie, in: Münchner Neueste Nachrichten, 24.7.1943
10 Zu Sethe vgl. das Kapitel Freiburg
11 Handbuch der deutschen Tagespresse, 1937
12 Ebenda, 1944
13 Ebenda, 1937 – Artikel im Reich etwa am 1.1.1944: Stil als Serienfabrikat u.a.m.
14 Ebenda, 1944
15 Samhaber schrieb in DAZ und Das Reich, vgl. das Kapitel Hamburg
16 Otto Köhler: Wir Schreibtischtäter. Journalisten unter Hitler – und danach, Köln 1989, S. 10
17 Handbuch der deutschen Tagespresse, 1944
18 Edmund Nacken: Brief an eine junge Frau, in: Westdeutscher Beobachter, 2.3.1943
19 Edmund Nacken: Unkultur als Tradition. Hundert Jahre Amerikanismus, in: Westdeutscher Beobachter, 16.1.1944
20 Edmund Nacken: Kinder billig zu vermieten! Die Tragödie der amerikanischen Jugend – Aus einem Originalbericht einer USA–Zeitschrift, in: Westdeutscher Beobachter, 25.1.1944
21 Harold Hurwitz: Die Stunde Null der deutschen Presse. Die amerikanische Pressepolitik in Deutschland 1945–1949, Köln 1972, S. 244
22 Handbuch der deutschen Tagespresse, 1937 – Haack betreute von Paris aus die Neue Mannheimer Zeitung, die Münchner Zeitung, den Hannoverschen Anzeiger, die Kasseler Neuesten Nachrichten, die Hallischen Nachrichten, die Dresdner Neuesten Nachrichten, das Stuttgarter Neue Tagblatt und die Danziger Neuesten Nachrichten.
23 Hans-Werner von Haack: Der deutsche Widerstand, in: Rheinischer Merkur, 28.6.1947
24 Siehe dazu: Rheinische Zeitung, Köln, und Köhler: Wir Schreibtischtäter, S. 7ff.
25 Im Berliner 12 Uhr Blatt am 20.9.1943 – Mehr zu Höfer: Köhler, ebd.
26 Werner Höfer: Rheinländer von Geblüt, in: Rheinischer Merkur, 22.2.1947
27 Handbuch der deutschen Tagespresse, 1944
28 Handbuch der deutschen Tagespresse, 1937
29 Etwa: Die Waage unserer Empfindungen, in: Freiheitskampf, 11.6.1944

30 Vilma Sturm: Vom kriegerischen Wesen der Spielkarten, in: Brüsseler Zeitung, 30.3.1943

31 Handbuch der deutschen Tagespresse, 1937 und 1944

32 Peter Hertel: Die Wacht am Rhein?, in: Michael Wolf Thomas: Porträts der deutschen Presse, S. 241f.

33 Rhein-Zeitung: Zum Geleit, 20.4.1946

34 Handbuch der deutschen Tagespresse, 1937

35 Handbuch der deutschen Tagespresse, 1937 und 1944

4.4.3. Saarland

1 Hubertus Prinz zu Löwenstein in: Die Zeit, 31.5.1951, zit. in: Dietrich Berwanger: Massenkommunikation und Politik im Saarland 1945–1959, München (Diss.) 1969, S. 14

2 Vom 3.9.1946 an hieß sie Saarbrücker Zeitung.

3 Berwanger: Massenkommunikation, S. 34

4 Ebenda, S. 42

5 Ebenda, S. 88

6 Ebenda, S. 263f.

7 Handbuch der deutschen Tagespresse, 1937 und 1944

8 Ebenda

9 Ebenda, 1944

10 Berwanger: Massenkommunikation, S. 84

11 Hans Drexler am 6.1.1949, zit. in: Ebenda, S. 336

12 Drx. (das ist Hans Drexler): Die Schuld am Kriege, in: Leipziger Neueste Nachrichten, 4.9.1939 – Drexler war Hauptschriftleiter der LNN. (Handbuch der deutschen Tagespresse, 1944)

13 Drx.: Die Waffe der Heimat, in: LNN, 5.9.1939

Schreiben nach jeder Richtung – Ein Resümee

1 Wolfgang Benz: Zwischen Hitler und Adenauer, Frankfurt/M. 1991, S. 205

2 Die nicht in den Text aufgenommenen Zeitungen wurden nach denselben Kriterien analysiert wie die ausführlich behandelten.

3 Für einen kritischen Hinweis in dieser Richtung danke ich Herrn Prof. Dr. Hans Bohrmann vom Dortmunder Institut für Zeitungsforschung, der das Manuskript vor Drucklegung durchgesehen hat.

4 Genaue Zahlen zu ermitteln ist schwierig. Oftmals fungierten Lizenzträger gleichzeitig als Chefredakteure, manchmal war dies in den ohnehin meist wenig aussagekräftigen Impressen nicht ausgewiesen. Darüber hinaus experimentierten einzelne Verleger mit Redaktionskomitees, in denen kollektiv Verantwortung getragen wurde. Wegen der unvollständigen Aktenlage ist es auch nicht möglich zu sagen, wie viele Neueinsteiger in die Redaktionen kamen und welchen Anteil sie insgesamt am Personal hatten.

5 Fritz Hausjell: Journalisten gegen Demokratie oder Faschismus: eine kollektiv-biographische Analyse der beruflichen und politischen Herkunft der österreichischen Tageszeitungsjournalisten am Beginn der Zweiten Republik (1945–1947), Frankfurt/M. 1989, S. 326f. (Diss. Salzburg)

6 Harry Pross: Politik und Publizistik in Deutschland seit 1945, München 1980, S. 11

7 Harold Hurwitz: Die Stunde Null der deutschen Presse. Die amerikanische Pressepolitik in Deutschland 1945–1949, Köln 1972, S. 245

8 Die Essener SPD stellte sogar eine Parteimitgliedschaft hinter die „überragende fachliche Befähigung" eines Redakteurs. Vgl. dazu das Kapitel WAZ

9 Vgl. Reinhard Kühnl: Das Dritte Reich in der Presse der Bundesrepublik, Frankfurt/M. 1966, S. 175

10 Ebenda, S. 179

7.2. Literaturverzeichnis

Bechtle, Friedrich R.: Die nordwürttembergische politische Presse 1930 bis 1950 unter Berücksichtigung allgemeiner Vorgänge im deutschen Zeitungswesen, München (Diss.) 1952

Belfrage, Cedric: Seeds of Destruction, New York 1954

Berwanger, Dietrich: Massenkommunikation und Politik im Saarland 1945 – 1949, München 1969

Betz, Esther: Düsseldorfer Zeitungen 1945–1949. Zur Entwicklungsgeschichte der deutschen Presse nach dem Krieg, in: Bringmann, Karl: Festschrift für Anton Betz, Düsseldorf 1963

Biesenberger, Hortolf: Der „Schwarzwälder Bote" in den Jahren 1930 – 1950, München (Diss.) 1953

Boveri, Margret: Wir lügen alle. Eine Hauptstadtzeitung unter Hitler, Olten/Freiburg 1965

Bringmann, Karl (Hg.): Festschrift für Anton Betz, Düsseldorf 1963

Carlebach, Emil: Zensur ohne Schere. Die Gründerjahre der Frankfurter Rundschau 1945/47, Frankfurt/M. 1985

Demant, Ebbo: Von Schleicher zu Springer. Hans Zehrer als politischer Publizist, Mainz 1971

Dombrowski, Erich u.a.: Wie es war. Mainzer Schicksalsjahre, Mainz 1965

Eser, Ruprecht: Die Lizenzpresse in der amerikanischen Besatzungszone Deutschlands von 1945 – 1949, Berlin (Magisterarbeit) 1966

Fischer, Heinz-Dietrich: Deutsche Presseverleger des 18. bis 20. Jahrhunderts, Pullach b. München 1975

Ders.: Reeducation und Pressepolitik unter britischem Besatzungsstatus, Düsseldorf 1978

Ders.: Parteien und Presse in Deutschland seit 1945, Bremen 1971

Flögel, Ute: Pressekonzentration im Stuttgarter Raum, München 1971 (Diss. Berlin 1968)

Frei, Norbert: Amerikanische Lizenzpolitik und deutsche Pressetradition. Die Geschichte der Nachkriegszeitung Südost-Kurier, München 1986

Frei, Norbert; Schmitz, Johannes: Journalismus im Dritten Reich, München 1989

Freyburg, W. Joachim (Hg.): Hundert Jahre Ullstein, Frankfurt/M. 1977

Fürstenau, Justus: Entnazifizierung. Ein Kapitel deutscher Nachkriegspolitik, Neuwied/Berlin 1969

Gillessen, Günther: Auf verlorenem Posten. Die Frankfurter Zeitung im Dritten Reich, Berlin 1986

Greuner, Reinhart: Lizenzpresse. Auftrag und Ende. Der Einfluß der angloamerikanischen Besatzungspolitik auf die Wiedererrichtung eines imperialistischen Pressewesens in der Bundesrepublik, Berlin (DDR) 1962

Gutberlet, Dietmar: Die „Frankfurter Neue Presse", Marburg (Diss.) 1965

Habe, Hans: Im Jahre Null. Ein Beitrag zur Geschichte der deutschen Presse, München 1966

Ders.: Wunder, Segen und Fluch der deutschen Presse, in: Hammerschmidt, Hellmut: Zwanzig Jahre danach. Eine deutsche Bilanz, München 1965

Hagemann, Walter: Die soziale Lage des deutschen Journalistenstandes, Münster 1956

Harenberg, Karl-Heinz: Die Welt 1946 – 1953. Eine deutsche oder eine britische Zeitung?, Hamburg 1976

Hartl, Peter: Anpassung und Veränderung einer bürgerlichen Zeitung im Dritten Reich und die Berufswege ihrer Journalisten am Beispiel der Münchner Neuesten Nachrichten, München (Diplomarbeit) 1989

Hausjell, Fritz: Journalisten gegen Demokratie oder Faschismus: eine kollektiv-biographische Analyse der beruflichen und politischen Herkunft der österreichischen Tageszeitungsjournalisten am Beginn der Zweiten Republik (1945–1947), Frankfurt/M. 1989 (Diss. Salzburg 1985)

Hempel-Küter, Christa: Die KPD-Presse in den Westzonen von 1945 bis 1956, Frankfurt/Berlin 1993

Hofmann, Josef: Journalist in Republik, Diktatur und Besatzungszeit. Erinnerungen 1916 – 1947, Mainz 1977

Hüffer, Jürgen Benedikt: Vom Lizenzpressesystem zur Wettbewerbspresse. Lizenzverleger und Altverleger im Rheinland und in Westfalen 1945 – 1953/54, München 1995 (Dortmunder Beiträge zur Zeitungsforschung)

Hurwitz, Harold: Die Stunde Null der deutschen Presse. Die amerikanische Pressepolitik in Deutschland 1945–1949, Köln 1972

Ders.: Die Pressepolitik der Alliierten, in: Pross, Harry: Deutsche Presse seit 1945, Bern/München/Wien 1965

Jeschonnek, Emil: Wo der Landser denken lernte, Berlin 1958

Kapfinger, Hans (Hg.): Die neue bayerische Presse, Passau 1948

Kaupmann, Helmut: Koblenzer Presse-Chronik, Koblenz 1988

Köhler, Otto: Wir Schreibmaschinentäter. Journalisten unter Hitler – und danach, Köln 1989

Kogon, Eugen: Die unvollendete Erneuerung, Frankfurt/M. 1964

Kopper, Gerd G.: Zeitungsideologie und Zeitungsgewerbe in der Region, Düsseldorf 1972

Koszyk, Kurt: Pressepolitik für Deutsche 1945 – 1949. Geschichte der deutschen Presse, Teil IV, Berlin 1986

Ders.: Kontinuität oder Neubeginn. Massenkommunikation in Deutschland 1945 – 1949, Siegen 1981

Kühnl, Reinhard: Das Dritte Reich in der Presse der Bundesrepublik, Frankfurt/M. 1966

Leithäuser, Joachim G.: Journalisten zwischen zwei Welten, Berlin 1960

Liedtke, Rüdiger: Die verschenkte Presse, Berlin 1982

Mangelsen, Jochen: Hannoversche Allgemeine Zeitung – Hannoverscher Anzeiger. Untersuchung zur Entwicklung einer Tageszeitung seit ihrer Gründung im Jahr 1893, Berlin (Diss.) 1968

Martens, Katrin: Die Neue Ruhr-Zeitung in Essen von 1946 bis 1949. Entstehung und Entwicklung einer Lizenzzeitung, Bochum 1993 (Bochumer Studien zur Publizistik- und Kommunikationswissenschaft)

Mehnert, Klaus: Ein Dichter in der Welt, Stuttgart 1981

Meier, Ernst: Zeitungsstadt Nürnberg, Berlin 1963

Mendelssohn, Peter de: Zeitungsstadt Berlin, Berlin 1959

Mirbt, Karl-Wolfgang: Methoden publizistischen Widerstandes im Dritten Reich, nachgewiesen an der „Deutschen Rundschau" Rudolf Pechels, Berlin (Diss.) 1958

Müller, Hans-Dieter: Facsimile Querschnitt durch Das Reich, München 1964

Ders.: Der Springer-Konzern, München 1968

Nelson, Kenneth Raymond: United States Occupation Policy and the Establishment of a Democratic Newspaper Press in Bavaria 1945–1949, University of Virginia (Diss.) 1966

Niethammer, Lutz: Die Mitläuferfabrik, Berlin 1982

Norden, Albert: Goebbels' Journalisten in Bonner Diensten. Eine Dokumentation, Berlin (DDR) 1962

Ders.: Über einige Erscheinungen des westdeutschen Pressewesens, Berlin 1952

Obermeier, Karl-Martin: Medien im Revier. Entwicklung am Beispiel der „Westdeutschen Allgemeinen Zeitung" (WAZ), München (Diss.) 1991 (Dortmunder Beiträge zur Zeitungsforschung)

Orb, Heinrich: Nationalsozialismus – 13 Jahre Machtrausch, Olten 1945

Oschilewski, Walther G.: Telegraf – eine Tribüne der Freiheit, Berlin 1954

Otzen, Katharina: Lizenzpresse, Altverleger und Politik. Kontroverse um die Kieler Nachrichten in den Jahren 1945–1952, Sankt Augustin 1980

Perk, Willy: Besatzungsmacht gegen Pressefreiheit, Frankfurt/M. 1979

Plettenberg, Hartmut von: Die „Westfälischen Nachrichten". Eine Lizenzzeitung setzt sich durch, Münster (Diss.) 1977

Pritzkoleit, Kurt: Die neuen Herren, Wien/München/Basel 1955

Pross, Harry (Hg.): Deutsche Presse seit 1945, Bern/München/Wien 1965

Ders.: Politik und Publizistik in Deutschland seit 1945. Zeitbedingte Positionen, München 1980

Reimann, Max: Entscheidungen 1945–1956, Frankfurt/M. 1973

Sänger, Fritz: Verborgene Fäden, Bonn 1978

Ders.: Politik der Täuschungen, Wien 1975

Schäfer, Eduard: Zur Geschichte der Saarbrücker Zeitung 1918 – 1968/69, Rohrbach (Saar) 1970 (Maschinenschrift)

Schmidt, Eberhard: Die verhinderte Neuordnung, Frankfurt/M. 1970

Schölzel, Stephan: Die Pressepolitik in der französischen Besatzungszone 1945 – 1949, Mainz 1986

Silex, Karl: Mit Kommentar. Lebensbericht eines Journalisten, Frankfurt/M. 1968

Studnitz, Hans-Georg von: Seitensprünge, Stuttgart 1975

Taucher, Franz: Frankfurter Jahre, Wien/München/Zürich 1970

Thomas, Michael Wolf: Porträts der deutschen Presse, Berlin 1980

Tüngel, Richard; Berndorff, Hans Rudolf: Auf dem Bauche sollst Du kriechen, Hamburg 1958

Vaillant, Jérôme: Französische Kulturpolitik in Deutschland 1945 – 1949, Konstanz 1984

Verein Deutscher Zeitungsverleger (Hg.): 60 Jahre Verein deutscher Zeitungsverleger, o.O. 1954

Wallenberg, Hans (Hg.): Berlin Kochstraße, Berlin/Frankfurt/Wien 1966

Warburg, James P.: Deutschland – Brücke oder Schlachtfeld, Stuttgart 1949

Wulf, Joseph: Presse und Funk im Dritten Reich, Frankfurt/Berlin/Wien 1983

Wurstbauer, Heinrich: Lizenzzeitung und Heimatpresse in Bayern, München (Diss.) 1952

Würstlein, Georg: Zur Problematik der deutschen Presse nach 1945, Erlangen (Diss.) 1971

Ziesel, Kurt: Das verlorene Gewissen. Hinter den Kulissen der Presse, Literatur und ihrer Machtträger von heute, München 1958

Zons, Franz: Die „MZ" und ihre Zeit, Münster o.J.

Aufsätze:

Kogon, Eugen: Vom Elend unserer Presse, in: Frankfurter Hefte, 7/1948, S. 614ff.

Koszyk, Kurt: Paul Reusch und die Münchner Neuesten Nachrichten, in: Vierteljahreshefte für Zeitgeschichte, 1/1972

Meier, Ernst: The licensed press in the U.S. Occupation Zone of Germany, in: Journalism quarterly, spring 1954

Netzer, Hans-Joachim: Die neue Zeitung, in: Gazette, 1/1956, S. 13ff.

Nachschlagewerke:

Sperlings Zeitschriften- und Zeitungsadressbuch, 1935

Institut für Zeitungswissenschaften, Berlin: Handbuch der deutschen Tagespresse, Leipzig/Frankfurt /M. 1937

Dass.: Handbuch der deutschen Tagespresse, Leipzig 1944

Dietrich: Bibliographie der deutschen Zeitschriftenliteratur mit Einschluß von Sammelwerken. Monatliches Verzeichnis von Aufsätzen aus deutschen Zeitungen, Jahrgänge 1937 bis 1944, Nachdruck: Nendeln/Liechtenstein 1967

Die deutsche Presse 1946, Recklinghausen 1946

Handbuch der Lizenzen deutscher Verlage, Berlin 1947

Nordwestdeutscher Zeitungsverleger-Verein (Hg.): Handbuch deutsche Presse, Bielefeld 1947

Der Leitfaden für Presse und Werbung, Essen 1949

Militärregierung für Deutschland (US): Aufstellung der in der US-Zone und in Berlin erschienenen Zeitungen, 23.2.1949

US-Militärregierung: Newspapers and periodicals licensing statement for british Zone (9. Dez. 1946), OMGUS 5/266–3/10

Archive:

Aktenbestände der amerikanischen Besatzungsbehörden des Instituts für Zeitgeschichte, München (im Text durch Fußnote ausgewiesen)

Weiße, graue und schwarze Listen der amerkanischen Militärregierung vom 1. August 1946 und 1. März 1947

7.3. Medienregister 1:
Redaktionen und Verlage vor 1945

12-Uhr-Blatt, Berlin 45, 56, 69, 205, 209, 229, 265
8-Uhr-Abendblatt, Berlin 14, 203
8-Uhr-Blatt, Nürnberg 112, 114, 197, 203

Aichacher Zeitung 205
Allgemeiner Anzeiger, Meisenheim 147, 185, 231
Altonaer Nachrichten 164, 166, 221
Angriff, Berlin 138, 249
Atlantis 256
Augsburger Postzeitung 100, 225
Augsburger Zeitung 88

Badische Presse, Karlsruhe 205, 227
Badisches Tagblatt, Baden-Baden 227
Bamberger Volksblatt 207
Baseler Nationalzeitung 42f.
Bayerische Volkszeitung, Nürnberg 205
Bayerische Zeitung, München 185, 229
Bayerischer Anzeiger, Regensburg 203
Beobachter am Main, Aschaffenburg 106
Beobachter im Iser- und Riesengebirge, Hirschberg 205
Berlin-Film 153, 219
Berliner Börsenzeitung (BB) 38, 45, 94, 29, 157, 193, 199, 221, 225, 233, 249f.,
    259, 267, 273
Berliner Illustrierte 38, 68, 85, 148, 164, 199, 201, 217, 233
Berliner Lokalanzeiger 48, 96, 148, 193, 207, 217, 221, 233, 255, 259, 272
Berliner Morgenpost 51, 193, 203, 219, 262, 271
Berliner Morgenzeitung 171, 223
Berliner Tageblatt 32, 36, 49f., 63, 158, 163, 185, 219, 221, 231, 233
Berliner Volkszeitung 46, 193, 207
Berliner Zeitung am Mittag (BZ) 45, 165, 193, 221
Biberacher Tagblatt 225
Bochumer Anzeiger 132f., 213
Bochumer Volkszeitung 137, 215, 217
Bodensee-Rundschau, Konstanz 182, 223
Bodensee-Zeitung, Friedrichshafen 176, 182, 201, 223, 225, 227
Braune Post 70f., 199, 201

7.4. Medienregister 2: Redaktionen nach 1945

7.5. Personenregister

Abendroth, Walter 157, 220
Ackerknecht, Erwin 256
Ackermann, Konrad 244
Adenauer, Konrad 68, 73, 85, 115, 146, 182, 280
Adler, Eric 57
Agricola, Rudolf 81
Ahnen, Nikolaus 224
Albert, Albrecht 56
Albrecht, Hans 214
Alpers, Ludwig 164
Altmann, Alfons 243, 276
Amann, Max 21, 105
Ambrosio (ital. General) 142
Angerhausen, Bernd 212
Anspach, Erich 41
Antonescu, Ion (rumänischer Diktator) 60, 100, 252
Aretin, Erwein Freiherr von 98ff., 260
Arzet, Robert 43f., 192, 248

Bach, Otto 43, 192
Bachmann, Franz 275
Backhaus, Wilhelm 165, 220, 274
Bade, Wilfried 93
Badoglio, Pietro 91
Baer, Ludwig 111, 202, 262
Balken, Richard 210
Balzer, Karl Heinz 164, 220, 274
Balzer, Kurt 48, 192
Bamm, Peter (zweites Pseudonym: Quast, Peter; eigentlich Curt Emmrich)
    50, 53, 155, 220
Barth, Heinz 39, 232
Bartsch, Konrad 194
Bartram, Walter 170
Baumgarten, Hans 68f., 184, 198, 230
Baumhauer, Hermann 200
Baums, Heinz 126, 210, 266
Bechtle, Friedrich R. 250
Beck, Alois 182, 222
Becker, Friedebert 111f., 202, 262

Peter Köpf

Jahrgang 1960, Ausbildung zum Bankkaufmann, Zivildienst, Studium der Politik- und Kommunikationswissenschaften sowie der Neueren Deutschen Literatur in München, 1984–92 Mitarbeiter der *Abendzeitung* München, Ressort Politik und Reportage, redaktionelle Mitarbeit am „Zeitungsjahrbuch Deutschland", 1992–94 TV-Redakteur; lebt als freier Autor in Berlin.

Zahlreiche Sachbücher; zuletzt erschienen:
„Asylrecht", München 1992;
„Sinti und Roma", München 1993;
„Scientology", München 1995;
„Karadžić", Düsseldorf 1995.

Jakob Knab

Falsche Glorie

Das Traditionsverständnis der Bundeswehr

190 Seiten, Broschur,
ISBN 3-86153-089-9
29,80 DM/sFr.; 233,00 öS

Dieser Gesamtaufriß der Traditionsnamen in der
Bundeswehr ist eine Lernhilfe für den Umgang mit
Geschichte. Es steht zu hoffen, daß das Buch heilsame
Unruhe stiftet.

Manfred Messerschmidt, *Die Zeit*

Anhand der Kasernennamen schreibt Knab zugleich
eine kleine Militärgeschichte Deutschlands im 20.
Jahrhundert und zeigt, wie faul die Traditionspflege
der Bundeswehr ist. Angenehm fällt dabei sein mode-
rater Ton auf; statt einer Streitschrift hat er einen kon-
struktiven Essay verfaßt.

Sven Felix Kellerhoff, *Berliner Zeitung*

Der Religionslehrer und Mitarbeiter von Pax Christi
Jakob Knab geht an plastischen Beispielen den
Schwierigkeiten nach, mit denen sich die Bundeswehr
bei ihrem demokratischen Selbstverständnis noch auseinanderzusetzen hat.

Gregor Tischler, *Christ in der Gegenwart*